U0916077

刘家声文集

LIUJIASHENG WENJI

刘家声 著

兰州大学出版社

图书在版编目(CIP)数据

刘家声文集/刘家声著．—兰州：兰州大学出版社，2010．11

ISBN 978-7-311-03627-0

Ⅰ．①刘…　Ⅱ．①刘…　Ⅲ．①经济改革—中国—文集②经济发展—中国—文集　Ⅳ．①F12－53

中国版本图书馆 CIP 数据核字(2010)第 218346 号

责任编辑　李永莲
封面设计　管军伟

书　　名　刘家声文集
作　　者　刘家声　著
出版发行　兰州大学出版社　(地址：兰州市天水南路 222 号　730000)
电　　话　0931－8912613(总编办公室)　0931－8617156(营销中心)
　　　　　0931－8914298(读者服务部)
网　　址　http://www.onbook.com.cn
电子信箱　press@lzu.edu.cn
印　　刷　兰州人民印刷厂
开　　本　710×1020　1/16
印　　张　27.5　(插页 2)
字　　数　445 千
版　　次　2010 年 11 月第 1 版
印　　次　2010 年 11 月第 1 次印刷
书　　号　ISBN 978-7-311-03627-0
定　　价　68.00 元

作者简介

刘家声，1936年11月生，湖南浏阳人，经济学教授，博士生导师。1958年毕业于兰州大学经济系，留校任教后又进修于中国人民大学经济系。先后在兰州大学经济系、马克思主义科学系(现为政治与行政学院)工作，曾任系主任，并任兰州大学文科学术委员会副主任、兰州大学校务委员会委员、《兰州大学学报》(社会科学版)副主编；兼任《中国经济科学年鉴》编委，中国政治经济学(社会主义部分)研究会理事，中国价格学会(协会)理事，中国农产品成本与价格研究会常务干事，中国《资本论》研究会理事，西北大学经济管理学院兼职教授，中共甘肃省委哲学社会科学规划领导小组成员，甘肃省人民政府研究中心特约研究员，甘肃省高校教师任职资格评审委员会经济学科评议组组长，甘肃省价格学会副会长、顾问，甘肃省政治经济学社会主义部分研究会会长，兰州经济社会发展论坛副理事长等。

长期从事政治经济学和价格学的教学和研究工作，重点研究社会主义市场经济理论和价格理论与实践。培养政治经济学硕士和博士研究生30多人。出版《政治经济学》、《社会主义市场经济理论概要》、《社会主义市场价格新体制》等专著、教材8部，发表论文70余篇。获省部级以上奖励8项，其中一等奖2项。

在研究工作中，崇尚“读书不唯书、尊上不唯上、重在唯实”的宗旨。1979年改革伊始，发表《对“计划第一，价格第二”提法的商榷》的论文，率先对“计划第一、价格第二”这个长期指导我国经济工作的原则提出了质疑和批评。该文被评价为“是在我国经济学界最早从理论与实践结合上系统地进行分析与评论并否定‘计划第一、价格第二’提法的优秀论文”。此文于1998年改革二十周年时获首届薛暮桥价格研究奖(我国价格学术领域最高奖)。1981年初发表《制定农产品价格必须考虑级差地租的因素》一文，被评价为“是我国开始改革后最早提出农产品价格形成应以劣等地合理经营的成本为主要依据的优秀论文”。受到我国经济学界和国家有关部门的高度关注。

由于在理论上的突出贡献，刘家声先生曾以理论学术界特邀代表身份参加中共中央委托中宣部等单位召开的“纪念党的十一届三中全会十周年理论讨论会”，并享受国务院特殊津贴。

前 言

我1958年毕业于兰州大学经济系，留校任教。曾在中国人民大学经济系进修。一直从事政治经济学的教学与研究工作。1978年改革开放以来，在"解放思想，实事求是"思想路线指引下，我对社会主义商品经济、市场经济与经济体制改革，我国生产资料所有制结构，价格理论与价格改革，经济发展和区域经济等问题进行了一定的研究，发表了部分论文和其他文章。现选择其中的文稿52篇集结成《文集》出版。

收入《文集》的文稿，大部分已发表，是写于1979年至2009年期间的。文稿大体分为五个部分：（一）社会主义商品经济、市场经济；（二）我国生产资料所有制的改革；（三）价格理论与价格改革；（四）经济发展与区域经济；（五）研究经济理论与实践，发展经济学科。编排是以以上五个部分按发表或写作时间先后为序，都保持原貌，反映了本人在当时的认识水平和认识的发展过程。

现简要说明文稿的主要内容及研究过程中的一些情况。

（一）社会主义商品经济、市场经济

《文集》中收入这方面的文稿共有10篇。改革开放前，我国实行的是以指令性计划为特征的高度集中的计划经济体制。是继续坚持计划经济体制，完善计划经济，还是发展商品经济、市场经济，充分发挥市场的作用？如何处理计划与市场的关系？这始终是我国经济体制改革最根本、最核心、最基本、最重大的理论问题。"经济学家们公认：社会主义经济中计划与市场的关系问题，是当今世界性和世纪性的难题"。（张卓元：《论争与发展：中国经济理论50年》，1999）这也是社会主义政治经济学的最基本、最重大的问题，亦是经济界、理论界甚至是政界争论的焦点问题。这个问题自然吸引了我的目光，以此作为重点进行研究。

关于《对"计划第一，价格第二"提法的商榷》一文。"计划第一，价格第二"的提法，是毛泽东在读苏联《政治经济学教科书》谈话中提出的。他说：价值规律作为计划工作的工具，这是好的，但是，不能把价值规律作为计划工作的主要根据。又说:“我们是计划第一,价格第二。”此后,“计划第一,价格第二”就成了指导我国经济工作的一项非常重要的原则。改革伊始,我撰写了《对“计划第一,价格第二”的提法的商榷》一文,送交1979年4月16日至29日由国家计委经济研究所和中国社会科学院经济研究所共同发起和组织的在江苏无锡召开的“社会主义经济中价值规律问题讨论会”,这是新中国成立以来一次非常重要的专门讨论价值规律的盛大学术会议。该文对“计划第一,价格第二”的原则提出了质疑,批评其过分强调计划而轻视价值规律的作用,认为这个提法在理论上站不住脚。毛泽东自己说“计划是意识形态”,既然如此,按照物质第一性、意识第二性的原理,计划怎能成为第一呢?!而价格是由价值规律决定的,价值规律是客观的,是不以人的意志为转移的,价值规律也不能成为第二。从实践来看,这个提法容易使人轻视价值规律及价格的作用,把价值规律的作用看作是次要的,可有可无的,从而给国民经济发展带来严重的危害。指出其理论根源盖出于斯大林所谓价值规律只在流通领域中起调节作用,而在生产领域不起调节作用的论断。论证了价值规律不仅调节社会主义流通,而且也调节社会主义生产,国民经济计划工作必须以价值规律为主要依据,并且明确指出应该取消“计划第一,价格第二”的提法。此文受到理论界和国家有关部门的重视,中国社会科学院《未定稿》(1979年第31期)刊发,商业部研究室《调研资料》(1979年第95期)加按语转载,指出“因为这个题目与我们商业工作关系密切,故转载供研究”。该文被评价为“是在我国经济学界最早从理论与实践的结合上系统地进行分析与评论并否定‘计划第一,价格第二’的提法的优秀论文”。

从1979年至1984年,历经近6年的理论讨论和实践探索,我国理论界终于否定“计划第一,价格第二”,肯定社会主义经济是有计划的商品经济。这是我国社会主义经济理论的一次极大的突破。十二届三中全会前夕,1984年9月9日,国务院总理赵紫阳给胡耀邦、邓小平、李先念、陈云四位常委写信,提出“‘计划第一,价值规律第二’这一表述不确切,今后不宜继续沿用”,“社会主义经济是公有制为基础的有计划的商品经济”(《十二大以来重要文献选编》中册,人民出版社1986年版,第535页),9月11日和13日邓、陈分别批示同意。这样,十二届三中全会通过的《中共中央关于经济体制改革的决定》郑重宣布我国社会主义经济“是在公有制基础上的有计划的商品经济”。从而肯定了商品经济。

《社会主义的商品经济与社会主义的市场经济》、《社会主义市场经济及其意义》、《由“计划经济为主,市场调节为辅”到“社会主义市场经济体制”目标的确立》、《关于建立社会主义市场经济体制的几个问题》、《我国经济体制改革的目标是建立社会主义市场经济体制》等文稿都是写于党的十四大前后，论述了社会主义市场经济体制目标确立的历史过程，市场经济的概念及其构成、特征；社会主义市场经济是和社会主义基本经济制度结合在一起的，我国必须建立社会主义市场经济体制，建立社会主义市场经济体制是一项长期、艰巨、复杂的系统工程等问题。

《毛泽东对我国社会主义商品经济理论的探索》、《社会主义市场经济理论是毛泽东商品经济思想和陈云市场思想的继承和发展》这两文则论述了作为党和国家领导人的毛泽东、陈云、邓小平他们各自在我国社会主义商品经济、社会主义市场经济理论探索过程中的贡献。

（二）我国生产资料所有制的改革

《文集》中收入这方面的文稿共有 4 篇，包括《生产资料所有制问题不仅是一个生产资料归谁所有的问题》、《我国社会主义初级阶段的基本经济制度》等文。我国社会主义计划经济体制向社会主义市场经济体制的变革，必然涉及我国生产资料所有制的改革。因为这关系到市场经济主体的塑造和建立，如果把市场经济比作一个大舞台的话，那就必须有作为市场主体的企业、个人等充当各类演员，才能表演有声有色的戏剧。我国社会主义市场经济体制是以我国社会主义初级阶段的生产资料所有制为基础的，是与我国初级阶段的基本经济制度相结合的。《我国社会主义初级阶段的基本经济制度》一文论述了我国社会主义初级阶段基本国情决定必须实行和坚持“社会主义公有制为主体，多种所有制经济共同发展的基本经济制度”，其结构是“一主”（公有制为主体）、“三多”（所有制形式多样化、公有制形式多样化、公有制实现形式多样化）。党的十五大报告提出公有制实现形式可以多样化。本文提出公有制形式本身也应多样化，把公有制形式多样化、公有制实现形式多样化区别开来，并提出 7 种公有制形式：国家所有制、地方公有制、集体公有制、劳动群众合作所有制、公有控股的混合所有制、社会基金所有制、社团公有制等。

（三）价格理论与价格改革

《文集》收入这方面的文稿共 19 篇。我之所以关注价格问题，是由于我所从事的社会主义政治经济学教学研究对象的内容非常“广”，涉及生产、交换、分配、消费整个社会主义再生产的全过程，涉及农业、工业、交通运输、商业贸易、金融、财政等国民经济的各个部门。作为一个大学经济学教师，当然应该具备经济学的坚实的理论基础和较广博的经济知识。因为“广”也就容易“泛”,“泛泛地说”。而我个人以为人的精力总是有限的,有必要从广泛的研究对象中寻找某个既有理论性又有实践性的领域作为重点和方向,在理论与实践的结合上,深入研究,有所作为。1980 年,中国价格学会刚成立时,我被推荐为该学会的理事,这样我就与“价格”结下了不解之缘。而价格是市场经济最基本、最重要的范畴。价格机制是市场机制的核心,是调节市场经济的最直接、最灵敏、最有效的手段。价格改革当时被认为是我国经济体制改革的关键,于是我在这方面就投入了较多的精力。中国价格学会集中了全国经济学界、价格学界及价格管理部门的学者专家,是我国非常活跃的学术团体,特别是 20 世纪 80 年代年年开会,就我国价格理论问题和价格改革的重大方针政策进行研讨。参加学会的活动,开阔了视野,更深入接触了价格实践,增加了“营养”,激活了自己的思维,在不同观点的交锋中发表自己的看法,于是就有了价格方面商榷性或批评性文章的“出笼”。

《制定农产品价格必须考虑级差地租的因素》、《农产品价格形成应以劣等地合理经营的成本为主要依据》这两文是专门研讨农产品价格形成基础问题的。这是价格理论的一个重大问题。关于农产品价格如何决定的问题,我国在改革开放前就存在着争论。占统治地位的主流观点认为新中国实行土地公有制后,农产品价格应该取决于中等土地的生产条件,应当根据它们的平均劳动消耗来决定,而不应以劣等地的劳动消耗来决定价格,不存在级差地租。著名经济学家余霖(薛暮桥)就是持这种观点的,他认为农产品价格应当根据它们的平均劳动消耗来决定,如果按劣等地的劳动消耗决定价格,那么工业部门的生产成本将显著提高,它们的盈利都将显著减少(《级差地租和我们的价格政策》,《经济研究》1964 年第 6 期)。改革开放后,著名经济学家许涤新也是持这种观点。国家物价部门制定农产品收购价格也是不分土地的优劣,将社会平均成本作为制定农产品收购价格的主要依据。1980 年 11 月在江苏镇江召开“全国农产品成本价格理论讨论会”,会议的主题之一就是农产品价格形成应否考虑级差地租。我向大会提交了《制定农产品价格必须考虑级差地租的因素》一文,论述了级差地租是我国社会主义客观存在的经济范畴,因为在我国用来耕种的土地仍然存在肥度高低、离市场位置远近以及集约化程度高低的差别。在我国坡耕地、涝洼盐碱地、风沙干旱地等劣等低产耕地占相当比重(1977 年占全国耕地面积总量 40.3%)的情况下,必须耕种劣等地才能满足社会对于粮食等农产品的需要。因此劣等地的劳动耗费对于社会是必要的，农产品价格应以此为依据来决定。这样才能使农民耕种劣等地出售农产品的价格保本有利，而耕种优等、中等地的收入比耕种劣等地的收入则可获得额外的纯收入，这就是级差地租。因此，制定农产品价格必须以劣等地为条件，必须考虑级差地租因素。该文批评我国物价部门在实际工作中长期以来制定农产品收购价格一直以社会平均(或中等)的成本为依据，导致农民"亏本种田"，严重地影响我国农业的发展。并且向老前辈、我国著名经济学家、中国社会科学院副院长、经济研究所所长许涤新就教。根据许老在其所著《论社会主义的生产、流通与分配——读〈资本论〉笔记》(人民出版社1979年5月版)中，就否定我国存在级差地租的几个主要观点进行了商榷。后又专写《农产品价格形成应以劣等地合理经营的成本为主要依据》一文，提交中国价格学会年会，对有关实际工作部门负责人主张农产品价格应按社会平均产量、费用、劳动报酬来确定农产品价格的几个主要观点进行了商榷。

《我国现行粮食收购价格必须逐步提高》、《我们如何放开价格——对"管住货币、放开价格"的几点看法》、《关于调整居民生活用电价格的几点意见》等文，也是有针对性地研讨我国价格理论与价格改革实践的重要问题的。

《在价格理论和实践上必须破除不合理的旧观念》、《必须改革不合理的价格体系和价格管理体制》、《关于价格形式分类问题的理论思考》、《论社会主义市场价格体制》、《社会主义市场价格体制的基本框架》等文，分析揭示了我国改革前价格体系存在的混乱和不合理的现象，以及高度集中的计划价格管理体制的弊端，论述了改革不合理的价格体系势在必行，同时必须改革过分集中的价格管理体制，目标是建立国家宏观调控的市场价格体制，其主要内容是市场形成价格为主，价格引导企业，企业自主定价，国家宏观调控，社会全面监督。

《关于市场物价的几个问题》、《健全宏观调控 抑制通货膨胀》、《必须抑制通货膨胀》等文则论述了必须区分两种不同性质的涨价，一种是符合客观经济规律要求的涨价，如农副产品收购价格过低必须调高。另一种是违背客观经济规律的不合理的涨价，如滥发货币、通货膨胀引起的涨价。对前者应肯定，对后者则应防止发生并加以控制。对于已经发生的通货膨胀，应该综合地、具体地进行分析，采取综合的、对应的、有效的措施进行治理。

(四)经济发展与地区经济

《文集》收入这方面的文稿共9篇。论述了社会主义经济发展和社会主义生产的目的是要满足整个社会的物质和文化生活的需要，建设规模要与国力相适应。改革开放中既要正确处理计划与市场调节相结合的关系；政治体制改革要与经济体制改革相适应；坚定不移地贯彻对外开放的基本国策，又必须高度警惕西方“和平演变”的阴谋；要正确处理好改革与发展、稳定之间的关系，应该稳中求改，以改促发，以发保稳；正确处理好利益关系，做改革的促进派。

属于地区经济发展方面的文章主要有《“以开带发、以外带内”——兼谈甘肃经济总体发展战略方针》、《世界银行贷款债务的分解与约束——以甘肃为例的分析》、《甘津合作 共同发展》、《发挥地缘优势，用价格策略促进安西旅游业发展》、《西部大开发中东西部联动发展的条件、模式与政策选择》等。其中《“以开带发、以外带内”——兼谈甘肃经济总体发展战略方针》一文，根据商品经济的本性是要通过市场与外部进行交换，是一种开放性的经济的原理，提出甘肃经济发展必须实行“以开带发，以外带内”的战略，以开放带动开发和发展，要把省内（区内）循环与外部循环结合起来，面向国内和国际两个市场，东联东出，西联西出，双向开放。

（五）研究经济理论与实践，发展经济学科

《文集》收入这方面的文稿共10篇。《绽放的花朵》、《为创建有中国特色的发展经济学而努力》、《合作与竞争，共谋世界经济发展》、《创建有中国特色的管理学》等6篇文稿是我为我的博士和硕士及其他校友出版的专著所作的序，因为涉及各个经济学科发展的经济理论问题，故归入本部分。

《为创建有中国特色的发展经济学而努力》一文指出：为了适应我国经济发展的需要，我们不仅要一般地研究发展中国家经济发展的普遍问题和共同规律，更要着重探讨我国这个不发达的社会主义国家的经济发展的特殊规律。我们应当以马克思主义为指导，在总结社会主义国家，特别是我国社会主义经济发展的经验和借鉴国外发展经济学的基础上，尽快地建立有中国特色的社会主义发展经济学，以便更好地指导中国社会主义经济的发展，使中国早日实现社会主义现代化。

《创建有中国特色的管理学》一文指出：在当今世界经济全球化日益加剧的过程中，中国经济与世界经济的联系日益紧密，经济管理的问题也变得更加复杂。在这种情势下，为确保我国经济又好又快协调持续地发展，必须加强宏观经济管理和企业管理的研究。要从中国经济发展和企业管理的需要出发，借鉴西方先进的企业管理理论和方法，“洋为中用”；开发和利用我国历代的管理思想和方法,"古为今用",并和新中国的企业管理经验相结合和对照起来,进行深入的研究。有必要也有可能建立"中国特色管理学"。

归入本部分的《十年经济理论的发展》、《由劳动价值论解读新经济因素》等两篇文章是我与博士生或硕士生共同合作的成果。在本《文集》的其他几个部分,也辑入了我与他们共同研究的成果,因为其内容与前几个部分关系密切,故列归各相关部分。每篇合作者姓名都在文后加注作了说明。

著 者

2010年11月

目　录

社会主义商品经济、市场经济

我国生产资料所有制的改革

价格理论与价格改革

经济发展与地区经济

研究经济理论与实践 发展经济学科

附 录

刘家声教学、研究、学术活动纪事

社会主义商品经济、市场经济

对"计划第一,价格第二"提法的商榷

按语:《商榷》一文是作者在党"解放思想,实事求是"思想路线指引下,于1979年3月写成的。

"计划第一,价格第二"的提法是毛泽东主席提出的。在读苏联《政治经济学(教科书)谈话》中,他说:"我们是计划第一,价格第二。当然,价格问题是我们要注意的。"但是,"主要还是靠计划"。此后,"计划第一,价格第二"便成了长期指导我国经济工作特别是物价工作的一项重要原则。

《商榷》一文,在改革初期,率先对毛泽东所提出的"计划第一,价格第二"的原则提出了质疑。批评了过分强调计划而轻视价值规律的作用,以致把价值规律与计划经济对立起来的观点。认为这个提法在理论上站不住脚,在实践上带来了不良后果。指出其理论根源盖出于斯大林所谓价值规律只在流通领域起调节作用,而在生产领域则不起调节作用的论断。论证了价值规律不仅调节社会主义流通,也调节社会主义生产,国民经济计划工作必须以价值规律为依据。并且明确指出,为了贯彻十一届三中全会"坚持实行按经济规律办事,重视价值规律的作用"的精神,引起广大干部和群众重视价值规律的作用,应该取消"计划第一,价格第二"的提法。

《商榷》一文,于1979年4月提交全国性的"社会主义经济中价值规律问题讨论会"(无锡),中国社会科学院《未定稿》(1979年第31期)选用刊发。此文发表后,受到中央有关部门和理论界的重视。商业部研究室《调研资料》(95期)加按语转载,指出"因为这个题目与我们商业工作关系密切,故转载供研究"。

著名经济学家、中国人民大学教授卫兴华先生评价该文"是在我国经济学界最早从理论与实践的结合上系统地进行分析与评论并否定'计划第一,价格第二'的提法的优秀论文"。他认为"论文的基本观点是符合我国市场取向改革的总方向的"。1998年改革开放二十周年纪念时,该文获首届"薛暮桥价格研究奖”(我国价格学术领域最高奖)。

“计划第一,价格第二”的提法,长期以来成为指导我国经济工作特别是物价工作的原则。其实这个提法在理论上是有问题的,在实践上也带来了不良的后果。

（一）

先从理论上来说:

1.“计划第一”中的“计划”指的是什么呢? 含意不清,可以作种种理解。可以把它理解为国民经济有计划按比例发展规律,也可以把它理解为国民经济计划工作中的计划。而前者和后者是有质的区别的,二者不能混为一谈。

2.如果把“计划第一,价格第二”中的“计划”理解为国民经济有计划按比例发展规律,那就没有什么“第一”、“第二”之分。我们知道,社会主义社会存在的经济规律是具有客观性的,它在一定的经济条件的基础上产生和发生作用,并且只要这个经济条件存在,它就必然发生作用,必然会支配、决定社会主义经济的发展过程。它的存在和发生作用都是不以人的意志为转移的。就社会主义社会存在的经济规律(包括国民经济有计划按比例发展规律和价值规律)决定着社会主义经济的发展这一点来说,其作用并没有什么“第一”、“第二”之分。这就是说社会主义经济的发展,既要受国民经济有计划按比例发展规律的决定和支配,也要受价值规律的决定和支配。不能说国民经济有计划按比例发展规律的作用是“第一”,价值规律的作用是“第二”。诚然,在社会主义社会存在和发生作用的许多经济规律中有一个起主导作用,但这既不是国民经济有计划按比例发展规律,也不是价值规律,而是社会主义的基本经济规律。

3.如果把“计划第一,价格第二”中的“计划”理解为国民经济计划工作中的计划,那“计划第一”的提法也不妥。毛泽东同志说“计划是意识形态”,是人们制定出来的。按照辩证唯物主义和历史唯物主义的基本原理,意识是物质的反映,物质是第一性的,意识是第二性的。因此,计划又怎么能成为“第一”呢?!如果就计划和价格的关系而言,这二者是互为前提、互相制约的,也不能把价格看作是从属的、第二位的。

斯大林同志曾系统地论述了社会主义社会的商品生产和价值规律的问题，在马克思主义政治经济学发展史上，作出了重大的理论贡献。但它对某些问题的看法，仍值得研究。譬如他认为价值规律只是在流通领域中保持着调节者的作用，在生产领域则不起生产调节者的作用，只是起影响作用，在生产领域中起调节作用的是国民经济有计划按比例发展的规律和国民经济计划。“计划第一，价格第二”的提法的理论根源盖出于此。

价值规律的作用是否能区分为“调节”和“影响”两个概念？价值规律和有计划按比例发展规律是相辅相成、共同调节生产，还是互相排斥、水火不容呢？价值规律是否只在流通领域起调节作用，在生产领域不起调节作用？对这些问题有必要加以探讨。

所谓价值规律的调节作用，按毛泽东同志的解释就是“决定作用”。照此来看，可以说，凡规律都是起调节作用的。规律既然是不以人们的意志为转移的事物内在的必然的本质联系，它就必然对事物的发展起着决定、支配或调节作用。自然界的发展是如此，社会的发展也如此。自然界的发展要受自然规律的决定、支配或调节，社会的发展则要受社会发展规律包括经济规律的决定、支配或调节。价值规律既然是商品生产和商品流通的规律，在存在着商品生产和商品流通的地方，它就必然要决定、支配或调节商品生产和商品流通，这是不以人们的意志为转移的。因此，就价值规律的客观作用而言，没有大小强弱之分，无区分“调节”和“影响”的必要。

斯大林曾经把价值规律的“调节作用”解释为在各个不同生产部门分配劳动（活劳动和物化劳动）或“调节着各个生产部门间‘劳动分配’的比例”。按照这个特定的含义，那么在采取商品生产形式的社会里，起调节劳动分配作用的，也不单是某一个经济规律，而是许多的经济规律。

在资本主义社会，在各个不同生产部门间调节劳动分配的，有资本主义基本经济规律、按比例发展规律、价值规律、盲目竞争和生产无政府状态规律等。剩余价值规律是资本主义生产方式的绝对规律，追求最大限度的剩余价值是资本家生产的直接动机。利润率的高低，利润额的多少，必然是各个生产部门间劳动分配的调节者。而资本主义基本经济规律的这种调节作用又是和按比例发展规律和价值规律的调节作用分不开的。马克思曾经指出：“商品的价值规律决定社会在它所支配的全部劳动时间中能够用多少劳动时间去生产每一种特殊商品。”[①]表面看来，在资本主义社会对生产起调节作用的只是价值规律，哪种商品价格高，资本家就往哪儿投资，其实价值规律和资本主义基本经济规律以及按比例发展规律是在共同对生产起调节作用的。当某一种商品生产过剩，供过于求，引起价格下跌（低于商品价值），从而使资本家不能获得应有的利润时，就会迫使资本家不得不压缩这一种商品的生产，要把资本（生产资料和劳动力）转移到别种商品生产上，这种情况正表明，这一种商品的生产超过了社会对它的需要，破坏了社会生产的客观比例，生产该商品的工厂虽投入了一定量劳动，但社会并不必要（或不完全必要），因而得不到社会承认，也就不能形成价值（或不能全部形成价值），不能给资本家带来利润。在这种情况下，剩余价值规律、按比例发展规律和价值规律一道，共同起着盲目的、自发的调节作用，强制资本家减产或转产。

在社会主义社会，价值规律是同社会主义基本经济规律和有计划按比例发展规律等共同对生产起调节作用的。社会主义生产是以最大限度地满足整个社会日益增长的物质和文化的需要为直接目的。因此，在生产和需要之间能够建立直接的联系。社会主义生产资料公有制的建立，使得国家和社会中心有必要也有可能根据社会对于各种产品的不同的需要在各个生产部门之间进行自觉的有计划按比例地分配劳动，调节社会的生产。在社会主义社会，由于还采取商品生产的形式，因而按比例分配劳动，还离不开价值。马克思说：“价值决定仍会在下述意义上起支配作用：劳动时间的调节和社会劳动在各类不同生产之间的分配。”[②]可见，在各个不同生产部门之间按比例分配劳动，既是有计划按比例发展规律的要求，也是价值规律的客观要求。所以，价值规律同社会主义基本经济规律和国民经济有计划按比例发展规律一起，是共同对社会主义生产客观地起着调节作用的。

在社会主义社会，由于生产资料公有制的建立，使得人们有可能认识并自觉利用客观经济规律，并根据经济规律的作用，自觉地有意识地通过计划对社会生产进行调节。恩格斯说：一旦社会占有了生产资料，“社会生产的无政府状态将为有计划的自觉的组织所代替”[③]。但是，由于经济发展过程的本质的暴露

① 《资本论》第一卷，1975 年版，第 394 页。
② 《马克思恩格斯全集》第二十五卷，第 963 页。
③ 《马克思恩格斯选集》第三卷，第 323 页。

是有一个过程的，同时，人们对经济规律的认识也要有一个过程，社会主义经济，对于我们来说，至今还有许多未被认识的“必然王国”。国民经济要求按比例发展是一回事，而我们的经济计划是否能正确反映这个规律又是另一回事。前者是客观的，后者是主观的，在我们计划工作过程中，违背这个或那个客观经济规律而失算的事，是时有发生的。人们如果不能在计划中自觉地利用价值规律的调节作用，那么，它就势必要自发地对生产起调节作用。例如，甘肃省由于对党参的计划价格规定过高，使得社队种党参的收益大大高于种小麦的收益。据对定西县高峰公社大庄大队第二生产队、内官公社永丰大队第七生产队和陇西县福星公社庞家岔生产队和咀儿生产队的调查，1976 年以上四个生产队平均每亩种党参的纯收益(扣去成本后的收益)为 229.19 元，而平均每亩小麦纯收益仅为 10.65 元，种党参比种小麦纯收益高 21 倍。这就造成党参生产的盲目发展，冲击小麦种植计划的完成。1976 年计划下达种植党参 3.5 万亩，实际完成 11.66 万亩，相当于计划种植面积的 3 倍，计划收购 12 万担，实际收购 21.6 万担。当年除商业部安排外调他省外，甘肃省仍库存 8.1 万担，超过了社会的需要，造成积压。这就说明实际投入生产党参的劳动量，超过了社会应该分配给它的社会必要的劳动量，破坏了社会生产的客观比例。为了使生产能遵照社会需要按比例发展，这就迫使我们不得不对党参采取降低收购价格的措施。又如工厂生产大灯泡，产值大，利润高，愿多生产；而生产小灯泡，产值小，利润低，只愿少生产，以致造成市场急需的小灯泡供不应求，而大灯泡则库存积压。这种情况的出现，虽与原材料(钨丝、灯头)供应不对路有一定关系，但大小灯泡比价不合适也是重要原因。这两个例子说明，不论是在集体所有制经济的农业生产中，还是在全民所有制的工业生产中，价值规律都客观地起着调节作用。同时还说明，如果违背了价值规律，必然也就会违背有计划按比例发展规律。所以，价值规律和有计划按比例发展规律的作用，并不是此消彼长，彼消此长，你强我弱，我强你弱，互相排斥的，而是并行不悖，共同对生产和流通起着调节作用的。

表面看来，在社会主义社会，对社会主义生产起调节作用的是国民经济计划，因而人们根据这种表面现象，往往也就把“调节作用”片面地记在国民经济有计划按比例发展规律或国民经济计划的账上，从而埋没了价值规律等其他经济规律的调节作用。其实“计划调节”并不只是一个国民经济有计划按比例发展规律在起作用，而且还有价值规律等在共同起作用。因为计划的制定，不仅要以有计划按比例发展规律为依据，而且要以价值规律等为依据。只有当计划全面地反映了存在于社会主义社会之中的各个经济规律的要求时，才能发挥应有的作用。

有一种说法，认为我们发展生产就是“靠计划”，不能把价值规律作为计划工作的主要依据。实践证明，国民经济计划如果不以客观经济规律为依据，不以价值规律为依据，单凭“长官意志”为依据，那么这种计划必然难于实现，是“靠不住”的。拿农产品来说，解放近三十年的经验表明，农产品收购价格的制定，凡是运用价值规律比较好，产品的价格基本上反映了价值，体现了等价交换，生产发展就快，完成国家计划就好；反之，生产发展就慢，完成国家计划就差。如1977年全国供销合作总社计划管理的39种主要农副产品中只有11种收购量超过了历史最好水平，而棉花、大麻、苎麻等主要经济作物都低于历史最好水平，有的品种年年完不成计划。山货和土特产品中，只有苹果、柑橘、蜂蜜、棕片等几种达到历史最好水平，其它品种均未达到。以1977年的收购量与历史最好水平相比，红枣下降50.8%，黑木耳下降36.2%，黄花菜下降28.4%，毛竹下降27%。这些产品生产下降，计划不能实现，原因很多，但价格偏低是一个重要原因。实践也证明，不以价值规律为依据的计划，甚至会给国民经济的发展造成严重的恶果，1958年“大炼钢铁”就是鲜明的例证。

再者，生产决定流通，流通又反作用于生产，既然价值规律在流通领域起调节作用，怎么能设想在生产领域又不起调节作用呢？如某厂生产的木工锯条由于不问市场需要，盲目生产，加上质次价高，1978年曾造成大量积压，库存达84.7万条，预计可以销七八年之久，于是只好削价50%处理。同时，也不得不适当压缩锯条的生产。因此，那种把价值规律在流通领域的调节作用和在生产领域中的调节作用割裂开来的观点是不符合实际情况的。

总之，无论从“计划第一，价格第二”的提法本身，还是就其理论根据来说，都是很成问题的。

（二）

实践是检验经济理论和经济政策的唯一标准。从实践来看，“计划第一，价格第二”的提法，使人容易轻视价值规律及价格的作用，容易把价值规律的作用看作是次要的，可有可无的，容易忽视价格工作。一个时期以来，由于我们不尊重价值规律的作用，未充分发挥价值、价格这些经济杠杆的作用，所以给国民经济的发展带来了不良的恶果。

1. 影响国民经济有计划按比例发展。我们在国民经济计划工作中，没有把价值规律作为主要依据之一，造成价格与计划脱节。由于工农业产品比价不合理，粮、棉、油等主要农产品收购价格偏低，不少工业品特别是支农产品销售价格偏高，工农业产品剪刀差仍然偏大。据有关方面计算，在1979年提价以前，农产品的价格低于价值约为25%～30%，工业品的价格高于价值约为15%～20%，这就严重地影响了农业生产的发展和农业计划的完成。从而造成农业与工业两大部门不能协调发展。由于以粮价为中心的农产品价格比价不合理，也就影响了农业内部的协调发展。甘肃省一个时期农业生产多种经营发展缓慢，许多产品产量没有达到历史最好水平。如1977年的棉花播种面积和总产量均低于1957年的水平。1977年棉花、大麻、胡麻、黑瓜子、红枣、核桃、花椒、小茴香、辣椒干、蜂蜡、黄花、木耳、晒烟、棕片、生漆、苇席、蜂蜜等十八种产品的收购量只有苇席一种超过历史最好水平。其中，棉花、大麻收购量只及1959年的1/2，木耳、生漆收购量分别为1956年和1957年的1/3，有的（如黑瓜子、辣椒干）甚至只及历史最好水平的1/8、1/10。这种情况的出现，原因固然很多，但比价不合理则是其中之一。由于工业品比价，特别是原材料、燃料和加工工业产品比价不合理，不少加工工业产品价格偏高，而原煤、生铁等价格相对偏低，我国煤炭、生铁生产厂矿，绝大部分经营亏损，相反以煤、铁为原材料燃料的加工企业则大部分盈利。这就影响到基础工业与加工工业不能协调发展，我国机床生产的恶性发展就是明显的一例。

2. 助长了不讲经济核算。由于忽视价值规律的作用，提倡所谓“要算政治账，不算经济账”，忽视运用价值、价格作为经济核算的工具，所以基本建设不计工程造价，不讲投资效果，生产不算消耗，不计成本，不讲核算，不问盈亏，吃大锅饭的现象相当严重，造成国家资财的极大浪费。例如，甘肃在1970年至1977年期间，共投资2908万元，在全省范围内布点建设12个小铁厂，七年内累计产铁27万多吨，合格率只有64%左右，每吨生铁成本最低也有430多元，最高达到778元。为了扶植这些企业，国家不得不为它们另行制定成倍地高于国家统一调拨价（每吨150元）的生铁临时出厂价。而即使在这样的条件下，七年内累计亏损总额还高达一亿零七百万元。有的县全县一年经营工、商、交通等各项事业的财政收入还不够补贴一个铁厂的亏损。群众说得好，“这是赔了夫人又折兵”。

由于不讲经济核算,造成企业亏损大量增加,1976 年同 1971 年比较,甘肃全省企业亏损总额增加了 1 倍。其中工业企业亏损增加 1.25 倍,粮食企业增加 1.03 倍,商业企业亏损增加 77.5%,农牧企业亏损增加 35.40%,盈利企业利润水平不断下降。甘肃工业企业每百元产值提供利润,1971 年为 22.20 元,1976 年下降为 19.26 元,仅此一项,每年减少国家财政收入一亿五千万元。近两年,虽狠抓扭亏增盈,但企业亏损问题并未根本解决。

3. 造成生产和销售脱节,产品积压。我国经济发展水平本来不高,商品远远不能满足生产建设和人民生活的需要。可是,在我国经济生活中,却长期存在着大量商品积压、不能用来满足需要的奇怪现象。许多计划内的商品,一方面积压,另一方面又脱销;一方面市场不需要,另一方面又大量生产。这方面的事实,是不胜枚举的。如甘肃省 1978 年仅农机产品一项就积压两亿元。这种情况的出现,重要原因之一就是否定了价值规律对生产和流通的调节作用,离开价值规律去片面强调所谓“计划调节”。于是,不管市场需要与否,凡计划规定者,就生产;计划规定生产什么,就得生产什么,计划规定生产多少就得生产多少。而产品生产出来后,商业部门就得包收包销。这种不以价值规律为依据,而单纯根据“长官意志”以“计划定生产”、“以产定销”的做法,怎能不造成商品的积压呢?!价值规律的调节作用是客观存在的,作计划一定要考虑它的这种作用,如果违背它,必然受到“惩罚”,大量产品积压在仓库睡大觉,就是对人们的一种惩罚。

4. 助长了经济工作中的官僚主义、命令主义、瞎指挥。计划经济本是社会主义经济的根本特征之一。但是,计划是主观的,我们的经济计划必须正确反映客观经济规律的要求,必须按照经济的办法去编制、执行、检查、监督计划,必须借助于商品、货币、价值、价格、资金、成本、利润以及市场、银行信贷、利息、经济合同等各种经济机制和杠杆,才能达到应有的效果。而我们不少同志在工作中,却背着客观经济规律的本性,无视商品、货币和价值、价格等杠杆的作用,把政治和经济对立起来,以为讲空头政治就可以不顾经济规律;以为“计划第一”,可以不顾经济效果、经济利益,单纯依靠空头的政治、靠行政命令去办经济。其结果就是助长了经济工作中的官僚主义、命令主义、瞎指挥。因为计划既然是居于“第一位”的,而计划的制订又主要靠“长官意志”,这怎么能不产生像群众所尖锐批评的“计划计划,就靠长官一句话”的现象呢?!长此发展下去,计划经济,也就会变成"长官经济"。

凡此种种,都说明忽视经济规律,特别是忽视价值规律的作用将带来多么严重的恶果。

党的十一届三中全会公报指出:"应该坚决实行按经济规律办事,重视价值规律的作用,注意把思想政治工作和经济手段结合起来,充分调动干部和劳动者的生产积极性。"为了引起各级干部和广大群众重视价值规律的作用,尊重价值规律在社会主义经济中客观存在的、同有计划按比例发展规律"平起平坐"的地位,互相结合,各显其能。因此,应该取消"计划第一,价格第二"的提法。

〔原载中国社会科学院《未定稿》(1979 年第 31 期),商业部研究室《调研资料》(1979 年第 95 期)加按语转载,如下所示〕

内部刊物 · 注意保存

商业部研究室　　**(第 95 期)**　　1979年8月15日

编者按: 这篇文章原载中国社会科学院写作组的刊物《未定稿》上。因为这个题目与我们商业工作关系密切,故转载供研究。

商品使用价值是个历史范畴

长期以来,在政治经济学的某些专著和论文中,往往把商品的“使用价值”当做一个超历史的范畴来加以阐释,认为商品的“使用价值”是商品的自然属性,是商品和其它一切劳动产品所共有的属性,是永恒的范畴。究竟政治经济学所研究的商品的“使用价值”是历史范畴还是永恒范畴,商品的“使用价值”是商品的自然属性还是社会属性,笔者认为有提出商榷的必要。

商品是个二重物,具有使用价值和价值。价值是个历史范畴,这在理论界已经为大家所公认。但是不少同志一方面在说明商品的价值是个历史范畴的同时,另一方面却又认为商品的使用价值是个永恒范畴,或把商品的使用价值当做一个永恒的东西来下定义。按照这种观点,在逻辑上是自相矛盾的。我们知道,商品是使用价值与价值的对立统一体,二者不可缺一。既然商品是个历史范畴,作为商品因素之一的价值,也是历史范畴,而作为商品的另一因素的使用价值却是个永恒范畴。这样,当商品一旦消亡之后,虽然商品的价值不再存在,那么商品的使用价值,不是依然如故存在吗?试问,商品的使用价值与商品的价值,这两个因素又如何统一于商品之中呢?显然,这在逻辑上是不能贯彻到底的。

商品的使用价值是什么性质的范畴呢?我们知道,政治经济学的任何概念、范畴,都是社会生产关系的理论表现即其抽象。社会生产关系是历史的、具体的,各个不同的社会形态其生产关系是各不相同的。因而,反映这些生产关系的经济范畴也都具有历史的性质。马克思说:“这些观念、范畴也同它们所表现的关系一样,不是永恒的。它们是历史的暂时的产物。”①作为商品因素之一的“使用价值”也不例外。马克思是在什么样的历史条件下运用“使用价值”这一范畴的呢?马克思自己说:“在我手上,使用价值所有的极其重要的作用,和

① 《马克思恩格斯全集》第四卷,第144页。

它在以往经济学上的作用，是完全不同的。无论何时，它要在考察是由一定经济形态的分析发生，不是由‘使用价值’和‘价值’这些概念或名词的反复考究发生时，才会加到考察中来。”[①]这里，马克思清楚地说明，“使用价值”这一范畴，只是在考察一定的经济形态，那就是商品经济形态时，才被运用。因此，马克思所运用的“使用价值”这一范畴，是与商品经济形态决不可分割的。离开了商品经济，也就无所谓商品的“使用价值”。由此看来，那种认为当商品经济消亡之后，商品的“使用价值”将仍然存在的观点是不够妥当的。

认为商品的“使用价值”是个永恒范畴的同志，解释“使用价值就是物品的有用性”，就是指“商品能够满足人们某种需要的属性”。按照这种解释，把商品的“使用价值”当作永恒范畴，当作商品的自然属性，那就不足为奇了。在我看来，这些同志是错误地把物品的效用即一般意义上的“使用价值”与政治经济学上的“使用价值”即商品的“使用价值”混淆起来了。

任何一个物品，都能够满足人们的某种需要，对人们有一定的用途，这种物品的效用或有用性是由物品本身的自然属性，物理的、化学的属性所决定的，与社会生产形态无关。小麦总是小麦，不论它是封建制度下农民生产的也好，还是资本主义制度下农业工人生产的也好，它总有一定的效用。这种物品的效用，是任何社会的物品所共同具有的一般性质。作为这种一般意义上的“使用价值”或“使用价值一般”，它不反映任何生产关系，不是经济范畴，不在政治经济学研究范围之内。

商品的“使用价值”与物品的效用或“使用价值一般”却根本不同。诚然，物品的效用与商品的使用价值有联系，物品的效用是商品使用价值的一个必要条件。但物品的效用，并不是决定商品使用价值的本质要素。在商品经济产生之前，物品的效用就是物品的效用，那时并不因物品有一定的效用就使物品成为商品，使物品的效用成为商品的使用价值。只有当物品的效用是用来满足别人的需要，并且还不是像封建制度下的农民向地主缴纳地租那样，无偿地满足别人需要，而是通过交换的形式满足别人需要的时候，物品的效用才会成为商品的使用价值，这种物品也才会成为商品。可见，物品的效用“是交换价值的物质基质，是交换价值的承担者”[②]，从而是价值的物质承担者，这才是商品的使用

① 《评瓦格纳“经济学教程”》，《资本论》第一卷附录，人民出版社 1953 年版，第 1021 页。

② 《资本论》第一卷，人民出版社 1975 年版，第 211 页。

价值的本质特征。这种意义上的使用价值,才是政治经济学上的唯一的“使用价值”,是个经济范畴。因此,物品的效用只有在特定的历史条件下,那就是只有当人们把物品当作商品来进行交换的时候,才会采取商品的“使用价值”的形态。所以,使物品的效用成为商品使用价值的决定要素,是人们的社会关系,而不是自然属性。商品的“使用价值”是特定历史条件下人们之间的生产关系的反映,它体现着一定的社会关系,是一种社会属性。如同生产商品的社会劳动之采取“价值”形态一样,物品的效用之采取商品的“使用价值”的形态,也是人类历史发展一定阶段的现象。马克思说:“商品的‘价值’,不过用一个历史地发展了的形态,表现着一个东西,这个东西,在其他一切历史的社会形态内,同样是存在的,虽然有不同的形态。那就是,它不过用一个历史地发展了的形态,来表现劳动当作社会劳动力的支出所有的社会性质。如果商品的‘价值’只是在一切社会形态内都存在着的东西之一定的历史的形态,则当作商品‘使用价值’的特征来表示的社会的使用价值也是这样。”[①]以上这段话是马克思在批判洛贝尔图斯把“社会的使用价值”变作“社会的使用价值一般”的错误观点时说到的。马克思还明确指出:“甚至使用价值——当作商品的使用价值——也有一个历史的特殊的性质。”[②]马克思的这些话,清楚地告诉我们,“使用价值”是个历史范畴,不能把物品的效用,这种任何社会都存在的物品的共同性质或曰“使用价值一般”,同物品的效用在一定社会形态下所具有的特殊的历史的性质即商品的“使用价值”混淆起来。在我看来,认为使用价值是个永恒范畴的同志,正是混淆了以上两者的本质区别,他们在物品的效用与商品的使用价值之间划了个等号,用物品的自然属性来解释商品的使用价值,从而把“使用价值”变作为“使用价值一般”。这是不够妥当的。

马克思本人不仅明确地告诉我们,商品的使用价值具有特殊的历史的性质。并且还直接地指出,政治经济学所研究的是商品的使用价值,而不是“使用价值一般”,商品的使用价值是一种社会属性,而不是自然属性。他说:“成为使用价值,对商品来说,看来是必要的前提,而成为商品,对使用价值来说,看来却是无关紧要的规定。同经济上的形式规定像这样无关的使用价值,就是说,作为使用价值的使用价值,不属于政治经济学的研究范围。只有当使用价值本身

---

① 《评瓦格纳“经济学教程”》,《资本论》第一卷附录,人民出版社 1953 年版,第 1026 页。

② 《评瓦格纳“经济学教程”》,《资本论》第一卷附录,人民出版社 1953 年版,第 1019 页。

是形式规定的时候，它才属于后者的研究范围。它直接是表现一定的经济关系即交换价值的物质基础。”[①]由此看来，那种把一般的物品的效用，当作商品的使用价值来定义，认商品的使用价值为商品的自然属性的观点，与马克思的原意是不相符合的。

由上可见，作为政治经济学上的“使用价值”是指物品通过交换的形式能够满足人们某种需要的属性。使用价值与价值一样，也是与商品经济不可分离的，是反映商品经济关系的范畴。随着商品经济关系的消亡，作为反映这种经济关系的一个经济范畴——使用价值，就失去了存在的意义。所以，商品的使用价值是个历史范畴。

（原载《兰州大学学报》社会科学版 1980 年第 2 期）

① 《马克思恩格斯全集》第十三卷，人民出版社 1962 年版，第 16 页。

价值规律是商品经济的基本规律

价值规律是商品生产和商品交换的基本规律，凡是存在商品生产和商品交换的地方，价值规律就必然存在并客观地起作用。

什么是价值规律呢？在价值规律如何表述的问题上，众说纷纭。有各种不同的意见和表述方式。有的认为价值规律就是社会必要劳动时间决定价值的规律；有的认为价值规律就是等价交换的规律；有的认为价值规律就是价格围绕价值上下波动的规律；有的则把价值规律的内容和价值规律的要求分列出来表述，等等。

究竟如何来表述价值规律呢？根据马克思在《资本论》中的有关论述，价值规律可以概括表述为：商品的价值量决定于生产商品的社会必要劳动时间，商品必须按照价值量相等的原则进行交换，商品的价格必须以价值为基础。这是商品生产和商品交换赖以正常进行的内在必然要求，是商品生产者之间的本质联系，是支配商品经济运动的客观规律。

价值规律包括互相联系、不可分割的如下三方面内容：

第一，商品的价值量决定于生产商品的社会必要劳动时间。前已述及，生产同样一件商品，各个商品生产者所耗费的个别劳动时间是不相同的。但是，商品的价值量决不能由哪一个生产者的个别劳动时间来决定，而只能由社会必要劳动时间来决定。这是在商品经济关系基础之上产生的一种不以人们意志为转移的客观必然性，即商品价值量决定的规律性。马克思说："生产这些产品的社会必要劳动时间作为起调节作用的自然规律强制地为自己开辟道路，就像房屋倒在人的头上时重力定律强制地为自己开辟道路一样。"①

第二，商品必须按照价值量相等即等价交换的原则进行交换。既然商品的价值量是由生产商品的社会必要劳动时间决定的，那么在商品交换中，也就必

① 《资本论》第一卷，第 92 页。

然要求按照社会必要劳动量所决定的价值量进行交换，要贯彻“等价交换”即等量社会必要劳动与等量社会必要劳动相交换的原则。马克思说：“交换规律只要求彼此出让的商品的交换价值相等。”[①]只有这样，才能维护交换双方各自的物质利益，使他们之间通过物交换劳动的关系才能实现，使再生产得以继续进行。所以，商品按照由社会必要劳动量所决定的价值进行交换，这是价值规律在交换中的必然表现，是商品经济中价值运动的又一客观必然性。

第三，价格必须以价值为基础。自从货币出现以后，商品的价值就表现为价格，因而价值规律也就要通过价格来表现和贯彻。既然价格是价值的表现，那么价格就必须以价值为基础。只有这样，等价交换才能实现，社会必要劳动时间决定商品价值量也才能变成现实，商品生产的价值规律才能真正得到贯彻。所以，价格必须以价值为基础也是商品经济运动的客观必然性。

我们知道，经济规律是经济发展中经济现象之间的内在的必然的本质联系，价格是商品经济发展过程中的现象，价格现象是纷繁复杂和变动不居的，时而上涨，时而下落。但是，这种千变万化的价格现象并不是没有规律可循，只要我们透过现象，就可以发现各种价格现象之间存在着一种本质的联系，这就是价格不论怎样变动，始终不能脱离价值，必须以价值为基础，这正是价值规律的客观表现。列宁说：“价格是价值规律的表现。价值是价格的规律，即价格现象的概括表现。”[②]可见，价格必须以价值为基础正是价值规律内涵所不可缺少的部分。

价格必须以价值为基础，并不意味着任何时候任何情况下价格与价值都完全一致。这是因为，价格固然是价值的货币表现，但影响价格的并不只是价值这个唯一的因素，而且还有一些其他的因素。其中供求关系就是影响价格背离价值的一个主要因素。在私有制商品经济中，商品的价格是随市场上的供求变动而涨落的。当商品供过于求时，价格就下跌到它的价值以下；当商品供不应求时，价格就上涨到它的价值以上；只有当商品供求相符时，价格才与价值相一致。而在私有制的社会里，由于生产的无政府状态，商品供求一致的情况是难以做到的，因此，价格随着供求关系的变动不断地背离价值而涨落是经常的情形。这种情形的存在，并不意味着价值规律的破坏。这是因为：

---

① 《资本论》第一卷，第 641 页。

② 《列宁全集》第二十卷，第 194 页。

首先,价格的波动涨落是围绕价值这个中心进行的。尽管价格经常发生上下波动而背离价值,但价格的波动还是围绕价值这个中心,价格的升降幅度不会与商品价值长期相差甚远,它既不会长期无限制地上涨,也不会长期无限制地下跌,而是上涨后又下跌,下跌后又上涨。这正表明了价格的波动要受价值的制约。

其次,商品的价格总额与价值总额是一致的。尽管从每一次的个别交换过程来看,商品的价格与价值可能不相符,有的商品的价格高于价值,有的商品的价格低于价值。但是从一个较长的时期来看,某种商品价格上涨超过价值的部分,与价格下跌低于价值的部分,是可以互相抵销的。因而商品价格总额与商品总价值是相一致的,商品的平均价格同价值也是一致的。因为价格本身的波动,会反过来影响商品的供给和需求,使其趋向平衡,从而使价格接近于价值。价格围绕价值上下波动,不但没有否定价值规律,相反,这恰恰是以私有制为基础的商品经济中价值规律作用的表现形式。正如恩格斯所指出的:"只有通过竞争的波动从而通过商品价格的波动,商品生产的价值规律才能得到贯彻,社会必要劳动时间决定商品价值这一点才能成为现实。"

(节选自刘家声主编《政治经济学》资本主义部分,甘肃人民出版社 1986 年版)

社会主义的商品经济与社会主义的市场经济

市场经济等于资本主义经济，是姓“资”，这也是一种传统的观念。不仅马克思主义的经济学者是这样看，就连西方国家的经济学者也是如此看，他们把社会主义国家当做计划经济国家，而把资本主义国家当做市场经济国家。邓小平同志说：“市场经济不等于资本主义”，就是对这种传统观念的突破。

其实，“市场经济”一词，是在19世纪末新古典经济学兴起以后才流行起来的。新古典经济学详细地分析了商品经济如何通过市场机制有效地配置资源，揭示了市场是商品经济运行的枢纽，从此，商品经济也就开始被通称为市场经济。所谓市场经济，则是指在这种经济中资源的配置是由市场导向的，经济的运行是以市场为枢纽、由市场机制进行调节的一种经济。

商品经济是市场经济，社会主义的商品经济就是社会主义的市场经济。这可以从以下几点来说明：

1. 离开市场根本不可能有商品经济。

商品经济与市场经济本来是同义词，商品经济等于市场经济，离开市场就根本不可能有什么商品经济。我们知道商品是用来交换的劳动产品，而市场则是各种商品交换关系的总和。一个劳动产品只有通过交换才能成为商品，离开了交换，离开了市场，则不可能成为商品。根本不可能想象，有什么离开交换、离开市场的商品和商品经济。

说商品经济是市场经济，是抛开了商品和市场的社会形式的特性而作的一般的概括和抽象。正像商品经济经历了不同的发展阶段，即建立在小私有制基础上的小商品经济，资本主义私有制基础上的商品经济，社会主义公有制基础上的商品经济。市场经济也一样，也可以建立在不同所有制的基础上成为不同的市场经济：私有制基础上的市场经济，或公有制基础上的市场经济，或公有制与私有制并存基础上的市场经济。就后者而言，则又可以是公有制为主、私有制为补充的市场经济，也可以是私有制为主体、公有制为补充的市场经济。我国现在的市场经济则是“公主私补”基础上的市场经济。

说商品经济等于市场经济,但就市场经济运行方式而言,则可以呈现不同的形态,可以是完全的自由市场经济,也可以是有计划的市场经济,可以是计划与自由相结合的市场经济,就后者而言,则又可以是以计划为主和自由为辅的市场经济,也可以是自由为主、计划为辅的市场经济,从而呈现出不同的运行形态。

2. 市场是商品本质的实现形式。

商品是使用价值和价值的统一体。使用价值是价值的物质承担者,是价值的物质载体。但一个产品之所以成为商品,不仅因为它有使用价值,而是因为它有价值,价值才是商品的本质因素。商品的使用价值只有通过市场交换才能实现,商品的价值能否实现,实现多少,也只有通过市场交换才能实现,所以市场是商品价值的实现形式。马克思说:“商品到货币的转化,是个惊险的跳跃,这个跳跃不成功,摔坏的不是商品,而是商品生产者。”所以市场问题,是商品生产者的生命攸关的问题。

3. 市场是社会再生产实现的关键。

不仅就单个商品生产经营者来说,市场问题非常重要,就整个社会再生产来看,市场实现问题也是社会再生产(包括简单再生产和扩大再生产)能否正常进行的关键。不仅资本主义社会如此,社会主义社会也如此。

马克思在分析社会总资本的再生产时提出了实现问题,“实现问题也就是分析社会产品的各个部分如何按价值和实物形式补偿的问题”①。一个是产品价值的各个部分如何实现的问题,也就是如何把生产出来的产品销售出去,使它由商品形态转化为货币形态,实现价值补偿;另一个是产品价值的各个部分在转化为货币后,如何买回继续生产所需要的物质资料(包括原材料、机器设备、消费品等),也就是如何在实物上取得补偿和替换。社会的生产资料生产和消费资料生产两大部类及各部类内部,不论是价值补偿还是实物的补偿和替换及其比例关系,都只有经过市场交换才能实现,社会再生产才能正常运行。

社会主义社会总资金再生产同样存在社会产品的各个部分如何按价值和实物进行补偿的问题,即实现问题。因为我国的经济是商品经济,生产出的产品,必须经过市场交换才能得到价值补偿和实物补偿,从而才能继续进行社会

① 《列宁全集》第二卷,第 128 ~ 129 页。

再生产。这种交换行为,不论发生在生产生产资料还是生产消费资料的两大部类之间、各个部门之间,还是发生在生产生产资料的部类和生产消费资料的部类内部或各部门内部,都不是物物交换,而是以货币为媒介,通过市场交换来完成的。没有货币的流出和流回,没有商品的购买和出售,社会再生产就无法继续进行。所以,市场是社会再生产实现的关键。

市场实现问题实质上是生产、分配、交换和消费的综合反映。市场机制是很敏感的指示器。由于我们的社会产品都要经过交换然后进入消费,因而许多经济关系、产销比例和部门间比例等问题,都在流通领域中通过市场实现集中地、综合地反映出来。市场是一面镜子,通过实现问题的检验,可以反映出生产部门的问题、商业和物资流通的问题、生产和流通之间的关系以及财政信贷等各方面的问题。

4. 市场机制和市场功能是商品经济运转的中心和基础。

由以上论述可见,在商品经济条件下,生产是为满足市场的需要进行的,产品的实现是在市场的交换中完成的,社会再生产的总运动过程是靠市场联结的。因此,市场成为商品经济运行的中心和枢纽,市场调节也就成为基础性的调节手段。当代调节社会经济运行,既有市场机制的作用,又有计划手段的作用。资本主义也有计划,社会主义也有市场,但是商品经济的本质属性决定着必须有完善的市场机制的调节,即市场调节与之相伴随,而计划则必须以市场供求关系的变化为主要依据,才能发挥其应有的调节作用。

5. 市场是实现社会主义生产目的的桥梁。

由于社会主义生产仍然是商品生产,商品从生产领域进入消费过程必须采取商品交换的形式;人民物质和文化生活需要的满足,主要是通过用货币从市场上购买消费品和取得消费服务来实现的。因此,人民的物质和文化生活的需要也就主要表现为市场的需要。所以,任何企业的生产经营必须面向市场,面向消费者,在产品的品种、规格、数量、质量和价格等方面都必须适应消费者的需要,从而更好地实现社会主义生产的目的。

从上可见,商品经济离不开市场,商品经济就是市场经济。我们没有必要回避这个用语,更没有必要在这个用语的差别上大做文章。在50年代末,当有人否定商品经济,以为搞商品经济就是搞资本主义时,毛泽东曾批评,有人一见到商品经济就发愁,以为要搞资本主义。现在如何呢?有的人恐怕也有这个顾虑,一见市场经济就发愁,以为是不是要搞资本主义了(外国也有人这样评论)。

邓小平同志讲的“市场经济不等于资本主义”，使我们的思想得到解放，冲破了又一个禁区。

能否这样说，只承认商品经济，而不承认市场经济，只承认我国是有计划的商品经济，而不承认是社会主义市场经济，这是羞羞答答的商品经济论者，是半截子的商品经济论者，是不彻底的商品经济论者。

能否这样说，肯定社会主义商品经济是社会主义市场经济，这就使我们的商品经济建立在更加坚实的理论基础之上，从而为我国的经济体制改革提供了更加坚实的理论基础，更加明确了我国经济体制改革的方向和目标，使我国经济体制改革进入一个新的阶段。

（此文为1992年3月在社会主义经济理论研讨会上的发言稿）

社会主义市场经济及其意义

一、市场经济和社会主义市场经济的概念

什么是市场经济呢？对此国内外有种种解说。我们择其要者先介绍如下：

1. 市场经济制度说。即把市场经济视为一种社会经济制度，并与资本主义制度等同起来。列宁在革命初期，多次提出“社会主义就是消灭商品经济”。①并且明确把市场经济与资本主义联系起来而同计划经济制度对立起来。列宁说：“只要是存在着市场经济，只要还保持着货币权力和资本力量，世界上任何法律也无力消灭不平等的剥削。只有实行巨大的社会化的计划经济制度，同时把所有土地、工厂、工具所有权交给工人阶级，才能消灭剥削。”②列宁还说：“资本主义必不可避免地要为新的社会制度所代替，这种制度将实行计划经济。”③从列宁的这些论述，可以清楚地看出，列宁是把市场经济等同于资本主义制度，又把市场经济制度同计划经济制度对立起来，认为社会主义要实行计划经济。“市场经济 = 资本主义”、“计划经济 = 社会主义”这一传统的观念，其源盖出于此。众所周知，列宁在总结了十月革命后最初几年的经验教训后，改变了关于社会主义不存在商品——市场经济的观点。但却是把商品——市场经济的做法，作为暂时的退却。

在西方的许多经济学论著中，往往把市场经济作为资本主义的同义语。他们虽然把市场经济视为一种资源配置的方式，但也是将其与资本主义等同起来。如《现代日本经济事典》对日本的“市场经济”的解释是：“日本的现行经济体制可以叫做混合体制，但其基础是自由市场制度，经济以市场为媒介，主要由自由而独立的个人经营管理。……它的基本原则有三个：(1)私有财产制度；

---

① 《列宁全集》第一卷，第255页。

② 《列宁全集》第十卷，第406～407页。

③ 《列宁全集》第三十五卷，第206页。

(2)契约自由原则;(3)自我负责的原则。"[1]这里也是把私有财产制度规定为市场经济的首要原则。

在我国,传统的观念也是把市场经济等同于资本主义,认为社会主义不能搞市场经济。其实,这是将社会经济制度与资源配置的方式混同了。所谓社会经济制度亦称基本经济制度,是指人类社会发展到一定阶段上占主导地位的生产关系的总和,它构成一定社会的经济基础。其中生产资料所有制形式是核心,它决定一定社会基本经济制度的性质,是区别不同社会形态的基本依据,反映了社会经济最本质的特征。资源配置方式是指人们可以掌握支配的人力、物力、财力等经济资源,通过何种方式(计划方式或市场方式)进行有效配置,以最大限度地满足社会多方面的需求。作为社会经济制度,资本主义与社会主义当然有区别,资本主义社会是生产资料资本家私人所有制占统治地位,社会主义社会是生产资料公有制占主体地位。但作为资源配置方式,计划和市场都是调节经济的手段,社会主义社会和资本主义社会则都是可以采用的。

2. 市场经济体制说。即把市场经济解释为资本主义和社会主义都可以采用的经济体制。原西德汉堡世界经济研究所所长古托夫斯基认为:"市场经济,既不能说它是好的,也不能说它是坏的;既不能说它是保证社会福利的,也不能说它是与社会福利相对立的,它是保证企业家生产、居民需要的产品。""市场经济体系的基本原则,不论在社会主义制度里,还是在资本主义制度里,不管是生产资料公有制还是生产资料私有制,都是独立存在的。""我们在实行市场经济体制的同时,加上'社会'二字,也就是保证由于通过市场分配原则所产生的某些不合理、不平衡现象能够通过制度的社会性、社会福利等适当地调节一下。"[2]由此可以看出,就是某些西方经济学者也是把社会制度和市场经济体制区分开来的,认为不论是在社会主义制度下还是在资本主义制度下,市场经济的原则都是独立存在的,可以为资本主义服务,也可以为社会主义服务。实践证明,原西德实行社会市场经济体制,保证了其经济的稳定发展。

3. 市场经济组织方式说。美国经济学者格林沃尔德认为:"市场经济是一种经济组织方式,在这种方式下,生产什么样的商品,采取什么方式生产以及生

---

① 《现代日本经济事典》,中国社会科学出版社和日本总研出版股份公司1982年版,第148页。

② 《西德社会市场经济考察》,企业管理出版社1983年6月版,第116~118页。

产出来以后谁将得到它们等等问题，都依靠供求力量来解决。”①这里明确指出市场经济是供求调节的一种经济组织方式，这给人以启发。

4. 市场经济资源配置说。吴敬琏同志指出：“‘市场经济’一词，是在19世纪末新古典经济学兴起以后才流行起来的。新古典经济学细致地剖析了商品经济的运行机制，说明它如何通过市场机制的运作有效地配置资源，市场被确认为商品经济运行的枢纽，从此，商品经济也就被通称为市场经济。所谓市场经济或称市场取向的经济，顾名思义，是指在这种经济中，资源的配置是由市场导向的。所以‘市场经济’一词，从一开始就是从经济的运行方式，即资源配置方式立论的。它无非是货币经济或商品经济从资源配置方式看的另一种说法。”②

那么究竟如何给市场经济下个一般的定义呢？市场经济是在不同的社会经济制度下共同存在的，各个不同社会经济制度下的市场经济都有其各自的特点，但是既然是市场经济，它就必然会有某些共性。根据马克思主义关于个别与一般（特性与共性）的辩证方法，我们可以先概括出各种社会经济制度下市场经济的共性，即一般性。

所谓市场经济，是独立的商品生产经营者通过市场交换，建立广泛的联系并受市场机制调节的经济。这个定义包含的要点有三：(1)企业独立是市场经济的前提（条件）。企业是经济独立、自主经营、自负盈亏的商品生产经营者，是独立的法人，是市场的主体。如果企业不能成为市场的主体，那就谈不上什么市场经济。(2)市场是市场经济的媒介和物质载体。各自独立的企业之间的联系和关系都是通过市场交换进行的，社会再生产的全过程，即生产、交换、分配、消费都与市场有着极密切的联系，在这各种经济活动中形成广泛的市场经济关系。没有市场这个载体，市场主体也就没有活动的场所，也就谈不上什么市场经济。(3)市场机制是市场经济内在的机制，通过市场机制进行资源配置，调节着整个社会经济的运行。市场机制是市场经济的灵魂，正是通过市场机制的作用支配着众多的经济主体的行为，使他们根据市场供求所引起的价格的变动，来决定人力、物力、财力资源的投向和规模，决定生产什么，生产多少，怎样生产，从而使得整个社会经济得以运行。所以，没有市场机制也不可能有真正的

① 《现代经济事典》[美]，商务印书馆1981年2月版，第275页。

② 《中国社会科学》，1991年第6期。

市场经济。可见,以上三者是互相联系的,都是市场经济不可或缺的要素。其核心是通过市场机制配置资源,调节经济的运行。所以,简而言之,市场经济就是通过市场配置资源的经济。

社会主义市场经济的一般特点表现为:第一,社会主义社会中的企业是独立的商品生产经营者,是市场主体。从我国社会主义初级阶段的现实生产力状况出发,我国所有制结构是以公有制经济为主体,其他经济成分为补充,多种经济成分共同发展。不仅个体经济、私营经济、"三资"企业是独立的商品生产经营者,集体企业是独立的商品生产经营者,就是现有的全民所有制企业,也要通过改革而变为"自主经营、自负盈亏、自我发展、自我约束"的独立商品生产经营者,它们都是市场主体。这是社会主义市场经济的微观基础。第二,社会主义社会广泛存在市场经济关系。经济主体之间的经济交往,社会的生产、交换、分配、消费都必须通过市场进行。第三,在社会主义社会里,市场机制是经济运行的基础。主要通过市场机制进行资源配置,调节社会经济的运行。因此,社会主义经济也是市场经济。

当然,社会主义市场经济同资本主义市场经济相比也有区别。因为市场经济是在几个社会形态中都共同存在的,各个社会的市场经济不可能脱离该社会的基本制度而孤立存在,它不能不受该社会基本制度的制约。由于社会主义市场经济与资本主义市场经济所处的社会基本制度的环境不同,所以社会主义市场经济同资本主义市场经济相比也有区别,表现出独特性。社会主义市场经济是"公主私补"基础上的市场经济。所谓"公主"就是以公有制包括全民所有制和集体所有制经济为主体;"私补"就是以个体经济、私营经济、外资经济为补充,多种经济成分长期共同发展。社会主义市场经济在分配制度上,以按劳分配为主体,其他分配方式为补充,兼顾效率与公平,既要合理拉开收入差距,又要防止两极分化,逐步实现共同富裕。在宏观调控上,社会主义国家能够把人民的当前利益与长远利益、局部利益与整体利益结合起来,更好地发挥计划和市场两种调节手段的长处。所以,我们要建立和发展的市场经济,是在社会主义公有制为主体的基础上,坚持按劳分配原则,实行有效宏观调控的市场经济,即社会主义市场经济或曰社会主义条件下的市场经济。

我们相信,社会主义条件下的市场经济,应当也完全可能比资本主义条件下的市场经济运转得更好,从而获得优越于资本主义市场经济的效果。

二、社会主义市场经济理论是对马克思主义的发展

1. 社会主义市场经济是对有计划商品经济的发展

现在提出社会主义市场经济，并不是对有计划商品经济的否定，而是对有计划商品经济的发展。因为商品经济与市场经济并没有本质的区别，尤其是现代商品经济也可说就是市场经济。我们知道，商品是用来交换的劳动产品，而市场则是商品交换的场所，是商品交换关系的总和。劳动产品必须通过交换才能成为商品，离开了交换，离开了市场，价值规律就无法发挥作用，无法想像有什么离开市场交换的商品和商品经济。其实，无论是商品经济还是市场经济，第一，它们都要以独立的经济主体的存在为前提，对经济主体的要求相同，都要实现自主经营，自负盈亏；第二，商品经济和市场经济的运行规律和法则也是一致的，它们都要遵循价值规律，恪守等价交换的原则和竞争原则；第三，商品经济和市场经济作用的范围和结果也是一致的，商品经济活动的范围也就是市场经济活动的范围，结果都是在竞争中优胜劣汰，促进生产力发展。所以，从这个意义说，商品经济和市场经济在本质上没有区别。有计划的商品经济也就是有计划的市场经济。

但是，有计划商品经济的论断还没有突破计划经济是社会主义经济的基本特征、市场经济是资本主义经济的基本特征这一传统观念。社会主义经济是"有计划的商品经济"这一提法本身就表明了思想上还受计划经济是社会主义经济的基本特征的传统观念的束缚，因而才用有计划商品经济这个概念来表示它与资本主义商品经济的区别。其实，恩格斯、列宁都曾经针对资本主义制度下股份公司和托拉斯的出现，指出"无计划性也没有了"、"现在资本主义正直接向它更高的、有计划形式转变"①。而资本主义发展的现实，则证明资本主义也可以有计划，计划并不是社会主义的专有物。正因为在理论上没有完全摆脱传统观念的束缚，所以在认识上产生一些混乱。如把计划与市场的关系当做计划为一块、市场为一块的板块结合，甚至把商品经济和市场经济对立起来，认为资本主义是市场经济，搞市场经济是搞资本主义。又如把市场调节同市场经济体制机械地割裂开来，承认社会主义是商品经济，也承认有一定的市场调节，. 但又认为市场经济体制是资本主义的，不敢提出"市场经济"这个概念。由于理论上没有彻底冲破传统观念的束缚，认识上又产生偏差，在改革实践中就表现出

---

① 《马克思恩格斯全集》第二十二卷，第 270 页；《列宁全集》第二十四卷，第 436 页。

既要改革又放不开手脚，迈不开步。我们现在提出"社会主义市场经济"的新概括，更鲜明、更集中地表现了商品经济市场性的特征，更符合社会化大生产的要求和客观实际，因而比"有计划的商品经济"提法更准确、更彻底、更科学。是对"有计划的商品经济"提法的发展。

2. 社会主义的市场经济理论是对马克思主义的重大发展

大家知道，马克思、恩格斯认为社会主义是无商品、无货币、无市场的。列宁虽然根据十月革命胜利后初期的经验，肯定了要利用商品、货币和市场，但却认为这是"暂时的"。斯大林虽然明确提出了社会主义公有制两种形式并存决定着社会主义必须保留商品生产，但他认为"它的活动范围只限于个人消费品"，否定全民所有制内部经济关系的商品性，认为生产资料不是真正的商品，只是具有商品的"外壳"，价值规律"不能起生产调节者的作用"，片面地认为调节社会主义生产的只是"国民经济有计划（按比例）发展规律"，否定了市场在生产领域的调节作用。在这种观点支配下，形成了一套以指令性计划为特征的高度集中的计划经济体制，成为"苏联模式"的经济体制的基本特征之一。这种体制曾经起过积极的作用，但后来却给苏联、东欧乃至所有的社会主义国家带来严重的影响。实践证明，"完整的、无所不包的、真正的计划 = 官僚主义的空想"①。正是在总结十月革命以来70余年国际社会主义的实践和中国40多年社会主义建设的实践经验，尤其是十一届三中全会以来推进改革、不断扩大市场作用的基础上，我们党提出了"社会主义市场经济"理论，这就冲破了"计划经济 = 社会主义"、"市场经济 = 资本主义"的传统观念，为马克思主义理论宝库增添了新的武器，这是对马克思主义政治经济学和科学社会主义的重大发展，具有重大的理论意义。

三、建设社会主义市场经济新体制

社会主义市场经济的提出，不仅具有重大的理论意义，而且具有重大的现实意义。它为我国的进一步改革开放奠定了更加坚实的理论基础。我们必须以社会主义市场经济理论为指导，加快改革开放的步伐，建立社会主义市场经济的新体制。

1. 建立社会主义市场经济新体制，是市场经济的客观要求。

市场经济具有客观性，它是在人类经济活动过程中自然产生和发展的。市

---

① 《列宁全集》第三十五卷，第473页。

场是商品经济的客观范畴,哪里有社会分工,哪里就有商品生产,哪里就有市场。社会分工和商品生产发展到什么程度,市场就发展到什么程度。一般说来,市场发育越健全,越成熟,则该社会的经济就越发达。我们必须顺应市场经济的客观必然性的要求,建立社会主义的市场经济新体制。

2. 建立社会主义市场经济新体制,是我国经济体制改革的需要。

改革的一个核心问题,就是要从根本上改变束缚生产力发展的原有经济体制,建立充满生机与活力的新经济体制。我国过去长期实行的是高度集中的计划经济体制,这种经济体制主要是照搬苏联的模式。该体制在某些特定的时期,能够利用国家的强制力量集中资源,进行重点工程建设,有利于社会的平等分配,保障人们的基本需要。我国在50年代能迅速集中资源,建设156项重点工程,奠定了我国工业化的初步基础,没有当时的适当集中是做不到的,这个作用不能抹煞。但是,这个体制随着经济的发展,随着经济关系的复杂化,其弊病也越来越暴露出来,越来越不适应现代化生产发展的要求,越来越束缚生产力的发展,以致往往把整个国民经济搞得很死。所以,对这种高度集中的计划经济体制进行根本性的改革势在必行,否则就不可能实现我国的现代化。

我国的经济体制改革,历经14年已取得世界瞩目的伟大成就。但是要取得更大成果,改革必须进一步深入,即加快企业改革,转换企业经营机制,使企业真正成为市场主体,把企业推向市场;建立和完善包括商品市场、生产资料市场、技术市场、劳动力市场、资金市场、证券市场、房地产市场等在内的市场体系;改变过去那种高度集中的行政指令性的计划管理体制,建立一种能够正确反映市场、有效引导市场的新型宏观管理体制。这都表明市场理论问题,已成为我国经济体制改革的至关重要的问题。实践呼唤着理论,社会主义市场经济理论为我国经济体制改革奠定了更加坚实的理论基础。

3. 建立社会主义市场经济新体制,是进一步扩大对外开放,实现与世界市场经济对接与融合的需要。

当今的世界是个开放的世界,处于开放世界中的任何国家,都不可能在封闭状态下求得发展。中国也不例外。要改变中国的经济落后面貌,必须利用国内国外两种资源,打开国内国外两个市场,学会组织国内建设和开展对外经济活动的两套本领。这是从真理标准问题讨论开始的思想解放获得的认识上的又一次飞跃。在这个思想指导下,80年代,我国对外开放初步形成了以5个经济特区为前沿、14个沿海港口开放城市为骨干、11个沿海开放省市为依托,从沿海港口到内地的层层对外开放格局。1991年进出口总额比1978年增长5倍多,我国进出口总额在国民生产总值中所占有的比例已达到36.6%,其中进口占17.2%,出口占19.4%,说明我国经济与国际市场联系更密切了。

但是,由于长期封闭的思想局限和传统观念的影响,由于人们还缺少对外开放的实践经验,80年代的开放仍存在某些局限。例如,对外开放战略的重点过多地放在出口创汇和引进资金技术上,而较少注意直接参与国际经济合作和竞争;对外贸易的出发点,是以产定销,能生产什么就出口什么,很少按照国际市场需求组织生产,按照国际市场价格组织交易;在经济交往中,只强调别人应按我们的制度办事,却很少考虑我们如何去适应国际经济的惯例;在经贸活动的主体上,认为只能由国家统制,由代表国家的经贸部门进行,绝大多数企业则不能直接对外,因此使得从事出口生产的企业不了解国际市场的需求和价格行情,不能亲身感受国际竞争的压力等等。

90年代对外开放,必须改变局限于进出口贸易和引进资金、技术为主的互通有无、调剂余缺的状况,要大范围、多渠道地直接参与国际分工、合作和竞争,实现中国经济和世界市场经济的对接与融合。对接就是要建立起一种双向流动的内在联系,融合就是做到他中有我,我中有他。这是社会主义市场经济发展的内在要求,是解决我国工业化进程中的矛盾的需要,是绕开关税壁垒与非关税壁垒,冲破贸易保护主义封锁的有效途径,是我国参加关贸总协定的形势要求,也是吸纳世界科技成果、利用世界资源和市场、增强自力更生能力的有效途径。

要实现与世界市场经济的对接与融合,关键是必须改革高度集中的指令性计划为特征的社会主义计划经济体制,坚持市场取向的改革,建立社会主义市场经济的新体制。只有这样,才能按国际惯例办事,适应世界经济一体化、区域集团化的潮流,直接参加跨国合作;才能继承人类社会创造的一切文明成果,借鉴西方反映客观经济规律的市场经济理论,实现与国际市场经济的对接与融合,促进我国生产力的发展。

4.建立社会主义市场经济新体制,是更好地满足人民日益增长的物质和文化生活需要的客观要求。

社会主义生产的目的是满足人民的物质和文化生活需要。由于社会主义生产仍然是商品生产,商品从生产领域进入消费过程,必须采取商品交换的形式。人民物质和文化生活需要的满足,主要是通过用货币从市场上购买消费品和取得消费服务来实现的。因此,人民的物质和文化生活的需要也就主要表现为市场的需要。所以,任何企业的生产经营必须面向市场,面向消费者,在产品的品种、规格数量、质量、价格等方面都必须适应市场消费者的需要,进而才能实现社会主义的生产目的。

(此文为1992年11月在中共甘肃省委常委中心学习组会议上的专题辅导稿,载《学习动态》1992年第11期,原题为《社会主义市场经济理论的提出及其意义》)

由“计划经济为主,市场调节为辅”到“社会主义市场经济体制”目标的确立

党的十一届三中全会以来,我们对计划与市场以及市场经济问题的认识有一个发展过程,大致可划分为三个阶段。

一、计划经济为主,市场调节为辅

1979年至1984年期间。这个期间是我国思想理论战线上拨乱反正、正本清源的一个重要时期,又是我们党把工作重心转移到经济建设上来,着力于走有中国特色的社会主义改革和发展之路的起步时期。当时形势不仅要求我们运用马克思主义的立场、观点和方法弄清那些被颠倒、被混淆的经济理论问题,恢复它们的本来面目;又要求我们对复杂而又陌生的社会主义经济运行的新体制选择提供理论上的依据和思路。在解放思想、实事求是的思想路线指引下,理论界对计划与市场以及商品经济、市场经济的问题进行了空前热烈的探讨。1979年4月,我国经济学界在江苏无锡召开了“社会主义经济中价值规律问题讨论会”,这次会议是我国建国以来,继1959年在上海召开的有关商品生产、价值规律讨论会之后,又一次盛大的研讨会。讨论的问题很广泛。但鉴于当时特殊的历史背景,这时人们所考虑的最重要的问题还是商品经济、市场调节、市场经济同社会主义经济的关系问题,即社会主义能不能搞市场经济,或用不用市场的问题。在讨论中,人们已经冲破了斯大林关于商品货币关系只存在于“全民”与“集体”这两种公有制之间,全民所有制内部不存在真正商品货币关系的观点,认识到全民所有制内部存在真正商品货币关系,并对其存在的原因进行了深入的探讨。当时,尽管人们对市场的提法,市场作用的范围、程度,计划与市场结合方式等问题在认识上尚存在差异,但几乎一致认为,社会主义必须利用市场的作用,计划与市场必须结合。在这次讨论会上,有的同志就提出了“市场经济”、“社会主义市场经济”的概念。但囿于实践的限制与传统思维的惯性,绝大多数人认为市场经济或市场调节只在一定范围内起辅助作用。

在我们党认识市场调节作用的过程中,陈云同志的见解是颇有见地的。早在我国生产资料私有制改造基本完成时,他就曾提出“三个主体,三个补充”的设想,即国家经营和集体经营是工商业的主体,个体经营是国家经营和集体经营的补充;计划生产是工农业生产的主体,按照市场变化而在国家计划许可范围内的自由生产是计划生产的补充;国家市场是社会主义统一市场的主体,国家领导的自由市场是补充。可惜的是,这个设想后来未能被很好采纳实施。1979 年 3 月 8 日,陈云同志在其所写的一份讲话提纲中又指出,苏联或中国计划工作制度中出现的缺点是只有有计划按比例这一条,没有在社会主义制度下还必须有市场调节这一条。认为整个社会主义时期经济必须有两个部分:(1)计划经济部分;(2)市场调节部分。前者是基本主要的;后者是从属的次要的,但又是必需的。特别应当指出,早在改革初期,邓小平同志就已明确指出社会主义也可以搞市场经济。1979 年 11 月 26 日上午 10 时,邓小平同志在人民大会堂北京厅会见美国不列颠百科全书出版公司编委会副主席兼副总裁弗兰克·吉布尼一行,在回答美国客人提出的中国是否“需要在社会主义计划经济的指引下,扩大非资本主义的市场经济作用”这个问题时,邓小平同志作了精辟的论述:“说市场经济只存在于资本主义社会,只有资本主义的市场,这肯定是不正确的。社会主义为什么不可以搞市场经济,这个不能说是资本主义。我们是计划经济为主,也结合市场经济。但是这是社会主义的市场经济,当然方法上基本和资本主义社会相似,但也有不同,这是国家所有制,都是全民所有制之间的关系,当然也有同集体所有制之间的关系,也有同外国资本主义的关系。但是归根到底是社会主义的,是社会主义国家。市场经济不能说只是资本主义的。市场经济,在封建社会时期就有了萌芽。社会主义也可以搞市场经济。同样地,学习资本主义的某些好东西,包括经营管理方法,也不等于实现资本主义。这也是社会主义利用这种方法来发展社会生产力。中国会不会重新回到资本主义,与这些问题有关。把这个当作方法,它不影响整个社会主义,因为不产生剥削。归根到底,不产生剥削阶级。用这种方法为社会增加的财富归社会所有,归全民所有。”

在 1979 年至 1984 年十二届三中全会以前,关于计划与市场的关系,我们党正式文件中的提法其精神也大体如上。1979 年 4 月 5 日,李先念同志受中央和国务院委托,在中央工作会议上的讲话中指出:“在我们的整个国民经济中,以计划经济为主,同时充分重视市场调节的辅助作用。”[①]1981 年中共中央通过的《关于建国以来党的若干历史问题的决议》中指出:“必须在公有制基础上实行计划经济,同时发挥市场调节的辅助作用。”[②]后来又在中共十二大报告中概括为“计划经济为主,市场调节为辅”的原则,并对此原则作了阐述,指出:“有计划的生产和流通,是我国国民经济的主体。同时,允许对于部分产品的生产和流通不作计划,由市场来调节,也就是说,根据不同时期的具体情况,由国家统一计划划出一定的范围,由价值规律自发地起调节作用。这一部分是有计划生产和流通的补充,是从属的、次要的,但又是必要的、有益的。”[③]由此可以看出,这是一种板块式结合的观点。这种观点在当时是一种主流的观点。尽管这种提法存在一定的缺陷,但相对于高度集中的以单一的指令性计划为特征的传统计划经济体制来说,无疑是一种突破和进步。我国市场取向的改革正是从此起步而展开的,实践证明,效果也是好的。

还应当指出,由于传统观念的束缚,在这个阶段,还有人反对“社会主义经济是商品经济”或“有计划商品经济”的观点。他们认为:“在我国,尽管还存在着商品生产和商品交换,但是决不能把我们的经济概括为商品经济。如果做这样的概括……就势必模糊有计划发展的社会主义经济和无政府状态的资本主义经济之间的界限,模糊社会主义经济和资本主义经济的本质区别。”

二、有计划的商品经济

1984 年 10 月至 1989 年期间,这是计划与市场、以及商品市场经济问题探索的第二个阶段。在这个期间,我国的改革重点已从农村转向城市,城市经济改革已提到议事日程。而改革的实践,使市场调节的作用也已冲破了“为辅”的框框,迫切需要回答我国社会主义经济的本质究竟是什么的问题。1984 年 10 月召开的党的十二届三中全会所作《中共中央关于经济体制改革的决定》,在总结我国前期改革经验和我国理论研究成果的基础上,明确地回答了这个问题。《决定》指出:“要突破把计划经济同商品经济对立起来的传统观念,明确认识社会主义计划经济必须自觉依据和运用价值规律,是在公有制基础上的有计划的商品经济。商品经济的充分发展,是社会经济发展的不可逾越的阶段,是实现

---

① 《三中全会以来重要文献选编》(上),第 141 页。

② 《中国共产党中央委员会关于建国以来的若干历史问题的决议》,人民出版社 1981 年版,第 55 页。

③ 《中国共产党第十二次全国代表大会文件汇编》,人民出版社 1982 年版,第 28 ~ 29 页。

我国经济现代化的必要条件。"社会主义"有计划的商品经济"新概念的提出,是对传统社会主义经济理论的重大突破,是对科学社会主义理论的伟大发展,在马克思主义发展史上树起了一块丰碑。因为在传统的社会主义经济理论中,商品货币关系一直被看作是同社会主义格格不入的、异己的力量,否认社会主义商品经济同计划经济是可以统一起来的,人们唯恐商品经济的发展会导致资本主义。《决定》肯定商品经济是社会主义经济的固有属性,这就为我国制定对内搞活经济,对外实行开放的政策奠定了理论基础,也为我国经济体制改革奠定了理论基础。

"有计划的商品经济"理论的确立,既为计划与市场关系讨论中社会主义能否与商品经济结合的问题作了结论,同时也给如何贯彻和实行有计划的商品经济的讨论以极大的推动。这时理论界和实际经济工作者讨论的重要问题是,有计划商品经济的内涵是什么?在有计划商品经济条件下,计划与市场的结合方式应该如何?是以计划经济还是商品经济为基点来确立计划和市场的结合方式?计划的形式、类型与市场的形式、类型各有哪些?等等。其中有计划商品经济条件下的计划与市场结合方式又是讨论的中心问题。尽管讨论中意见纷争,但大多数人在应该以商品经济来确立计划和市场的结合方式、计划和市场是内在统一的等问题上取得了共识,并为党的正式文件所采纳和肯定。

党的十三大文件指出:"社会主义有计划商品经济的体制,应该是计划与市场内在统一的体制。""社会主义商品经济的发展离不开市场的发育和完善,利用市场调节决不等于搞资本主义。"[①]这些规定表明我们党对计划与市场关系的认识深化了,明确地认识到市场的作用范围是覆盖全社会的,已摆脱了"市场调节为辅"的局限。这就为深化我国的经济体制改革进一步指明了方向。

在这个时期,正是在《中共中央关于经济体制改革决定》和十三大文件发表的鼓舞下,经济学界又有人重新提出社会主义市场经济的问题。他们不以《决定》和文件的规定而止步不前。有的认为"理论上要彻底一些,其实社会主义商品经济也可以叫做社会主义市场经济"。有的认为:商品经济与市场经济这两个概念没有必要区分,要区分的是社会主义市场经济和资本主义市场经济。但是这种观点没有成为主流的观点。与此相对立的是有人发表文章认为:"典型的、全社会范围的市场经济,就是资本主义经济。"反驳者则认为"把市场经济等

---

① 《十三大以来重要文献选编》(上),人民出版社 1991 年版,第 26~27 页。

同于资本主义经济是不能成立的"。由此形成了一场热烈的讨论。

这一期间,也有人对"国家调节市场,市场引导企业"的运行机制的概括提出了意见。有的认为这是"市场中心论";有的认为这是单向调节,只是说明国家调节市场,而没有回答国家根据什么基础来调节市场,市场对国家调控有什么作用。

三、计划经济与市场调节相结合——社会主义市场经济体制目标的确立

1989年至今是计划与市场问题讨论的又一个时期。在这个时期,针对前期我国国民经济出现过热、通货膨胀加剧情况,贯彻治理经济环境、整顿经济秩序、全面深化改革的方针。严酷的现实,使人们进一步认识到经济体制改革的复杂性、艰巨性、长期性。在中央的号召下,计划和市场的讨论形成了一个新的高潮。此时,关于计划与市场的讨论是以中央重要文件的表述为基础的。中央对经济运行机制作了新的表述,这主要是"计划经济与市场调节相结合",明确提出:"经济体制改革的主要目标,是适应社会主义有计划商品经济的发展,逐步建立计划经济与市场调节相结合的管理体制和经济运行机制。"并且就如何正确认识和贯彻计划经济和市场调节相结合的原则,作了进一步的阐述:

> (一)我国社会主义经济是以公有制为基础的有计划商品经济,实行计划经济同发展商品经济不是彼此排斥而是相互统一的,应当并且可能既发挥计划经济的优越性,又发挥市场调节的积极作用。(二)计划经济与市场调节应当有机结合,结合的形式大体上有三种:一是指令性计划,这种计划带有强制性,但其制定和实施也必须考虑市场供求关系和自觉运用价值规律;二是指导性计划,这种计划有一定的约束力,为经济活动指明方向和目标,主要依靠经济政策和经济杠杆促其实现;三是市场调节,这种调节是在国家总体计划指导和法规约束下,通过市场供求关系和价格变动来进行的。(三)上述三种结合形式的具体运用和比例关系,不同社会生产环节和领域、不同产业和产品而有所不同,并且应当根据不同时期的实际情况经常进行必要的调整和完善。(四)在宏观上自觉注意综合平衡,协调重大比例关系,并综合运用经济、法律、行政手段调控经济运行,加强经济信息的分析和经济预测。(五)检验计划经济与市场调节结合得好不好的根本标准,在于能否促进社会经济效益的提高,能否促进国民经济长期持续、稳

定、协调发展,而不是抽象的原则和模式。”①

从以上表述可见,这里不仅重申了计划经济同商品经济的统一性,计划与市场应当有机结合,而且提出了计划与市场结合形式的具体运用和比例关系,应当根据不同所有制性质和不同企业、不同社会生产环节和领域、不同产业和产品而有所不同,并且应当根据不同时期的实际情况进行必要的调整和完善。在这些规定指导之下,我国从上到下,从理论研究部门到实际部门都广泛地参加了这场计划与市场问题的讨论,讨论一开始就主要集中在计划与市场如何结合,特别是如何结合好的问题上,根据各个领域、各个部门、各个地区、各个企业以及不同时期的关系,探讨了计划与市场结合的各自特点。这表明我们对计划与市场关系的讨论更深入、也更具体了。通过讨论,也有力地推动了我国经济体制改革的深化。

在这个期间,对“计划经济与市场调节相结合”的提法是否科学的问题,有人也提出了不同看法。有的人认为这个提法的不足是:计划经济同市场调节是两个不同层次的范畴,它们不能形成对称关系,连在一起,造成了“结合”涵义的混乱;事实上确定了计划经济与市场调节的主次关系;客观上可能会带来重计划轻市场的后果。有的还发表文章提出“计划与市场只是资源配置的两种形式,而不是划分社会主义与资本主义的标志”②。与此意见相反的同志则认为中国不能搞市场经济,认为实行市场经济就是否定公有制,搞资本主义。争论是非常激烈的。

1992年1~2月间,邓小平同志在南巡重要讲话中再次指出:“计划经济不等于社会主义,资本主义也有计划;市场经济不等于资本主义,社会主义也有市场。”“计划和市场都是经济手段。计划多一点还是市场多一点,不是社会主义与资本主义的本质区别。”这个精辟论断,从根本上解除了把计划经济和市场经济看做是属于社会基本制度范畴的思想束缚。通过对邓小平同志的重要谈话的学习和讨论,在对计划与市场和建立新经济体制问题的认识上又有了一些新的提法,经过党的十四大,最终确立了“社会主义市场经济体制”的提法。这表明在计划与市场关系以及市场经济的问题上,我们党已经取得了共识。这是我们认识上的又一次飞跃。

① 《十三大以来重要文献选编》(中),第973~974页。

② 《解放日报》1991年3月21日。

回顾十一届三中全会以来,我们对计划与市场以及市场经济问题认识的发展过程,清楚地表明我们的认识是随着实践的发展而发展,随着改革的深化而深入的。说明对客观事物的认识不可能一次完成,特别是对一些重大问题,往往总要经过反复认识和反复讨论,并通过实践不断总结提高,才能得到比较科学的认识。

(原载《兰州学刊》1993 年第 1 期)

毛泽东对我国社会主义商品经济理论的探索

按语：该文阐述了毛泽东关于社会主义商品生产和价值规律方面的六点贡献：肯定了社会主义存在商品生产，提出了社会主义商品生产的概念；认为中国需要有一个发展商品生产的阶段；提出了生产资料是商品的观点；认为社会主义商品生产的命运，最终取决于生产力的发展水平；肯定了价值规律的客观性及其作用；提出要缩小工农业产品交换剪刀差，主张工农产品实行等价交换或近乎等价交换的政策等。

该文指出毛泽东关于商品生产和价值规律的论述，由于受历史条件和实践的限制以及传统计划经济的束缚，还有不完善和彻底的方面。他认为全民所有制内部调拨的生产资料不是商品；在计划和价值规律的关系上，认为在社会主义制度下价值规律只能作为计划工作的工具，但不能作为计划工作的主要依据，提出了“计划第一，价格第二”的原则；特别是在文革期间，在《关于理论问题的重要指示》中，认为对商品制度要在“无产阶级专政下加以限制”。这也表明他对社会主义商品生产确实存在前后矛盾的看法。

该文最后指出毛泽东在商品经济理论上的探索、贡献和教训，都是社会主义市场经济理论的宝贵思想来源，发挥了先导作用。

今年，是毛泽东同志诞辰一百周年。全党全国各族人民满怀崇敬的心情，纪念对中国革命作出了不朽贡献的毛泽东同志。我们纪念他的诞辰，就是要进一步学习、掌握他的思想，继承和发展他开创的社会主义事业。

毛泽东经济思想，是毛泽东思想的重要组成部分。而毛泽东同志关于社会主义商品经济和价值规律的论述又是毛泽东思想的特殊部分。在建立和发展社会主义市场经济的今天，我们来重温他在这方面的论述，仍然感到特别的亲切。

毛泽东作为马克思主义理论家，作为我们党和国家领导人，是我国第一个从理论上比较全面地论述社会主义商品生产和价值规律的探索开拓者。毛泽东关于社会主义商品经济的理论是在我国社会主义实践中产生的。在建设社会主义的过程中,由于实践的需要,毛泽东对社会主义制度下的商品生产和价值规律的问题,进行过认真的思考和探索,发表过一系列的见解和观点,这些观点和见解,有的是继承了列宁、斯大林关于社会主义制度下商品经济的思想,有的还丰富和发展了社会主义商品经济的理论。

毛泽东的社会主义商品经济思想,集中地反映在 1958 年开始的"大跃进"和人民公社化运动以及由此造成的三年困难期间,这时我国出现了"一平二调"的"共产风",这些"左"的错误倾向,都是否定商品生产、价值规律和等价交换的原则的。为了纠正"左"的错误,用理论武装全党干部的思想,毛泽东于 1958 年 11 月 9 日至 11 日正式向四级干部写信,建议全党读两本书,即斯大林的《苏联社会主义经济问题》和《马、恩、列、斯论共产主义社会》,提出要联系中国社会主义经济革命和经济建设读这两本书,以利于指导我们的经济工作;并且提出,有很多人有一大堆混乱思想,读这两本书就可能加以澄清。他还建议要读苏联《政治经济学(教科书)》第三版。

毛泽东身体力行,自己带头读书。对《苏联社会主义经济问题》一书,他在 1958 年读了三次,并在书上作了批注;同时还组织有数人参加的读书小组,采取边读边议的方法,发表自己的见解,后经别人整理成《读〈苏联社会主义经济问题〉一书谈话记录》。1959 年 12 月 10 日到 1960 年 2 月 9 日,毛泽东组织的读书小组,先后在杭州、上海和广州等地采取边读边议的方法,逐章逐节地学习讨论苏联科学院经济研究所编写的《政治经济学(教科书)》三版下册,即社会主义部分。在这个过程中,毛泽东发表了许多谈话,又形成了一个读苏联《政治经济学(教科书)谈话记录》。1959 年 12 月 30 日,毛泽东在杭州给女儿李纳的信中谈到他在外地生活状况时说:每天读书爬山。读的是经济学,我下决心要搞通这门学问。

毛泽东关于社会主义商品经济的思想,就是集中反映在他这个期间的读书的批注、谈话记录以及他的讲话和经他修改的文件之中。他的关于社会主义的商品经济和价值规律的论述主要可以归纳为如下几个方面:

第一,肯定了社会主义存在商品生产,提出了"社会主义商品生产"的概念。毛泽东针对当时有人提出要消灭商品生产和商品交换,实行产品调拨,否定等价交换,要废除货币的错误观点,他首先提出了尖锐的批评。斯大林在《苏联社会主义经济问题》中批评了苏联某些人主张消灭商品生产的错误观点。对此毛泽东批注说：我们现在也有这样的人。这些人大有消灭商品生产之势，觉得这是资本主义的东西。有些人向往共产主义，倾向于不要商品。有些号称马克思主义的经济学家表现得更"左"，主张现在就消灭商品生产，实行产品调拨。毛泽东严肃指出，这种观点是错误的，是违反客观规律的。如果这样做，实质上就是剥夺农民。我们的某些哲学家、经济学家在看书本时是马克思主义，碰到经济实践，他们的马克思主义就打了折扣，思想很混乱。在1958年第一次郑州会议审议一个文件草案时，他说，商品的问题，我们这个文件是避不开的。现在人们都要避开这一方面，谁讲到商品生产和商品交换，大概就不是共产主义者了。起草这个文件的同志以及在座诸公都是避开这一点的。我就想写上，当一点右派。①

毛泽东还明确地分析了商品生产的社会性质。他同意斯大林说的"不能把商品生产和资本主义生产混为一谈"的观点。他说：不能孤立地看待商品生产，要看商品生产与什么经济条件相联系，与资本主义相联系，是资本主义商品生产，它和社会主义相联系，是社会主义商品生产。毛泽东认为社会主义商品生产和商品流通，与资本主义商品生产和商品流通的区别，最主要的是二者所赖以存在的生产资料所有制不同。他针对当时有人怕发展商品会产生资本主义的顾虑，明确地指出："不要怕，不会引导到资本主义，已经没有了资本主义的经济基础。商品生产可以乖乖为社会主义服务。"他说：历来就有商品生产，现在加一种社会主义商品生产。他提议在起草的会议文件中写上："必须生产适宜于交换的社会主义的商品，加一个'社会主义'"，以便在社会主义建设时期，要有计划地大大发展社会主义的商品生产。可见，毛泽东是较早地肯定我国社会主义必须保留商品生产并且应大力加以发展的。这是他在探索中国社会主义建设道路问题上的贡献之一。他还说：我们国家是个商品生产不发达的国家，现在又很快进入了社会主义，社会主义的商品生产同商品交换，还要发展，这是肯定的，有积极作用。

由上看来，毛泽东此时已明确地提出了"社会主义商品生产"、"社会主义商品生产与商品交换"的概念，比起斯大林的"社会主义制度下的商品生产"、"特种商品生产"等提法，更概括、更明确。这就把商品生产纳入社会主义经济关系

① 薄一波：《若干重大决策与事件的回顾》下卷，第809～810页、823页、826页。

的范围之内，明确揭示了社会主义社会存在的商品生产的社会主义性质。有助于我们克服把商品生产混同于资本主义的传统观念。这就为十一届三中全会以来，我们党提出的"社会主义商品经济"、"社会主义市场经济"的概括提供了思想材料。

第二，认为中国很需要有一个发展商品生产的阶段。毛泽东认为，中国原来就是一个商品生产不发达的国家，比印度、巴西还落后。他指出，我国农产品（包括粮食和经济作物）的商品率很低，农民货币收入很少，生活难以改善。因此，农村应当在发展自给性生产的同时多搞商品生产，尽可能多生产能够交换的东西，向全省、全国乃至全世界交换。毛泽东得出的结论是：我国很需要有一个发展商品生产的阶段。

这里我们看到了十二届三中全会所通过的关于《经济体制改革的决定》中提出的"商品经济的充分发展是社会经济发展的不可逾越的阶段"这一论断的思想渊源。

第三，毛泽东提出了生产资料是商品的观点。他针对斯大林提出的"无论如何不能把我国制度下的生产资料列入商品的范畴"的观点发表了自己的见解，认为这个问题值得研究。毛泽东提出，斯大林关于商品是一种可以转让所有权的产品的论点，同生产资料不能列入商品范畴的观点是矛盾的。他认为这讲不通，农产品是商品，工业品是非商品，或者一个是商品，一个半商品，两者交换，这怎么讲得通呢？他说：在我们这里，有一部分生产资料是商品，我们不仅把拖拉机等生产资料卖给公社，而且为了公社办工业，把一部分工业生产资料卖给公社。这些产品，都是商品。由此可见，在生产资料是否是商品的问题上，毛泽东显然比斯大林的认识前进了一步。我们知道，一个产品之所以成为商品，是因为它反映和体现了不同物质利益主体之间的交换关系，而决不是由产品的用途——是用于生产消费还是用于人们的生活消费所决定的。这给了我们研究商品经济以方法论的指导意义。

第四，认为社会主义商品生产的命运，最终取决于社会生产力的发展水平。从社会主义商品生产思想发展史来看，列宁曾经论述了多种所有制并存的条件下仍需保留商品生产和商品交换。斯大林发展了列宁的思想，认为两种公有制形式——全民所有制和集体所有制的存在是社会主义制度下商品生产存在的条件。毛泽东则认为，两种所有制的存在只是商品生产的主要前提，但商品生产的命运，最终和社会生产力的发展水平有密切关系。这也突破了斯大林论述的社会主义商品生产存在的条件的论述。

第五,毛泽东肯定了社会主义商品经济中价值规律的客观性及其作用。价值规律是商品生产的基本规律,只要社会主义条件下存在商品生产,价值规律就必然起着作用。毛泽东指出:在我国,还存在商品生产,价值法则还起作用。他在1958年召开的第二次郑州会议的讲话中鲜明地指出:"价值法则依然是客观存在的经济法则,我们对于社会产品,只能实行等价交换,不能实行无偿占有。违反这一点,终究是不行的。"①"违反它,要整得头破血流。"违背客观经济规律的"大跃进"就是有力的证明。

毛泽东同志特别强调了价值规律在社会主义经济建设中的作用。他说:"算账才能实行那个客观存在的价值法则。这个法则是个伟大的学校,只有利用它,才有可能教会我们的几千万干部和几万万人民,才有可能建设我们的社会主义和共产主义。否则,一切都不可能。"②这是何等的高瞻远瞩啊!

第六,毛泽东提出要缩小工农业产品交换剪刀差,主张工农业产品实行等价交换或近乎等价交换的政策。早在建国前夕,毛泽东就指出"帝国主义以不等价交换的方法剥削中国农民,使农民破产"。在建国后,毛泽东主张我们在处理与农民的关系时,实行与苏联不同的政策。在1953年实行粮食统购统销政策时,毛泽东就强调了粮食统购统销政策和"余粮收集制"的不同。在1956年又针对当时主张将我国的公粮制度(即粮食税)和粮食统购制度合并起来,改为类似苏联的那种售价很低的义务交售制的议论,明确表示不赞同,并提出了尖锐的批评。他在《论十大关系》中指出:"苏联的办法把农民挖得很苦。他们采取所谓义务交售制等项办法,把农民生产的东西拿走太多,给的代价又极低。他们这样来积累资金,使农民的生产积极性受到极大的损害。你要母鸡多生蛋,又不给它米吃,又要马儿跑得好,又要马儿不吃草。世界上那有这样的道理!"并且说明:"我们对农民的政策不是苏联的那种政策,而是兼顾国家和农民的利益。我们的农业税历来比较轻。工农业产品的交换,我们是采取缩小剪刀差,等价交换或者近乎等价交换的政策。"③在"谈话记录"中他又认为,工农业产品的交换不能够完全等价,但要做到相当的等价,因为工农业产品的价格关

---

① 薄一波:《若干重大决策与事件的回顾》下卷,第809~810页、823页、826页。

② 薄一波:《若干重大决策与事件的回顾》下卷,第809~810页、823页、826页。

③《毛泽东选集》第五卷,第274页。

系，体现着工人和农民之间的经济关系和政治关系。毛泽东始终是从保护农民利益，促进农业发展，巩固工农联盟的高度来认识工农产品交换关系的。

应当指出，毛泽东关于商品经济和价值规律的论述，由于受历史条件和我国社会主义建设实践时间短的限制，加之传统的计划经济理论和模式的束缚，还有不够完善和彻底的地方。如他仍然认为全民所有制内部调拨的生产资料不是商品；在计划和价值规律的关系上，认为在社会主义制度下价值规律只能作为计划工作的工具，但不能作为计划工作的主要依据，提出了“计划第一，价格第二”的原则；特别是在文革中，在《关于理论问题的重要指示》中，认为对商品制度要在“无产阶段专政下加以限制”。这也表明他对社会主义商品生产确实存在前后矛盾的看法。

但是，总体说来，毛泽东的商品经济理论是对我国探索建设社会主义道路过程中我们自己的实践经验的总结。这个理论对于我国社会主义建设的实践，特别是在1958年前后纠正否定商品生产与价值规律的错误倾向中已经发挥了重要的指导作用。不仅具有重大的实践意义，而且在许多方面突破了苏联传统模式的影响，丰富和发展了马列主义关于社会主义的商品价值理论，至今仍然闪烁着真理的光辉。即使他在社会主义商品价值理论认识上有某些偏颇和失误之处，以及由此造成某些损失，也给我们往后的认识，提供了宝贵的教训。因为“失败是成功之母”。

党的十一届三中全会以后，我们在“解放思想，实事求是”思想路线的指引下，逐步走上了建设有中国特色的社会主义道路，已经形成了比较成熟的邓小平有中国特色的社会主义理论。这是毛泽东思想的继承和发展。正像邓小平同志自己所说：“三中全会以后，我们就是恢复毛泽东同志的那些正确的东西嘛。就是准确地、完整地学习和运用毛泽东思想嘛。基本点还是那些。从许多方面来说，现在我们还是把毛泽东同志已经提出、但是没有做的事情做起来，把他反对错了的改正过来，把他没有做好的事情做好。今后相当长的时期，还是做这件事。当然我们还有发展，而且还要继续发展。”①

回顾十一届三中全会以来我们所走过的历程，随着我国社会主义建设和体改实践的发展，社会主义商品经济理论取得了重大的发展。从“计划经济为主，市场调节为辅”到“有计划的商品经济”，直到十四大“社会主义市场经济”的确

---

① 《邓小平文选》第二卷，第300页。

立，清楚地表明了我们对社会主义商品经济理论的认识过程。社会主义市场经济理论毫无疑问反映和总结了改革开放以来，我们建设中国特色社会主义的新鲜经验。同样，毫无疑问也吸取了建国以来至改革开放这段时期我国社会主义经济建设的经验和教训，以及作为这个经验和教训总结的毛泽东关于社会主义商品经济理论的成果，是毛泽东商品经济理论的继承和发展。毛泽东在商品经济理论上的探索、贡献和教训，诸如毛泽东关于我国必须大力发展商品生产和商品交换的观点，关于中国要有一个发展商品生产的阶段的论述，关于社会主义商品生产同资本主义商品生产有本质区别的论述，关于生产资料是商品的看法，关于价值规律的客观性以及价值规律是个伟大学校的论述，关于工农业产品必须等价交换或近乎等价交换的认识等，都是社会主义市场经济理论的宝贵的思想来源，为创立社会主义市场经济理论发挥了先导的作用。社会主义市场经济理论，正是吸收了毛泽东关于社会主义商品经济理论的科学思想，又克服了其对市场的作用缺乏足够充分的认识的局限性，并在改革开放的新的历史条件下加以发展而形成的。

今天我们学习邓小平建设有中国特色的社会主义理论，就要进一步学习毛泽东关于社会主义商品经济的理论，并将二者结合起来，认真总结建国以来的正反面经验，加深对社会主义市场经济理论的认识，搞好经济体制改革，以促进我国国民经济持续、快速和健康的发展。

（原载《兰州大学学报》社会科学版 1993 年第 21 期增刊，《社科纵横》1993 年第 6 期）

关于建立社会主义市场经济体制的几个问题

党的十四大确定我国经济体制改革的目标是建立社会主义市场经济体制。十四届三中全会作出了《中共中央关于建立社会主义市场经济体制若干问题决定》,把十四大确定的经济体制改革的目标和基本原则加以系统化、具体化,勾画了社会主义市场经济体制的基本框架,设计了我国建立社会主义市场经济的总体规划和宏伟蓝图,为我国90年代的体制改革制定了行动纲领,对于进一步解放和发展生产力,推进改革开放和现代化建设具有深远的意义。

在十四大精神和十四届三中全会决定指引下,我国改革进入了一个新阶段。改革的新阶段,就是按照社会主义市场经济的总体规划要求,按五个环节全面推进,有计划地系统地进行,这是新阶段的鲜明标志。今天,那种"摸着石头过河",单项推进、孤军奋战式的改革阶段已成过去,取而代之的是在总体规划指导下的、宏观与微观全面展开的整体推进的全面改革。

1993年是贯彻落实十四届三中全会《决定》的第一年,是十几年来改革措施出台最多的一年,我国的改革无论从广度、深度、力度、难度上讲,都是前所未有的,是改革整体推进和重点突破的关键性的一年。今年经济体制改革的主要任务是:以建立现代企业制度和推进宏观体制改革为重点,配套进行以要素市场为主的市场体系建设,加快推进社会保障和经济制度改革,搞好其他方面的改革。

社会主义市场经济体制是同社会主义基本制度结合在一起的。建立社会主义市场经济体制,就是要使市场在国家宏观调控下对资源配置起基础性作用。《决定》勾画了社会主义市场经济体制的基本框架。这就是:(1)所有制结构和现代企业制度;(2)市场体系和价格形成(市场机制)机制;(3)宏观调控体系;(4)收入分配和社会保障体系。这四根支柱缺一不可,相互紧密结合,互相配合，构筑起社会主义市场经济的大厦。

一、建立适应社会主义市场经济的所有制结构和现代企业制度

市场经济必须以独立的市场主体的存在为前提。这是市场经济的微观基础。社会主义市场经济体制也必须以独立的市场主体的存在为基础。传统的集中计划经济体制是以单一的公有制为基础的，市场经济则是以多元化的所有制结构为基础。因为市场交换表面是物品(服务)之间的交换，实质上是具有不同物质的经济利益主体之间的交换，如果财产归单一的所有者支配，市场交换便无须进行。因此，市场经济中的所有制结构必然是多元的结构。

十一届三中全会以来，我国的经济体制改革，大体上是沿着两条线开展的。一条是从单一的公有制结构过渡到公有制为主体、多种经济成分共同发展；一条是从高度集中的计划体制过渡到充分发挥市场的作用。改革开放以来，我国经济的所有制结构已经发生了很大变化，可以说以公有制为主体、多种所有制并存的所有制新格局已初步形成。

适应建立社会主义市场经济体制的要求，为了塑造和完善市场主体，《决定》指出，深化改革应在如下两个方面开展工作：

1. 坚持以公有制为主体、多种经济成分共同发展的方针。公有制为主体这一点必须坚持，因为这是社会主义市场经济的前提。这是社会主义市场经济与资本主义市场经济的本质区别，我们搞社会主义市场经济，就是要使社会主义公有制和市场经济结合起来，从而更好地发挥社会主义的优越性。境外舆论曾有猜测，但这是打错算盘。关于公有制为主体这一概念，《决定》作了新的阐述和肯定："就全国来说，公有制在国民经济中应占主体地位，有的地方、有的产业可以有所差别，公有制的主体地位，主要体现在国家和集体所有的资产在社会总资产中占优势，国有经济控制国民经济命脉及其对经济发展的主导作用等方面。"这样的规定就使我们对公有制为主体的理解较前丰富和深刻多了。

国家对各种所有制的态度问题，《决定》明确指出："国家要为各种所有制经济平等参与市场竞争创造条件，对各类企业一视同仁。"这也是新的思想。各种经济成分之间，应该是长期并存、优势互补、共同发展、公平竞争。在整个社会主义初级阶段，只能如此。要实现公平竞争，国家就必须为各种经济成分，创造大体相同的改革环境、法律环境、市场环境，改变按所有制性质制定经济政策和法规的传统作法，实行一视同仁的政策。这样，才能促进市场经济的发展。

2. 建立社会主义市场经济的现代企业制度。《决定》鲜明提出建立现代企业制度的概念，是一个重大突破。国有企业的改革，是重点、难点，也是讨论最热烈的问题。决定概括了现代企业制度的五个基本特征（要求）。最本质的是明确产权关系，建立现代企业法人制度。这是企业制度的创新，使企业改革有了明确的思路和方向。这就在理论和实践上为社会主义市场经济体制奠定了微观基础。决定明确区分了国有企业中的“国有资产所有权”和“法人财产所有权”。国有企业中的资产所有权属于国家，企业拥有全部法人财产所有权。这就从过去的企业改革思路上，由放权让利、两权分离（所有权、经营权分离）前进了一大步，深入到产权的重组，使产权关系明晰化。一方面所有者享有所有者的权益：重大决策权，经理人员的任免权，企业破产所有者负有限责任，再不像现在是无底洞。另一方面企业拥有出资者投入企业的全部资产构成法人财产，成为独立的法人，享有民事权利，承担民事责任。企业有了法人财产所有权之后，就可以做到“自主经营、自负盈亏”。规范的现代企业制度，能够有效地实现出资者所有权与企业法人财产所有权的分离，有利于政企分开，转换企业经营机制。企业摆脱对行政机关的依赖，国家解除对企业承担的无限责任。这就为企业改革找到了一条正确的道路。

二、加快培育和发展市场体系，继续推进价格改革

1. 加快培育市场体系。培育和发展市场体系，是建立社会主义市场经济体制的本质要求。新体制的实质是要使市场在国家宏观调控下在资源配置中起基础性作用。而健全的市场和市场体系，是市场发挥配置资源的基础性作用的运行载体。市场体系的发育程度，反映着市场配置资源的作用程度，同时，也标志着市场经济体制的成熟程度。没有市场体系，市场主体就没有活动的场所。所以，培育和发展市场体系，是构筑社会主义市场经济体制基本框架的重要支柱之一。

培育和发展社会主义市场体系的目标，是实现商品和生产要素的流通由计划分配关系向市场交换关系的转变。市场，从浅层次讲，是指商品交换场所，从本质上讲，它是商品交换关系的总和。因此培育和发展市场体系，不只是简单地建设多少市场场所，没有商品供给者和需求者的交换，就“有场无市”，所以培育市场体系，更主要的是要建立一种新型的市场交换关系，把在计划经济体制下产品和生产要素的行政分配关系，转变为建立在等价交换基础上的市场交换关系。

适应社会主义市场经济要求的现代市场体系，应该具有统一、开放、竞争、有序的特点。必须是统一的而不是分割的。要打破地区的封锁,部门的分割,形成全国统一市场。必须是开放的而不是封闭的。既对国内开放,又对国外开放,实现国内市场和国际市场的对接。必须是竞争的,而不是垄断的。要有充分的公平竞争,反对垄断特别是行政垄断。必须是有序的而不是混乱的。市场主体行为端正,交易活动规范化、法制化,形成良好的市场秩序。

社会主义市场体系,必须是完备的,而不是残缺不全的。既要有商品市场(包括消费品市场和生产资料市场),又要有生产要素市场;既要有现货市场,又要有期货市场;既要有区域性市场,又要有全国性市场;既要发展国内市场,还要开拓国际市场。

当前培育市场体系的重点是,发展生产要素市场,即发展金融市场、劳动力市场、地产市场、技术市场和信息市场等。商品市场是整个市场体系的基础,毫无疑问,应该进一步发展商品市场。但是,我们培育和发展市场体系的目的,是要使市场机制在资源配置中起基础性作用,说到底是要把生产要素配置到效益较好的产业和环节中去。生产要素要进入市场流通,是市场机制对资源配置起基础性作用的本质要求和必要条件。改革 15 年来,商品市场已经有了很大的发展,工农业产品 80% 左右,已经由计划调拨分配改为经过市场配置。但要素市场的发展滞后。在商品市场有了一定发展之后,加快发展生产要素市场,就成为发展社会主义市场经济的迫切要求。

要发展和完善以银行融资为主的金融市场。金融市场是一个多样化的体系。包括:①短期资本市场,也叫货币市场,即专门从事短期货币资金融通的市场,其特点是融资期限短和被融通的资金主要是作为再生产过程中的所需要的流动资金(如同业短期拆借市场)。②资本市场。是指提供长期运营资本的市场。其融通的资金主要作为扩大再生产所需投入的资本使用。在资本市场上流通的长期信用工具是有价证券,包括债券和股票两大类。此外金融市场还包括黄金买卖市场和进行外汇交易的外汇市场。

在资本市场要积极稳妥地发展债券、股票融资,继续有计划地扩大各类债券的发行规模,建立发债机构和债券信用评级制度,促进债券市场健康发展。在完善国债市场的基础上,国有商业银行和其他金融机构以及邮政储蓄,都要持有一定比例的国债,全国性商业金融机构可以此作为抵押,向人民银行融通资金,为中央银行公开市场业务创造条件。

货币市场要发展规范的银行同业拆借和票据贴现,加强对货币市场的管理。切断货币市场与资本市场的直接联系,防止资金从拆借市场流向资本(证券)市场、房地产市场。

《决定》明确提出了"劳动力市场"的概念,这是一个重大的突破,指出要改革劳动制度,逐步形成劳动力市场。由于受传统观念的束缚,理论界特别是经济部门在涉及劳动力供求关系问题时,往往回避"劳动力市场"的提法,而用"劳务市场"之类的提法。在社会主义市场经济条件下,劳动力作为生产要素是需要进行流动进入市场的,所以客观上就存在劳动力市场,不能把劳动力排斥在市场之外,否则,市场体系就是残缺不全的,不利于劳动力的合理流动,也不利于劳动力资源的合理配置,不利于发挥劳动者的聪明才智和积极性,从而不利于经济的发展。应当指出,确立劳动力市场概念,并不一定否定工人阶级的主人翁地位。即使承认劳动力商品的形式,也不否定劳动者的主人翁地位。

《决定》还指出了要规范和发展房地产市场。正确引导土地市场的健康发展。要加快城镇住房制度改革,促进住房商品化和住房建设的发展。

2. 继续推进价格改革。市场经济的载体是市场体系,而市场和市场体系的核心是价格。市场发挥配置资源的基础作用,主要是借助于市场价格形成机制和运行机制来实现的。所以价格与市场体系是相互制约的。建立社会主义市场经济体制,必须推进价格改革,建立主要由市场形成价格的机制。我们知道,所谓市场机制是指构成市场机体的供求、竞争、价格等诸要素之间所存在的互为因果、互相制约的有机联系及其作用。而其中价格是最灵敏的机制,正是通过市场供求之间的竞争所形成的市场价格,引导着资源的配置,调节着整个市场经济的运行。

经过15年的改革,价格改革取得了实质性的进展,过度集中的计划价格体制已发生了根本性变化,绝大部分商品价格已经放开。可以说在商品和服务领域市场形成价格的机制已占主导地位,但是价格改革的任务还远未完成。一些宜放开的价格尚未放开;某些基础产品的价格双轨制依然存在;计划内价格仍然偏低,价格宏观调控体系相对滞后,特别是市场对利率、汇率、工资、地价等的形成尚未起支配作用,要素价格改革滞后。今后必须继续深化价格改革。

三、建立健全宏观经济调控体系,加快财税、金融、投资体制的改革

现代市场经济都是有宏观调控的。有的国家搞得比较好,如美国的货币政策,德国的财政政策,日本的产业政策,"南朝鲜是计划最成功的国家"(世界银行专家语),这是值得我们学习的。我们更应该搞好宏观调控。所以,建立社会主义市场经济,必须建立和健全宏观经济调控体系。《决定》指出,“转变政府管理经济的职能,建立以间接手段为主的完善的宏观调控体系,保证国民经济的健康运行”,这是构成社会主义市场经济体制的基本框架的一个主要环节。《决定》明确提出了政府的宏观经济调控的职能和宏观调控的主要任务,又对社会主义市场经济中的宏观调控体系作了比较完整科学的阐述,指出“宏观调控主要采取经济办法”,要“建立计划、金融、财政之间相互配合和制约的机制,加强对经济运行的综合协调”。这个阐述,既反映了市场经济的一般规律,又符合我国实际,是又一个重大的突破和发展。中央决定1994年在财税、金融、投资体制等方面将迈出重大步伐,这是全面推进经济体制改革的重大举措。

1. 积极推进财税体制改革。

主要是两个方面的改革:

(1)实行分税制改革。适应社会主义市场经济的要求,建立分税财政体制,是今年宏观管理体制改革的重头戏之一。把现行财政包干体制改为分税财政体制,一是要科学合理地划分中央和地方政府的事权,据此划分各级财政支出的范围;二是在合理划分事权的基础上,按照税种划分中央财政与地方财政收入。维护国家权益和实施宏观调控所必需的税种列为中央税;同经济发展直接相关的主要税种列为共享税,充实地方税收入。要逐步提高财政收入在国民生产总值中的比重,并适当提高中央财政收入在整个财政收入中的比重;三是要合理确定地方财政收支基数,建立科学的中央财政对地方财政的返还和转移支付制度,以调节分配结构和地区结构,特别是扶持经济不发达地区的发展和老工业基地的改造;四是要配合分税制的实行,分设国税局和地方税局两套机构。

(2)改革和完善税收制度。这次税制改革,是全面性、结构性改革,无论从广度和深度来说都是前所未有的。税制改革的指导思想是:统一税法、公平税负、简化税制、合理分权、理顺分配关系,保障财政收入,建立符合社会主义市场经济要求的税制体系。主要包括两方面内容:

第一,流转税制度的改革。推行以增值税为主体的流转税制度,对少数商品征收消费税,对大部分非商品经营继续征收营业税。

第二,在所得税改革方面,一是统一内资企业所得税,改变原来按企业所有制性质征收不同所得税的作法,统一实行33%的所得税税率(比例税率),与外商投资企业和外国企业所得税税率一致。根据实际情况,对一些企业可以采取一些过渡性的照顾措施,增设了两档照顾税率。二是建立统一的个人所得税制度。将现行的个人调节税、个体工商户所得税和对外国人征收的个人所得税合并,建立统一的个人所得税制度。

此外还有地方税改革。这次税制改革税种由原来的 32 个变为 18 个,减少了 14 个。

这次税制改革,主要是税制结构的调整。就全国而言,保持原来的总体税负不变。但到具体行业则是有增有减。

2. 金融体制改革。

主要内容有:第一,把中国人民银行办成真正的中央银行,建立在国务院领导下的独立执行货币政策的中央银行宏观调控体系。货币政策的最终目标是保持币值的稳定。从主要依靠信贷规模管理,转变为运用存款准备金率、中央银行贷款利率和公开市场业务等手段来调控货币供应量,达到币值的稳定。

第二,建立政策性银行。实现政策性金融业务和商业性金融业务分离,是国家专业银行转变为商业银行的前提,也是割断政策性贷款和基础性货币的直接联系,确保人民银行调控基础货币主动性的客观要求。政策性银行在国家产业政策和规划的指导下,自主经营,自担风险,坚持保本微利经营和不从事商业性金融业务的原则。政策性银行由国家开发银行、进出口信贷银行、中国农业发展银行组成,构成完整的政策性投融资体系,主要承担不同经济领域的政策性投融资业务。政策性银行的组建,要按国务院批准的方案进行。

第三,把现有的国家专业银行改组为真正的商业银行。在政策性金融业务分离出去之后,现有的国有专业银行,即中国工商银行、中国农业银行、中国银行和中国人民建设银行要逐步向国有商业银行过渡,按现代商业银行经营机制运行,真正做到自主经营、自负盈亏、自担风险、自我约束。在转轨过程中,国有商业银行应注意调整自身的组织机构;国有商业银行之间,允许业务交叉,形成竞争机制,但要制止不正当的竞争行为。现有的其他全国性和区域性的银行,也应按即将出台的有关法规进行改造,办成真正的商业银行。与此同时,在城乡信用社的基础上,应积极稳妥地发展合作银行体系,为农业、中小企业和地区经济服务。合作银行体系由农村合作银行和城市合作银行构成。城市合作银行设市行和基层行两级,均为独立法人。无论是国家专业银行转为商业银行,还是城乡信用合作社转变为合作银行,都要有步骤、有计划地进行。目前,各地在发展地方性、区域性商业银行方面积极性很高,而对商业银行的运行机制和可能的风险却认识不足。这种情况很值得注意。商业银行不是政府的第二财政，不能随意扩展信贷规模，它本身是金融企业，要按企业来办。商业银行、特别是中小型的商业银行，加强资产负债的比例管理更为重要。如果发生头寸不足、支付困难，就会导致银行的破产，由此引起的震动将十分剧烈。对此，我们一定要有十分清醒的认识，必须慎重行事。

3.深化投资体制改革。

建立科学的投资决策和项目管理体系，提高投资效率。当前，我国投资体制的主要弊端，一是缺乏投资约束机制和风险机制，尤其是国有单位的投资，由于建设主体、决策人和出资人责权利不统一，各方面投资扩张冲动强烈，争规模、争项目，容易造成投资膨胀，诱发总量失衡。二是对越来越大的社会投资缺乏强有力的引导手段，难以适应投资主体多元化和资金来源多元化的格局。所以必须改革。

1994年投资体制改革的重点：一是逐步建立法人投资和银行信贷的风险责任。在这个基础上，最终把竞争性项目投融资推向市场，由企业自主决策，自担风险，所需贷款由商业银行自主决定、自负盈亏。用项目登记备案制代替现行的行政审批制，政府对这部分投资主要是加强产业政策指导和信息引导。二是拓宽基础性项目和重点建设项目的投融资渠道，鼓励各方投资参与。如通过股份制、企业拍卖、租赁、产权转让等方式筹集资金，同时配合分税制的实行，强化地方政府承担基础性项目和重点建设项目投资的能力和责任。三是新开工项目和现有的在建项目，要积极推行公司法人责任制。四是把政策性融资与商业性融资分开，建立中央政策性投融资体系。

四、建立适应社会主义市场经济的个人分配制度和社会保障制度

建立适应社会主义市场经济的个人收入分配制度和社会保障制度是建立社会主义市场经济体制的两个重要环节。

1.建立适应社会主义市场经济的个人收入分配制度。

《决定》指出："个人收入分配要坚持按劳分配为主体、多种分配方式并存的制度，体现效率优先、兼顾公平的原则。"这里明确提出"效率优先、兼顾公平的原则"。这与十四大所提的"兼顾效率与公平"相比，是一个突破和发展。强调效率优先是完全正确的，因为不注重效率，就失去了搞市场经济的意义。我们不是为搞市场经济而搞市场经济，搞市场经济的目的，是为了提高效率，而要提高效率，在个人收入分配上应引入竞争机制，打破平均主义，实行多劳多得，合理拉开差距。有竞争才有压力、动力和生命力（活力），才能促进劳动者不断提高素质和技能,从而创造出更高的劳动生产率。当然,在个人收入分配上也要兼顾公平的原则。公平是社会主义基本制度的要求,但公平不是平均主义,实现公平是一个过程。我们允许和鼓励一部分地区和一部分人通过诚实劳动和合法经营先富起来,我们也要鼓励先富帮后富,走共同富裕的道路。既要通过竞争,合理拉开收入差距,也要防止两极分化。

目前在收入分配上,平均主义和社会分配不公并存,特别是分配不公的问题已经引起各方重视。这要通过税收制度来加以调节。

《决定》还明确提出了"允许属于个人的资本等生产要素参与收益分配",这实际上就是肯定了资本及其收入,肯定了按资分配。这是新的提法,这是非劳动收入。但是,我们要注意把合法收入与非法收入区分开来,国家只依法保护合法收入,对非法收入则要加以惩处。

2. 建立适应社会主义市场经济的多层次社会保障体系。

建立社会保障体系,对于深化企业和事业单位的改革,保持社会稳定,顺利建立社会主义市场经济体制具有重大意义。这是"安全阀"。是全面改革、整体推进的一个重要环节。社会保障体系,包括社会保险、社会救济、社会福利、优抚安置和社会互助、个人储蓄积累保障等。

根据《决定》,在进行社会保障制度改革中应注意掌握以下几条原则:

第一,社会保障水平要与我国生产力发展水平以及各方面的承受能力相适应。从国情出发,国家和企业不能包揽过多,即使是养老、医疗方面的基本保障,个人也必须缴纳一部分费用。

第二,城乡有别。总的看来,现阶段,我国城乡之间,在生产力水平、就业结构、收入水平等方面都存在很大差别,农村经济的现代化、社会化还有一个较长的过程,广大农村在近期尚不具备国家统一立法、强制实行社会保障制度的条件,不能照搬城镇的办法。广大农民仍应坚持家庭养老、邻里互助等好的传统做法,在富裕地区可以进行个人储蓄积累式的养老保险试点。

第三,社会保险和商业保险分开。发展商业保险作为社会保险的补充。

第四,社会保障管理机构和政策要统一,管理要法制化。

1994 年重点是要进一步改革和完善城镇职工的养老和医疗保险制度,方向是养老和医疗保险基金由单位和个人共同负担,实行社会统筹和个人账户相结合的新办法;同时进一步健全失业保险制度。

按照这一改革方向,城镇职工养老保险制度改革的基本思路是,建立个人养老保险账户，养老保险费用按照工资的一定比例由用人单位和职工个人共同缴纳，记入个人账户。今后在实现工资货币化的同时，职工个人缴纳的比例与用人单位缴纳的比例要逐步相等。个体劳动者参加养老保险，费用全部由本人缴纳。在推进企业产权制度改革，进行资产重组、转让、清算以及对外合资时，都应考虑社会保险金的筹集，保证社会保险金的来源。

医疗制度改革重点是改革现行公费、劳保医疗制度，建立市（县）一级的个人医疗账户与大病社会保险基金相结合的医疗保险制度。基本思路是，将现在由企业和财政共同负担的劳保医疗和公费医疗费，分为两块，其中一部分用于建立大病社会保险统筹基金，集中调剂使用，用于职工大病医疗开支；另一部分用于建立个人医疗账户，职工个人再定期由工资中缴纳适当部分，充实个人医疗账户，用于一般医疗开支。医疗制度改革比较复杂，难度也较大。各地要积极开展测算，制定具体方案。国家将会同有关部门选择几个试点城市进行试点。

失业保险主要是贯彻落实国务院关于全民所有制职工失业保险的实施办法，扩大失业保险范围，改革失业保险金的计发办法。逐步建立包括国有、集体、私营及外商投资企业中方职工在内的统一失业保险制度。企业工伤保险要在试点基础上，逐步扩大覆盖面，改进管理方式。

当然，我国地域辽阔，各地经济发展极不平衡，以上各种保险，特别是城镇养老保险，保障程度不可能完全一样，因此应允许在全国统一政策和方针下，各地可有不同形式，保险范围、程度可有所不同。

（此文为1993年9月在甘肃省教委召开的高校马克思主义理论课研讨班上的报告稿）

我国经济体制改革的目标是建立社会主义市场经济体制

党的十四大报告明确指出,我国经济改革的目标是要建立社会主义市场经济体制,这是自十月革命后70余年来世界社会主义建设经验和我国40余年来社会主义建设经验,尤其是我国15年改革开放经验的科学总结。它标志着我们党对科学社会主义和社会主义政治经济学的又一次重大突破和发展,从而为我国不断深化改革、扩大开放奠定了更加坚实的理论基础,对进一步解放和发展生产力,实现社会主义现代化建设的战略目标具有极为重大的现实意义和深远的历史意义。

一、社会主义市场经济体制目标的确立

我国经济体制改革确定什么样的目标模式,是关系到能否促进社会生产力发展,进而影响到整个社会主义现代化建设全局的一个重大问题。提出经济体制改革的目标是建立社会主义市场经济体制,决非偶然。这是我国改革开放实践发展和我们对社会主义经济认识深化的结果。

传统观念认为,市场经济是资本主义特有的东西,计划经济才是社会主义经济的基本特征。马克思、恩格斯曾经设想,社会主义是无商品、无货币、无市场的,对生产要实行"社会的有计划的调节"。但这个"三无"的设想是有前提的,这就是"社会占有全部生产资料",而这又是"以生产的高度发展阶段为前提的"①。这是马、恩对未来社会发展总趋势所作的科学预测。但是,他们从未对这种发展的具体进程进行空想主义的描述,而把它留给后人的实践来回答。

列宁对社会主义社会中商品、货币、市场的认识有一个发展过程。他在革命初期也认为要取消商品、贷币、市场,并且把"市场经济"等同于资本主义制

① 马克思:《哥达纲领批判》,恩格斯:《反杜林论》,载《马克思恩格斯选集》第三卷,第10、2、23、321页。

度,认为社会主义要实行“计划经济”①。基于这种认识,加上当时战争环境、物资奇缺等原因,苏俄在十月革命后曾实行“战时共产主义政策”②。后来的实践证明这个政策行不通,列宁是务实的人,承认“犯了错误”,甚至认为“失败了”,转而实行以“粮食税”为主要内容的新经济政策,在承认多种经济成分并存的基础上恢复商品和货币关系,恢复市场。

由于列宁早逝,斯大林执政后没多久,为急于实现纯粹的公有制,依靠政治手段推行了全盘集体化,建立起只有全民所有制和集体所有制的经济制度。斯大林虽然明确提出,社会主义公有制两种形式并存,决定着社会主义必须保留商品生产,但他认为“它的活动范围只限于个人消费品”,否定全民所有制内部经济关系的商品性,认为生产资料不是真正的商品,价值规律“不能起生产调节者的作用”,认为调节社会主义生产的只是“国民经济有计划(按比例)发展规律”,否定了市场在生产领域中的调节作用。③ 在这种观点支配下,形成了一套以指令性计划为特征的高度集中的计划经济体制,这是“苏联模式”的经济体制基本特征之一。这种体制在一定的历史条件下,有其存在的客观依据,并且确实曾经起过历史性的作用。

我国原有的经济体制,是基本照搬苏联模式而建立起来的以指令性计划为特征的高度集中的计划经济体制。国家通过具有法律效用的指令性计划,几乎统管了整个社会的经济括动。生产资料和劳动力由国家统调统配,企业生产什么产品、生产多少以及怎样生产全部由国家计划统一规定,产品由国家统购包销,资金由国家统收统支。由国家通过指令性计划来统管整个社会的经济活动,对我国在建国初期集中财力、物力、人力进行大规模的经济建设,起过积极的重要作用。实践证明,在社会经济活动联系简单的情况下,这种办法确实有效。但是,这种体制的主要弊端是:政企职责不分,条块分割,国家对企业统得过多过死,忽视商品生产中的价值规律和市场的作用,分配中平均主义严重。这造成了企业缺乏应有的自主权,企业吃国家“大锅饭”,职工吃企业“大锅饭”

① 《列宁全集》第十五卷,第112页;第十卷,第406~407页;第三十五卷,第555页。

② “战时共产主义”又称“军事共产主义”,是俄国十月革命后在外国武装干涉和国内战争时期(1918—1920年)所实行的排斥商品货币关系的经济政策。主要内容有:(1)实行余粮收集制,农民必须把全部余粮缴售给国家;(2)全部工业由国家集中领导,企业生产的产品都无偿地交给国家,然后由国家进行定量配给;(3)取消一切市场关系,禁止日用必需品的私人贸易。

③ 斯大林:《苏联社会主义经济问题》,人民出版社1961年版,第14~18页。

的局面,严重压抑了企业和广大职工群众的积极性、主动性和创造性,使本来应该是生机盎然的社会主义经济在很大程度上失去了活力。

由于我国幅员广大,人口众多,经济文化发展很不平衡,特别是随着社会经济的发展,社会经济活动之间的联系日益广泛而且错综复杂。千千万万个企业独立分散地进行生产,产品的品种、规格、样式千差万别,而社会消费需求又复杂多变,在这种情况下,计划不可能准确、有效地使整个社会生产与社会消费需求之间建立直接的联系,不可能统统包揽社会生产、交换、分配、消费的各个环节和全过程。旧的高度集中统一的计划经济体制,企图把种种社会经济活动统统纳入计划,并且单纯依靠行政命令加以实施,忽视经济杠杆和市场机制调节的重要作用,不可避免地造成了计划同实际的严重脱节,限制和阻碍了生产力的发展。因此,我国经济体制改革的核心,就是要改革原来的高度集中的计划经济体制,正确处理计划与市场的关系。

党的十一届三中全会以来,我们在对经济体制改革目标的探索中,对计划与市场关系的认识经历了一个逐步深化的发展过程。

改革开放初期,就提出要在社会主义经济中发挥市场调节的辅助作用。党的十二大提出了"计划经济为主,市场调节为辅"的原则,"大一统"的无所不包的计划经济体制开始被突破,市场机制的作用开始得以发挥。

党的十二届三中全会通过的《关于经济体制改革的决定》,第一次在党的正式文件中提出了社会主义经济是公有制基础上的"有计划商品经济"的科学论断。党的十三大进一步明确了"社会主义有计划商品经济的新体制,应该是计划与市场内在统一的体制"。十三届四中全会后,提出要建立适应有计划商品经济的"计划经济与市场调节相结合"的经济体制与运行机制。这些提法的变化清楚地反映了我们的实践和认识过程。

社会主义有计划商品经济理论的提出,确立了社会主义经济也是商品经济的新观念,摒弃了社会主义经济和商品经济不能相容的旧观念,极大地解放了人们的思想,促进了我国经济和社会的全面发展。但是,"有计划商品经济"和"计划经济与市场调节相结合"的提法,表明仍然把"有计划"和"计划经济"当成社会主义的本质特征。这就不利于人们思想的进一步解放。其实,恩格斯、列宁都曾经针对资本主义制度中的股份公司,指出:"无计划性没有了"①,"现

① 《马克思恩格斯全集》第二十二卷,第 270 页。

在资本主义正直接向它更高的、有计划形式转变"①。资本主义发展的现实,也证明资本主义可以有计划,计划并不是社会主义的专有物。而我国改革开放15年来的实践表明:市场作用发挥比较充分的地方,经济活力就比较强,发展态势也比较好。实践的效果,也促进了人们思想认识的升华。我国经济要优化结构,提高效益,加快发展,参与国际竞争,实现与国际市场的对接,也必须继续强化市场机制的作用,呼唤市场经济体制的确立。

关于社会主义国家的计划与市场的关系,邓小平同志早在1979年11月就指出:"说市场经济只限于资本主义社会、资本主义的市场,这肯定是不正确的。"并明确地说:"社会主义也可以搞市场经济。"以后又多次提到计划和市场都是调节经济的手段。1992年初,邓小平同志在南巡谈话时指出:"计划经济不等于社会主义,资本主义也有计划;市场经济不等于资本主义,社会主义也有市场。"这就从根本上解除了计划经济姓"社"和市场经济姓"资"的思想束缚。实践的发展和认识的深化,要求我们提出一种更切合我国实际,更有利于促进经济发展的科学论断。正是在邓小平南巡谈话的指导下,在深化改革和加快发展的新形势推动下,党的十四大最终确立了"社会主义市场经济"的提法,使我国十一届三中全会以来市场取向的改革确立了最终目标——建立社会主义市场经济体制。②

回顾党的十一届三中全会以来,我们对计划与市场的认识,可以从"计划经济为主,市场调节为辅"到"社会主义有计划商品经济",再到"社会主义市场经济"这些提法的变化中,清楚地看出我们党对经济改革目标模式的认识是随着实践的发展而不断深化的。尽管在这一过程中也存在着曲折和反复,但"社会主义市场经济"的最终确立,已充分证明了市场取向的改革的不可逆转性。

二、社会主义市场经济体制取代计划经济体制的必然性

社会主义市场经济理论的提出,表明我国的经济体制改革不再是在传统计划经济体制框架内搞小修小补,而是要对其进行根本性变革。这是由传统计划经济的基本特性决定的。

---

① 《列宁全集》第二十四卷,第436页。

② 关于商品经济与市场经济的关系与区别的问题,理论界至今仍有不同看法。有的认为市场经济是商品经济高度发展的产物,只有形成了完整的生产要素市场体系,生产要素能够在全社会范围内自由流动的情况下,才能称市场经济。有的则认为商品经济就是市场经济,它们是对同一种经济关系的异名概括,是同步平行发展,同生同死,无先后阶段之分。但几乎一致认为我国要发展的是现代市场经济。

计划经济作为一种经济体制,其基本特性是国家在资源配置和经济运行中起核心作用。在该体制中,从宏观经济到微观经济,国家至高无上的作用无时不在,无处不有。这一特性在计划经济体制的构成要件——产权结构、信息结构、决策结构和动力结构等各方面都表现得十分明显。

首先看产权结构。产权结构是某种经济体制存在的基础。计划经济体制实行的是单一的产权结构。这种单一性表现在:

(1)只存在生产资料的公有制,公有制之下的全民所有制和集体所有制两种形式,在产权关系上有相似性。全民所有制在现实中以国家所有制的形式存在。

(2)在全民(国家)所有制内部,不存在占有、支配、使用等多种权能的分离,国家既是所有者,同时也直接占有和支配国有企业。实行单一的公有制,是计划经济体制本质属性的要求。在计划经济体制下,国家在资源配置中起决定性作用,国家是各种宏观微观经济活动的决策者,它直接干预和管理企业的行为。既然计划经济中企业的经营权由国家掌握,那么,它就必须拥有企业的所有权,否则,它对企业的经营权必然会因企业所有者的反对而成为不可能。

其次看信息结构。信息结构是指某种经济体制中信息的存在方式和传播方向。信息结构是科学决策的基本前提,因而对一种经济体制的有效运行具有重要意义。在计划经济体制中,信息是以数量信息的方式存在,以纵向传递的方式传播的。在计划经济条件下,政府和企业间传递的信息都是数量型的,例如,“计划生产钢铁3000万吨”,“产值比去年增长10%”等。信息的纵向传播方式是指计划经济中信息借助自上而下或自下而上的渠道传递;从最高决策当局到微观经济主体之间,信息传递要经过许许多多的层次和环节。

再次看决策结构。决策结构是经济体制的核心机制,一种经济体制能否高效运行,关键在于决策结构能否保证决策的科学性。计划经济实行的是程度极高的集中型决策结构。大至国民经济运行,小至企业和消费者的生产和消费活动,都由国家集中作出决策。企业对于自身生产什么、生产多少、如何生产都没有自主权,生产任务由国家下达,生产所需国家供应,生产产品由国家包销。消费者对于自己消费什么、消费多少、如何消费也没有多少自主权,主要由计划分配供应。

最后看动力结构。动力结构是决策者作出决策和执行者执行决策的动机以及对行为主体的激励方式。动力结构是否有效,直接影响决策的制定和执行。计划经济体制的动力结构特征,是强调精神刺激,排斥物质刺激;以正刺激(思想教育与精神鼓励)为主,忽视负刺激或惩罚;强调合作团结,否定竞争。这种动力结构是由计划经济体制的本质属性决定的。譬如,计划经济之所以反对物质刺激,搞平均分配,是因为如果分配不均,计划决策就难以准确。5亿人平均每日每人一块面包,计划就容易安排好供给和需求相等。

具有上述若干特征的计划经济体制若要有效运转,必须有一系列的前提条件,这些前提条件至少包括以下几点:

第一,社会内部利益要求的完全一致性。利益的完全一致性是计划经济体制有效运行的最基本的前提。因为只有利益完全一致,单一的公有制才能成为有效的产权形式,否则,利益要求的差别性就会导致经济行为主体对抗、侵蚀公有经济。只有利益完全一致,国家决策者在制定决策时才不会渗入个人偏好,才有可能去追求决策的科学性,也才有可能避免官员的徇私和以权谋私现象。只有利益完全一致,决策者和劳动者才不会斤斤计较个人在物质利益上的得失,计划经济体制的动力结构才可能有效运作。

第二,决策的科学性。决策是否科学或决策的科学程度如何,主要取决于以下几点因素:①决策手段的充足程度。决策手段愈是充足,决策愈是科学。②决策对象的简单程度。决策对象(经济活动)的范围愈小,比例关系愈是简单,决策就愈是科学。③决策者的因素,既包括决策者水平,也包括决策者的觉悟。计划经济中的各种决策主要是由国家集中作出的,只有国家决策科学,经济的运行才能有效,资源才能实现合理配置。

第三,信息的完全性。信息的完全性包括三个方面的要求,即真实性、全面性和迅捷性。信息的完全性只具有相对意义,绝对完全的信息在现实生活中是不存在的,总存在着一定程度的失真、片面和时滞。一种有效的信息结构不是要追求完全不存在失真、片面和时滞的信息,而是要尽量减低信息存在或传递时所发生的失真、片面和时滞的程度,即尽量做到使信息真实、全面和迅捷。

我国和其他计划经济国家的实践表明,计划经济体制之下,上述三个条件是无法完全得到满足的,因而,这也注定了计划经济体制的运行必然是低效率的。下面,我们对此作进一步分析。

首先,计划经济体制之下的产权结构容易导致公有资产无人负责,这是整个计划经济体制低效率的根源。由于单一的全民所有制无法反映劳动者个人之间利益的差别性,劳动者作为生产资料的名义上的所有者,其所有权利益在分配上难以直接体现出来，因而企业管理者和劳动者均难以真正关心全民财产。我国集体经济的产权关系实质上是一种社团所有制，产权行使在社区内部没有排他性，因而也难以刺激集体经济成员关心集体财产。此外，由于全民所有的财产实际上控制在各级政府管理者手中，既然政府管理者利益同全民利益也存在一定差别，就难以排除政府管理者利用手中的权力谋求个人利益的可能性。

其次，计划经济体制的决策结构难以保证决策的科学性。在现代社会，政府的经济计划是需要的，经济活动不能完全由市场机制来调节。但是，经济计划不同于计划经济，后者作为一种经济体制，其决策所涉及的经济活动范围包罗万象，从信息的来源和处理到决策手段的使用，都无法充分保证决策的科学性。同时，决策过程中决策者个人利益和个人偏好的渗入更会加剧这种不科学性。另外，由于各种决策权都掌握在国家手中，这又导致了企业和劳动者积极性和创造性的丧失，使企业成为政府机构的附属物。

再次，计划经济的信息结构不仅无法达到信息的完全性，反而加剧了信息的不完全性。这主要有三点原因：(1)计划经济的数量信息僵化，难以反映不同质的经济活动，尤其是难以量化的经济变量，对于时间变动的适应性也很差。(2)计划信息在纵向传递过程中由于环节过多，链条过长，容易发生时滞、缺失和“中梗阻”现象。(3)信息传递中个人和企业利益因素更加剧了信息的不完全性。行政部门、企业和个人为了自身的利益往往会截留于己不利的信息，而编造于己有利的信息，至使决策部门无法得到较为完全的信息。

最后，从动力结构上看，计划经济的动力结构不易调动企业和劳动者的积极性，计划经济的动力结构没有反映企业和劳动者利益的差别性，没有反映他们对物质利益的首要追求，因此企业和劳动者的积极性普遍低下，“出工不出力”、“上有政策、下有对策”等现象便不可避免，致使国家决策难以真正贯彻执行。

总之，上述计划经济的结构特征决定了其运行必然是低效的。中国和其他计划经济国家几十年的实践已充分证明了这一点。十一届三中全会之前，我国一直实行的是计划经济体制。这种经济体制虽然因其在一定程度上保证了国家经济建设重点的实现而具有一定的积极意义，但是，从总体上来讲，由于计划经济体制不符合现实的生产力发展水平和一系列的主客观条件，存在着许多自身难以克服的缺陷。计划经济体制对国民经济运行和稀缺资源配置的损害是严重的，这种损害随着时间的推移而变得日益明显。利弊相较，其弊远大于利。它挫伤了积极性，造成了“瓶颈”，加剧了短缺。计划经济体制、积极性的丧失、结构中的“瓶颈”和总量上的短缺，四者相互影响、相互制约，形成一个“扯不断、理还乱”的“生死结”。计划经济体制导致企业和劳动者积极性丧失，积极性的丧失导致结构上的“瓶颈”和总量上的短缺，“瓶颈”和短缺又迫使计划经济体制更进一步强化……如此循环反复，最终使“短缺”二字越来越醒目。这种现实表明了计划经济体制的难以为继，必须对之进行根本性的变革，代之以新体制。

三、市场经济的概念和构成

市场经济可以存在于不同的社会经济制度之下，不同的社会经济体制下的市场经济都有其各自的特点。但是，既然是市场经济，它就必然会有某些共同的性质。根据马克思主义关于个别与一般的辩证方法，共性总是寓于个性之中的。我们可以舍弃社会经济制度的个性，概括出各种社会经济制度下市场经济的共性，即一般性。

所谓市场经济就是指独立的经济主体通过市场交换建立联系，并由市场机制对资源配置起基础作用和调节经济活动的经济。

这个定义包含的要点有三：

(1)独立的企业是市场经济运行的主体。企业必须是自主经营、自负盈亏的商品生产经营者，是独立的法人，是市场的主体。这是市场经济存在的前提。如果企业不能独立成为市场的主体，那就谈不上什么市场经济。

(2)市场是经济主体联系的媒介和物质载体。各独立企业之间的以及企业与消费者之间的供求都是通过市场交换进行的，社会再生产的全过程，即生产、交换、分配、消费都与市场有着不可分割的联系，也都是通过市场进行的。没有市场这个载体，市场主体就没有了活动的舞台，也谈不上什么市场经济。

(3)市场机制是配置资源的基本方式。所谓市场机制，是指构成市场机体的供求、竞争、价格等诸要素之间所存在的互为因果、互相制约的有机联系及其作用，它在资源配置中居于基础性的地位，是配置资源的基本方式。正是通过市场机制进行资源的配置，调节着整个社会经济的运行。没有市场机制也不可能有真正的市场经济。以上三者是互相联系的，都是市场经济不可缺少的要素。其核心是通过市场机制配置资源，调节经济的运行。

所以，从经济运行的角度说，市场经济就是通过市场机制配置资源、调节经济活动的经济。下面我们从具体的经济体制构成的角度上，对市场经济进行更进一步的分析。

第一,在产权结构上,市场经济是以多元化的产权结构为基础的。市场交换表面上是物品之间的交换,实质上是具有不同物质利益的经济主体之间的交换,如果财产归单一的所有者所有并独立支配,市场交换便无须进行。因此,市场经济中的产权结构必须是多元化的结构。多元化的产权结构具有两层含义:一是不同性质的所有制并存,如全民所有制、集体所有制和私人所有制并存;二是在单一的所有制结构内部,所有权被划分为不同层次,并归属不同的主体。例如,全民所有制财产的终极所有权归国家,法人所有权归企业等。从现实来看,多元化的产权结构优越于单一的全民所有制结构,因为现实的生产力水平决定了单一的全民所有制不可能包容一切,而且对全民所有制企业的正当利益还必须加以承认,从而全民所有制内部还必须进行终极所有权和法人所有权以及所有权和经营权等不同层次的划分。

第二,在信息结构上,市场信息是以市场为物质载体,以价格信息为存在形式,是在市场和企业、消费者之间横向传递的信息结构。在市场经济体制下,企业生产经营所需要的信息主要来自市场,市场信息又以价格形式存在。某种商品价格上升,表明该种商品供不应求;反之,价格下跌,则表明该种商品供过于求。价格的升降意味着经济利益的消长,因而企业非常重视信息搜集工作,尽其所能做到及时、准确、全面地搜集各种有关的信息。同时,市场经济体制下,由于信息是在市场和企业、消费者之间横向传播,具有直接性的特点,因而有利于克服计划经济中信息纵向传递所带来的“中梗阻”、失真、滞后等弊端。

第三,在决策结构上,市场经济实行分散决策。在市场经济体制下,企业和消费者都是独立的市场主体,对自身的生产和消费具有完全的决策权,人们根据从市场上所接收到的信息,独立自主地做出决策。当某种商品价格上升时,生产该商品的企业便扩大生产规模,原来不生产该种商品的企业也转而从事该商品的生产;反之,当某种商品价格下跌时,生产该商品的企业便收缩生产规模甚至退出该商品的生产。在现实条件下,市场经济这种分散决策的特征同计划经济的集中决策相比,至少具有以下两个优点:一是分散决策能减少因决策失误而带来的损失;二是分散决策能充分发挥企业和消费者的积极性和创造精神。

第四,在动力结构上,市场经济实行的是以物质激励为主的动力结构。计划经济奉行以行政命令为主的动力结构,忽视企业和劳动者独立利益的存在,结果严重挫伤了企业和劳动者的积极性。市场经济则实行物质激励为主的动力结构，它以承认市场主体双方的正当利益为存在前提，实行等价交换，公平竞争。如果企业在竞争中获胜，其经济利益就增加，反之就受到损失。企业收入同企业效益挂钩，劳动者收入同劳动者贡献挂钩，从而能极大调动企业和劳动者的积极性。

从市场经济的基本结构来看，无论是产权结构、信息结构，还是决策结构，都更符合现实的主客观条件，都更接近现实的生产力发展水平，都更能反映现实的经济利益格局，从而都优越于计划经济的上述各类结构。这决定了战后计划经济国家的发展实绩为什么劣于同期的市场经济国家，也决定了后者为什么都纷纷走上了市场经济的发展道路。

当然，我们从市场经济的基本结构中也可以看出，市场经济也不是尽善尽美的，也存在着某些缺陷。例如，在决策结构中，分散型的决策模式导致资源配置和经济运行有可能背离社会整体目标(诸如环境污染之类)。又如，信息结构中的价格信息形式对非经济性信息反映较弱等。这是国家干预经济和现代市场经济取代完全竞争的市场经济的根本原因。不过，应当首先明确，市场经济的所有缺陷尚不足以取消市场经济本身。在现实条件下，市场经济仍然是实现资源合理配置的最佳形式。这是我们选择社会主义市场经济体制的根本原因。

四、市场经济的主要特征

市场经济的本质和内涵决定了市场经济具有下述基本特征：

1. 自主性。

在市场经济条件下，参与经济活动的各个市场主体，都必须有独立的产权，有独享的经济利益，有生产经营的自主权，能够根据自身的约束条件，自主地作出经济决策。生产者生产什么，生产多少，如何生产，拥有完全的自主权；消费者消费什么，消费多少，如何消费，是自己的事情；劳动者对自己就业场所的选择也是自主的，而不是来自任何方面的个人或组织的胁迫。

2. 平等性。

市场经济是“天生的平等派”。在市场上，交易各方在地位上是平等的，没有高低贵贱之分，也不存在行政级别的差异性。买卖双方只能在等价的基础上进行商品交换，任何一方都不得通过不公平的手段去无偿地占有他人的劳动成果。市场经济反对一切特权歧视和不平等。

3. 互利性。

市场经济是一种互利经济。市场是利益互惠的场所，市场主体都想从市场交易中得到最大好处，但同时又必须给予对方一定的好处，通过交换，双方的利益追求得到满足。在交易中，任何一方都不可能长久地牺牲自己的利益去无偿地给予对方好处，任何一方也不可能无代价地去获取他人给予的好处。生产者不能长期以低于成本的价格出售商品或奉献给消费者，否则他就会破产；消费者也不会追求质次价高的商品去照顾生产者，因为这样做只会使他自己的利益受损，客观上也会保护落后，妨碍效率。

4. 竞争性。

竞争是市场经济的一个很突出的特征。竞争是市场主体之间为争夺最有利的产销条件以取得最大利益而进行的争胜。在市场上，竞争无处不在，无时没有。生产者为取得有利的销售条件和"生产者剩余"的最大化，同消费者和其他生产者展开激烈竞争；消费者为取得有利的消费条件和"消费者剩余"最大化，同生产者和其他消费者展开激烈竞争。竞争是市场经济运行的动力之一，它从外部给生产经营者以强大的压力。正是通过竞争，使社会资源从低效企业和行业流向富有竞争能力的企业和行业，实现优胜劣汰。竞争越充分，资源配置就越合理，效率也就越高。

5. 风险性。

市场经济的运行是有风险的，作为商品生产经营者的市场主体，所生产经营的商品能否卖出，能否卖出合适的价钱等等，都决定于市场。正像马克思所说的商品到货币的转化是个"惊险的跳跃"。这个跳跃不成功，摔坏的不是商品，而一定是商品生产经营者。市场由于各种社会、自然因素的作用，充满着不确定性和随机性，既有得利的机会，也有失利的风险。正是由于风险机制的作用，各市场主体才对多种生产经营方案进行比较和选择，以减少生产经营决策的盲目性，保证企业自身行为的合理化和盈利最大化。

6. 效率性。

市场经济是效率经济。以尽可能小的投入，求得尽可能大的产出，是市场经济的"铁的法则"。竞争和风险如同一把悬在企业头上的"达摩克里斯剑"，迫使企业尽可能地改进技术，降低成本，提高效率。各个企业追求效率的结果，促进了整个社会资源的高效配置。

7. 创新性。

市场经济的创新性特征是由市场经济的竞争性、风险性和效率性决定的。企业只有坚持创新,不断以新技术、新产品去满足市场需求,做到"人无我有,人有我优,人优我廉,人廉我转",才能够在市场竞争中获胜,从而避免失败的危险。创新更是企业提高效率的根本途径,对效率的追求促使企业不间断地进行各种创新。

8. 服务性。

市场经济是服务经济。在市场经济条件下,企业生产的目的本来是追求价值,但使用价值是价值的物质载体,离开了使用价值,价值便成了无本之木,无源之水。因此,企业为了自己商品价值的实现,就必须以高质量的使用价值、优质的服务去满足消费者的需求。为消费者服务是企业生产生存和发展的一条重要原则。所以,一切商品生产经营者都必须面对市场、面向消费者,了解消费者的愿望和需求,以便更好地为消费者提供服务。

9. 开放性。

在市场经济条件下,市场是企业活动的场所,市场范围的大小直接影响着企业活动空间的宽狭和企业效率的高低。为了追求最大的利益,企业不断摆脱各种地域和空间的限制。哪儿有利,生产者就在哪儿投资;哪儿有利,消费者就在哪儿购买;哪儿有利,劳动者就在哪儿就业。市场主体的"东奔西走",使整个国内经济、世界经济联结为一个统一开放的体系。因此市场经济是开放经济,它客观上要求生产要素在全国乃至全世界自由流动,以实现生产要素在全国乃至全世界范围内的最佳配置。

10. 法制性。

市场经济是法制经济。市场经济地位的确立,有赖于法律明确界定企业的产权,理顺产权关系。没有法律保障,市场经济体制就不可能确立和完善起来;市场经济的运行也有赖于法制的健全,没有一个较完备的法律体系作为市场经济运行的规范,市场就会混乱无序;市场经济自身的缺陷和弱点,要求国家宏观调控,而国家的宏观调控也必须法制化。总之,没有健全的法制,就没有正常运行的市场经济。

五、社会主义市场经济是和社会主义基本制度结合在一起的

作为资源配置方式和社会经济的组织与运行方式,市场经济本身是不具有基本社会制度属性的,但它又必须存在于不同的社会制度之下。这样,便形成

了资本主义市场经济、社会主义市场经济等。各种具体的市场经济既具有一般共性,又必然具有赖以存在的社会制度的特性。社会主义市场经济是社会主义制度下的市场经济,它也必然同社会主义基本制度紧密联系在一起,并体现社会主义基本制度的特性。

我们社会主义的基本制度主要包括两个方面:一是基本政治制度,即无产阶级政党领导的人民民主专政的国家;二是基本经济制度,即生产资料公有制占主体和按劳分配为主的分配形式。在这个基本经济制度下,社会主义市场经济同资本主义市场经济相比,有着显著的区别。这主要表现在以下三个方面:

第一,在所有制结构上,社会主义市场经济是以公有制包括全民所有制和集体所有制经济为主体,个体经济、私营经济、外资经济为补充,多种经济成分长期共同发展,不同经济成分还可以自愿实行多种形式的联合经营。国有企业、个体企业和其他企业都进入市场,通过平等竞争发挥国有企业的主导作用。

第二,在分配制度上,社会主义市场经济实行以按劳分配为主体,效率优先,兼顾公平的收入分配制度。在社会主义市场经济体制下,劳动者的贡献应主要由市场来评价。劳动者的个人收入将主要由市场机制来调节。由于在市场经济活动中,人们的能力有大有小,努力程度有高有低,其收入所得就必然有差别,这从总体上也符合按劳分配原则。这种差别有利于鼓励先进、刺激效率。同时,在市场经济体制下,实行以按劳分配为主的多种分配形式,必然促使那些劳动能力强、劳动质量高以及善于经营管理的劳动者先富起来,这必将对全体社会成员形成巨大的示范效应,从而促进社会成员通过劳动走向共同富裕。至于可能出现的收入差距拉大的状况,国家可以通过各种调节手段如通过征收所得税、调节税、遗产税等形式来调节收入分配,防止两极分化,逐步实现共同富裕。

第三,在宏观调控上,社会主义市场经济由于有无产阶级政党的领导,有公有制为基础,有共同富裕的目标,能够把人民的当前利益和长远利益、局部利益和整体利益结合起来。社会主义国家搞市场经济,不是为了某些集团或个人的私利,而是从全社会利益出发,通过市场提高效率,加快经济发展,不断满足全体人民日益增长的物质和文化生活需要。社会主义市场经济下的宏观调控比资本主义国家有更大的权威、更强的力度,能够更好地发挥计划和市场两种手段的长处,并在微观放活与宏观协调的关系以及刺激经济效益与实现社会公正的关系方面做得更好。

因此,我们认为:社会主义市场经济就是在公有制为主的环境中,在社会主义国家宏观调控之下的,各个经济主体通过市场交换建立联系,由市场机制对配置资源和调节经济活动起基础作用的一种经济体制。

在对社会主义市场经济体制的认识问题上,既要认识到社会主义市场经济体制与西方市场经济体制有共同之点,对西方市场经济中一切合乎市场规律和社会化生产规律的好经验,都要努力学习,尽管"拿来",同时,又要认识到社会主义市场经济体制与西方市场经济体制有很大不同之点,必须立足于中国的国情和经济发展的实际,走自己的路,有所创新和发展。

党的十四届三中全会所通过的《中共中央关于建立社会主义市场经济体制若干问题的决定》,在总结我国经济体制改革经验和借鉴国外市场经济经验的基础上,明确勾画了社会主义市场经济体制的基本框架。《决定》指出,为了实现建立社会主义市场经济体制的目标,"必须坚持以公有制为主体、多种经济成分共同发展的方针,进一步转换国有企业经营机制,建立适应市场经济要求,产权清晰、权责明确、政企分开、管理科学的现代企业制度;建立全国统一开放的市场体系,实现城乡市场紧密结合,国内市场与国际市场相互衔接,促进资源的优化配置;转变政府管理经济的职能,建立以间接手段为主的完善的宏观调控体系,保证国民经济健康运行;建立以按劳分配为主体,效率优先、兼顾公平的收入分配制度,鼓励一部分地区、一部分人先富起来,走共同富裕的道路;建立多层次的社会保障制度,为城乡居民提供同我国国情相适应的社会保障,促进经济发展和社会稳定。这些环节是相互联系和相互制约的有机整体,构成社会主义市场经济体制的基本框架。"由此可见,社会主义市场经济体制是由以下五个主要环节构成的:①以公有制为主体的现代企业制度;②全国统一开放的市场体系;③以间接调控为主的宏观调控体系;④以按劳分配为主的合理的个人收入分配制度;⑤多层次的社会保障体系。《决定》把十四大确立的社会主义市场经济体制目标加以系统化和具体化,这就为我国描绘了实现旧经济体制向新经济体制过渡的宏伟蓝图。

六、我国必须建立社会主义市场经济体制

社会主义市场经济的提出,不仅具有重大的理论意义,而且具有重大的现实意义。它为我国的进一步改革开放奠定了更加坚实的理论基础。我们必须以社会主义市场经济理论为指导,加快改革开放的步伐,建立社会主义市场经济的新体制。

1. 建立社会主义市场经济体制是客观存在的市场经济关系的客观要求。

市场是商品经济的客观范畴。列宁说:"哪里有社会分工,哪里就有商品生产,哪里就有市场,社会分工和商品生产发展到什么程度,市场就发展到什么程度。"[①]我们知道,商品是用来交换的劳动产品,商品交换必须通过市场才能进行,而市场是商品交换关系的总和,实质上是各个不同的物质利益主体通过市场交换而发生的经济关系的总和。只要存在不同的物质利益差别和不同的物质利益主体,就必然存在商品经济,也就必然存在市场交换关系。无论是资本主义社会还是社会主义社会,无论是外国还是中国,概莫能外。这种市场经济关系是客观存在的,不以任何个人、集团、阶级、政党的意志为转移。在我国社会主义条件下,由于仍然存在不同的物质利益差别和不同的物质利益主体,我们必须顺应市场经济关系的客观必然性的要求,建立社会主义市场经济体制。

2. 建立社会主义市场经济体制,是深化经济体制改革的需要。

改革的一个核心问题,就是要从根本上改变束缚生产力发展的原有经济体制,建立充满生机与活力的新经济体制。我国的经济体制改革,历经十几年,已经取得举世瞩目的伟大成就。但是改革不可能一蹴而就,改革必须深入。加快企业改革,转换企业经营机制,使企业真正成为市场主体,就必须把企业推向市场,建立和完善包括商品市场、生产资料市场、技术市场、劳动力市场、金融市场、房地产市场等在内的市场体系;改变过去那种高度集中的行政指令性的计划管理体制,建立一种能够正确反映市场,有效引导市场的新型宏观管理体制。这都表明市场理论问题已成为我国经济体制改革中至关重要的问题。实践呼唤着理论,社会主义市场经济理论为我国经济体制改革奠定了更加坚实的理论基础。

3. 建立社会主义市场经济新体制是进一步扩大对外开放、实现与世界市场经济对接与融合的需要。

当今的世界是连成一气的,是个开放的世界,处于开放世界中的任何国家,都不可能在封闭状态下求得发展,中国也不例外。要改变中国的经济落后面貌,必须利用国内国外两种资源,打开国内国外两个市场,学会组织国内建设和开展对外经济活动两套本领。在这个思想指导下,我国的对外开放取得了巨大的成就。1991 年进出口总额比 1978 年增长 5 倍多,我国经济对国际经济的依

---

① 《列宁全集》第一卷,第 83 页。

存度提高，我国进出口总额在国民生产总值中所占有的比例已达到36.6%，其中进口占17.2%，出口占19.4%，说明我国经济与国际市场联系更密切了。

但是，我国的开放仍存在某些局限。例如，对外开放战略的重点过多地放在出口创汇和引进资金、技术上，而较少注意直接参与国际经济合作和竞争；对外贸易的出发点，是以产定销，能生产什么就出口什么，很少按照国际市场需求组织生产，按照国际市场价格组织交易；在经济交往中，只强调别人应按我们的制度办事，却很少考虑我们如何去适应国际市场经济的惯例等等。

今后的对外开放，必须改变局限于进出口贸易和引进资金、技术为主的互通有无、调剂余缺的状况，应扩大范围，多渠道地直接参与国际分工、合作和竞争，实现中国经济和世界市场经济的对接与融合。这是解决我国工业化进程中矛盾的需要，是绕开关税壁垒与非关税壁垒，冲破贸易保护主义封锁的有效途径，是我国参加关贸总协定的形势要求，也是吸纳世界科技成果，利用世界资源和市场，增强自力更生能力的有效途径。

要实现与世界市场经济的对接与融合，关键是必须改革高度集中的指令性计划为特征的社会主义计划经济体制，坚持市场取向的改革，建立社会主义市场经济的新体制。只有这样，才能按国际惯例办事，才能适应世界经济一体化、区域集团化的潮流，直接参加跨国合作，才能继承人类社会创造的一切文明成果，借鉴西方市场经济国家反映客观经济规律的市场经济理论、经营方式、经济政策、经济法规等，从而实现与国际市场的对接与融合，促进我国生产力的发展。

4. 建立社会主义市场经济新体制，是更好地满足人民日益增长的物质和文化生活的需要的客观要求。

社会主义生产仍然是商品生产，商品从生产领域进入消费过程必须采取商品交换的形式。人民物质和文化生活需要的满足，主要是通过用货币从市场上购买消费品和取得消费服务来实现的。因此，人民的物质和文化生活的需要也就主要表现为市场的需要。所以，任何企业的生产经营必须面向市场，面向消费者，在产品的品种、规格、数量、质量和价格等方面都必须适应市场消费者的需要，才能实现社会主义的生产目的。

当今，我国经济发展战略已进入第二步，奋斗目标是在20世纪末使国民生产总值再增长一倍，人民生活达到小康水平。人民生活从温饱型向小康型的转变，必然进一步要求改革经济运行方式。如果说当居民生活处于温饱阶段时，由于生存资料品类简单,需求相对稳定,尚可采取计划指令办法组织经济运行的话,那么,当人民生活奔向小康阶段时,由于发展和享受的资料品种复杂,需求多变,如果继续采取指令分配方式,必将引起严重的供求失调。因此,为了更好地满足人民物质和文化生活的需要,实现小康,使人民过上富足的生活,必须通过市场,利用市场机制组织经济的运行,建立社会主义市场经济新体制。

七、建立社会主义市场经济体制是一项长期、艰巨、复杂的系统工程

社会主义市场经济是对传统计划经济体制的摒弃和革命。要完成这场革命绝非是一件轻而易举的事情,需要经历一个相当长的过程,在这个过程中,还存在着许多问题与困难。

第一,创新障碍。建立社会主义市场经济新体制是一种创新。任何新生事物的发展都有一个从不成熟到成熟,从不完善到完善的过程。资本主义发展市场经济虽已经历了相当长的历史时期并取得了成功的经验,但建立社会主义市场经济体制则是一项史无前例的开创性的伟大事业,需要我们从理论上和实践上进行艰辛的探索和创新。要创新,就必然面临经验缺乏的问题,还存在失误甚至失败的可能,会有反复、有曲折。

第二,观念障碍。任何体制的转换首先需要观念的真正转变,以新观念取代旧观念。要树立适应社会主义市场经济的自主、平等、竞争、创新、开放等新观念,就必须破除计划经济的等级、保守、轻利、封闭等旧观念。由于传统体制的束缚,陈腐的计划经济观念已经深深地嵌入人们的大脑,并积淀于人们的具体行为之中。要破除旧观念,也需要一个过程。

第三,利益障碍。尽管经济体制改革的目的是要达“全民幸福”、利益均衡的“帕累托最优”,但改革的历程却是利益非均衡的。某一项具体的改革措施对所有人的影响方向和影响程度存在很大的差别,总是有些人从中受益大些,有些人从中受益小些,另外有些人并未受益甚至还要受损。利益受损的那些人往往成为改革的阻力。

第四,发展障碍。新的市场经济体制的核心是确立市场的决定性作用,而市场则既包括国内市场,又包括国际市场。我国是一个发展中国家,经济发展水平低,在同发达国家的经济交换中,总体上处于劣势地位。要发挥国际市场机制在经济中的作用,必然要使本国经济面临发达国家的冲击。既要发挥国际市场的作用,又要保护国内的幼稚产业,便成为社会主义市场经济新体制建立过程中的一个两难选择。

建立社会主义市场经济新体制所面临的上述障碍，提醒我们不可因经济改革的大方向已经确立而掉以轻心，应保持清醒的认识。但也不能因此而产生畏缩情绪，知难而退，而应该正视困难，克服困难，积极稳妥地推进社会主义市场经济新体制的建立。

第一，破除"国家神话论"，树立"市场中心论"。

旧的计划经济体制的指导思想存在着一种"国家神话"，即认为市场是盲目的、无政府的、浪费的、吃人的……是"万恶之源"，而国家则是万能的，只有由国家计划来取代市场，才能适应社会化大生产的需要，才能实现经济的高速均衡发展。实践证明，这种"国家神话论"或"国家万能论"是站不住脚的。我们必须彻底破除"国家神话论"，树立"市场中心论"。只有这样，社会主义市场经济体制的建立才能"名正言顺"。当然，这里的"市场中心论"不是"市场神话论"或者"市场万能论"，应当明确，市场也有缺陷，尽管它优越于计划且缺陷比计划少。我们不能刚从"国家神话论"的迷雾中挣脱出来，又陷入"市场神话论"的迷雾之中。

第二，精心研究和设计具体的社会主义市场经济模式。

我们目前正在着手建立的社会主义市场经济应该是现代市场经济，而现代市场经济也有各种类型。主要有：一是德国式的社会市场经济模式。这种模式吸引了社会主义国家的诸如"社会公平"、"社会保障"等长处，它把带来效率的市场和提供"社会保障"、"社会公正"的社会福利政策结合起来，对市场分配所产生的贫富悬殊现象通过社会福利进行适当调节；二是亚太式的政府主导型市场经济模式。又称"协调型的市场经济"，日本、韩国等实行的都是这种模式。其特点是注重经济关系的协调和和谐，在发挥市场作用的前提下，通过产业政策导向、行政指导等着力解决宏观经济体制的互相约束和彼此协调；三是英美式的自由市场经济模式，又称"分散型市场经济"。其特点是政府通过法律条文和执法程序来保证市场竞争，资金流动比较灵活。我们应该对各种模式进行比较研究，对其长短优劣作出恰当的判断，博采众家之长，并根据我国的历史文化传统和政治经济条件，建立具有中国特色的市场经济体制模式。

第三，要制定改革的总体规划。建立社会主义市场经济体制涉及到我国经济基础和上层建筑的许多领域，需要有一系列相应的体制改革和政策调整，为了保证新体制建设工作的顺利进行，必须抓紧搞好总体规划和各个方面的实施计划。

第四，要正确处理各项改革的关系，搞好配套。建立社会主义市场经济体制，要抓好几个重要环节：一是转换国有企业特别是大中型企业的经营机制；二是加快市场体系的培育；三是深化分配制度和社会保障制度的改革；四是加快政府职能的转换。这些方面的改革，是相互联系的，必须综合配套进行。要分阶段、有步骤地去实现改革的目标，明确各个阶段所要解决的主要问题，并以此为中心把各项改革结合起来。同时，在改革中，要注意整体推进和重点突破相结合。重大的改革举措，根据不同情况，有的先制订方案，在经济体制的相关方面配套展开；有的先在局部试验，取得经验后再推广。既注意改革的循序渐进，又不失时机地在重要环节取得突破，带动改革全局。

第五，要正确处理破旧立新的关系。破除高度集中的计划经济旧体制是建立社会主义市场经济的前提，但破除旧体制不等于就有了新体制。建立社会主义市场经济新体制，有大量艰苦的制度创新和组织工作要做，需要在实践中去探索、创造。要鼓励解放思想，实事求是，大胆创新，敢于试验。经济转轨时期在处理破与立的关系时尤其要注意以下几点：一是要注意新体制同旧机制的衔接，不能留体制真空；二是要时刻注意旧体制和旧机制的回潮，要学会尽量利用改革的办法去解决新问题，哪怕是新时期的老问题；三是在新体制尚未完全建立、微观主体尤其是企业的经营机制还未转换之前，也不应完全放弃旧的手段和体制，而应适当利用。

第六，充分发挥国家的作用，为新体制的建立“保驾护航。”

国家既是改革的对象，同时也是改革的主体。正如新的市场经济体制中国家的作用不可缺少一样，在新旧体制转换的过程中，国家的作用也是非常重要的，而且是不可替代的。至少，在新旧体制过渡时期，国家应做好以下几方面的工作：

(1)界定产权，为新体制的建立奠定微观基础。

(2)尽快制定以保护公平竞争为基础的市场运行规则。

(3)发挥国家权威，减缓因体制转轨而可能造成的利益振荡，保持社会的安定。

(4)正确运用外交政策和国际经济政策，保证本国经济同世界经济顺利接轨。

（节选自刘家声等主编：《社会主义市场经济理论概要》，经济管理出版社 1994 年版）

社会主义市场经济理论是毛泽东商品经济思想和陈云市场思想的继承和发展

邓小平理论是毛泽东思想的继承和发展,是党和人民集体智慧的结晶。社会主义市场经济理论是邓小平建设有中国特色社会主义理论中极为重要而又最具独创性的部分。同样,邓小平的社会主义市场经济理论也是在继承毛泽东商品经济理论以及陈云等人市场调节思想的基础上加以发展而形成的。

一、毛泽东的社会主义商品经济思想是社会主义市场经济理论的萌芽

毛泽东的社会主义商品经济思想主要集中在50~60年代读斯大林《苏联社会主义经济问题》的谈话和读苏联《政治经济学教科书》的谈话里,以及对中国社会主义经济的实践过程中。其主要观点包括:

1.毛泽东肯定了社会主义存在商品生产和商品交换,提出了社会主义商品生产的概念

50年代末60年代初,毛泽东针对当时有人提出要消灭商品生产和商品交换,实行产品调拨的错误观点,进行了尖锐批评,指出如果这样做是违反客观规律的,实质上就是剥夺农民。毛泽东同意斯大林的“不能把商品生产和资本主义生产混为一谈”的观点,他说,不能孤立地看待商品生产,要看商品生产与什么经济条件相联系,与资本主义相联系,是资本主义商品生产,与社会主义相联系,是社会主义商品生产。社会主义商品生产和商品流通与资本主义商品生产和商品流通的区别,最主要的是二者所赖以存在的生产资料所有制不同。他明确指出:“不要怕,不会引导到资本主义,已经没有了资本主义的经济基础。商品生产可以乖乖地为社会主义服务。”这样,商品生产就被纳入社会主义经济关系的范围之内,明确揭示了社会主义社会中存在的商品生产的社会主义性质,有助于我们克服把商品生产混同于资本主义的传统观点。这就为我们十一届三中全会以来,提出“社会主义商品经济”、“社会主义市场经济”的概念提供了

思想材料。

2. 毛泽东提出了生产资料是商品的观点

斯大林认为社会主义制度下仅个人消费品是商品,生产资料不能列入商品的范畴。毛泽东则认为社会主义商品生产不仅仅限于个人消费品生产,"在我国,农业和手工业生产工具也是商品"。针对斯大林生产资料不能列入商品范畴的提法,他谈到:"在我们这里,也有一部分生产资料是商品,我们不仅把拖拉机等农业生产资料卖给公社,而且为了公社办工业,也把一部分工业生产资料卖给公社,这些产品都是商品。"

3. 毛泽东强调了价值规律在社会主义商品经济中的作用

斯大林虽然提出了价值规律在社会主义商品经济中是客观存在的规律,但又认为:"价值规律在社会主义生产中没有调节的意义,只是在流通领域保持着调节者的作用。"毛泽东不同意这种看法,他认为:"在我国,还存在商品生产,价值法则还起作用。""价值法则、等价交换,不仅存在于公社内部,也存在于集体所有制与全民所有制之间,生产资料部门之间也有价值法则起作用。"他在1958年召开的第二次郑州会议的讲话中明确提出:"价值法则依然是客观存在的经济法则,我们对于社会产品,只能实行等价交换,不能实行无偿占有。违反这一点,终究是不行的。""大跃进"对国民经济所造成的破坏,恰恰说明了一点:"违反它(价值规律),要整得头破血流。"毛泽东关于商品和价值的理论由于受计划经济理论的束缚以及实践的限制,也有不够彻底的地方,例如他认为在社会主义制度下价值规律只能作为计划工作的工具,不能作为计划工作的主要依据,并提出了"计划第一,价格第二"的原则。到了"文革"时期,毛泽东的不少正确的商品经济思想,又被自己提出的"左"的理论所否定,称商品、货币交换、八级工资制等都是资产阶级法权,应当加以破除,这给我国国民经济的发展造成巨大的损失。

毛泽东关于社会主义商品经济的上述观点,都是社会主义市场经济理论的宝贵思想来源,社会主义市场经济理论,正是吸收了毛泽东的这些科学思想,同时克服了其对市场作用缺乏足够认识的局限性,并在改革开放的历史条件下加以发展才最终形成的。

二、陈云是新中国提倡市场调节的先导

陈云作为中央第一代和第二代领导集体的重要成员,是我国最早主张发挥市场作用,改革计划体制的领导者。早在50年代中期,党内许多同志曾主张取消市场,陈云则力主社会主义经济体制中应保留市场,这为最终扩大市场在社会主义经济中的作用奠定了基础。陈云的市场经济思想主要有以下几点:

1."三个主体、三个补充"理论

陈云指出,在我国社会主义改造完成之后,我们社会主义经济的情况将是这样:"在工商业经营方面,国家经营和集体经营是工商业的主体,但是附有一定数量的个体经营。这种个体经营是国家经营和集体经营的补充。至于生产计划方面……计划生产是工农业生产的主体,按照市场变化而在国家计划许可范围内的自由生产是计划生产的补充……在社会主义的统一市场里,国家市场是主体,'一定范围内国家领导的自由市场'为补充。"①概括起来,就是"三个主体、三个补充",第一个主体和补充讲的是我国生产资料所有制结构,第二个主体和补充讲的是生产的计划管理体制,第三个主体和补充讲的是交换关系即流通体制。这样,陈云根据我国的社会主义经济从所有制、到生产、到交换的特点,描绘了一幅中国社会主义经济体制的蓝图,实际上提出了我国社会主义经济的模式,说明我国的社会主义经济既不同于马克思、恩格斯的论述,也不同于前苏联的经济模式,是一种具有中国特色的社会主义经济,是把马列主义基本原理与我国的经济建设实践相结合的创见。不幸的是,由于占主导地位的"左"的错误的指导,以致未能付诸实施。十一届三中全会以后,陈云的市场调节思想才为我党接受,从而冲破单一的计划经济体制,引入市场调节机制,促进了我国经济的快速发展。

2.社会主义经济必须包括计划经济和市场调节两部分

十一届三中全会以后,陈云对计划与市场问题的认识有了进一步深化,明确提出社会主义经济必须包括计划经济和市场调节两部分。他在 1979 年 3 月 8 日的一份讲话提纲中指出:"60 年来无论苏联或中国的计划工作制度中出现的缺点:只有有计划按比例这一条,没有在社会主义制度下还必须有市场调节这一条。"正是由于缺乏市场调节,因此生产不能丰富多彩,人民所需日用品十分单调。他进而指出:"整个社会主义时期,经济必须有两个部分:(1)计划经济部分……(2)市场调节部分。第一部分是基本的主要的;第二部分是从属的次要的,但又是必需的。"②

① 《陈云文稿选编》(1956—1962),人民出版社 1981 版,第 12 页。

② 《三中全会以来重要文献选编》(上),人民出版社 1982 年版,第 69 页。

3. 指导性计划思想

陈云在“八大”的发言，触及了计划经济体制的深层次问题，明确提出要适当变更计划管理的方法，用指导性计划取代某些领域的指令性计划，他建议对经济的次要部门——轻工业、农业、商业、手工业及收归国有的私营工业的管理方式进行改革，他提出：“我们应该把国家计划中对这些产品的各项指标只作为一种参考指标，让生产这些日用百货的工厂，可以按照市场情况，制定指标，进行生产，而不受国家参考指标的束缚，并且根据年终的实绩来缴纳应缴的利润。”①从而，提出了指导性计划的思想。这实际上是要求计划工作从微观管理和盲目的编制计划，转到宏观调控上来，将有计划按比例同市场调节相结合。指导性计划思想一直贯穿此后改革开放的始终。陈云的这些观点，虽然受当时认识水平和国内政治环境的限制，仅局限于在传统计划经济体制之中对市场作用的局部认识，但对于当时及其后阶段的经济工作，却有着十分重要的指导意义，对邓小平市场经济理论的形成产生了重要影响。

三、邓小平社会主义市场经济理论的最终确定

1. 邓小平明确提出了“社会主义市场经济”的概念

传统观念一直把市场经济作为一种社会基本经济制度，并将其与资本主义制度等同起来。列宁在十月革命前曾说：“只要是存在着市场经济，只要还保存货币权力和资本力量，世界上任何法律也无力消灭不平等的剥削。只有实行巨大的社会化的计划经济制度……才能消灭剥削。”②可见，列宁当时是把市场经济等同于资本主义制度，又把市场经济制度与计划经济制度对立起来。西方的许多学者，也是把市场经济作为资本主义的同义语。他们把资本主义国家自诩为充满美好前景的“自由市场经济”国家，而把社会主义国家则贬低为“中央集权计划体制”国家，并预言这是“通向奴役的道路”。邓小平冲破计划经济等于社会主义、市场经济等于资本主义的“社会制度”论的束缚，明确提出了“社会主义可以搞市场经济”的新观点。早在改革之初的1979年11月26日，邓小平在会见美国不列颠百科全书出版公司编委会副主席弗兰克·吉布尼时说：“说市场经济只存在于资本主义社会，只有资本主义的市场经济，这肯定是不正确的。社会主义为什么不可以搞市场经济，这个不能说是资本主义。我们是计划经济

① 《陈云文稿选编》(1956—1962)，人民出版社1981年版，第12页。

② 《列宁全集》第十卷，人民出版社1958年版，第407页。

为主,也结合市场经济,但这是社会主义的市场经济。"①在此,邓小平不仅指出社会主义可以搞市场经济,而且明确提出了"社会主义市场经济"的概念,把市场经济同社会主义联系起来,肯定了市场经济在社会主义制度下的必要性,在马克思主义发展史上突出地显现了首创的价值和地位。应当指出,邓小平的社会主义市场经济思想,也是有一个发展过程的。其1979年11月间的谈话,与前述陈云的"三个主体、三个补充"的思想和1979年3月8日讲话——计划经济为主、市场调节为辅的精神是相一致的,邓小平也认为"我们是计划经济为主,也结合市场经济"。随着改革实践的发展,市场机制的作用已突破"主辅论"的界限。1987年2月,十三大召开前夕,邓小平说:"我们以前是学苏联的,搞计划经济,后来又讲计划经济为主,现在不要再讲这个了。"②他明确地认识到市场的作用是覆盖全社会的,于是十三大提出"社会主义有计划商品经济的体制,应该是计划与市场内在统一的体制"③,新的经济运行机制应该是"国家调节市场,市场引导企业",从此不再提计划经济为主。1992年春,邓小平南巡谈话进一步确认社会主义也可以实行市场经济,他说:"计划多一点,还是市场多一点,不是社会主义与资本主义的本质区别。计划经济不等于社会主义,资本主义也有计划;市场经济不等于资本主义,社会主义也有市场。"④这就从根本上否定了把社会主义同市场经济对立起来的传统观念,奠定了社会主义市场经济的理论基础。

2. 邓小平提出社会主义市场经济理论是着眼于发展社会生产力

在邓小平看来,计划和市场都是调节经济的手段,不是资本主义与社会主义的本质区别。1985年,他曾说:"社会主义和市场经济之间不存在根本矛盾。问题是用什么方法才能更有力地发展社会生产力。我们过去一直搞计划经济,但多年的实践证明,在某种意义上说,只搞计划经济会束缚生产力发展。把计划经济与市场经济结合起来,就更能解放生产力,加速经济发展。"⑤

① 《邓小平文选》第二卷,人民出版社1983年版,第236页。

② 《邓小平文选》第三卷,人民出版社1993年版,第203页。

③ 《十三大以来重要文献选编》(上),人民出版社1991年版,第26~27页。

④ 《邓小平文选》第三卷,人民出版社1993年版,第373页。

⑤ 《邓小平文选》第三卷,人民出版社1993年版,第148页。

3. 邓小平社会主义市场经济理论与资本主义的市场经济相比,有着显著的特色

(1)社会主义公有制基础上的市场经济。市场经济总是与一定的社会基本制度相联系。市场经济可以建立在不同所有制的基础上,成为不同的市场经济,可以是私有制基础上的市场经济,或公有制基础上的市场经济,或公有制与私有制并存基础上的市场经济。资本主义市场经济是建立在生产资料资本主义私有制基础上的市场经济,而邓小平提出的社会主义市场经济,则是建立在公有制为主体基础上的市场经济。他说社会主义的市场经济"虽然方法上基本上和资本主义社会的相似,但也有不同,是全民所有制之间的关系,当然也有同集体所有制之间的关系,也有同外国资本主义的关系,但是归根到底是社会主义的,是社会主义社会的"①。他又说:"我们在改革中坚持了两条:一条是公有制占主体地位;一条是发展经济要走共同富裕的道路……我们吸收外资,允许个体经济发展,不会影响以公有制经济为主体这一基本点。"②所以,把公有制与市场经济结合起来,是邓小平建设有中国特色社会主义理论的重要观点,也是邓小平社会主义市场经济理论的重大特色。这样,既同建立在私有制基础上的资本主义市场经济划清了界限,又同那种以为要搞市场经济就必然要私有化的观点划清了界限,也同那种"一大二公三纯",不允许私有制存在的观点划清了界限。党的十五大明确指出:"公有制为主体,多种所有制经济共同发展是我国社会主义初级阶段的一项基本经济制度。"③

(2)实现共同富裕是社会主义市场经济的根本目标。共同富裕是社会主义与资本主义的主要区别。邓小平说:"社会主义与资本主义不同的特点就是共同富裕,不搞两极分化。"④"社会主义最大优越性就是共同富裕,这是体现社会主义本质的一个东西。"因此邓小平的市场经济理论同资本主义市场经济理论不同,不是两极分化的而是共同富裕的市场经济理论。虽然价值规律的分化作用使得市场经济体制与共同富裕有矛盾的一面,但是市场经济体制能够促进资源的有效配置,能够促进效率的提高,从而促进生产力更快地发展,有利于增加财富,有利于共同富裕。同时,我国市场经济的公有制经济基础,决定了增加的

① 《邓小平文选》第二卷,人民出版社 1983 年版,第 236 页。

② 《邓小平文选》第三卷,人民出版社 1993 年版,第 149 页。

③ 《中国共产党第十五次全国代表大会文件汇编》,人民出版社 1997 年版,第 21 页。

④ 《邓小平文选》第三卷,人民出版社 1993 年版,第 123 页。

财富是以提高全体人民生活水平为目的的,所以在社会主义制度下,市场经济体制又是与共同富裕相统一,并为共同富裕服务的。然而,共同富裕不等于同步富裕。邓小平说:“要允许一部分地区、一部分企业、一部分工人农民,由于辛勤努力成绩大而收入先多一些,生活先好起来。”这就必然产生极大的示范力量,“使整个国民经济不断地波浪式的向前发展,使全国各族人民都能比较快的富裕起来。”①

(3)按劳分配为主,多种分配方式并存。这是社会主义市场经济理论在分配关系上的特征。为实现先富带后富,最终达到共同富裕,就必须在分配上坚持按劳分配为主体,多种分配形式并存的制度。按劳分配是与公有制经济相适应的分配形式,或者说按劳分配是公有制经济在分配关系上的实现形式,坚持公有制为主体,就必然要坚持按劳分配为主体的社会主义分配原则。早在1975年,邓小平就曾经指出:必须坚持按劳分配原则,“如果不管贡献大小、技术高低、能力强弱、劳动轻重,工资都是四五十块钱,表面看来似乎大家是平等的,但是实际上是不符合按劳分配原则的,这怎么能调动人们的积极性?”②只要真正坚持按劳分配的社会主义分配原则,就能够调动劳动者积极性、主动性和创造性,让社会财富更多地创造出来。

在我国经济体制改革过程中,随着生产资料所有制结构的调整和改革,分配关系也发生了深刻的变化,形成了多种分配形式并存的局面。我国多种分配形式并存具有客观必然性,按照马克思主义原理,分配形式是由生产条件和形式决定的。我国现阶段存在多种所有制形式,不仅存在多种公有制形式,而且也存在个体经济、私营经济、外资经济等多种非公有制经济,与此相适应,必然存在多种分配形式。再者,社会主义市场经济存在和发展过程中,资本、劳动力、技术等各种生产要素都是生产中不可或缺的因素,他们的所有者必然要求按照稀缺程度及贡献大小,参与劳动成果的分配,这样就势必存在利息、股份分红、租金、风险收入等分配方式,这是我国发展市场经济的客观要求。十五大报告明确提出:“坚持按劳分配为主体、多种分配方式并存的制度。把按劳分配和按生产要素分配结合起来,坚持效率优先、兼顾公平,有利于优化资源配置,促

① 《邓小平文选》第二卷,人民出版社1983年版,第152页。

② 《邓小平文选》第二卷,人民出版社1983年版,第30~31页。

进经济发展,保持社会稳定。”①

(4)社会主义国家宏观调控下的市场经济。与原始的自由市场经济不同,现代市场经济都是由国家宏观调控的市场经济。自我标榜是“自由市场经济”典型的美国也不例外,只是由于国家的性质不同,调控的目的和取向不尽相同。在宏观调控上,社会主义市场经济由于有无产阶级政党的领导,有社会主义国家的职能,有公有制为基础,有共同富裕的目标,能够把人民的当前利益和长远利益、局部利益和整体利益结合起来。社会主义国家搞市场经济,不是为了某些集团或个人的私利,而是从全社会利益出发,通过市场提高效率,加快经济发展,不断满足全体人民日益增长的物质和文化生活需要。社会主义市场经济的宏观调控比资本主义国家有更大的权威、更强的力度,能够更好地发挥计划和市场两种手段的长处,并在微观放活与宏观协调的关系以及刺激经济效率与实现社会公正的关系方面可以做得更好。

“社会主义市场经济”理论的提出与确立,是人类经济思想史和马克思主义发展史上的重大创举,它为我国的改革开放和现代化建设指明了前进的方向。在社会主义制度下,建立市场经济体制是前无古人的事业。资本主义搞市场经济已经有了300多年的历史,而我国从十一届三中全会改革开放以来,探索市场经济体制才20年的时间,从引入市场调节的“主辅论”,到1992年十四大,经过14年的探索,最终才确立我国改革的目标是建立社会主义市场经济体制。在这个理论的指引下,我国经济发展取得了举世瞩目的成就。但是建立社会主义市场经济体制的目标尚未完全实现,我们还有许多未被认识的“必然王国”,还需要我们在实践中不断探索,不断开拓,总结新经验,创造性地继承和发展这个理论。

(原载《兰州大学学报》社会科学版1999年第2期,中国人民大学《报刊复印资料》“社会主义经济理论与实践”1999年第6期转载。系与经济学硕士禹健合作。禹健现为广州新谷电子科技有限公司总经理)

① 《中国共产党第十五次全国代表大会文件汇编》,人民出版社1997年版,第25页。

我国生产资料所有制的改革

生产资料所有制问题不仅是一个生产资料归谁所有的问题

生产资料所有制是生产关系的基础,是生产关系中最本质的核心问题。长期以来,人们对此问题的认识比较狭窄、简单,把生产资料所有制问题狭隘地、简单地仅仅理解为生产资料归谁所有的问题,从而把“三大改造”的完成,把生产资料的资本主义私有制变为社会主义全民所有制,把农业、手工业的个体私有制变为社会主义的集体所有制,即生产资料归属问题的解决,看作是所有制问题的全面解决,认为“生产资料社会主义改造已经基本完成”。基于这种认识,人们总以为在社会主义生产关系的研究中,只是在生产交换的相互关系方面,以及在分配关系方面,才大有文章可做,而忽略了对于生产资料所有制问题的深入研究。其实,生产资料所有制问题,并不仅是生产资料的归谁所有的问题,我国的生产资料所有制问题并未完满解决。在马克思主义政治经济学一般原理指导下,结合实际,总结生产资料公有制建立和发展过程中的正反面经验,对于完善、巩固和发展社会主义公有制有着重大的现实意义。

一、生产资料所有制问题不仅仅是一个生产资料归谁所有的问题

马克思主义经典作家,从来没有把生产资料所有制问题仅仅看作是生产资料归谁所有的问题。

马克思把生产资料所有制问题看作是生产的全部社会关系。他在《哲学的贫困》一书中指出:“给资产阶级所有权下定义不外是把资产阶级社会的全部社会关系描述一番。”①

列宁在分析土地关系时,就把所有权同占有权、支配权、使用权区别开来。他曾经设想在资产阶级国家土地国有化的情况下,土地归国家所有,而交地方和省自治机关支配,实际拨给或分配给各个户主或协作社使用。他指出“不了

① 《马克思恩格斯全集》第四卷,第 180 页。

解所有权、占有权、支配权、使用权等概念的区别”，就会发生误会。①

斯大林也曾经指出：“生产关系的状况所回答的是生产资料（土地、森林、水流、矿藏、原料、生产工具、生产建筑物、交通联络工具等等）归谁所有，生产资料由谁支配——由全社会支配，还是由单个的人、集团和阶级支配，并利用其剥削其他的人、集体和阶级的问题。”②在这里斯大林突出了生产资料归谁所有、归谁支配、归谁利用的问题。

可见，经典作家历来就把生产资料的所有制问题放在社会再生产的全部过程中，包括生产、交换、分配等各个环节，而不仅是某一个环节来进行分析，是从整个社会生产关系的总体上，而不是作为一个孤立的方面来进行研究。

其实，关于生产资料所有制问题不限于生产资料归谁所有这一点，资产阶级哲学家黑格尔就有所发现，他从永恒化和合理化资产阶级的私有财产出发，认为为了取得所有权，单单承认某物应该属于我是不够的，还必须取得对物的直接占有和使用，并且可以转让。黑格尔说：“直接占有是所有权的第一个环节。使用也同样是取得所有权的方式，然后第三个环节是两者的统一，即通过转让而取得占有。”③

从经典作家的论述中清楚地看出，生产资料的所有制问题，不仅是一个生产资料归谁所有的问题，其内容应包括生产资料的所有权、占有权、支配权和使用权等几方面。这几个权是既有区别又互相联系的。其中所有权决定着占有权、支配权、使用权。而占有权、支配权、使用权则又是生产资料所有权的表现。它们之间的关系并非一成不变，而是随着生产力的发展而发生变化，并给生产力的发展以巨大影响。

二、生产资料公有制的建立不等于生产资料所有制社会主义改造的完成

1956年，我国经过对资本主义工商业、个体农业和个体手工业的社会主义改造，生产资料资本主义私有制已经变为生产资料的社会主义全民所有制，生产资料个体所有制已经变为劳动群众的集体所有制，并且确立了社会主义生产资料公有制在整个社会经济结构中的统治地位，从而在生产资料所有制的社会主义改造方面取得了具有决定意义的伟大胜利。通常是以“生产资料所有制的

① 《列宁全集》第十三卷，第314页。

② 《辩证唯物主义和历史唯物主义》，第161页。

③ 黑格尔：《法哲学原理》。

社会主义改造基本完成”的提法,来概括地表示这个胜利。至今,在党的文件、报刊文章中仍然沿用这个提法,司空见惯,习以为常。但是,仔细琢磨,这个提法,值得研究。

首先,不能以生产资料归属问题的解决看作是生产资料所有制社会主义改造的完成。长期以来,我们对于生产资料所有制的内涵,看得比较简单狭隘,主要把它看作生产关系的一个方面,仅仅把它归结为生产资料归谁所有的问题。最近一个时期,经过经济理论界的讨论,虽然对于生产资料所有制的内涵仍有不同的理解,存在一定的分歧。但是比较普遍的看法,认为不能把生产资料所有制仅仅归结为生产资料的归属问题。其实,生产资料所有制,不仅包括着生产资料的所有关系,而且包含着生产资料的占有、支配和使用的关系,以及它们之间的相互关系。不仅在社会再生产的直接生产过程中存在着生产资料所有制关系,而且在交换、分配、消费各个环节中都体现着生产资料的所有制关系。我国生产资料的资本主义私有制变为社会主义的全民所有制,农业和手工业的个体私有制变为集体所有制,这主要是解决了生产资料归全民或集体所有的问题,至于生产资料占有、支配、使用方面的问题,以及它们之间的关系如何处理得当,如何完善,人们在生产、交换、分配、消费中的关系又如何处理,采取什么形式比较恰当,从而有利于巩固生产资料社会主义全民所有制和集体所有制,有利于促进生产力的发展,还得根据生产力的发展状况,从实际出发,在实践过程中去逐步地加以调整,而这仍然是属于生产资料所有制的社会主义改造范围之内的事,是生产资料所有制的社会主义改造的继续。我国当前进行的经济体制的改革,正是生产资料所有制社会主义改造的继续。所以,不能以生产资料归属问题的解决来代替生产资料所有制社会主义改造的基本完成。

其次,从生产资料所有制社会主义改造的标准来看,不能把全民所有制和集体所有制的并存看作是生产资料所有制社会主义改造的完成。科学社会主义认为无产阶级取得政权之后,必须经历一个从资本主义到社会主义的过渡时期,才能进入共产主义的第一阶段即社会主义阶段,然后经过社会主义阶段,才能进入共产主义的高级阶段。过渡时期,在经济上的基本特征,就是多种经济成分并存;过渡时期在经济上的任务,就是要消灭生产资料的私有制,建立社会主义的公有制。不仅要消灭资本主义私有制,而且要改造个体劳动者的小私有制。马克思、恩格斯也一贯认为社会全部生产资料归全体劳动者共同占有,人们在生产资料上实现了完全平等,才能建成完全的社会主义。恩格斯在《反杜林论》“社会主义篇”之“理论”一章中，根据历史唯物主义原理，揭示了资本主义社会存在的社会化生产和资本主义私人占有之间的矛盾，科学地论证了“社会占有全部生产资料”的客观必然性。马克思、恩格斯是把社会占有全部生产资料，作为社会主义的基本特征的。因此，不能把集体所有制同社会主义全民所有制并存的社会当成是建成社会主义，当作是完全成熟的社会主义社会。马、恩也一直是把合作生产仅仅当作是改造个体农民的中间环节，是使个体农民经济转变为完全的社会主义经济的一种过渡形式，而不是一种完全的、成熟的社会主义经济形式。只有当社会占有了全部生产资料，实现了单一的社会主义的公有制，才能建成完全的社会主义。因此，不能把集体所有制和全民所有制并存的社会，看成是完全成熟的社会主义社会。1886 年，恩格斯在给奥古斯特·倍倍尔的一封信中就曾指出：“在向完全的共产主义过渡时（这里实际是指向完全的社会主义过渡——笔者注），我们必须大规模地采用合作生产作为中间环节，这一点马克思和我从来没有怀疑过。但事情必须这样来处理，使社会（即首先是国家）保持对生产资料的所有权，这样合作社的特殊利益就不可能压过全社会的整个利益。”[①]毫无疑问，个体经济转变为劳动群众的集体所有制经济，是由个体私有制变为社会主义公有制的具有决定意义的一步。但是，这毕竟不过是走上社会主义道路的第一步，还不能说社会主义改造完成。诚然，劳动群众集体所有制经济，经过社会主义改造，实现了生产资料公有制和按劳分配，已经是社会主义性质的经济。但是集体所有制经济的社会主义性质是不完全、不充分的。在劳动者对生产资料的关系上来说，从一个集体经济内部看，人们在生产资料的占有关系上基本上是平等的，可以说基本实现了公有化，而从各个集体经济组织之间相比来看，人们占有的生产资料却仍然存在着数量和质量的差别，事实上是不平等的。这种差别，最后必然会反映到它们的产品分配关系上。在花费同样劳动的条件下，那些占有较多较好生产资料的集体单位，必然获得较多的产品，其成员也可分得较多的收入。反之，亦然。这就表明，在集体所有制的条件下，只是初步实现了生产资料公有制和按劳分配的社会主义原则，并未完全实现这些原则。要完全实现社会主义原则，集体所有制就必须向全民所有制过渡。只有在全社会的范围内，实现了劳动者在生产资料关系上的平等，生产资料的社会主义改造才能完成。而要实现这种过渡，则必须以生

① 《马克思恩格斯全集》第三十六卷，第 417 页。

产力的高度发展为前提，决不能搞“穷过渡”。我们当前必须稳定和大力发展集体所有制，因为它是与我国当前的生产力发展水平相适应的。但这并不意味着，将来条件具备时也不要向全民所有制过渡。因此，不能把集体所有制的建立，当作是生产资料所有制社会主义改造的完成。

列宁曾经指出过渡时期和社会主义改造的长期性和艰巨性。列宁说：“无产阶级的目的是建成社会主义，消灭社会的阶级划分，使社会全体成员成为劳动者，消灭一切人剥削人的制度的基础。这个目的不是一下可以实现的，这需要一个相当长的从资本主义到社会主义的过渡时期，因为改组生产是一件困难的事情，因为根本改变生活的一切方面是需要时间的，因为按小资产阶级和资产阶级方式经营的巨大的习惯力量只有经过长期的坚忍的斗争才能克服。”①但是，后来斯大林和苏联理论界把社会主义改造看得过于简单，斯大林于 1936 年苏联实现农业集体化时，就正式宣布苏联建成了社会主义。我们在 50 年代也接受了斯大林和苏联理论界的这种影响，也把农业集体化的实现当作是社会主义改造的结束，宣布建成了社会主义制度。

再次，从我国的实际情况来看。我国是在一个人口众多，农民又占人口的绝大多数，底子薄，经济文化落后这样一个大国中来从事社会主义建设的。必须经过一个漫长的过渡时期，生产资料所有制的社会主义改造将是长期的、艰巨的，对此必须有足够的认识，特别是改造小生产者的思想和习惯，要花费几代人的时日。列宁曾经指出，在经济落后的国家过渡时期将要愈长。我国在生产资料所有制的社会主义改造过程中，虽然总的说来是成功的，但却存在着过快过急、工作粗糙的错误和缺点，本来计划用三个五年计划或者更长一点时间，实现对农业、手工业和资本主义工商业的社会主义改造，实际只用了几年时间，就实现了“三大改造”。结果是欲速则不达，以致我们不得不在生产资料所有制方面进行必要的调整，带来了一系列的问题。总结我国走过的历程，不能不使我们认识到，在我国现阶段，生产力发展水平比较低，而且很不平衡，既有现代化的生产力，也有极落后的生产力，有自动化、机械化、半机械化，也有大量建立在手工工具劳动基础上的生产，社会主义制度基础比较薄弱。为了加速经济的发展，从所有制来说，单有社会主义全民所有制和集体所有制两种经济成分是不够的，还必须在社会主义公有制占绝对优势的条件下，允许多种经济成分、多种

① 《列宁选集》第三卷，第 420 页。

经营方式存在，以补充社会主义公有制经济的不足。并且，这种局面还必须维持一个相当长的历史时期。既然我国现在的生产资料所有制结构是多种经济成分并存的结构，怎么能说是生产资料所有制社会主义改造完成了呢？

十一届三中全会以来，我们在城镇采取了支持大力发展城镇集体所有制经济，允许个体经营，在农村除了恢复自留地和家庭副业之外，还适应不同地区的生产力水平，推行了各种形式的生产责任制，从实际需要和实际情况出发，允许有多种经营形式、多种劳动组织、多种计酬办法同时存在。

我国当前正在进行经济体制改革的试点。经济体制改革，固然涉及生产结构的问题，但不可否认仍然要涉及生产资料所有制及生产关系的调整。这实质也是生产资料所有制的社会主义改造的继续。

（此文原为1979年3月16日在中共甘肃省委理论讨论会上的大会发言稿，后又在1980年1月“全国城市集体所有制经济理论讨论会”上作了发言，摘要刊登在《经济研究参考资料》1980年第33期）

农业统一经营的概念辨析

农村家庭联产承包责任制实行以来，尤其是大包干这一形式大规模被采用后，农户分散经营这一经营层次逐渐长入地区性农业合作经济组织，而与农业集体统一经营共存于农业合作经济组织内部，于是农业经营体制也就由改革前仅有高度集中劳动、集中经营的单一的集体统一经营体制改变为农业双层经营体制。农业双层经营体制经过十多年的发展，我们对其“双层”的理解也越来越清楚。但也必须看到，在目前大家对农业双层经营中“分散”层理解为“家庭分散经营”层基本一致的情况下，而对其另一层，即“统一”层的理解上，有两种值得商榷的观点。

有一种观点认为农业双层经营就是家庭承包经营（即分户分散经营）与社会化服务这两个层次的结合。而在这种观点表述时，又略有差异。有人表述为“所谓农村双层经营体制，是指联产承包责任制下，农民家庭承包经营和统一的社会化服务这两个层次的结合”①。与此相类似的表述有：“所谓双层经营体制，一是指农民家庭经营，二是指社会化服务，这两个层次的结合就是农村双层经营体制。”②较为详细的表述有：“以家庭承包经营为基础，社会化服务为纽带，把家庭的分散经营与社会化服务组织的统一经营有机结合起来，就是农村双层经营体制。”③持这种观点者的理论基础主要有如下几点：(1)“现在农民已经感到一家一户生产经营，有很多不便。比如要一家一户自己去搞农业生产资料，费时费力，又往往搞不来，农民需要技术指导，农副产品只靠自己销售困难很多；有些事，如水、电的分配，也需要有人组织协调。”④(2)“从世界各国来看，

① 《关于农村双层经营体制问题的调查研究》，载《人民日报》1990年5月21日第6版。

② 张庆黎：《关于社会化服务的几点思考》，载《大众日报》1991年4月16日第3版。

③ 张国栋：《稳定和完善农村双层经营体制的辩证思考》，载《中国农村经济》1991年第11期，第35~36页。

④ 《关于农村双层经营体制问题的调查研究》，载《人民日报》1990年5月21日第6版。

无论小生产为主的国家(如日本),还是规模经营为主的国家(如美国的家庭农场),都有一个统一服务的经营层次。”[①](3)“大量事实证明,家庭经营在农村经济向商品化、现代化转变的大背景下,已经超越土地承包经营,超越原来的集体经济,超越行政界限,为有效地抵御自然的和社会的双重风险,时刻都在呼唤着社会化服务。”[②]这种观点看到了小生产的局限性,并试图找到克服这种局限性的方法,其思路有一定的可取之处。

另一种观点则认为农业双层经营体制是家庭承包经营加乡村企业经济。在观点基本一致的情况下,对其原因的认识又略有差别。一部分人以农村中“资源丰富可以大力发展(乡村企业——作者加)与场地、管理水平限制难以发展的矛盾”、“部分农民在致富欲望的驱使下想将手中的‘死钱’变成‘活钱’与感到找不到投资场所的矛盾”、“总体原料充裕与某些局部原料不足的矛盾”、“从农村第一产业不断游离出大量劳动力寻找新的就业岗位与目前乡镇企业发展速度缓慢不能吸收的矛盾”这四大矛盾出发,认为“乡镇集体企业与农户家庭的双层经营形式应当发展”[③]。另一部分人则从“村级服务功能的强弱取决于集体经济的实力大小”出发,认为“要增强集体经济的实力,出路在于大力发展村办企业”[④]。显然,前者围绕乡村企业发展、农民增加收入这一点,认为乡村企业和农户家庭经营这种“双层经营体制”必须得以发展,后者则侧重于集体经济的加强依赖于乡村企业的发展,以有力地做到“以非农补农”。

如果要对以上二种观点作出评判,我们就必须从农业双层经营体制产生的客观条件和存在的物质基础入手。农业家庭联产承包责任制的推行,实现了集体土地的“两权分离”,即所有权与经营权的适当分离,改变了过去长期以来高度集中、统一劳动、吃“大锅饭”的弊端,但土地集体所有制这一社会主义基本经济制度并没有改变,仅仅是经营形式改变而已。农户承包集体土地只有经营使用权,而土地所有者——地区性农业合作经济组织作为发包的一方,仍对被承包土地行使所有权。凡是一家一户办不好或办不了的生产经营项目、农田水利

① 《关于农村双层经营体制问题的调查研究》,载《人民日报》1990年5月21日第6版。

② 张国栋:《稳定和完善农村双层经营体制的辩证思考》,载《中国农村经济》1991年第11期,第35~36页。

③ 卢荣善:《乡镇集体企业与农户家庭双层经营形式应当发展》,载《企业界》1986年第9期,第25~26页。

④ 屈运炳:《发展村办企业是繁荣农村经济的必由之路》,载《财经理论与实践》1989年第8期,第25页。

基本建设、大中型农机具以及抽水、植保、良种等则需由集体统一经营、统一管理使用，这就形成了集体统一经营与承包农户分散经营相结合的双层经营体制。由此可见，农业双层经营体制是以地区性农业合作经济组织为依托，以集体土地的“两权分离”作为存在的条件，它是农业合作经济组织内部的农业管理体制与经营形式的问题。所以，双层经营体制本身应具有一定范围，“统一经营”也并非无所不包，它是指农业而言，不能把它扩展到与农业无关的各类乡村工副业中去。故农业双层经营体制中的统一经营应该是：(1)以土地集体所有制为基础；(2)以农业合作经济组织为依托；(3)以土地作为经营对象；(4)确立家庭承包经营为主体地位作为前提。故农业双层经营体制应该是农业合作经济组织的集体统一经营与家庭承包分散经营二者的有机结合。

如果我们从把农业双层经营体制“统一”层认为是社会化服务这一观点的理论基础来看，也就不难找出它的失妥之处。在农村联产承包责任制实行之后，农户一家一户经营，确实有许多不便，社会化服务体系的健全可以解决一些不便之处，但这些不便之处绝非仅有社会化服务可以完全解决的，如加强对土地的管理等等，类似的问题却可以由农业合作经济组织的统一经营来解决。社会化服务与农业集体统一经营这二者不可以完全替代，但有些地方却是互补关系。由于西方资本主义国家(不论小生产为主还是规模经营为主)不存在土地集体所有制这一基础，为了解决个体生产与大社会之间的矛盾，它们在选择沟通生产与市场之间的桥梁时不可能产生以土地集体所有制为基础的农业合作经济组织，而最多也只能是在承认土地私有这一前提下依据互利的原则，促成这种个体经营与农业社会化服务的外部结合。这与我国的土地集体所有这一情况很不一样。从我国现在情况来看，社会化服务在农村包括农业社会化服务和非农产业社会化服务两个部分。显而易见，非农产业的社会化服务不属于农业双层经营体制的范围。并且农业社会化服务从它的提供者来看，它分别由国家、农业合作经济组织、农户之间三方面提供。地区性农业合作经济组织只提供一部分服务，除此部分之外，家庭承包经营与社会化服务的结合是两个经济组织、两个经营层次的外部结合，而不是一个经济组织两个经营层次的内部结合。家庭经营同其他任何组织发生经济关系，服务组织为其他任何单位提供服务，都会形成这种外部结合，它们之间只存在服务和被服务的关系，而不存在统分与承包关系，这是社会分工基础上协作关系的一种表现形式。至于这种观点的第三个理论支柱则以农村经济向商品化、现代化转变为依据，把农业统一经营游离于农业合作经济组织之外。然而这样一来,即用社会化服务代替农业集体统一经营,由于社会化服务是超越于集体经济组织之上的,并不包括在那种和家庭经营相衔接的生产合作组织系统内,超越了集体经济组织,那么,农业联产承包制就不再是农业合作经济内部的生产责任制,没有了集体统一经营,那么,家庭经营也就不再是合作经济的一个层次,而是完全独立的个体经营。这就会导致家庭经营向完全形态的小生产方式转变,同时不可避免地提出改变生产资料(主要是土地集体所有制)性质的要求,即把土地等主要生产资料的集体所有制改变为农民的个人的私有制。这就已经否定了农业双层经营体制的存在基础及其出现的客观条件,因而这种观点似不妥当。

乡村企业(包括乡镇企业)的发展能在很大程度上带动农村经济的发展,尤其是如能解决好制约乡村企业发展的几大矛盾,可有效地利用农村资源,使之得到较好的发展,从而迅速地增加农村居民的收入。但这种发展与以土地作为经营对象的农业的发展并没有直接的联系。有些地区乡村企业发展较好,增强了集体经济实力,通过乡村政府组织的以非农补农,支持农业家庭经营,取得了较好的效果。然而现实中也有地区乡村企业较为发达,可农业并不因此而迅速发展。由此看来,农业家庭承包经营与乡村企业之间所发生的经济关系,也只是两个经营单位的分工协作关系,二者并不会必然构成一个“双层经营”体制。那种把乡村(镇)企业与农户家庭分散经营二者的结合作为农业双层经营体制的看法似应商榷。

综上所述,农业双层经营体制中的“统一”层不应该是社会化服务,也不应该是乡村企业。而应该是农业合作经济组织的集体统一经营。当然,我们在这里对“农业集体统一经营”是有规定的,它的特定依托是农业合作经济组织,以土地集体所有制为基础,以土地作为经营对象,相对于家庭分户经营而言,其内容既包括农业合作经济组织直接进行的生产经营和资产积累活动,也包括农业合作经济组织为农户分散经营所进行的统一服务和管理、协调等方面的工作。管理包括对土地、合同、财务、劳务等方面的管理,协调包括协调国家、集体、个人三者之间关系、农业合作经济组织内部各业、各成员之间的利益关系、农户之间在生产过程中某些需要统一步调的带有关键性的生产环节或生产措施等,服务则主要是指农业生产所需要的产前、产中、产后的服务。

(原载《兰州大学学报》社会科学版 1993 年第 4 期。此文针对有人把农业双层经营等同于农业社会化等观点提出了商榷。中国人民大学《报刊复印资料》农业经济1993年第12期收载。系与经济学硕士钟翔飙合作。钟翔飙现为北海银滩开发投资股份有限公司经营管理部、工程部负责人)

我国社会主义初级阶段的基本经济制度

按语：本文论述我国社会主义初级阶段基本国情决定必须实行和坚持"社会主义公有制为主体，多种所有制经济共同发展的基本经济制度"，其结构是"一主"(公有制为主体)"三多"(所有制形式多样化，公有制形式多变化，公有制实现形式多样化)。党的十五大报告提出公有制实现形式可以多样化。本文提出公有制形式本身也应多样化，并提出7种公有制形式：国家所有制、地方公有制、集体公有制、劳动群众合作所有制、公有控股的混合所有制、社会基金所有制、社团公有制等。该文对所有制改革有理论和实际意义。

党的十五大报告指出："公有制为主体、多种所有制经济共同发展，是我国社会主义初级阶段的一项基本经济制度。"①这一新概念的提出是对马列主义、毛泽东思想的继承和发展，是对我国社会主义初级阶段基本经济特征更符合实际、更准确、更高度的概括，是继社会主义初级阶段理论、社会主义市场经济理论之后，在社会主义经济理论上的又一重大突破，具有十分重大的理论和实际意义。

一、基本国情决定我国必须实行和坚持社会主义初级阶段基本经济制度

基本经济制度是一定社会或社会一定发展阶段的生产关系的总和，它具有基础性、稳定性、长期性的特征。十五大报告把"公有制为主体、多种所有制经济共同发展"作为我国社会现阶段的"基本经济制度"，这是对我国现阶段社会经济性质认识的深化，也是对现存的各种所有制经济形式地位的制度化肯定。比起此前中央历次的相关表述和概括，如十四大报告的提法："在所有制结构上，以公有制包括全民所有制和集体所有制经济为主体，个体经济、私营经济、

① 江泽民：《高举邓小平理论伟大旗帜，把建设有中国特色社会主义事业全面推向二十一世纪》，1997年9月22日《人民日报》。

外资经济为补充,多种经济成分长期共同发展。”①以及《中共中央关于建立社会主义市场经济体制若干问题的决定》中“坚持以公有制为主体,多种经济成分共同发展的方针”②等表述,显然大大前进和发展了。

按照历史唯物主义的原理,生产关系要适合生产力的发展。因此,一个社会或社会发展的特定阶段,究竟采取什么样的生产关系或者说所有制形式,这是由生产力发展的状况决定的。正如马克思所说:“无论哪一个社会形态,在它们所能容纳的全部生产力发挥出来以前是绝不会灭亡的;而新的更高的生产关系,在它存在的物质条件在旧社会的胞胎里成熟以前,是决不会出现的。所以人类始终只提出自己能够解决的任务。”③我国旧中国的生产力状况如何呢?

我国是在生产力水平相当低下、商品经济很落后、小农经济汪洋大海般存在的基础上进行社会主义革命而进入社会主义社会的。旧中国已有大约10%的现代性的工业经济,这是进步的。但中国还有90%左右的分散的农业经济和个体经济,这是落后的。根据世界银行经济考察团的考察报告,1952年中国的人均国民生产总值约合50美元,比印度还低。在这样的基础上建立起来的只能是一个处于初级阶段的社会主义,即不发达的社会主义,其所有制结构也只能是以公有制为主体,多种所有制形式并存和共同发展。

毛泽东1949年在《中共七届二中全会上的报告》中早就指出,我国应存在国营经济、合作社经济、个体经济、私人资本主义经济、国家和私人合作的国家资本主义经济这样五种经济成分。④顺便指出,这是张闻天同志抗日战争胜利后,在东北工作时运用马列主义原理结合中国实际创造性地提出来的,被党中央和毛主席所采纳,这是适合我国国情的所有制结构。经过生产资料社会主义改造,公有制在我国取得了主体地位,这是很大的胜利。但也应指出,我们在对私有制改造中也存在要求过急、工作过粗、改变过快、形式单一的问题。后来在“左”的思想指导下,更是片面追求“一大二公三纯四国”,严重影响了我国生产力的发展。

十一届三中全会以来,我们党认真总结在所有制改造问题上的经验和教训,恢复和制定了“公有制为主体、多种所有制经济共同发展”的方针,解放了生

---

① 《中国共产党第十四次全国代表大会文件汇编》,人民出版社1992年版,第23页。

② 《中共中央关于建立社会主义市场经济体制若干问题的决议》,人民出版社1993年版,第7页。

③ 《马克思恩格斯选集》第二卷,人民出版社1972年版,第83页。

④ 《毛泽东选集》第四卷,人民出版社1991年版,第1430页。

产力,取得了举世瞩目的经济发展的奇迹。但是,我国生产力不够发达的状况还没有根本改变。1996年,我国GDP总值的排位虽已居世界第7位,但由于人口多,按人平均仅600余美元,仍居于世界的后列。我国12亿多人口中,非农业人口虽已达2亿多人,但仅占全国总人口的17%,按国际标准,仍处于不发达国家的范围之内。我国虽然建立起了一部分现代工业,但大量落后的工业同时并存。农业机械化生产虽有发展,但相当部分农村仍然是以畜力和手工劳动为主。商品经济虽然得到很大发展,但半自给经济和自给经济同时并存。虽有少量的先进科技和文化,但科技和文化水平落后,文盲半文盲占人口1/4的状况仍然没有改变。1996年,全国农村还有5800万人口尚未解决温饱问题,其中一半左右年均纯收入低于300元。城市也有近2000万人口处于贫困状况。这一切都表明,我国仍处于不发达的社会主义初级阶段,并将长期处于社会主义初级阶段,至少要花100年时间,才能走出这一阶段。如果从1956年算起,至21世纪中叶,我们能够用100年时间,实现发达国家用200~300年时间完成的工业化和经济的社会化、市场化和现代化任务,那将是了不起的伟大成就。正如邓小平同志所说:“现在虽说我们也在搞社会主义,但事实上不够格,只有到了下世纪中叶,达到了中等发达国家的水平,才能说真的搞了社会主义。”①正是经过成功和失败经验的比较,从我国的生产力发展现状出发,我们党正式确认,我们的国家处于社会主义初级阶段。“社会主义初级阶段”的提法是基于对我国“基本国情”的科学判断。十五大提出我国社会主义初级阶段的基本经济制度,正是以社会主义初级阶段的基本国情为基本依据而确立的,是对七届二中全会关于5种经济成分的论述的继承和发展,从“基本经济制度”的高度来肯定“多种经济成分共同发展”,其意义非同一般。

二、我国社会主义初级阶段基本经济制度是“一主”、“三多”的结构

“公有制为主体、多种所有制经济共同发展是我国社会主义初级阶段的一项基本经济制度”概念的提出,是对社会主义市场经济理论认识的深化。党的十四大明确提出:“我国经济体制改革的目标是建立社会主义市场经济体制。”这是对社会主义经济理论的一次极大突破。“社会主义市场经济体制”的概念,是从经济体制和经济运行的层面对社会主义初级阶段经济关系的规定。而十五大关于“以公有制为主体、多种所有制经济共同发展”是“基本经济制度”这

① 《邓小平文选》第三卷,人民出版社1993年版,第244页。

一概念的提出，则是从“基本经济制度”的高度对社会主义初级阶段经济关系的规定。我们知道，所谓市场经济是指独立的经济主体通过市场交换建立联系，并由市场机制对资源配置起基础作用和调节经济活动以及人们的经济利益关系的一种经济。具有独立经济利益的众多的商品生产经营者主体是市场经济体制的基础和前提，没有这些市场竞争主体，就谈不上市场经济。这就像演戏，如果没有演员，市场经济的戏就唱不成。十四大以来，鼓励个体经济、私营经济和外资经济等多种经济形式共同发展，深化公有制改革，使国有企业成为自主经营的主体，这些都是在为市场经济体制培育和塑造市场主体。十五大“社会主义公有制为主体、多种所有制经济共同发展的基本经济制度”的提出，为培育和发展市场主体，为建立完善的社会主义市场经济体制，进一步奠定了牢固而坚实的制度基础。根据十五大报告所提出的“社会主义公有制为主体、多种所有制经济共同发展的基本经济制度”的新概括，结合“公有制实现形式多样化”的精神，笔者认为，我国现阶段的基本经济制度的基本结构可以归结为“一主”即以社会主义公有制为主体，“三多”即所有制形式多样化，公有制形式多样化，公有制实现形式多样化。下面分别述之。

1. 社会主义公有制为主体

“社会主义初级阶段基本经济制度”的新概念表明，我们仍然必须坚持公有制经济为主体，因为我国虽然处于社会主义初级阶段，但仍然是社会主义国家，必须坚持以公有制为主体，以公有制作为社会主义经济制度的基础。既要使公有制资产在社会总资产中占有量的优势，更要促使和保证公有经济在质上的提高和优势。特别要确保国有经济对经济发展起主导作用，对关系国民经济命脉的重要行业和关键领域，国有经济必须占支配地位，只有这样，才能保证公有经济对整个国民经济的控制力和社会主义方向。这是就全国而言，有的地方、有的产业可以有所差别。

在一国的国民经济中，总有一些对国民经济命脉和全局具有重要意义，必须而且只能由国有经济才能担当的重要行业和关键领域。比如关系国民经济和国家安全的部门，如造币、军事工业部门、航空航天工业部门等；高度自然垄断部门，如煤气、电力、自来水等城市公用事业；社会效益明显的大型基础设施建设项目，如大江大河治理、大型交通运输设施、大型环保项目等；某些需要国家高额投资的高新技术产业等。国有经济只有掌握了这些部门，才能发挥战略性的引导、控制、协调、保障等作用。

2. 所有制形式多样化

“社会主义初级阶段基本经济制度”这一新概念表明，我国社会主义初级阶段的所有制结构是多种所有制经济形式并存的结构。这就是说，我国现阶段的基本经济制度不仅包括作为所有制结构主体的公有制经济，而且包括个体经济、私营经济、外资经济等各种非公有制经济，它们都是社会主义初级阶段社会经济的重要组成部分，是我国现阶段整个社会主义市场经济的必要的构成部分。这就扩大了我国基本经济制度的内容，使各种非公有制经济从“基本制度外”进入“制度内”。之所以这样，是因为我国现阶段的生产力发展远未达到可以实现全面公有化的程度，更没有发展到全面实行国有化的程度，而必须允许、鼓励各种非公有制经济存在和共同发展，以有利于社会生产力的发展，有利于综合国力的增强，有利于人民生活的改善。这里的一个重要问题是，对具有资本主义性质的经济（包括国内私营经济和外国资本主义经济）如何认识的问题。毛泽东同志在三大改造结束后，1956 年 2 月向各民主党派、工商联和中共中央统战部负责人多次谈了他的“新经济政策”思想。他说：“可以消灭了资本主义，又搞资本主义。”[①]我们应该允许资本主义存在和发展，当然这是在人民民主专政国家宏观调控和监督、管理条件下的资本主义，是在社会主义国有经济控制和影响下的国家资本主义，要加以正确引导，使之按照“三个有利于”的方向健康发展。

3. 公有制形式多样化

“社会主义初级阶段基本经济制度”这一新概念表明，公有制形式可以多样化。传统的观念认为，公有制不是国有就是集体所有，只有以国家为代表的全民所有制和集体所有制两种公有制的具体形式。其实不然。根据我国的现实状况和生产社会化的要求，可以设想，我国公有制的多种形式，至少可以分如下几种：

（1）国家所有制。即以国家为代表的全民所有制。

（2）地方公有制。或地方政府所有制，即分别属省、地、县、市、乡、镇范围内的全体人民公有的经济形式，分别由各级人民政府代表同级地区范围内的人民享有所有权。如省有制是以省人民政府为代表的全省人民公有制：县有制则是以县人民政府为代表的全县人民公有制；市有制即是以市政府为代表的全市人

① 廖盖隆：《毛泽东思想和邓小平理论》，中共党史出版社，第 80 页。

民公有制；乡镇所有制则是以乡镇政府为代表的乡镇范围内的人民公有制。

(3)集体公有制。是指生产资料归一个单位的劳动者或部分劳动者作为一个整体公共所有的一种经济形式。这不是社区全体公民而只是一部分劳动者集体所有的公有制形式。

(4)劳动群众合作所有制。这是指由劳动群众自愿入股组织而成的一种经济形式。其财产属于合作单位的成员共同所有，同时每个成员又是其共同财产的特定份额的所有者。

(5)公有控股的混合所有制。混合所有制是指由各种不同性质的公有经济和私有经济混合组成的经济形式。其中公有制控股的混合经济，包括国家控股、地方政府控股和集体控股的经济，其基本属性也应是公有制。当然，即使是公有制控股的混合经济也含有私有经济的成分。但前者是混合经济的主要方面。

(6)社会基金所有制。这是由各种社会基金投资而形成的公有制形式。

(7)社团所有制。这是各种社会团体组织投资而形成的公有制形式。

随着改革的深入、实践的发展，可能还会出现更多的公有制形式。究竟如何科学地划分公有制的形式，是我们面临的一项研究课题。

4. 公有制实现形式多样化

"社会主义初级阶段基本经济制度"的新概念还表明，公有制实现形式可以多样化。在我国"三大改造"之后，毛泽东曾经指出："在各经济部门中的生产和交换的相互关系，还在按照社会主义的原则逐步找寻比较恰当的形式。"[①]邓小平说："许多经营形式，都属于发展社会主义生产力的手段、方法，既可以为资本主义所用，也可以为社会主义所用，谁用得好，就为谁服务。"[②]现在人们所讲的公有制的实现形式，主要指的是公有资产的经营方式和组织形式。这就是说，在保证公有所有权的前提下，经营方式和组织形式可以多样化。十五大报告明确指出："公有制实现形式可以而且应当多样化。一切反映社会化生产规律的经营方式和组织形式都可以大胆利用。"可以采取独资经营、合作经营、有限责任公司和股份有限公司，还可采取承包经营、租赁经营和托管经营；可以是单一式企业组织，也可以是集团式组织；可以是同行业、同一个地区企业组织，也可

① 《毛泽东选集》第五卷，人民出版社 1977 年版，第 374 页。

② 《邓小平文选》第三卷，人民出版社 1995 年版，第 192 页。

以是跨行业、跨地区的企业组织;可以是社会再生产某个环节的企业组织,也可以是产供销、贸工农等一体化的组织等等。改革以来,群众在实践中创造出不少公有制的新的实现形式,这些都有必要从理论上加以总结。

生气勃勃的社会主义是由群众自己创造的。按照十五大指出的"继续调整和完善所有制结构"的方向前进,深化所有制改革,必将极大地促进我国生产力的发展,我国的社会主义现代化事业定可计日成功。

〔原载《兰州大学学报》社会科学版 1998 第 1 期。被《高举伟大旗帜,推进宏伟事业——党政军领导干部和理论工作者文选》(中央党校出版社)、《社会主义经济理论与实践》(中国人民大学复印报刊资料)、《中国学术期刊网络总库》等收录〕

国有企业建立现代企业制度的新课题和对策

建立现代企业制度是国有企业改革的方向。1994 年底,国务院决定选择一批国有大中型企业进行现代企业制度的试点。根据国务院的统一部署,甘肃省积极开展了试点工作,首批 34 户试点企业按照建立现代企业制度的基本要求进行了大胆探索和实践,积累了许多宝贵经验,取得了初步成效,但也存在不少问题,应予继续探索和解决。

一、试点的初步成效及存在的问题

根据我们对试点企业跟踪调查的结果表明,改制工作取得了初步成效,主要是:(1)国家和省赋予试点企业的扶持政策基本落实,试点企业资产结构显著改善。据统计,1997 年底,34 户试点企业的所有者权益由 1994 年底的 39 亿元,增加到 59 亿元,增长 51%;(2)试点企业经济实力有所增强,经济效益有所提高。试点企业拥有的资产总量,1997 年底比试点前增长了 59.4%,销售收入增长 41%,实现利税增长 12.9%;(3)改制企业初步确立了国有资本出资人制度和企业法人财产制度,初步建立了公司法人治理结构;(4)进一步完善了劳动合同制、干部聘任制、效益工资制;(5)改制企业在分离办社会职能方面也取得一定进展;(6)试点企业资本经营的意识和能力显著提高。如三毛集团,通过资产重组、外延扩张和发行股票等筹资途径,壮大了企业规模,实现了低成本扩张。此外,改制企业管理水平也有所提高,在技改方面也取得一定成效。

但是,试点企业工作进展不平衡,部分企业存在明显不足:(1)有的试点企业对改制目的认识不明确,改制工作不扎实,把主要精力放在争取优惠政策上,而未在企业制度创新、转换企业经营机制方面下功夫;(2)改制企业国有独资公司比重过大。到 1997 年底,首批 34 户试点企业中,已改制的 23 户,其中改为国有独资公司的为 14 户,占改制企业的 61%。而改制为有限责任公司和股份有限公司的仅为 9 户。国有独资企业太多,不利于分散风险,不利于建立互相制衡的法人治理机构,企业经营机制难以得到根本转换,不利于解决政企分开的难题;(3)公司治理结构运作不规范,比如公司董事长和总经理由一人兼任,这就不利于他们各负其责,有效制衡;(4)国有资产的所有权代表权责不对等,谁是合理的国有资产的出资人,谁行使投资者的权力尚无规范、统一说法,国有资本保值增值责任仍不甚清楚;(5)如何处理“新三会”(即股东会、董事会、监事会)和“老三会”(即党委会、工会、职工代表大会)的关系,仍存在矛盾现象;(6)企业债务负担仍然沉重,有的企业负债率达80%至90%,甚至超过100%;(7)配套改革不到位,企业应予分离的该由社会兴办的事业(如医院、学校等)负担仍很重。社会保障体系不健全,企业改革外部环境欠佳。这些问题的存在,其原因虽然复杂,但根本说来,大都是由于传统计划经济体制的传统惯性与新体制矛盾的结果。

二、国有企业建立现代企业制度的新课题

1.内部职工持股问题

在改革的实践中,不少有限责任公司是在原国有企业基础上通过吸收内部职工入股而建立起来的。吸收内部职工持股有三大好处:(1)吸收内部职工持股,使国家财产、法人财产与职工个人财产联结在一起,联股联心,企业职工在关心自有资产保值增值的同时,直接承担起了国有资产的保值增值责任;(2)有利于为企业技术改造、发展壮大筹集资金,有效利用职工手中的闲散资金。同时培育职工直接投资意识,对于改变传统间接融资体制具有好处;(3)有利于企业真正实行职工民主监督管理。职工成为企业的股东,成为企业实实在在的所有者,职工既有权利(权利来自财产,称之为财产权利)又有动力(追求自身利益的愿望)来维护自己作为股东的利益。民主管理企业的时代已经真正到来。因此,我们建议在进行面上的国有企业改制时多搞一些有内部职工持股的股份制公司。当然,企业内部职工持股也存在一些问题。首先,按照《公司法》的规定,有限责任公司由2个以上50个以下股东共同出资设立,内部职工若作为自然人直接持股,则股东人数必将超过50个,因为国有大中型企业职工人数一般都比较多。为解决这个矛盾,一些已改制企业在实践中又创造了一种较通行的做法,就是设立内部职工持股会,由职工持股会代表全体内部持股职工作为出资者享有所有者的资产收益、重大决策和选择管理者的权利。这样又产生的第二个问题是,持股会显然不能作为自然人股东行使股东权利,而只能作为一个社会团体组织参与公司股东会,行使出资者权利,但持股会却不具有法人地位,不具有行使民事权利、承担民事义务的能力。为规范公司内部职工持股,保护企业和职工股东的合法权益,迫切需要制定有关股份制企业内部职工持股方面的管理办法,确立职工持股会的法人地位。第三,由内部职工持股会选举产生的职工股东代表是作为一般的法人股股东参加公司的股东大会,行使出资者的权利呢?还是按照《公司法》的规定直接进入董事会参与公司经营决策或者进入监事会行使监督权利,维护职工合法权益呢?最后,持股会与企业职工代表大会的关系怎么处理,在设立内部职工持股会的公司里还要不要通过职工代表大会来实行民主管理?所有这些问题都需要在实践中不断规范和解决,从理论上作出科学的回答。

2. 在企业兼并过程中,如何防范风险的问题

在市场经济中,优胜劣汰是微观经济活动的基本原则,兼并是优势企业实现低成本(同建立一个新的相等规模的企业相比,兼并的成本要小得多)向外扩张、扩大企业生产规模、提高企业市场竞争力的重要手段。但是也应该清醒地认识到,市场经济的兼并行为是伴随着潜在市场风险的,如果不事先早作防范,往往会惹来葬身之祸。甘肃不少改制企业在建立现代企业制度过程中表现出了较强的风险意识,如嘉峪关金属制品厂是一家严重亏损、资不抵债的改制试点企业,截止 1997 年 10 月底,资产总额只有 4263 万元,负债总额高达 7123 万元,负债率 167.1%,累计亏损达 3223.5 万元。目前企业已全面停产,职工放假。在这种情况下,嘉峪关市政府不得不寻求外援,同酒钢集团公司商谈兼并事宜,要求酒钢集团公司兼并金属制品厂。酒钢集团公司提出两个可供选择的方案:一是政府先将其破产清算,酒钢公司可以考虑接收;二是同意兼并,但明确提出两个条件,即不背债和将全厂 350 名职工精减到 100 人。无论是破产清算后接收,还是在不背债和裁员情况下兼并,对酒钢集团公司来讲,都是想将金属制品厂的历史包袱(包括债务和冗员)减轻到最低程度,这样的要求是合理的,因为这些历史包袱大多是计划体制下政府配置资源行为的结果。酒钢集团公司没有义务承担这些债务和冗员。与酒钢集团公司在市场兼并行为中表现出的这种较强风险意识和自我保护意识相反,有的集团公司在兼并别的企业过程中存在无风险意识是值得注意的。如某集团公司采取整体行政划拨的方式兼并了另一企业,接受了该企业全部债权、债务和人员安置。兼并后,虽然该集团公司的生产规模有所扩大,但由于对被兼并企业的债务没有风险防范措施,致使其资产负债率上升,背上沉重的债务包袱,并且还要将其自身的经营利润来补贴被兼并企业的债务利息。其实,比较理想的选择应该是,兼并主体(集团

公司)通过向被兼并企业投入足额的货币资本,组成有限责任公司并控股,这样既可以通过少量投资实现向外扩张,又可以通过有限责任制度将被兼并企业的债务风险锁定在新组建的有限责任公司内部,即以其投资额为限对公司债务承担有限责任,而不必全部承担它的债务,即负无限责任。

3. 探索在政资不分条件下的政企分开的途径问题

一般来讲,要想政企分开,必须要政资先分家。因为政企不分是政资不分的逻辑结果。但是由于政府机构改革滞后,政府职能还没有转换,国家所有者职能与社会经济管理职能也没有分开,我们不可能等到政资分开了再来做政企分开的工作,必须探索其它途径。试点实践表明,多一些勇气,解放一些思想,政资不分条件下的政企是可以分开的。就甘肃来讲,试点企业对如何在政资不分的前提条件下实现政企分开主要有三种具体做法:(1)授权经营。一些改制为国有独资公司的企业,经政府有关部门授权,负责经营独资公司的国有资产,行使部分所有者权利,并对国有资产负保值增值责任。这种方法相对于国有国营企业来讲,在解决政企不分的问题上前进了一步,但是由于以下两点原因,授权经营并没有完全解决政企不分的难题。第一,政府有关部门是唯一所有者,它将对企业物的控制权交给企业,使企业拥有较大的经营自主权,却把对人的控制权特别是对于企业的经营管理者如董事、监事、经理的控制权掌握在自己手中,通过对企业经营管理者的人事任免来控制着企业;也就是说,政府还保持着直接干预控制企业的通道。第二,由于企业经营管理者并不是企业资产的真正所有者,没有能力承担经营风险,因而在事实上不可能负起国有资产的保值增值责任,不仅如此,经营者还常常利用经营权与企业职工一起合谋共同对付所有者政府,侵蚀所有者权益。在这种情况下,为了保值和增值国有资产,政府不得不借助于行政手段来干预企业。(2)由国有资产经营公司性质的行业总公司(如农垦总公司、机械集团总公司、省建总公司等),作为改制企业里国有资产的股权代表,代表国家行使出资者(即所有者)权利。这种行业总公司同自己控股、参股、全资子公司之间的产权关系比较规范,总公司对各类子公司行使股权的行为也比较规范,子公司拥有包括总公司出资在内的全部企业法人财产,拥有企业经营自主权,总公司只能行使股东权利,按法定程序进入股东会、董事会和监事会,而不能直接干预子公司的生产经营活动。应该说,在这一层关系上,政企分开的问题已经被较好地解决了。但是这种方法也存在明显的缺陷,首先,从行业总公司本身来看,它只是国家授权经营其所属子公司的国有独资公司而已，前面所谈到的关于国有独资、授权经营方式存在的两个问题对行业总公司来讲同样存在。此外，行业总公司还兼有行业行政管理职能，行业总公司在对各类子公司行使股东权利时，是很难不体现这种行业管理职能的。(3)股权多元化。通过引进其他投资主体，打破国有股权独霸企业的局面，形成多家投资主体相互制约、相互制衡的企业治理结构。这是实现政企分开最佳的途径。因为如果国有资产在企业的总资产中仅占一部分，或相对控股的话，政府就不必再介入企业的经营决策，而完全可以放心地让掌握着股份的其他所有者去选择有能力的经营管理者来经营管理企业。这样，不仅政企分开了，而且国有资产也可以靠其他所有者和经理人员的成功经营而获得好处，实现国有资产的保值和增值，这就是国有资产的"搭便车"。民百集团股份有限公司是一家国有股份仅占总股本的17.55%而又相对控股的上市公司，近几年依靠社会其他资金的注入取得长足的发展，1996年完成商品销售收入61267万元(不含税)，实现利润3102万元，分别比改制前的1991年增长4.8倍和5.8倍。拥有总资产6.4亿元、净资产2.5亿元，分别比改制前增长20倍和15倍。公司百业俱兴、欣欣向荣的同时，国有资产不但没有被侵蚀，反而迅速增值，由1991年的500万元增值到1996年的3467.2万元，平均每年增长一倍。如果民百集团不进行股份制改造，不依靠社会其他资金的注入，国有资产是达不到这样的增值速度的。民百集团实践说明，企业内的国有资产在与其他出资者的资产共同融合为一体的情况下，就会真正有人关心、有人监督、有人负责。国有资产不仅不会流失，而且还会随着企业里其他社会资本的增值而增值。

三、进一步搞好现代企业制度建设的几点对策建议

1. 积极推进产权制度改革，形成权利、责任和利益相统一的国有资产投资主体，积极引进各种非国有投资主体，实现投资主体多元化

产权制度改革不是私有化。对于国有企业来讲，产权制度改革的意义首先在于明晰国有产权，即明确国有资产投资主体，使投资主体承担投资的风险和盈亏的责任。在市场经济活动中，投资决策是企业决策中最重要的活动，决定一个企业的兴衰与成败。这是因为投资决策既可带来巨大的收益，也可能造成无法挽回的财产损失。投资决策的风险决定了投资决策权是企业中最有影响的权利。国有企业搞不好，一个重要原因在于投资决策失误；而投资决策失误的根本原因就在于行使投资决策权利的人(经理、厂长)既不享受到投资决策可能带来的收益，也不承担投资决策可能造成的损失和责任。其结果就是：投资

决策权被滥用，投资决策随意性大，质量低，国有企业效益差，国有资产损失严重。推进产权制度改革，就是要明确国有资产投资主体，使投资主体一方面能够充分享有投资决策权利和收益，另一方面又要承担投资的风险和造成的财产损失与责任，使其权、责、利相统一。只有这样，决策者才不敢滥用手中的权利，不敢不兢兢业业，谨慎决策，决策者也才有动力去进行科学决策。

投资主体多元化是现代企业制度改革的基本特征之一，引进各种非国有投资主体，实现投资主体多元化是国有企业产权制度改革的另一重要内容。实现投资主体多元化具有许多好处，如拓宽企业融资渠道，改善企业法人治理结构和促进政企分开等。我省试点工作中暴露出来的一个突出问题是国有独资公司太多，投资主体单一化，不利于分散经营风险。今后面上的国有企业改制工作中应注意解决这个问题。实现投资主体多元化，一可以通过国有企业相互投资持股，引进其他国有投资主体；二可以吸引集体、个体、私营以及外资经济主体，实现与非国有投资主体的联合投资经营；三可以加快各种非银行金融中介机构的建立，大力引入机构投资者以及各种基金如养老、保险基金；四可以在尊重职工意愿的基础上，积极鼓励支持内部职工持股。这样既可以为企业发展融资，又可以完善企业治理结构。

2. 加强公司治理结构的规范化建设

规范、合理有效的治理结构是公司制企业有序、高效运行的制度基础。股东大会、董事会、监事会和经理相互独立、相互制衡、各司其职、权责明确是建立规范的公司法人治理结构的基本要求。因此，必须加强公司治理结构建设的规范化。首先，要按照国际惯例和我国《公司法》的规定，加强股东大会的建设，确定其权力、职责范围，切实维护投资者即股东的利益，防止股东权益被内部人侵蚀。其次，加强董事会和经理的职能建设，增强相互之间的独立性和互相制衡性，各司其职，权责利对等统一，以达到分工、协调、合作的目的。一方面提高董事会的决策质量，减少决策失误，另一方面提高经理日常生产活动的管理效率。最忌相互职责不分，职能混淆，相互侵权和权力过度集中，得不到分工效益。再次，要增强监事会的独立性，对董事会的决策活动、经理的管理活动和职工的生产活动进行独立的监督检查。最后，建设有中国特色的公司治理结构，还必须合理解决新老三会关系问题，特别要加强职工代表大会和工会的职能建设，增强职工群众民主监督、民主管理的权利和积极性。一般来讲，公司的决策是否科学，管理活动是否有效，公司领导是否尽职尽责，廉洁奉公，企业职工群众一目了然，只有公司真正尊重职工群众的民主权利，职工的生产积极性、民主监督、民主管理的积极性就会充分调动起来。相信有了全体职工群众的积极参与，国有企业的公司治理结构将会更加有效。

3. 采取一切有效的办法解决企业债务问题

国有企业债务问题产生的原因是多方面的，需要采取多种方式来解决。首先，要继续用好、用足国家给试点企业的优惠政策，补充企业资本金，降低负债率，减轻企业债务负担，这是一种见效较快的办法。但是，我们应该看到，企业债务问题不仅仅是债务存量的问题，主要还是企业经营机制和金融体制、投资体制问题，这种办法对解决企业债务存量有一定效果，却不能防止不良债务的增长，不能保证企业负债在此时降低了，在彼时又重新上升。因此，从长远看，要从根本上全面彻底地解决企业债务问题，一方面应加快金融体制和投资体制改革，主要是硬化银企关系和企业预算约束，解决国有企业软预算约束下的过度负债问题，防止形成新的不良债权债务；另一方面要从转换企业经营机制着眼，以企业债务重组为契机，或引进其他投资主体或债权转股权，实现投资主体多元化，改善企业治理结构和经营方式，提高盈利水平，逐步消化以前的债务，从而将过高的负债率降下来。总之，国有企业债务问题就像人患了“白血病”一样，不是仅靠“输血”就能治好的，根本的办法是改造其“造血功能”，即转换企业经营机制，唯有这样才能最终解决债务问题。

4. 贯彻落实“抓大放小”方针，在大力扶持大型企业的同时，放手发展中小企业

企业制度史表明，大型企业有大的优势，中小企业也有自己特有的优势。从我国、我省的实际出发，既要扶持大型企业的发展，也要做好中小企业的工作。政府的工作首先要转变工作方式和职能，要从一个个企业的具体事务转向培育市场环境，为所有的企业服务，不仅要对国有企业负责，也要为各种非国有企业服务。其次，在执行“抓大”方针时，也要突出重点，不要把有限的资力撒了胡椒面。从甘肃实际情况看，我们建议，政府在抓大过程中，宜以现在经营业绩较好、基础较好的三毛集团、民百集团、酒钢等为重点，大力扶持，使这些龙头企业迅速壮大实力，发展成为国内市场上有较大影响的大型企业，并带动我省经济发展。

比较而言，中小企业较之大型企业，在增加就业机会、适应市场情况、提高竞争强度、保持整个经济体系的活力和在技术、制度创新方面具有更大的优势。

因此政府的工作不仅要扶大，而且也要携小。目前，扶持中小企业的发展已是一项确定了的“大政策”，但是在放手发展中小企业方面仍然存在大量问题需要解决。政府要动员各方面的力量，克服存在的障碍，促成中小企业的大发展；要解放思想，对各种所有制企业一视同仁，对大中小企业同等看待，努力摒除对中小企业的歧视态度和政策。要切实减轻中小企业的捐税负担，打击各种违法乱纪行为，给中小企业经营创造一个宽松的环境。要采取各种有效的措施，如建立对中小企业的信贷担保基金、信贷联保制度，解决中小企业融资难的问题。要加强同业公会的活动，为中小企业提供各种社会化服务，包括技术、管理、商情等信息服务。

5. 要区别对待，分类指导，不搞一刀切

从全省来看，各地区、各企业情况千差万别，国有企业改革一定要考虑这些实际情况，区别对待，分类指导。对一些有条件的国有大中型企业可以进行规范的股份制改造，以建立现代企业制度。进行股份制改造的企业不一定都要求是目前效益好、能盈利的，亏损但市场潜力看好的更应该通过股份制改造来获得新生，走出困境。对国有大中型企业进行股份制改造只是国有企业改革、建立现代企业制度的一种方式，而不是唯一的途径，不能搞一刀切。只要遵循“产权清晰，权责明确，政企分开，管理科学”的原则，完全可能通过其它形式来建立现代制度，搞好国有大中型企业。十五大报告明确指出，公有制实现形式可以而且应当多样化，要努力寻找能够极大促进生产力发展的公有制实现形式。股份合作制就是公有制的一种有效实现形式，它把劳动者的资本联合与劳动者的劳动联合联结在一起，有利于调动劳动者的积极性，也有利于合理有效地利用资本资源，有利于实现共同富裕，尤其值得提倡和鼓励。我们认为，在今后的国有企业改革中，不仅小型国有企业可以搞股份合作制，而且大中型国有企业也可以大胆地搞一些股份合作制或有内部职工持股的股份制。认为股份合作制只适合于小型国有企业而不适用于大中型国有企业的观点是缺乏根据的。在这个问题上一定要解放思想，努力排除“左”的思想干扰，坚持“三个有利于”的实践标准。在试点过程中，有少数企业根据实际情况重新制定了股份合作制的改革方案，而没有按原定方案进行股份改造，这不是坏事，我们应该大力支持这些企业和职工群众的选择。

6. 要加快配套体制改革，为企业改制创造良好的外部环境

虽然国有企业改革是整个经济体制改革的中心环节，是各种矛盾和问题的

焦点所在,但国有企业改革绝不是单兵突进就可以成功的。建立现代企业制度,不仅要求企业通过自身组织制度创新,转换经营机制,而且必然要求社会方方面面做相应的改革。从我省试点情况看,迫切需要加快配套改革步伐的主要有:(1)按照国家所有者职能和社会经济管理职能分开的原则,加快政府机构改革,转变政府职能,实现政企分开,把企业生产经营管理的权力交给企业,这是建立现代企业制度的迫切要求;(2)探索建立有效的国有资产管理、监督和运营体系,防止国有资产流失,保证国有资产的保值增值,这是深层次的改革,具有多方面的带动性;(3)在社会保障制度方面,尽快建立起社会统筹和个人账户相结合的养老、医疗保险制度,完善失业保险和社会救济制度,为企业职工提供最基本的社会保障,把企业的生死机制真正建立起来;(4)深化投资体制和金融体制改革,转变经济增长方式,防止盲目扩张、低效项目和重复建设,防范金融风险,加强金融监管,建立良好的银企关系,保持企业通畅的融资渠道;(5)大力发展资本市场,逐步建立企业家市场,完善劳动力市场,优化资源配置,为建立现代企业制度创造良好的市场环境。

〔原载《甘肃社会科学》2000年第1期。此文为甘肃哲学社会科学基金项目《甘肃省现代企业制度试点企业跟踪调查研究》报告的一部分,参加本课题研究的还有敖华(现为北京物资学院副教授,《中国流通经济》杂志编辑部主任、北京师范大学资源学院在读博士)、万秀丽(现为兰州大学政治与行政学院副教授、在读博士)〕

价格理论与价格改革

制定农产品价格必须考虑级差地租的因素

按语:此文写成于1980年10月,是为参加中国社会科学院农业经济研究所(现为农村发展研究所)、财贸物资经济研究所、中国农业经济学会筹办的"全国农产品成本价格理论讨论会"的应征之作。

该文指出级差地租是我国社会主义社会客观存在的经济范畴。因为我国用来耕种的土地,依然存在肥度高低、离市场位置远近以及集约化程度的差别,而其中数量有限的较优土地,又都被各单位所垄断经营,为了最大限度满足人民对农产品的需要,不仅要耕种优等和中等土地,而且必须耕种劣等土地。因此,按照价值规律的要求,农产品的社会价值必须由劣等地生产条件的劳动耗费来决定。这样,那些经营优等和中等地的单位,在按劣等地所决定的社会价值为基础的价格出售农产品时,就能获得额外的纯收入,这就是级差地租。级差地租是商品经济条件下存在的客观经济范畴。所以制定农产品价格必须以劣等地合理经营的成本为依据,必须考虑级差地租因素。

该文对我国农产品价格以中等条件的生产成本为定价基础的做法提出了批评。该文指出,由于在理论上否定级差地租的存在,因而在我国物价实际工作中,制定农产品计划收购价格,一直是以中等土地具有中等经营管理水平的社队的平均成本为依据,而没有以劣等地正常经营的成本为依据,这样,势必造成农民"亏本种田",从而严重影响农业生产的发展和农民收入提高,挫伤了农民积极性,这是我国农业发展缓慢的重要原因。

该文对我国著名经济学家、时任中国社科院经济研究所所长的许涤新在其所著《论社会主义的生产、流通与分配——读〈资本论〉笔记》(人民出版社1979年版)一书中否定级差地租的观点专门进行了商榷。该文对我国农产品价格改革有实际意义,为国家改革农产品价格提供了理论依据。此文发表时正值国家把价格改革提上议事日程,专门成立了国务院价格研究中心,文章发表后,受到该中心的重视,其按劣等地为定价依据的观点,被研究中心汇集的《关于农产品定价依据和成本的不同意见》摘录，在其提出的《关于改革价格体系和价格管理办法的初步设想》(1983年1月)中，也肯定了农产品定价应以劣等地为准。原国务院价格研究中心(后并入国务院发展研究中心)副总干事杨鲁先生评价该文"是我国开始改革后最早提出农产品的价格形成应以劣等地合理经营的成本为主要依据的优秀论文"。"为我国农产品、矿产品价格改革阐述了理论依据"。我国已经以"土地成本"(包括流转地租金、自营地折租)正式列入农产品成本的构成部分。此文于1987年获中国价格学会首届优秀价格论文奖。

在生产资料公有化之后，我国是否还存在级差地租，农产品价格形成中应否考虑级差地租的因素，这是理论界长期争论的问题。这个问题是农产品价格理论的基本问题之一。研讨这个问题，对于合理制定和调整农产品价格，对于我国价格体系的通盘调整，对于维护农村人民公社集体经济单位的所有权和自主权，对于加强国营农场的经济核算，发展农业生产，都有重大的意义。有的同志否认我国存在级差地租，认为规定农产品收购价格不必以劣等生产条件的劳动耗费为基础。例如许涤新同志就是持这种观点的。对此，笔者有不同看法，特提出来商榷，以就教于许老和同志们。

一、级差地租是社会主义的客观经济范畴

马克思、列宁主义政治经济学的一般原理告诉我们，农业中级差地租的存在主要是由两个条件决定的:第一，土地等级的不同，即土地肥沃程度和土地距离市场位置的优劣，以及在土地上连续追加投资引起不同的劳动生产率的差别。这是级差地租形成和产生的自然条件或自然基础;第二，土地有限所引起的土地经营垄断的存在。这是级差地租产生的社会经济条件，是形成级差地租的直接原因。马克思在《资本论》第三卷中精辟地、详尽地分析了资本主义级差地租及其产生的条件。列宁在《社会民主党在俄国第一次革命中的土地纲领》中作了简明的概括。列宁指出:级差地租"是由于土地有限，土地被资本主义农场占用而产生的，它同有没有土地私有制，同土地占有形式完全无关。由于土地肥沃程度不同，土地离市场的远近不同，土地上追加投资的生产率不同，因此各个农场之间必然会产生种种差别。简单说来，这些差别(但是不要忘记这些差别有不相同的来源)可以概括为优等地和劣等地的差别。其次，农产品的生产价格不是由中等土地的生产条件来决定，而是由劣等土地的生产条件来决定的，因为光靠优等土地的产品是满足不了需求的。个别生产价格同最高生产价格之间的差额构成了级差地租”①。

马克思、列宁是在分析资本主义的级差地租时指出上述条件的。那么,我国社会主义社会的情况如何,是否还存在形成级差地租的条件呢?回答是肯定的。

首先,从级差地租存在的自然基础来看。

在社会主义社会,由于农业生产力的发展,由于开展农田水利建设,改良土壤,增施肥料,土地肥沃程度的差别是会发生变化的,土地总面积的绝对肥度,一般说来,会呈现出增进和提高的趋势。但是,各种不同耕地的土地肥度的差别的存在,却依然是不容置疑的客观事实。我国地域辽阔,土壤、地形、气候、水利等条件非常复杂,差别很大,因此,土地肥度存在着优等、中等和劣等的区别。我国1977年耕地级差构成情况如下表所示:

1977年我国耕地级差构成情况

<table>
<tr><th rowspan="3">耕地总计(亿亩)</th><th colspan="2">高产耕地</th><th colspan="2">平产耕地</th><th colspan="10">低产耕地</th></tr>
<tr><th rowspan="2">面积(亿亩)</th><th rowspan="2">占耕地面积%</th><th rowspan="2">面积(亿亩)</th><th rowspan="2">占耕地面积%</th><th colspan="2">小计</th><th colspan="2">坡耕地</th><th colspan="2">涝洼盐碱地</th><th colspan="2">风沙干旱耕地</th><th colspan="2">低产水田</th></tr>
<tr><th>面积(亿亩)</th><th>占耕地面积%</th><th>面积(亿亩)</th><th>占低产耕地%</th><th>面积(亿亩)</th><th>占低产耕地%</th><th>面积(亿亩)</th><th>占低产耕地%</th><th>面积(亿亩)</th><th>占低产耕地%</th></tr>
<tr><td>14.9</td><td>4.8</td><td>32.2</td><td>4.1</td><td>27.5</td><td>6</td><td>40.3</td><td>3</td><td>50</td><td>1.2</td><td>20</td><td>1.4</td><td>23.3</td><td>0.4</td><td>6.7</td></tr>
</table>

可见,目前我国土地肥度的差别是明显的。因此就必然造成各种不同土地的劳动生产率的高低差别。肥度高的土地,劳动生产率高;肥度低的土地,劳动生产率低。如甘肃省1979年小麦全省平均亩产是221斤,而水利灌溉条件较好的酒泉地区平均亩产是584斤,中等的庆阳地区平均亩产214斤,临夏自治州平均亩产249斤,干旱缺水的定西地区平均亩产是102斤,高低相差4倍多。

在社会主义社会里,土地距离销售市场远近的差别,也还是存在的。虽然随着新的铁路、公路、航线的修通,以及新的城市和工业中心的建立,原来位置不利的土地,可以变得比较有利,但无论位置的差别怎样发生变化,差别本身总

① 《列宁全集》第十三卷,第274页。

是不能完全消灭的。有的农业生产单位距离车站、码头、销售市场近一些；有的农业生产单位则距离车站、码头、销售市场远一些。这样，前者所生产的产品运到市场的运输费用就要少一些，单位产品的个别价值就低一些，后者所生产的产品运到市场的运输费用就要多一些，单位产品的个别价值相对就高一些。当它们在市场上按照同一的价格出售产品时，土地位置有利的农业生产单位就可以得到额外的价值收入。我们从分析农村人民公社收益分配中，往往可以看到一个比较普遍的现象。一般说，大中城市的郊区比其他地区收入要高，而近郊区比远郊区的收入又更要高。例如，从甘肃省1979年农村人民公社社员每人平均分得收入来看，兰州市（按三县六区平均）每人是92.57元，地处陇南山区的武都县每人只有27.27元，前者为后者的339%。而市郊各区每人平均分得收入的情况，依次排列：城关区233.50元，安宁区201.39元，西固区145.80元，白银区131元，红古区125元。几乎是离市区越近，每人分得收入越高。这种现象的存在，原因固然很多，但离市场远近的差别，则是其中重要原因之一。

此外，在社会主义社会里，对土地追加投资，投入生产资料和劳动力的多少不同的差别也是存在的。各个农业生产单位由于集约化经营程度不同，也会引起劳动生产率高低的差别。

所以，在社会主义社会，土地肥度的差别，土地距离市场远近的差别，以及追加投资多少的差别都是客观存在的。由此就会引起各个农业生产单位之间，在单位土地面积上的劳动生产率的差别和单位产品上个别价值的高低的差别，这是社会主义社会还存在级差地租的自然条件或自然基础。正如马克思所说：自然力"是超额利润的一种自然基础，因为它是特别高的劳动生产力的自然基础。"①

其次，从土地有限，土地的经营垄断来看。

在社会主义社会里，土地有限的情况仍然存在。解放以来，我们国家一方面通过有计划的开垦，使许多荒芜的土地变成良田，扩大了耕地。据统计，1949~1977年，共开荒地48898万亩。另一方面，由于国家进行工业、交通、国防等基本建设以及农村建设，也占用了为数可观的原有耕地。据统计，1949~1977年期间，国家基本建设占用耕地达20000万亩，农村建设占地15000万亩等，加上改林改牧或弃耕撂荒5000万亩等，共计减少耕地46849万亩，增减相

① 《资本论》第三卷，第728页。

抵,耕地总面积略有增加,从1949年的146822万亩增加为1977年的148871万亩。但是由于人口增加太快,平均每人占有耕地面积反而大大减少。由1949年的人均2.71亩,下降为1977年的人均1.57亩。与外国比较,加拿大人均耕地26.8亩,美国14.6亩,苏联13.6亩,罗马尼亚7.4亩,南斯拉夫5.6亩,法国5.3亩,西德1.94亩,英国1.92亩,世界人均耕地为4.8亩。我国低于世界水平两倍,是世界上人均耕地最少的国家之一。解放后,粮食、棉花、油料等主要农产品的产量虽有增长,但人均占有水平仍然很低。根据国家统计局1979年公报计算,人均占有粮食产量为673斤,棉花4.6斤,油料14斤,肉21斤多。这都大大低于国外的水平。同时,随着国民经济的发展和人民生活的提高,无论城市和乡村,对农产品的需要量都在不断提高,当前农业生产力的发展水平,远远不能满足国家和人民不断增长的需要。粉碎"四人帮"以来,为了恢复和发展农业生产力,使农民在遭受十年浩劫之后得以休养生息,国家采取措施,从国外进口了些粮食、棉花等农产品,这是完全必要的。但是,对于我们这么一个近十亿人口的大国来说,从长远看,主要农产品还是得立足于自力更生。这样才能可靠地解决衣食等基本生活资料的大问题。因此,必须充分利用我们国内的一切农业自然资源,不仅要耕种优等、中等土地,而且要耕种包括坡耕地、涝洼盐碱地、风沙干旱地等在内的劣等低产耕地。这在一个相当长的历史时期内,将会是一种客观必然现象。不如此,就不足以满足人民对农副产品的日益增长的需要,不能实现社会主义基本经济规律的客观要求。优等土地的有限性以及因此而产生的耕种劣等地的必要性,是级差地租存在的一般前提和条件。显然我国也仍然存在这个条件。

优等土地的有限性和土地的经营垄断是密切相联的。如果优等土地是无限的,那就不可能形成土地的经营垄断,也就不可能产生级差地租。在我国社会主义制度下,虽然消灭了土地的资本主义经营垄断,但仍存在着土地的经营垄断。

先拿农村集体所有制来说,我国农业的土地除一少部分为国家所有外,大部分都归各个不同的农村集体经济单位所有和支配。现在占我国人口百分之八十的农民还在集体所有制中生活。集体所有制经济在我国农业生产中占据绝对优势。目前,我国农村人民公社实行"三级所有,队为基础"的基本制度,生产队是农村基本所有单位、基本生产单位和基本核算单位。它利用归本集体所有的土地等生产资料,直接组织生产,实行独立核算,自负盈亏,独自进行收益的分配。在这种制度下，生产队不仅是土地的直接所有者，而且是土地的直接经营者。属于一定生产队集体所有的土地，只能由该集体单位的劳动者共同占有和经营，它排除该生产队集体以外任何单位或个人的占有和经营。这是一种新型的社会主义性质的集体的土地经营垄断。由于这种土地经营垄断的存在，那些垄断着优等土地的生产队，就能利用这种较好的土地自然力，生产出更多的产品，创造更多的价值。这部分额外的产品和价值，对于集体所有制经济单位来说，由于土地归它所有，生产由它经营，于是必然将其视同于己有，理应主要由它来占有和支配。马克思在分析地租的一般性质时曾经指出："不论地租有什么独特的形式，它的一切类型有一个共同点：地租的占有是土地所有权借以实现的经济形式，而地租又是以土地所有权，以某些个人对某些地块的所有权为前提。"①集体所有制经济单位，对于优等地的额外产品和价值的占有和支配，正是生产队集体土地所有权在经济上的实现形式。所以在集体所有制经济中，级差地租的存在是必然的。

再拿国营农场来说，国营农场是建立在生产资料全民所有制基础上的相对独立的商品生产者，国营农场所使用的土地等生产资料是属国家所有的，但直接归国营农场经营，享有相对固定化的使用权。一般说，国家拨付给某个国营农场所使用的土地，是能够被该国营农场长期地用来直接经营的，它排斥其它生产单位对这些土地的占用。如果它占用了一些特别肥沃的土地，那么它也就独占了生产率更高的自然力，因而又形成一种特殊形式的社会主义性质的土地经营垄断。国营农场利用国家所有但为其占用的土地，从事生产经营，实行独立核算，以自己的收入来抵偿支出，并获得盈利。在实行财务包干制度的情况下，国营农场的盈利除按规定比例上缴国家外，包干结余可以用于企业的扩大再生产，改善企业的物质文化设施，用作奖励基金或职工超收分配。这样，国营农场除了保证国家的物质利益（如向国家提供商品粮及其它农牧畜产品，按比例上缴盈利等）外，还有企业本身独立的物质利益及职工个人的物质利益。因此国营农场作为一个独立经营单位，必然会关心自己经营成果的好坏，计较产品的经济收益的多少，考虑由于经营优等地而创造的更高的劳动生产率能否为其带来较多的利益。而这正是国营农场土地经营垄断在经济上的体现，也是国营农场存在级差地租的客观经济原因。

① 《资本论》第三卷，第714页。

可见,不论农村集体所有制还是国营农场,都仍然存在土地的经营垄断,这是社会主义仍然存在级差地租的经济条件和根本原因。

不过,应当指出,农村集体所有制经济单位和国营农场对土地的经营垄断,同资本主义的土地经营垄断有着根本的区别。资本主义的土地经营垄断,是在生产资料资本主义私有制基础上的垄断,反映着农业资本家与地主阶级共同瓜分农业劳动者所创造的剩余价值的阶级对立关系,而农村人民公社集体所有制单位和国营农场对土地的经营垄断,是在生产资料社会主义公有制基础上的垄断,没有剥削,不反映任何阶级对立的关系。

综上看来,由于社会主义社会用来耕种的土地,依然存在肥度高低、位置远近以及集约化程度的差别,而其中数量有限的较优土地,又都被各个集体所有制单位和国营农场所垄断经营,社会为了最大限度满足人民对于农产品的需要,不仅要耕种优等和中等的土地,而且必须耕种劣等的土地。这样一来,就会形成农产品的社会价值必须由劣等地生产条件的劳动耗费(包括物化劳动和活劳动)来决定的客观必然性。正如列宁所说:“土地的有限使粮食价格,不取决于中等地的生产条件,而取决于劣等耕地的生产条件。”①只有这样,才能使经营劣等地的农村人民公社集体所有制单位和国营农场,生产农产品的物化劳动和活劳动能够得到应有的补偿,并取得一定的纯收入,从而维持和扩大再生产,使社员的收入和农场职工的生活逐年有所提高,调动起他们的生产积极性,促进农业生产的迅速发展。在农产品的社会价值由劣等地生产条件的劳动耗费决定的情况下,那些经营优等和中等地的人民公社集体所有制单位和国营农场,在按劣等地所决定的社会价值为基础的价格出售农产品时,就能获得一个额外的纯收入,这就是级差地租。所以,级差地租是社会主义社会客观存在的经济范畴。

二、农产品价格必须以劣等地的劳动耗费为基础

社会主义社会,既然客观存在着级差地租,辩证唯物主义的正确态度,就应当如实承认它,并且在规定农产品收购价格时,在计划价格上加以反映。但是,在我国,事实并非如此。

旧中国,工农产品价格关系本来就很不合理,农产品价格低于价值,存在相当大的剪刀差。形成这种现象主要是因为我们的国家在经济上是小农经济占

① 《列宁全集》第五卷,第99页。

优势,小农耕种自己所有的小块土地,并不像正常资本主义生产方式之下那样,要计较土地产品能否给他带来平均利润和级差地租,对于他来说:“只有他在扣除实际的成本之后,付给自己的工资才是绝对的界限。只要产品的价格足以补偿他的这个工资,他就会耕种他的土地;并且直到工资下降到身体的最低限度,他往往也这样做。”“这就是小块土地所有制占统治地位的国家的谷物价格所以低于资本主义生产方式的国家的原因之一。”①

解放后,我们农产品收购价格水平就是在小农经济的基础上形成的,我们承袭了这种不合理的价格体系。三十年来,虽然进行了多次调整,但是,由于我们在理论上否定级差地租的存在,因而,在我国物价实际工作中,长期以来,制定农产品收购价格,一直是以中等土地,具有中等经营管理水平的社队的平均成本为依据。而没有以劣等土地正常经营社队的成本为依据。

在我国劣等低产耕地占相当比重(40%)的情况下,以中等土地的平均成本为定价的依据,势必造成农民“亏本种田”。据全国典型调查统计资料,1965年农村社队种植的6种主要粮食有5种都亏损,仅1种略有盈利,其中早籼稻全国平均每亩亏损5.02元,粳稻全国平均每亩亏损2.08元,小麦全国平均每亩亏损3.22元,谷子全国每亩亏损0.12元,玉米全国平均每亩亏损1.41元,高粱全国平均每亩亏损2.90元,大豆全国平均每亩盈利1.63元。又据1976年全国1296个生产队调查统计资料,全国六种粮食平均每亩亏损为2.78元。

由上看来,我国农民在经营粮食生产中,历年来基本上是“亏本种田”的。

“亏本种田”严重地影响了农业生产的发展。成本是价格的最低经济界限。马克思说:“商品出售价格的最低界限,是由商品的成本价格规定的。如果商品低于它的成本价格出售,生产资本中已经消耗的组成部分,就不能全部由出售价格得到补偿。如果这个过程继续下去,预付资本价值就会消失。”②由于价格低于成本,不要说实现扩大再生产,就连简单再生产都不能很好维持。多年来,我国农业扩大再生产,主要靠国家财政的农业投资、银行贷款和社队工副业的利润,农业本身,除了多余劳动力搞农田基本建设之外,基本上不提供积累。这就是人们常说的“国家出钱,农民种田”,“生产靠贷款,生活靠救济”,“以副养农”。农业作为国民经济的基础部门,长期没有来自内部的积累,怎能不严重影

① 《资本论》第三卷,第908、909页。

② 《资本论》第三卷,第45~46页。

响农业的发展呢?

由于“亏本种田”,也严重地影响农民收入的提高,使农民生活得不到应有的改善。上面所说的“亏本种田”现象,是按每个劳动日工价八角计算的,实际上这部分亏损是靠降低农民劳动日值来弥补的。解放三十年了,我国仍有不少农民的生活相当困难。据 1978 年统计,全国农业人口平均全年收入在 50 元以下者约占全国生产队的 1/3,其中 16.5% 在 40 元以下,每月只有三四元。全国 1978 年超支欠款户为 5368 万户,占总户数的 31.7%。农民终年劳动,入不敷出,身背债务,这难道不值得我们深思吗?!

“谷贱伤农”。我国实践证明,农产品的价格不以劣等地的劳动耗费为基础是不行的。农产品价格长期大幅度低于农产品价值,农产品不能卖到适当的价钱,这就挫伤了农民生产积极性,妨碍农业的发展,这是我国农业发展缓慢的重要原因。这个历史的经验,我们必须记取。

十一届三中全会决定,较大幅度地提高粮食、棉花、油料、生猪等十八种农副产品收购价格,是完全正确的措施,将对我国农业的发展发生深远的影响。1979 年全国农副产品收购价格总指数(包括牌价、议价和超购加价)比 1978 年提高 22.1%,由于农业生产的发展和国家大幅度地提高了农副产品收购价格,农村人民公社每人平均从集体经济分得的收入比 1978 年提高 9.4 元,为 83.4 元。因此,工农产品比价不合理情况得到改善。

但是,问题并没有根本解决,看来有的农产品,特别是粮食价格仍显偏低。据 1979 年甘肃省几个县有关部门的调查,提价后,种植小麦的纯收益,仍然较低,有的还要亏本,例如按统一工价计算,种植小麦每亩减税后盈亏情况:临夏县铁寨公社新兴生产队每亩纯收益为 10.79 元,张掖县甘浚八队每亩纯收益为 3.35 元,平凉县索罗公社西面生产队每亩亏损 9.01 元,定西县三个调查点平均每亩亏损 6.74 元。因此,从长远来看,粮食价格还必须逐步提高。要逐步做到,以劣等地合理经营的劳动耗费作为定价的基础。这样,才能使大多数生产队,从出售农产品的收入中不仅能补偿生产耗费,而且能获得扩大再生产所必要的积累的大部分,使农业能主要依靠自身的积累来扩大再生产;使农民的分配收入和生活水平逐步有所提高;使国家财政主要通过税收从农业取得必要的积累。

解放三十年来,农民通过工农产品价格剪刀差,已经为国家提供了相当数量的积累,作出了重大的贡献。我们利用这些积累已经建立了相当的工业基础。斯大林曾经把"剪刀差"叫做"超额税",并且说:"征收这种额外税是令人不愉快的,不是出于本愿的,把它长期保留下去是不可容许的。我们这样称呼加于农民的额外税,是想指出我们征收这种税并不是出于本愿,而是由于需要,我们布尔什维克必须采取一切办法,一有可能就尽快取消这种额外税"。[①] 现在,正是该我们逐步这样做的时候了。四中全会决定"今后,我们还要根据国民经济发展的情况和等价交换的原则,对工农业产品的比价,继续进行必要的调整"。这是完全正确的。

应当指出,我们说农产品计划收购价格应以劣等地生产条件所决定的社会价值为基础,并不意味着要使农产品收购价格绝对地和农产品的社会价值完全相等,不能有丝毫背离。也不是说只能以劣等地的劳动耗费作为制定农产品计划收购价格的唯一根据。因为价格作为一种现象,固然是由其作为本质的价值所决定的。但是,在社会主义社会,价值规律并不是唯一发生作用的规律,和它并存的还有许多经济规律,如社会主义基本经济规律,国民经济有计划按比例发展规律,按劳分配规律等,它们互相制约,互相影响,共同构成社会主义经济规律体系。因此,制定农产品计划价格,不仅要考虑价值规律的作用,而且还要考虑其它经济规律的作用,以及它们的互相作用。要考虑历史条件及经济政治的现状,要兼顾国家、集体、个人三者的利益,兼顾工人和农民的收入和生活水平。一句话,必须全面地综合考虑各种因素对价格的影响,不能顾此失彼单打一。尽管如此,价值规律对农产品的决定作用则是不容置疑的。因此,计划农产品收购价格,必须考虑级差地租的因素,要以劣等地生产条件所决定的社会价值为基础。

三、几点商榷意见

许涤新同志一方面肯定,"在社会主义制度里,肥度不同、位置不同的各级土地,以及在同一块土地上因连续投资而发生的不等量的产品之间的差额,是客观存在的"。并且也指出"在社会主义制度下,产品之采取商品价值形式,还是客观必然性",这些都是正确的。但是,另一方面,他又否定社会主义社会中级差地租的存在。为此,他提出了一些论点。

许涤新同志的论点之一,认为在社会主义社会,由于价格的计划化,农产品的价格不必以劣等地的产品的价值为基础。他说:"在社会主义社会里,农产品

---

① 《斯大林全集》第十二卷,第46页。

的价格是计划化了的。这种计划化了的农产品收购价格,在原则上,是以产品所包含的实际劳动时间作为基础的,也就是说,它并不是盲目地由最劣地的产品的价值所决定的。"诚然,在社会主义制度下,由于生产资料公有制的确立,国民经济实行了计划化,无产阶级国家有可能也有必要实行价格的计划化,在"统一领导,分级管理"的原则下,为关系国计民生的重要工农业产品规定合理的计划价格(包括统一价格和浮动价格),使计划价格在整个国家价格体系中发挥主导作用。这是社会主义价格制度与资本主义价格制度的根本区别的标志。价格的计划化充分显示了社会主义价格制度的无比优越性,这是必须肯定的。但是,计划价格的制定,不能凭人们的主观,任意妄为,而必须以价值规律,以及其他社会主义经济规律的要求为根据,才能发挥其应有的作用。我们知道,价格是价值的货币表现,价值是价格的基础。国家在制定计划价格时,必须以社会必要劳动时间决定的价值为客观依据。计划农产品的收购价格,也必须如此。只是由于农产品价值决定的特殊性,由于级差地租的客观存在,农产品的价格必须以劣等地所决定的社会价值为依据。这是价值规律的客观要求,任何人都不能违反,否则就要遭受规律的惩罚。因此,认为农产品的价格计划化了,因而农产品价格就可以不必由劣等地产品的价值来决定的观点,看来,是把计划价格同价值规律对立起来了。

许涤新同志认为农产品计划价格不必以劣等地的产品价值为基础的理论根据,是马克思在《资本论》中的一段论述。其实,这段论述不能用来论证他要说明的问题。为了讨论方便起见,将马克思的话转引如下:

马克思说:"如果我们设想资本主义的社会形式已被推翻,社会已被组成一个自觉的、有计划的联合体,10 夸特就会只代表一定量的独立的劳动时间,而和 240 先令内所包含的劳动时间相等。因此,社会就不会按产品内所包含的实际劳动时间的二倍半来购买这种土地产品;这样,土地所有者阶级存在的基础就会消失。这件事所起的作用,会和外国进口物品使产品价格便宜同样数额完全一样。因此,如果说,维持现在的生产方式,但假定级差地租转归国家,土地产品的价格在其他条件相同时就会保持不变,当然是正确的;但如果说,在资本主义生产由联合体代替以后,产品的价值还依旧不变,却是错误的。"①

马克思的这段话是在分析农产品"虚假社会价值"的产生问题时说到的,说

① 《资本论》第三卷,第 745 页。

明农产品"虚假社会价值"的产生,是市场价值规律发生作用的必然现象。这只要把马克思论述的前后文联系起来,就可以清楚的看出,马克思在上引那段话的开头,明确指出:"这是由在资本主义生产方式基础上通过竞争而实现的市场价值所决定的;这种决定产生了一个虚假的社会价值。这种情况是由市场价值规律造成的。土地产品也受这个规律支配。"①因为马克思在论述级差地租的问题时,是以商品货币关系的存在为一般前提的。我们知道,凡是存在商品生产和商品交换的地方,价值规律就必然发生作用,农产品在资本主义制度下是商品,其交换也必然受价值规律的支配。只是由于土地有限,土地的资本主义经营垄断的存在,农产品的社会价值不像工业部门的产品那样由中等生产条件的劳动耗费所决定,而是由劣等生产条件的劳动耗费所决定。当经营优等、中等地的人们都按照劣等地所决定的统一的社会价值出售农产品时,在优等地、中等地的个别价值与劣等地所决定的社会价值之间就产生了一个"虚假的社会价值",这正是级差地租。所以,离开了商品货币关系和价值规律的作用就没法说明级差地租的产生。许涤新同志引证上述马克思的话,说明"马克思对于社会主义社会的农产品价值构成,有着极其明显的预见"。其实不然,因为众所周知,马克思所设想的社会主义社会是既不存在商品生产,也不存在商品交换的。马克思说:"在一个集体的,以共同占有生产资料为基础的社会里,生产者并不交换自己的产品;耗费在产品生产上的劳动,在这里也不表现为这些产品的价值。"②马克思在《资本论》中所设想的"自觉的、有计划的联合体",正是这样一个消灭了商品、价值的社会。既然如此,又何来价值,更谈不上马克思如何预见"社会主义社会的农产品价值构成"。在马克思看来,既然消灭了商品价值,产品的劳动耗费,就可以用实际劳动时间来表示,因而再不存在虚假社会价值和级差地租了。这是马克思的设想的必然逻辑。但设想毕竟是设想,还得经过实践来检验。我们研究问题则必须从客观实际出发,社会主义社会的现实是存在商品生产和商品交换。许涤新同志也肯定了这种客观现实,只是他没有从客观存在商品价值关系这个前提出发,得出社会主义社会仍然存在级差地租的这个应得的结论。相反,他从这个前提出发却借用马克思关于"自觉的、有计划的联合体"中不存在商品价值及级差地租的设想,否定了社会主义社会中级差地租

① 《资本论》第三卷,第744~745页。

② 《哥达纲领批判》,第12页。

的存在。

许涤新同志的论点之二，认为在集体所有制经济中由于级差产品归集体所有，因此也不存在级差地租。他说："在社会主义生产方式的前提下，耕地既然属于集体农业所有，既然不属于集体以外的另一个人或另一个单位，那么，在肥度较高或更高的耕地上耕作而生出的级差剩余产品（级差收益），就必然会以农产品的实物形式，级差地保留在集体的基本核算单位中，成为本集体的纯收入的一个构成部分；而不必转化为地租，用去支付集体以外的土地所有者；也用不着自己以土地所有者的资格，在'级差地租'的范畴下（或者说，以级差收益的名义另立一个项目），取得这个多余的剩余产品了。"在这里，我感到有两点值得讨论清楚。

第一，应该把级差地租的存在和级差地租的分配区别开来。我国学术界过去在讨论级差地租问题时，有人认为，只有较优土地上所产生的那一部分超额利润落到地主阶级手中，才能叫级差地租。许涤新同志以级差剩余产品归集体所有来否定级差地租的存在。说法不同，实际上都是把级差地租的存在与级差地租的分配混淆起来了，以级差地租归谁所有作为判断是否存在级差地租的标准。其实，级差地租的存在是一回事，级差地租的分配又是一回事，虽然这两者存在联系，但是二者的区别又是明显的，不能互相混淆。

按照马克思的劳动创造价值的理论，级差地租作为农产品的个别价值与社会价值的差额，是由优等地、中等地的劳动者，利用较优越于劣等地的生产条件在生产过程中创造出来的，它是在商品生产过程中形成的客观经济范畴。当然，级差地租也必须通过交换过程才能实现。在交换过程中，农产品价格的高低直接关系级差地租额的实现。至于经过交换所实现的级差地租，是归土地的经营者所有，还是转交给别人，则属于级差地租的分配问题。但不论是级差地租的实现也好，还是级差地租的分配也好，这都必须在生产过程中创造出来之后，才有可能进行。因此，不能把级差地租的存在和级差地租的分配混为一谈。马克思正是把级差地租的存在问题和分配问题分别加以论述的，并没有以级差地租是否为地主阶级所有作为其断定是否是级差地租的唯一标准。在资本主义土地经营的情况下，级差地租可以为地主阶级所占有，也可以为农业资本家所占有（在土地上连续追加投资而形成的级差地租Ⅱ在租约有效期内就是为农业资本家所占有的）。马克思在分析小块土地所有制的小农经济时，也指出："级差地租，即质量较好的土地或位置较好的土地所享有的商品价格的余额部分，在这里显然和在资本主义生产方式中一样，必然是存在的。”“不过它是流入了那些在比较有利的自然条件下实现自己劳动的农民的口袋。”[①]总之，在资本主义制度下，级差地租，不论是为地主阶级所占有，抑或是为农业资本家所占有，还是为小农所占有，都不能否认它的客观存在。同样，在社会主义制度下，我们也不能以级差地租为集体所有制经济单位所占有，来否定其客观存在。

第二，不能把级差剩余产品和级差剩余产品的价值表现形式——级差地租断然地割裂开来。级差剩余产品，作为土地肥度较高的自然力的结果，是个一般范畴，它存在于各个不同的社会形态中。级差地租是优等地、中等地的个别价值与劣等地所决定的农产品的社会价值之间的差额，它是存在于特定社会的历史范畴。二者有区别。但在商品货币关系存在的前提下，二者又有必然的联系，级差剩余产品是级差地租赖以存在的物质基础，而级差地租则是级差剩余产品的价值表现形式。因为，只要存在商品生产和商品交换，价值规律就客观要求农产品都按由劣等地所决定的统一的市场社会价值来出售，从而优等和中等地的个别价值与劣等地的市场社会价值之间，必然在价值形式上形成一定数额的超额利润——级差地租，这正是级差剩余产品的价值表现形式。

许涤新同志认为在社会主义集体所有制中，级差剩余产品，“必然会以农产品的实物形式，级差地保留在集体的基本核算单位中，成为本集体的纯收入的一个构成部分”。这种看法只是在一种情况下，那就是当某个集体所有制单位所生产的农产品完全用来自给，不用来进行任何交换时，才是正确的。而这只能是少数例外。客观的现实是，农村人民公社集体所有制经济单位，既从事自给性生产，又从事商品生产，而且根据生产社会化和专业化的要求，还要大力发展商品生产。它们所生产的农产品的相当大的部分，必须拿出来进行交换。这样，它们的产品必然表现为价值，其级差剩余产品也就必然以价值形式表现为级差地租。许涤新同志虽然肯定级差剩余产品存在，也肯定商品价值关系的存在，却否定级差剩余产品的价值表现——超额利润即级差地租的存在，这就割裂了级差剩余产品同其价值形式在商品价值关系下的必然联系，是令人费解的。

〔此文曾提交全国农产品成本价格理论讨论会，并在会上作了发言。最初

① 《资本论》第三卷，第907页。

发表在中国社科院农业经济研究所和中国农业经济学会举办的《农业经济问题》(1981 年第 1 期)上。《光明日报》在 1981 年 3 月 22 日第三版头条对该文作了介绍。《经济学文摘》1981 年第 1 期又摘要刊载。1982 年在农业出版社出版的《农业经济论丛》2 中收辑,1983 年中国社会科学出版社出版的《农产品价格论文集》和 1984 年《甘肃省社会科学论文选》中收辑。程恩富主编的《现代政治经济学教学案例》(上海财经大学出版社 2003 年版)、广东工业大学《马克思主义政治经济学原理》选作案例。并被列为农业经济、价格专业等的学习参考文献]

关于市场物价的几个问题

“物价物价,关系重大。”物价问题牵涉到国家、集体、个人三个方面的关系和生产、交换、分配、消费四个环节,既关系到国家的积累和建设,又关系到人民生活,还关系到巩固工农联盟的大问题。

当前形势很好,但是确实存在着潜在的危险。有的危险现在已经不单纯是潜在的了,而是已露出端倪。譬如物价上涨就是其中之一。据统计,1980 年全国平均零售商品物价指数比 1979 年上升了 6% 左右,其中副食品上涨 13.8%。甘肃省全社会零售物价总指数 1980 年比 1979 年上升 5%,比 1975 年上升 11.6%,其中国营商业牌价指数 1980 年比 1979 年上升 4.1%,比 1975 年上升 6.6%。服务性支出价格指数 1980 年比 1979 年上升 1.5%。职工生活费用价格总指数 1980 年比 1979 年上升 7.6%,比 1975 年上升17.9%。这是从统计数字上反映出来的物价上涨的程度,而实际物价上涨的水平可能稍有出入。由于物价上涨,人民增加工资而提高的收入,一部分就被抵销了,加重了群众的负担。这种情况,任其发展下去,那么这几年职工因增加工资、奖金,农民从提价中得到的实惠,就有可能丧失殆尽,将产生严重后果。

近年来由于物价上涨,物价问题已经成为人们议论的中心题目之一。有的说物价上涨是农副产品提价带来的,这是涨价的根子;有的说是搞议价造成的;有的说现在物价上涨,还谈什么稳定,社会主义优越性在哪儿呢?有的甚至说,“四人帮”时期物价稳定,而现在物价反而上涨了。街谈巷议,众说纷纭。这种种说法既从一个侧面反映了人们对物价上涨的不满,也说明,确有必要讨论一下如何看待十一届三中全会后的物价形势的问题。

一、要区分两种不同性质的涨价

价格是商品价值的货币表现。列宁说:“价格是价值规律的表现。价值是价格的规律,即价格现象的概括表现。”价值规律要求商品的价值量由生产商品的社会必要劳动量来决定,商品交换必须按等价的原则进行,商品的价格必须以价值为基础。根据价值规律的要求，决定商品价格的客观因素，主要有三：

(1)商品的价值。这就是生产商品时的社会必要劳动量，包括物化劳动(原材料消耗、折旧费等)和活劳动(工资等)的耗费的多少，如果社会必要的物化劳动和活劳动增加，价值就增加，价格也就应该提高。反之，亦然。

(2)货币本身所代表的价值。货币是衡量价值的尺度，货币本身所代表的价值如果发生变化，商品的价格也就跟着发生变化。如果货币贬值，物价就普遍上涨，在金银币流通的条件下，货币的价值决定于金银的价值。在纸币流通的情况下，货币所代表的价值决定于货币本身的流通量，以及社会货币流通量与社会商品流通量之间的比例。如果商品流通量不变，货币流通量增加一倍，货币所代表的价值就跌落一半，商品价格就增加一倍。如果货币发行量增加到远远超过市场商品流通所需要的限度，货币所代表的价值就会同货币的发行量成反比例下降。这就是常说的通货膨胀、货币贬值。这种情况，一旦发生势必引起物价的上涨。我国这两年来的情况正是这样。

(3)商品的供求。商品的供求平衡总是暂时的、相对的，而供求不平衡则是经常的、绝对的。所以，商品的价格常常在一定程度上背离其价值。在资本主义国家，商品供不应求就涨价，供过于求就跌价，由此来调节供求的平衡。在社会主义国家，则主要依靠计划调节，同时也要利用价格手段。当某些商品供不应求时，可以适当提高价格，暂时限制消费；当某些商品供过于求时，可以适当降低价格，以刺激消费。因此，供求状况的变化，也是引起价格上涨或下跌的因素之一。

此外，影响价格的还有各个时期的政治、经济的情况和党的政策。

总之，由于各种因素的变动势必会引起价格的一定变动，或者下跌或者上涨。但是，对于价格的变动是否合理，必须进行科学的分析。对于近年来我国出现的物价上涨现象也必须进行科学的分析。从而才能判断涨价是否合理和正确的问题。

所谓价格合理与否从根本上说就是看价格是否符合客观经济规律的要求，这包括社会主义基本经济规律、有计划按比例发展规律、价值规律、按劳分配规律等的要求。具体说来，价格必须有利于促进工农业生产的发展和商品流通的扩大；有利于促进企业加强经济核算，讲求经济效果，提高管理水平；有利于正确处理积累和消费的关系，安定和改善人民生活；有利于巩固工农联盟和加强民族团结；有利于巩固和发展社会主义经济。集中到一点，就是要看价格是否促进生产的发展和人民生活的改善。

我国当前存在两种不同性质的涨价,一种是符合客观规律要求的合理的涨价,一种是违背客观规律的不合理的涨价。前者如因提高农副产品收购价格而引起的涨价;后者如通货膨胀引起的涨价。我们对前者应该肯定,对后者则应该防止发生,一经发生则要采取办法应对。至于那些违背国家政策规定,随意提价、变相涨价,这都属于不合理的涨价,应该坚决制止。必要时还可对违反物价政策的企业和个人,以经济制裁和纪律处分。

有人不区分两种不同性质的涨价,非难农产品提价的正确政策,说这是涨价风的根子,这是不正确的。

1979 年中央决定提高主要农副产品收购价格,是缩小工农产品不等价交换的剪刀差,促进农业生产发展的客观需要,也是价值规律的客观要求。旧中国,农产品价格低于价值,工业品价格高于价值,存在相当大的剪刀差。解放后,我们通过提高农产品收购价格和降低农业生产资料价格的办法,逐步缩小了剪刀差。但是林彪、"四人帮"十年浩劫时期,国民经济遭到严重破坏,有许多本应调整的工农产品价格得不到调整,粮食收购价格,自 1966 年以来,连续十二年没有提高。而此时,农业生产费用由于使用化肥、农药、农机等原因则又有上升。因此,农产品价格背离价值的现象仍然严重存在,已经缩小了的剪刀差又有所扩大。农民"亏本种田"、"增产不增收"的现象比较普遍,据 1976 年全国 1296 个生产队调查统计资料,全国六种主要粮食中,仅种植稻谷每亩略盈利 1.42 元,种植小麦,每亩亏损 4.21 元,谷子亏 2.39 元,玉米亏 2.61 元,高粱亏 7.09 元,大豆亏 1.96 元。由于价格低于成本,不要说实现扩大再生产,就连简单再生产都不能很好地维持,农民生活也得不到应有的改善,而处于困难之中。据调价前的 1978 年统计,全国农业人口平均全年收入在 50 元以下者占全国生产队的 1/3,每月只有 4 元左右的收入,全国超支欠款户达 5368 万户,占总户数的 31.7%。由于农产品价格长期低于农产品的价值,"谷贱伤农",挫伤了农民的生产积极性,严重地影响了农业的发展,这也是造成国民经济比例关系严重失调的重要原因之一。

十一届三中全会决定提高农副产品收购价格,不仅符合价值规律的客观要求,而且也是促进农业生产发展,协调工农业之间的比例关系,顺乎国民经济有计划按比例发展规律的要求。再者,农产品提价,直接增加了农民的收入,城市职工也因农业生产的发展,而可从市场选购到更多的农产品,这也顺乎社会主义基本经济规律的要求。实践证明,提高农副产品收购价,以及党在农村各项经济政策的落实,对于调动广大农民的生产积极性,促进农业生产的发展,提高农业劳动生产率,增加农产品的收购和供应,活跃市场,改善人民生活,已经显示并将继续显示出巨大的作用。全国各地的副食品供应,品种增加,数量增多。绝大多数地区猪肉敞开供应。这是有目共睹的事实。

1979 年全国农副产品收购价格总指数(包括牌价、议价和超购加价)比 1978 年提高 22.1%,这是建国以来农产品调价品种较多、幅度最大的一年。有人认为,我们提高农副产品价格的步子是否太快,幅度是否太大,对此如何看呢?应当指出,1979 年调整农副产品价格,幅大面宽,有其历史原因。这是林彪、"四人帮"干扰破坏,以致粮食等主要农产品收购价格十几年没有调整,使农产品价格存在严重不合理的情况,调小了不解决问题。因此,几步变成一步走,对财政冲击较大。但即便是在作了较大幅度调整之后,据我省 1979 年的典型调查,种植小麦有的盈利,有的仍要亏本。如平凉县索罗公社西面生产队每亩亏损 9.01 元,定西县三个调查点每亩亏损 6.74 元。而且,同其他国家相比,我国工农产品剪刀差还是比较大的。因此,从长远看,粮食等主要农副产品价格还必须提高。但是,根据经验,今后农副产品价格一般还是采取逐步提高的办法为好,提价间隔时间不宜太长,一次提价的幅度不宜过大。这样,便于综合平衡,即使出点问题也较易解决。个别品种也确有调价幅度过高的问题,如核桃由于调价过高,以致一度影响销售。因此,调价多少必须经过认真的调查,详细的计算,使价格调整在数量上有精确的经济根据。

农产品收购价格提高后,国家不得不提高了肉、禽、蛋等八类副食品及其制品的销售价格。为了保证人民生活不受大的影响,决定给每位职工每月发给副食品价格补贴 5 元,加上当年 40% 的人员增加工资,这样除少数赡养人口比较多的家庭外,绝大多数人的生活,不致因副食品提价而受到影响。1979 年全民所有制职工平均工资为 705 元,比上年增长 9.5%,扣除职工生活费指数上升因素后,全民所有制职工每人平均实际工资比上年增长 7.6%。这就是说虽然农副产品销售价格提高了,但人民群众的实际生活还是提高了。

总之,十一届三中全会后提高农副产品价格的决策是正确的,成绩是主要的。由于农副产品提价,引起连续反映,对整个物价水平的上涨虽有影响,但决不是物价上涨的根子。

二、正确认识物价的基本稳定和合理调整的关系

稳定物价是我们党和国家在物价工作方面的基本方针，也是我们一贯坚持的政策。

保持物价的基本稳定，对于顺利进行经济建设和安定人民生活有着重大的意义。只有保持物价的基本稳定，才有利于国民经济计划的编制、执行和国民经济有计划按比例的发展，防止经济生活紊乱；才有利于督促企业改善经营管理和搞好经济核算，在物价波动的情况下，不可能精确地反映和考察各个企业的管理水平和经营成果；才有利于稳定金融、巩固币值，保证国民收入的合理分配，处理好国民经济各个方面之间，以及国家、集体和个人之间的经济利益关系；才有利于城乡人民生活的安定和逐步提高，物价波动，势必造成人心波动、分散群众精力，不能专心致志地从事社会主义建设；才有利于以生产资料公有制为基础的社会主义经济的巩固和发展。物价不稳，势必给少数投机倒把、贪污盗窃分子以可乘之机，从而造成对社会主义经济的危害。物价不稳，甚至可能破坏政治上的安定团结，危及国家政权的巩固，波兰事件就是鲜明的例证。总之，保持物价的基本稳定，是社会主义经济建设的客观需要，是广大人民群众的共同愿望，是一个关系社会主义建设能否顺利进行，安定团结的政治局面能否保持的重大问题。切切不可掉以轻心！

有人看到物价有些变动，就怀疑党的稳定物价的方针，以为这样一来，还有什么社会主义优越性呢？这就涉及到如何认识和理解稳定物价的方针问题。

所谓稳定物价，就是在工农业生产发展的基础上保持市场商品价格总水平的相对稳定。这主要是指国家规定的市场零售价格总水平要相对稳定。价格总水平具体是通过价格总指数反映的。这里所说的相对稳定包含两方面的含义：一方面，在一定时期从社会全部商品零售价格的总体上看，应当保持在一定的水平上，零售商品价格总指数没有较大幅度的上涨或下落的波动，使人民币保持稳定的币值，使人民在一定的收入水平下，保持稳定的生活并逐步得到改善；另一方面，从各种具体商品价格上看，又不是将各种具体商品的价格长期固定在一定水平上不动，而要对不合理的价格有计划地分期分批地进行有升有降的必要的合理调整。因此，稳定物价只能是相对的、基本的稳定。

物价的基本稳定和合理调整是稳定物价方针不可分割的两个方面，二者互为条件，存在着辩证统一的关系。只有保持物价的基本稳定，才能在稳定的前提下进行合理的调整；而合理的调整，又有利于巩固物价的基本稳定。

调整不合理的价格，是保证物价基本稳定的基础。物价之所以必须调整，这不仅仅是由于历史上遗留下来的、不合理的农产品价格和原材料价格需要调整；而且因为在国民经济发展过程中，由于各种商品的生产费用，它们的价值比例关系以及供求关系，都会不断发生变化，因此原先合理的价格也会变为不合理，也需要调整。不合理可以表现为偏高或偏低。不合理价格的存在，反映物价工作中的矛盾。矛盾的不断出现，又不断解决，是事物发展的辩证规律。调整不合理价格，正确处理物价工作中的矛盾，是稳定物价的重要方面。因为价格不合理，就包含着不稳定的因素，如果对不合理的价格不进行调整，从暂时看，好象有利于稳定，但不合理价格迟早会影响生产的发展和流通的正常进行，造成和加重供求不平衡，导致市场物价的不稳定。“文革”中十几年没有调整物价，矛盾越积越多，迫使我们不得不进行较大的调整。只有对不合理的价格逐步进行调整，使多数商品的价格大体接近价值，才会促进生产的发展和流通的正常进行，增强稳定物价的物质基础，从而才能保持物价的基本稳定。

物价的基本稳定又是调整价格的前提。价格的调整只能在保持物价基本稳定的前提下进行，既不能大涨大降，又不能全涨全降，也不能常涨常降，而只能是有计划地、分期分批地调整。一般说来，必须把每年零售物价总水平的升降幅度控制在较小的范围之内。在调整价格时，对人民生活基本必需品销售价格的调整更需要采取慎重的态度。如果不保持物价的基本稳定，让价格自发涨落，就谈不上有计划地进行合理的调整。

由上看来，我们决不能把稳定物价同合理调整物价割裂开来，对立起来。以为稳定物价就不能调整物价，把稳定物价理解为“冻结物价”；或者以为要调整物价就不可能保持物价的基本稳定。那种把稳定物价和调整价格对立起来的看法，显然是形而上学的。

建国以来，我们在党的领导下，贯彻执行稳定物价的方针，取得了巨大的成就。解放初期，我们迅速制止了旧中国遗留下来的严重危害人民的通货膨胀、物价飞涨的局面；三年困难时期，在商品严重不足，自由市场价格大幅度上涨的极端困难的条件下，我们保证了人民生活最基本必需品的价格的稳定；“文革”中国民经济严重破坏，仍保持了物价的基本稳定。以1950年为100，1979年全国零售商品价格指数为130.9%，平均每年上升1.06%。实践证明，我国物价总水平基本上是稳定的。我国物价长期保持稳定，也是世界少有的。充分显示了我国社会主义制度的优越性。

三、控制议价，活而不乱

我国的经济是建立在社会主义公有制基础上的社会主义商品经济。我们的经济管理体制也应该是实行计划调节与市场调节相结合的原则。过去我们的经济管理体制是过分强调计划管理，忽视市场调节。与此相适应，我们的物价管理体制，也是过分强调统一的计划价格，忽视价值规律的调节作用，在统一市场、统一价格、单一流通渠道的条件下，价格管理得过死，不利于商品生产的发展和商品流通的扩大，不利于企业改善经营管理。

十一届三中全会以来，我们初步进行经济体制改革的同时，在物价体制方面也进行了一些初步改革。比如，对一部分机械产品，试行了浮动的价格，恢复了三类农副产品和小手工业品的议购议销价格等。这是在坚持计划价格的同时，为搞活经济所采取的必要措施。

拿议价来说，这是适应议购议销这种社会主义商品流通形式的一种价格形式。议购议销这种购销形式，主要适用于生产比较分散、品种繁多、数量不大、供需经常变化的三类农副产品和三类日用工业品中的小商品。这些产品不适宜于完全由国家按照规定价格进行计划收购，应当在国家计划指导下，根据物价政策，结合市场供求情况，在国家规定的范围以内允许由生产者、采购者、销售者比较灵活地协商议价。实行这种形式，有利于把经济搞活，对于调动农民和手工业者的积极性，增加商品生产和农民手工业者的收入，活跃商品流通，改善市场供应，起了一定的积极作用。因此，实行议价是正确的。但是，在实行议价的过程中，由于指导思想不明确，认识不尽一致，如有的地方把议购议销作为使农民快点富起来的手段，有的企业把议价作为方便的生财之道，加上工作中又缺乏必要的管理措施和办法，于是使议价失去了控制，产生了不少问题：有的不按国家规定办事，不适当地扩大议购议销商品的范围；有的在没有完成收购、调拨计划的情况下，大搞议购议销；有的到产地争夺货源，哄抬物价；有的把平价和议价商品混杂一起，以议价冲击平价，从中谋利。这样一来，就势必影响市场物价的基本稳定。因此，乱搞议价，是影响物价上涨的重要原因之一。为着稳定物价，我们当前必须加强物价的管理，认真贯彻执行国务院发出的《关于严格控制物价，整顿议价的通知》。但是，应当指出实行议价并不是引起物价上涨的根本原因。因为议价商品在整个商品中所占比重不大，不影响大局。甘肃省1980年城乡农贸市场成交额和国营贸易货栈、议价粮站等议购商品销售额两项合计共占全省社会商品零售额的11.5%，而且议价商品并不全高于牌价。供销社经营的议价商品三十一种,平均价格高于牌价5.06%。其中高于牌价的七种,占22.6%,低于或与牌价持平的品种24种,占77%。因此,不能把物价上涨完全归之于是议价造成的。

三类农副产品实行议购议销后,一部分暂时供不应求的商品引起价格上涨,这也不必过虑。只要对关系人民生活重大的基本生活必需品继续坚持计划价格,严格控制这些商品的计划价格的变动,就能保持物价的基本稳定。因为这些商品消费,占职工生活费支出的大部分,这些商品价格稳住了,就稳定了市场物价的大局。而且,部分议购议销商品的价格上涨也只是暂时的现象。陈云同志在1956年"八大"的一次发言中早就指出:"应该看到由于自由采购、自由贩运,一部分小土产在城市销售价格方面的上涨,是一种暂时的现象,而且上涨的程度,我们仍然是可以约束的。这种价格上涨将促进小土产增产,等到供求平衡以后,它的价格就会回落到正常水平。我们应该采取自由采购,自由贩运,而不要害怕价格方面一时的一定程度上涨。""只有大量增产,才能保持整个市场价格的稳定。"

总之,在物价问题上我们也必须正确处理调整和改革的关系。整个价格体系的改革,近几年内虽不便大步进行,但实践已经证明,行之有效的改革,如三类农副产品议购议销及其议价政策则可继续坚持执行。我们当前是整顿议价、控制议价,并非取销议价。既要加强物价管理,确保市场物价的基本稳定,但又决不能重蹈"一管就死"的老路,必须适应新的形势,把整顿议价同搞活经济结合起来,做到稳而不死、活而不乱。

四、调整经济,消灭财政赤字,稳定物价

上述农副产品提价,实行议价,还有发放奖金等,这些虽然对物价上涨都有一定的影响,但都不是引起物价上涨的根本原因。

引起物价上涨的根本原因是通货膨胀。根据货币流通规律的要求,市场货币流通量必须与市场商品流通量对于货币的需要量相适应,如果货币发行数量显著地超过市场流通的需要,那么就会引起通货膨胀、货币贬值、物价上涨。长期以来,由于我国在经济工作中的"左"倾错误一直没有得到彻底纠正,追求高指标、高积累,基本建设摊子越铺越大,挤了广大人民群众的生活消费。粉碎"四人帮"以后,本应休养生息、抓好调整,但是由于对"四人帮"十年浩劫造成的破坏认识不够,对形势估计过于乐观,宏观决策有失误,急于求成,提出了一些不切实际的口号和目标,在1978年又几乎搞了一次"大跃进"。这样就加重了比例失调,引起连年巨额财政赤字。为了弥补财政赤字,以致不得不增加财政性货币发行,这就使货币流通量大大超过商品流通的正常需要。1979 年出现三十年来最大的财政赤字,高达 170.6 亿元,除动用财政结余 80.4 亿元,还向银行透支 90.2 亿元,这就迫使银行增加货币投放 79 亿元,不但远远超过工业产值增长 8.5%、农业产值增长 7.3% 的速度,而且也大大超过社会商品零售额增长 14.7% 的速度。1980 年由于各项财政支出超计划增加,继续发生财政赤字 121 亿元之多,这样向银行透支增多,又迫使银行增发货币 76 亿元。由于市场货币流通量过多,大大超过商品流通的正常需要,势必引起物价上涨。这是客观经济规律作用的必然结果。马克思说:“商品价格却似乎是随着流通中纸票数量的变动而涨跌。”因此,长期以来在经济工作上“左”的错误,由此而引起的财政赤字、通货膨胀,才是物价上涨的根本原因。如果没有农副产品提价,而只有通货膨胀存在,物价上涨也是必不可免的。因此,农副产品提价并不是涨价风的根子。回顾近两年的实践,国务院接连发了几个关于加强物价管理的通知,物价检查也一次接一次地进行,这些无疑都是必要的,也产生过一定的作用。但是为什么并未根本制止物价的上涨呢?这说明,只有从根本上消除造成物价上涨的经济根源,才能使物价确实地稳定下来。

既然物价上涨的根本原因在于财政赤字、通货膨胀,因此,从根本上制止物价上涨,就必须对症下药,釜底抽薪,调整经济,消灭财政赤字。这才是保持物价稳定的根本出路。我们要坚定不移地贯彻调整方针,压积累、下基建、求平衡。只要保持财政收支的平衡,货币流通量和市场货币需要量的平衡,社会购买力同商品供应量之间的平衡,就完全可以保持物价的基本稳定。

我们对于物价能够保持稳定应该有信心。当前,虽然影响物价上涨的因素不少,但稳定物价的有利条件也不少。陈云同志在 1956 年党的“八大”一次发言中曾指出:“1954 年前,我们既然能够稳定物价,难道在资本主义工商业全部实行了公私合营,手工业和小商贩绝大部分实行了合作化,社会主义经济力量大大加强以后,反而不能稳定物价,我们以为决不是这样。我们完全可以保持物价的稳定。”同那时比较起来,现在我们的社会主义经济力量强大得多,只要我们按照客观经济规律办事,我们就一定能够保持物价的基本稳定。

(此文为 1981 年 1 月在中共甘肃省委宣传部理论座谈会上的发言稿)

农产品价格形成应以劣等地合理经营的成本为主要依据

按语：本文对原国家物价总局农产品价格司负责人提出的确定和调整农产品价格时，应当按社会平均的产量、费用、劳动报酬来确定农产品的定价成本的观点（载《价格理论与实践》1981 年第 3 期），提出了商榷性的意见，认为作为农产品定价依据的社会成本，应当是由耕种劣等地、具有中等经营管理水平的生产单位的成本来决定，农产品定价应以此为主要基础。

对农产品价格形成问题，目前看法不尽相同，其中有的主张按社会平均的产量、费用、劳动报酬来确定农产品的定价成本。对此，本文提出一些粗浅的不同看法。

（一）

主张按社会平均的产量、费用、劳动报酬来确定农产品的定价成本的理由，是认为我国耕地少、产量低，农产品商品率低，而且自然经济比重大，在一般情况下，不存在因价格低、劣等地没人耕种的情况。这里就有以下几个问题：

首先，研究农产品的定价依据问题，就是以农产品是商品，能够用来出卖为前提。“经济学所知道的唯一价值就是商品价值”①。如果农产品是商品，自然才有价格形成、定价高低的问题，否则根本无价格问题可言。

其次，农产品的价值究竟由什么来决定。商品的价值量决定于生产它的社会必要劳动时间，商品的交换必须遵循等价交换的原则，商品价格必须以价值为基础。那么农产品的价值究竟由什么决定？什么是农产品的社会必要劳动

① 恩格斯：《反杜林论》，1970 年版，第 302 页。

量？马克思和列宁在分析资本主义地租关系时，曾经揭示，农产品的价值是由劣等地的劳动耗费来决定。因为在资本主义生产方式下，由于土地肥沃程度和土地距离市场位置的远近，以及在土地上连续追加投资引起不同的劳动生产率的差别，土地等级存在着优等、中等、劣等地的区别。在这些互有区别的土地上，生产单位农产品的个别劳动消耗是不相同的。但是，由于土地有限，特别是较优的土地更有限，由于土地资本主义经营垄断的存在，仅仅耕种优等和中等土地，不足以满足社会对于农产品的需要，因此，必须耕种劣等地。劣等地上生产产品的劳动耗费，对于社会来说，也是必要的，它构成为农产品的社会必要劳动量，农产品的社会价值不像工业部门的产品是由中等生产条件的劳动耗费所决定，而是由劣等生产条件的劳动耗费所决定。列宁说："土地的有限使粮食价格不取决于中等地的生产条件，而取决于劣等耕地的生产条件。"[①]马克思主义关于农产品价值决定的原理，仍然适用于我国社会主义社会。因为我国用来耕种的土地，仍然存在土地肥度的高低、位置远近以及集约化经营程度的差别。为了最大限度满足人民对于农产品的需要，不仅要耕种优等和中等土地，而且必须耕种劣等土地。这样，就形成农产品的社会价值必须由劣等地生产条件的劳动耗费来决定的客观必然性。因此，农产品价格要以价值为基础，就是要以劣等地的劳动耗费为基础。这是农产品价值决定和农产品价格形成的特点，在计划农产品的收购价格时，必须充分考虑这个特点。只有这样，才能使经营劣等地消耗的物化劳动和活劳动得到应有的补偿，并取得一定的纯收入，从而维持和扩大再生产。如果认为可以按社会平均的产量、费用、劳动报酬来确定农产品定价成本，就忽视了农产品价值决定和价格形成的这个特点。成本是价格的最低经济界限，是农产品价值中的主要部分，是确定和调整农产品收购价格的主要依据。根据农产品价值决定的特点，那么，农产品的价格就应该以劣等地的费用、劳动报酬所确定的农产品成本为依据，而不应当如一些同志主张的以优等地、中等地、劣等地三者平均（或称中等）的农产品成本为依据，使劣等地的成本，得不到完全的补偿。

在我国物价工作实践中，制定农产品收购价格是以中等土地的平均成本为依据，曾出现农民"亏本种田"的现象。在我国劣等低产耕地占相当比重的情况下（据 1977 年统计，低产耕地占耕地总面积达 40.3%），势必影响农业的发展。

---

① 《列宁全集》第五卷，第 99 页。

党的十一届三中全会的决定，较大幅度地提高了十八种农副产品的收购价格（平均提价24.8%），偏低的状况有所改变，调动了农民的生产积极性。但是，据全国27个省、市、区2 983个生产队的典型调查统计，种植粮食的收入还是比较低的。按牌价计算，1979年全国六种粮食平均每亩减税纯收益为11.77元，其中稻谷平均每亩纯收益为24.99元，小麦为6.67元，谷子为11.84元，玉米为12.65元，大豆8.44元，高粱5.88元。以上情况表明，按社会平均（或称中等）的产量、费用、劳动报酬来确定农产品成本，并作为农产品定价的主要依据是不符合价值规律的要求的。

再次，价格应当有利于农业商品经济的发展。只有发展农业商品经济，才能促进农业生产专业化的发展，使农业生产单位能够因地制宜地利用其自然条件和社会经济条件的优势，取得最大的经济效果。只有发展农业商品经济，才可以使农业为社会主义工业和城镇居民提供日益丰富的工业原料和食品，才能提高农村的购买力，为工业扩大市场，也才能使农民有充裕的资金来发展农业生产和改善其物质和文化生活。因此，发展农业商品经济是关系我国社会、经济发展的战略问题。农产品价格政策必须适应这种形势发展的要求，必须有利于农业商品经济的发展，而不能固守自给自足的自然经济的状态。如果认为农产品主要是农民自用，价格高低关系不大，价格再低，也得耕种，正是“小生产式的自然经济价格观念”。马克思在分析资本主义地租关系时，曾经指出：在小块土地所有制下，对于那些拥有小块土地的农民来说，“只要产品的价格足以补偿他的这个工资，他就会耕种他的土地”①。有人以此为论据，认为农产品价格不必以劣等地的劳动耗费为基础，这是不妥当的。我国经过农业社会主义改造，已消灭了土地私有制，建立了社会主义集体经济，只有合理的农产品收购价格，才能积累资金，扩大再生产，使农业从自然经济的框框里摆脱出来，才能谈得上农业的现代化。

（二）

主张按社会中等成本作为定价依据者还认为劣等地经过土壤改良或者采取科学种田的方法，可以变劣等地为中等地，以此作为否定按劣等地定价的理

① 《马克思恩格斯全集》第二十五卷，第908页。

由。诚然，在社会主义社会，由于农业生产力的发展，由于开展农田水利建设，改良土壤，增施肥料，土地的绝对肥力可以增进，中等肥力的土地可以变为优等，劣等地也可以变为中等，甚至也可以改良为优等的土地，但是土地的改良与肥力的增进，并不能消灭土地差别的存在。客观上总是会存在优等、中等、劣等土地的相对差别。从而，也就必然存在土地生产率(单位面积产量)的差别，存在级差地租。马克思在分析级差地租时，曾经详尽地列表论述，级差地租可以在土地耕种的下降序列，即由较好土地到较坏土地的序列产生，也可以在土地耕种次序的上升序列，即由较坏土地到较好土地的序列产生，还可以按两个方向相互交叉的序列产生。马克思明确指出："当较好土地代替以前的较坏土地而处于最低等级时，也能产生级差地租；级差地租可以和农业的进步结合在一起。它的条件不过是土地等级的不同。在涉及到生产率的发展时，级差地租的前提就是：土地总面积的绝对肥力的提高，不会消除这种等级的不同，而是使它或者扩大，或者不变，或者只是缩小。"①所以，决不能以土地可以改良为理由，来否定级差地租的存在，否定按劣等地劳动耗费为定价基础的必要性。

至于实行科学种田，在不增加支出的情况下，也可以增产。比如在属于劣等地的盐碱地上种高粱，有可能得到其他作物在中等地的产量。这无疑是正确的。但是，也不能因此就否定土地等级差别的存在。同时，即使是种高粱的盐碱地本身，也会存在肥沃程度不同、离市场远近不同的等级差别。

再有，土地优劣不同对于产量、成本的影响，和经营管理好坏的不同对于产量、成本的影响是两个问题，不能混淆。如果认为农作物产量的高低、生产费用的多少，虽受土壤、气候的影响，但是也与生产队经营管理水平、科学种田水平有十分密切的关系，因而就主张根据平均成本来确定收购价格，使先进的生产队可以得到较多的利润，中等生产队可以得到一定的利润，后进的生产队得到很少利润，甚至可能亏本。土地的优劣和经营管理好坏，对农产品价值决定的影响是不同的。但就土地的优劣而言，是农业生产的客观条件的差别，它虽然也会发生变化，但其差别的存在总是客观的，不能消灭的，而且具有相对的稳定性。因此，从土地等级的条件来说，决定农产品价值和社会成本的应该是劣等地。但就经营管理好坏而言，则是生产单位的主观努力的程度不同而造成的。同样是在劣等地上，精打细算和改善经营管理的生产单位，单位产品的生产费

---

① 《马克思恩格斯全集》第二十五卷，第743页。

用和成本水平可能较低，不善于经营的生产单位，其单位产品的生产费用和成本就高。经营管理水平落后的企业经过努力，完全有可能赶上先进的企业。优等地的占有者可以垄断优等地的土地经营，但却无法垄断经营管理的水平，它可以排斥其他单位对优等地的占有，却不能排斥其他单位对经营管理的改善。所以，土地等级是相对稳定的，而生产单位经营管理水平是有较大变动的。因此，作为农产品定价基础的定价成本应当是以正常合理经营为依据的成本。就是说作为农产品定价依据的成本，并不是劣等地上全部的费用开支，而是计算合理的费用和合理的投工（活劳动耗费）。正如马克思所说："无论是包含在生产资料中的劳动，或者是由劳动力加进去的劳动……被计算的，只是生产使用价值所耗费的社会必要时间。"①如果不论经营好坏，把不合理经营的费用开支和投工也计算在定价成本之内，那就会保护落后，不利于促进农业经营管理的改善和农业生产的发展。那么如何确定正常合理经营的成本呢？一般可以以劣等地、中等经营管理水平的生产社队的成本为依据，从经营管理方面来说，按照具有中等经营管理水平的生产单位的成本作为定价的依据，是符合价值规律关于价格要以价值为基础的要求的，可以鼓励先进，带动后进。

综上所述，作为农产品定价依据的社会成本，应当是由耕种劣等地具有中等经营管理水平的生产单位的成本来决定，农产品定价应以此为基础。

〔此文提交1982年2月召开的中国价格学会理论讨论会。发表在《价格理论与实践》（中国价格学会和国家物价总局所办的刊物）1982年第2期，《经济学文摘》1982年第6期转载〕

① 《马克思恩格斯全集》第二十三卷，第221页。

在价格理论和实践上必须破除不合理的旧观念

在旧的高度集权的僵化经济体制下,形成了一些旧的传统的观念。现在,我们正在进行经济体制的改革,旧体制下形成的许多不合理的旧观念,影响和阻碍着经济体制改革的顺利进行,为了保证经济体制改革的进行,在思想和理论上必须破除不合理的旧观念,确立符合新经济体制需要、适应社会生产力发展客观要求的新的观念。在价格理论和实践中,必须破除哪些不合理的传统观念呢?

1. 必须破除把“稳定物价”当作物价只能长期固定不变的观念,树立价格要随价值和供求的变化而变化的观念。

解放后,我国实行了“稳定物价”的方针,在安定人民生活方面起了积极作用。但是,在执行稳定物价的方针时有片面性,强调物价不能动的一面,而忽视物价需要调整的一面。陈云同志早在50年代就指出过的把稳定物价简单地看成是必须“统一物价”或“冻结物价”的现象,一直没有得到克服,结果不合理价格越积越多。

其实价格的变动是商品经济价值规律的客观要求,是不以人们的意志为转移的。因为价格是价值的货币表现,价格必须以价值为基础。而价值是随着物化劳动消耗和活劳动消耗的变化而变化的,价值变了,反映价值的价格自然也应发生变化。再者价格也受供求关系变化的影响。供求变动势必影响价格的变动,所以价格的变动是合情合理的。价格是调节国民经济的最基本最主要最有效的杠杆。正如人的生命就在于运动一样,价格也只有随价值和供求关系的变动而变动,才能发挥其在国民经济中的应有的调节作用。

长期以来,我们习惯冻结物价,加上旧社会恶性通货膨胀余悸尤存,人们形成一种对物价变动的紧张心理,不懂得合理调整价格对促进生产发展和商品流通以及改善人民生活的积极作用。事实上长期冻结物价,不利于生产的发展和商品的正常流通,阻碍产业结构和产品结构的调整,造成商品匮乏,甚至有价无市,不利于满足人民物质和文化生活的需要。所以,我们必须破除价格只能长期固定不变的观念,树立价格随价值和供求的变化而变化的观念。

2.破除"计划第一,价格第二"的轻视价值规律以致把计划和价格对立起来的观念,树立计划必须以价值规律为基础,必须自觉地依据和运用价值规律,把计划和价格统一起来的观念。

长期以来,由于我们否定社会主义经济是有计划的商品经济,把计划经济和商品经济对立起来,忽视价值规律和价格的作用,把计划和价格对立起来,提出了"计划第一,价格第二"的原则。

其实这个原则的提法本身在理论上就是不确切,甚至是错误的。

首先,"计划第一"中的"计划"指的是什么呢?含意不清,可作种种理解。既可以把它理解为国民经济有计划按比例发展规律,也可以把它理解为国民经济计划工作中的计划。而前者和后者虽有联系,但二者有质的区别,不能混为一谈。其次,如果把"计划第一"中的计划理解为国民经济计划工作中的计划,按照毛泽东同志自己的说法"计划是意识形态",是人们制定出来的。因此,它也不能成为"第一"。再者,如果把"计划第一"中的计划理解成国民经济有计划按比例发展规律,那么就它与价值规律的关系而言,也没有"第一"、"第二"之分。社会主义经济是建立在公有制基础之上的有计划的商品经济,在有计划的商品经济条件下,国民经济有计划按比例发展规律和价值规律是同时存在并客观地起着作用,共同决定着社会主义经济的发展过程。就它们的客观作用而言并没有什么"第一"、"第二"之分。即是就计划和价格的关系而言,计划必须以反映价值规律要求的价格作为科学的依据,制定国民经济计划必须同时计划好价格,安排好各种商品的比价,如果价格不反映价值和供求的变化,价格体系不合理,那计划就"靠不住",不能顺利实现。也就不可能保证国民经济有计划按比例地协调发展。因此,就计划和价格的关系而言,也不能说"计划第一,价格第二"。

"计划第一,价格第二"的原则也给我们的社会主义建设带来了巨大的危害。实践教训了我们,使我们认识到,社会主义的计划经济必须建立在价值规律的基础之上,国民经济的计划工作必须自觉地依据和运用价值规律,不论是指令性计划,还是指导性计划都应如此。这样,才能使我们的计划有科学依据,也才能充分发挥价格杠杆对生产和流通的调节作用，从而保证国民经济计划的顺利实现。因此，我们必须破除“计划第一，价格第二”的观念，明确地树立把计划和价格统一起来的观念。

3.破除忽视供求的观念，树立重视供求的观念。

我国现行价格体系的弊端，不仅在于不少商品的价格过多地背离价值，还在于这些商品的价格也不反映供求关系。为什么市场上有些供不应求的短线产品老是拉不长，而有些供过于求的长线产品老是压不短呢？一个重要原因就是价格没有适应商品的供求关系的状况而及时地适当地作升降调整。

我国许多商品的价格不反映供求关系，这是在理论上否定商品经济、忽视价值规律和市场作用的观点造成的。长期以来，在我国经济学界有一种流行的观点：似乎一讲供求就是否定计划经济，搞市场自由调节；似乎承认供求对价格的作用，就是否认马克思主义的劳动价值论，宣扬资产阶级的供求决定（价值）论。以为为了稳定物价，安定人民生活，应当尽量限制市场供求对计划价格的影响，不应让计划价格随供求变化而波动。由于这种观点的影响，物价部门在制定和调整商品价格时很少考虑市场的供求关系，有时甚至完全不考虑供求关系，即使是长时期的和全国范围内的供求关系也如此。

这种忽视供求关系的观点，在理论上是不正确的。在商品经济中，供求关系与价格存在必然的联系，价格运动是以价值运动为基础的，但价格作为商品价值的外在的独立货币表现，其运动有自身的规律，这就是价格必然随供求关系的变动而变动。价格不随供求关系的变动而变动，就不能发挥价格的信号作用，也就不能发挥对于生产、分配、流通和消费的调节作用。因此在价格理论和实践上必须破除忽视供求作用的观念，明确树立重视供求的观念。

4.破除把“国家统一定价”单一化的观念，树立多种价格形式并存的观念。

我国不合理的价格体系的形成，固然有历史的原因和理论上忽视商品生产、价值规律和市场作用的迷误，但是价格体系的不合理，同价格管理体制的过分集中也有极为密切的关系。长期以来，物价管理权主要集中在中央，强调“一支笔批价”，地方权限太小，企业无权定价。中央不仅管了主要商品，许多次要商品价格也由中央统一规定，管理过多、过严、过死，使价格变动很难，调一次价要经过许多部门，转辗周折，费时费事，使许多商品价格不能随着价值和供求的变化而及时调整，造成了价格体系不合理。因此，要使价格体系合理化，就必须同时改革过分集中的价格管理体制。

《中共中央关于经济体制改革的决定》指出:"在调整价格的同时,必须改革过分集中的价格管理体制,逐步缩小国家统一定价的范围,适当扩大有一定幅度的浮动价格和自由价格的范围,使价格能够比较灵敏地反映社会劳动生产率和市场供求的变化,比较好地符合国民经济发展的需要。"这个规定不仅正式肯定了我国价格管理存在"国家统一定价"、"浮动价格"、"自由价格"三种价格形式,反映了我国1979年以来价格改革的初步经验和价格理论研究的成果;同时又指出了三种价格形式发展变化的趋势,从而为我国价格管理体制的改革指出了明确的方向。

价格管理体制的模式决定于社会经济的性质和经济体制的模式。我国的经济是在公有制基础上有计划的商品经济,而不是那种完全由市场调节的市场经济,也不是那种单纯靠指令性计划运行的僵化的计划经济。我国的经济形式是以全民所有制经济为主导,集体经济为社会主义经济的重要组成部分,个体经济为社会主义经济的必要补充这样一种多种经济形式和多种经营方式并存的经济。这就决定我国价格管理体制的模式既不能是那种完全的市场价格或自由价格制度,也不是单一的无所不包的计划价格模式,而只能是由"国家统一定价"、"浮动价格"、"自由价格"构成的多种价格形式并存的模式。

实行一定范围的国家统一制定的计划价格是有计划商品经济的客观要求,因为有计划的商品经济不仅必须根据有计划按比例发展规律的要求,把整个社会的劳动量,包括物化劳动(生产资料)和活劳动(劳动力),按照社会需要的客观比例有计划地分配到国民经济各部门中去,而且必须自觉地依据价值规律的要求,以商品价值为基础,考虑供求关系,制定计划价格,实行等价交换,使商品生产经营者在物质利益的分配上求得平衡,即实现价值平衡,才能保证计划所规定的比例得以实现,从而实现国民经济大体按比例地协调发展。所以,实行科学的计划价格,正是计划经济自觉依据和运用价值规律的体现。同时实行一定范围的国家统一制定的计划价格有利于国家对国民经济的宏观控制和调节,把大的方面管住管好,是防止市场和物价剧烈波动和避免社会劳动巨大浪费的重要保证之一。当然,国家统一定价必须科学合理,要反映价值规律的要求,也不能搞得太死,而必须搞活。要根据价值和供求关系的变化适时调整,不能长期固定不变,"一价定终身";要破除把国家统一计划价格当作"固定价格"的传统观念。同时,根据我国的国情,国家统一定价的范围也不能过宽,针对过去统得太多的弊病,应适当缩小国家统一定价的范围。

在多种价格形式并存的模式之下,浮动价格占有极为重要的地位。由于浮动价格的基价,以及浮动的方向和幅度都是由国家计划加以规定的,所以它是计划价格的派生形式,基本属于计划价格的范畴。为了明确其基本属性,可以称作浮动性计划价格。有人建议用"幅度价格"代替"浮动价格"的概念,其实浮动价格,有的可以规定浮动幅度,有的则可以规定浮动方向(向上和向下),也可不必规定浮动幅度,如对农产品实行最低保护价就可不规定向上浮动的幅度。再者,"浮动价格"的概念,就字面理解,如不加说明,也易造成混淆。因为就价格的浮动性而言,最具浮动性的还属自由价格。因此,是否可以考虑用"浮动性计划价格"代替"浮动价格"的概念。

浮动性计划价格,把统一性和灵活性、计划性和市场机制有机地结合起来,兼有统一定价和自由价格的长处,它既可以使企业能够根据市场供求关系以及竞争的需要,灵活地变动价格,又可以使这种变动控制在一定范围之内,不致引起市场和物价的剧烈波动,有利于诱导企业生产经营沿着正确的轨道运行。所以,我们应该扩大实行浮动价格的范围,从长期发展趋势来看,有必要使之成为重要的价格形式。

自由价格,能够比较充分的发挥价值规律和市场机制的作用,使商品生产经营者能够根据市场信息,灵活地发展生产,组织供应,满足人民的物质和文化的需要。价格是各种经济杠杆中最主要、最灵敏的经济杠杆。要搞活经济就必须灵活地运用价格杠杆。而自由价格是最具灵活性的价格,实行自由价格,有利于搞活经济。搞活企业是体制改革的中心环节,价格不活将会造成微观效益与宏观平衡的对立,企业之间的竞争就不会奏效,"优胜劣汰"就没有可能,生产要素和产品在全社会范围内的流动也不会合理,地方割据、自然经济的格局也无法打破。为了充分发挥价格的杠杆作用,必须适当扩大自由价格的范围。

总之,"国家统一定价"、"浮动价格"、"自由价格"在其各自适用的范围之内,各有其优越性和作用。只有实行多种价格形式并存的价格模式,才有利于促进价格体系的合理化,才能更好地利用价格杠杆,搞活经济,从而发挥价格促进生产,扩大商品流通,安定和改善人民生活,加速社会主义现代化建设的作用。所以,我们必须树立多种价格形式并存的观念。

(此文是在兰州市物价系统干部大会上的报告稿的一部分,原载《价格信息》1985 年第 1 期)

必须改革不合理的价格体系和价格管理体制

党的十二届三中全会通过的《中共中央关于经济体制改革的决定》指出："价格体系的改革是整个经济体制改革成败的关键"。(下引未注出处者,均引自该决定),认真学习和深刻领会《决定》有关价格改革的规定,对于搞好价格改革,建立合理的价格体系和价格管理体制,促进整个经济体制改革的顺利进行,加快"四化"建设有着重大意义。

一、改革不合理的价格体系势在必行

价格是商品价值的货币表现,在我国,商品价值用人民币来表现就是价格。只要存在商品经济就必然存在价格。由于我国经济是有计划的商品经济,也就广泛存在价格,"物价物价",有物就有价。

国民经济的各个部门、各个行业、社会再生产的各个环节是互为条件、互相联系的,共同构成为一个有机的整体。在商品经济的条件下,国民经济各个部门、各个行业、社会再生产各环节的经济联系,必须通过商品交换的形式才能进行。于是价格就具有了重要的意义。国民经济各个部门、各个行业和社会再生产各环节所形成的价格,也不是各自孤立存在,而是互相联系、互相制约的,共同结成网络关系。价格体系就是指国民经济中各种价格之间的相互联系和相互制约的价格网络关系的总和。它主要包括各种产品之间的比价和差价关系。

根据价值规律的要求,商品的价格必须以价值为基础,要反映供求关系。但是,我国现行的价格体系,由于过去在理论上不承认社会主义经济是商品经济,忽视商品生产、价值规律和市场的作用,加上历史的原因,比如旧中国农产品价格低,工业品价格高,采掘工业和原材料价格低,加工工业产品价高利大等,解放后,虽几经调整,但未根本改变这种状况,致使许多商品的价格既不反映价值,也不反映供求关系,存在着相当混乱和不合理的现象,其主要表现是:

(1)不同商品之间的比价不合理,特别是某些矿产品和原材料价格偏低,加工工业产品价格相对偏高,不利于产业结构的合理调整和生产按比例发展。

马克思曾经指出:"商品出售价格的最低界限,是由商品的成本价格规定的。如果商品低于它的成本价格出售,生产资本中已经消耗的组成部分,就不能全部由出售价格得到补偿。"①可是,我国直属煤矿统配煤的价格低于成本,1983年亏损额达8.7亿元,直属重点煤矿企业的亏损面高达67%。铁精矿、生铁等产品价格也偏低。与此相反,以煤、铁等为原料的加工工业的产品价格则相对偏高。比如开采铁矿的资金利润率只有5%,而轧制钢材的资金利润率有的品种少则20%~30%,有的品种则高达60%~70%。

由于价格畸高畸低,部门之间利润水平相差悬殊,致使价格起着"逆调节"作用,生产建设和人民生活急需的许多产品因价低利小或亏本难以发展,而价高利大的产品,却盲目发展,造成不必要的重复建设和资金、物资的浪费。1983年我国煤炭总产量达七亿多吨,占我国能源构成的70%。当前,能源紧张是制约我国经济发展的一个重要因素,能源短缺使我国有20%以上的工业生产能力闲置。由于能源价格偏低,不仅影响了能源工业的发展,同时,也不利于节约能源,据有人估计,我国每元国民收入的燃料消耗量,是发达国家的3.5倍,这就不能不影响企业的劳动生产率和经济效益,从而影响整个国民经济的发展。

(2)粮食等主要农副产品购销价格倒挂,不利于产品的正常流通,加重了国家的财政负担。

十一届三中全会以来,国家大幅度地提高了粮棉等主要农副产品的收购价格,激发了农民的生产积极性,促进了农业生产的发展。但是许多农副产品的销售价格并未相应提高或提高很少,以致造成销价低于购价的不合理现象。现在国家每经营一斤粮食补贴0.10元,每经营一斤食油补贴0.80元。而且补贴金额越来越多。国家对消费品的价格补贴达30多种,补贴金额达到280亿元。仅粮油及肉禽蛋等副食品价格补贴,即由1978年的46亿元,增至1983年的186亿元,增加三倍以上。甘肃省1983年用于农副产品的价格补贴,达3.14亿元,其中用于粮油的补贴为2.66亿元。价格补贴已经成为国家财政的沉重负担。长此以往,难以为继。

购销价格倒挂,助长了"买难"和"卖难",阻碍商品的正常流通。近几年

① 《资本论》第三卷,第45页。

来,南方各省稻谷丰收,仓满库盈,大量大米亟待销售,而北方许多省市则因大米不足,需要调入。但是按照现行牌价计算,则调入省份调入越多补贴得也越多。这就影响正常流通,也影响粮食生产和人民消费的改善。

目前,畜产品价格背离价值,购销价格倒挂的问题也日益突出,直接影响粮食向畜产品的迅速转化。黑龙江省,过去的猪粮比价一般为1:7,去年玉米改按倒三七固定比例加价后,猪粮比阶下降到1:4.7。农民感到养猪不如卖粮,直接影响生猪的发展。

(3)同类产品质量差价没有拉开,不利于产品质量的提高和技术的改进。

产品质量不同,价格也应有所区别。优质优价,次质次价,劣质低价,同质同价,这是一项重要的价格政策。认真贯彻按质论价,对于促进工农业生产的发展,推动技术进步,促进企业改善经营管理,积极采用新技术、新工艺,不断提高产品质量,增加新品种,提高社会经济效益,更好地满足人民的物质和文化生活需要,都有十分重要的意义。过去许多产品由于没有实行按质论价,严重地妨碍产品质量的提高,这是造成我国不少商品长期不能更新换代、几十年一贯制的重要原因之一。不实行按质论价,甚至造成社会劳动的巨大浪费。例如,我国现行的羊毛计价办法,不按净毛率(收购羊毛中净毛所占的比重)计价,而是按含有杂质的污毛计价,致使净毛率高的不能多卖钱,净毛率低的不少卖钱。造成大多数产毛区净毛率下降,如山东调往上海的羊毛净毛率1979年为36.41%,1983年下降为29.98%。这种计价办法,使羊毛掺假有利可图,助长了掺假谋利现象的滋长。羊毛净毛率降低,影响了毛纺部门的使用,造成严重积压和浪费。因此必须改革现行按污毛计价的办法,实行按净毛分等计价的办法。

过去许多产品供不应求,人们并不过多计较产品质量,现在许多产品生产大量增长,有的已供过于求,人们对产品质量的要求提高,“吃讲营养,穿讲漂亮,用要高档”。我们必须把优质产品和劣质产品的价格拉开,以适应人民变化了的消费的需要,促进消费结构的合理化。

(4)住房、公用事业和许多服务行业的价格收费偏低,影响这些部门事业的发展。

近几年,我国用于建造住宅的投资每年都在一百几十亿元(1982年达到170亿元),而全国273个城市每年收回的房租大约只有5亿元左右,仅占管理和维修房屋所需费用的1/4。这就使得房屋建筑不仅无法扩大再生产,连简单再生产也不能维持。也使房屋不能正常维修,造成失修失养严重。目前危房达3000多万平方米,无力改造,倒塌死伤事件时有发生。同时,由于房费太低,也助长了住房分配上的不正之风,加剧了住房的紧张,形成住房越多,享受国家补贴越多,无房户、缺房户反而得不到或很少得到国家的补贴。

总之,由于价格体系不合理,严重影响着国民经济的协调发展,正如《决定》所指出:"不改革这种不合理的价格体系,就不能正确评价企业的生产经营效果,不能保障城乡物资的顺畅交流,不能促进技术进步和生产结构、消费结构的合理化,就必然造成社会劳动的巨大浪费,也会严重妨碍按劳分配原则的贯彻执行。"因此,改革不合理的价格体系,势在必行。

二、价格体系的改革是整个经济体制改革成败的关键

《决定》指出:"价格是最有效的调节手段,合理的价格是保证国民经济活而不乱的重要条件,价格体系的改革是整个经济体制改革成败的关键。"

价格体系的改革之所以是我国经济体制改革成败的关链,从根本上说是由我国社会主义经济的性质决定的。价格体系是整个经济体制的极为重要的组成部分,它在整个经济体制中处于关键的地位。因为我国的社会主义经济是在生产资料公有制基础上的有计划的商品经济,国民经济各个部门各个方面的活动及其改革,都必须按照商品经济的原则来组织和进行。而价格是商品经济的最主要、最基本的范畴,它是调节经济的最直接最灵敏最有效的手段。因此,这就势必大大提高价格这个经济杠杆在国民经济发展中的地位和作用。价格体系的合理与否,对整个经济体制改革的成效势必产生巨大的影响。

首先,从价格体系与增强企业活力的关系来看。《决定》指出,增强企业的活力是经济体制改革的中心环节。要增强企业活力,就必须使企业的经营成果与企业和职工的物质利益挂钩,使它们能在大体均等的条件下展开竞争,这样才能使企业内有动力,外有压力,从而有效地调动企业的积极性。而要做到这一点,就要使企业的生产经营成果得到正确的评价。现阶段,在商品价值还无法直接计算的情况下,作为价值货币表现形式的价格,是用来衡量企业经济活动效益的不可缺少的工具。但是由于我国价格体系的不合理,使得价格不能准确计算和反映各部门、各企业投入产出的真实情况,造成企业之间利润悬殊,出现"费力不赚钱,赚钱不费力"的现象,使企业的生产经营成果不能正确得到评价。这就既挫伤了那些"费力不赚钱"的企业的积极性,使它们内无动力,也滋长了那些"赚钱不费力"的企业的懒汉思想,使它们外无压力,这都不利于企业活力的发挥。所以,要增强企业活力,必须改革价格体系。

其次,从价格体系和计划体制的关系来看。历史经验告诉我们,社会主义的计划体制,应该是统一性与灵活性相结合的体制。改革计划体制,必须破除把计划经济同商品经济对立起来的传统观念,明确认识社会主义计划经济是必须自觉依据和运用价值规律的计划经济。不管是指令性计划还是指导性计划,都必须自觉地运用价值规律。因此,科学地制定计划价格,使价格体系合理化,这是实现国民经济计划的重要保证。如果价格不以价值为基础,不反映供求,价格就会冲击计划,使宏观控制的计划目标与微观经济的活动相脱节,以致对生产、流通、消费起"逆调节"的作用,造成社会再生产的紊乱现象。我国过去的计划体制,倾向单纯的依靠行政手段进行管理的"指令性化",没有正确利用各种经济杠杆,特别是价格杠杆,以致国民经济的发展难以达到预期的目标。这从反面告诉我们,价格体系的改革是计划体制改革取得应有的成效的保证。

再次,从价格体系与工资体制的改革关系来看。工资体制的改革与价格体系的改革关系极为密切,工资影响价格,价格也影响工资。所以,它们二者的改革必须配套同步进行。现行的价格体系,不利于工资制度的改革。因为工资制度的改革必须贯彻按劳分配的原则,反对平均主义,打破"大锅饭"。但由于价格不合理,像前面说到的,有的企业生产产品价低利小,有的企业生产的产品价高利大,在这种情况下,就必然造成企业分配总收入水平的差别。从而不利于按劳分配的贯彻。价格不改革,实行工资制度的改革就缺乏合理的基础。因此,要改革工资就必须改革价格。

综上所述,价格不改革,其它体制的改革就不能取得成功,价格关系理顺了,经济关系才能理顺。我们把价格改革搞好了,中国社会主义经济模式就站住了。因此,价格改革是整个经济体制改革的关键。

三、改革价格体系所必须遵循的原则

价格是体现人们之间的生产关系即物质利益关系的经济范畴,它与人们关系极为密切,牵涉到生产、交换、分配、消费各个环节,工业、农业、商业、交通、邮电、金融、财政等国民经济各个部门、各个行业、各个企业,涉及到国家、企业、个人以及不同阶层的物质利益。改革价格体系关系国民经济全局,涉及千家万户,一定要采取十分慎重的态度,根据生产的发展和国家财力负担的可能,在保证人民实际收入逐步增加的前提下,有计划有步骤地进行。价格体系的改革必须遵循如下原则:

第一，按照等价交换的要求和供求关系的变化，调整不合理的比价，该降的降，该升的升。等价交换是价值规律的客观要求。所谓价格及价格体系的合理化，就是要合价值规律这个“理”。根据价值规律的要求，价格必须以价值为基础，同时要反映供求关系的变化。价格以价值为基础，并不排斥价格与价值的一定程度的偏离，根据调节供求的需要，使价格与价值发生一定的偏离，正是人们对价值规律的自觉的运用的一种表现。社会主义经济是在公有制基础上的有计划的商品经济，受供求关系变化等因素的影响，商品的价格总要围绕它的价值上下浮动，这有助于促使生产资料和劳动力向需要发展的部门和行业转移，使生产结构和消费结构合理化。因此，价格的合理升降是好事，不是坏事，相反，长期不动的僵死的价格反而不利于国民经济的发展。

第二，提高部分矿产品和原材料的价格，要严格控制连锁反应，避免因此提高工业品的市场销售价格。决定指出：“在提高部分矿产品和原材料价格的时候，加工企业必须大力降低消耗，使由于矿产品和原材料价格上涨而造成的成本增高基本上在企业内部抵销，少部分由国家减免税收来解决，避免因此提高工业消费品的市场销售价格。”这是价格改革的一项重要原则。如果在调整部分矿产品和原材料价格的时候，使加工工业产品随着原材料价格的提高而水涨船高，相应涨价，就会使原有的不合理的比价关系，在另一个水平上保留下来，达不到改革价格体系的目的，还会引起轮番涨价，损害国家和消费者的利益。我国现有加工工业的燃料、动力和原材料的消耗普遍偏高，浪费严重，提高经济效益的潜力很大，这就有可能使加工工业企业基本吸收和消化原材料涨价的影响。事实证明，这是有可能做到的。例如，电子工业部在价格改革时，采取了保两头（国家和个人）挤中间（企业）的原则。近六七年，该部产品价格平均每年下降3%左右，1983年因价格下降少收入3.2亿元，而由于原材料价格上涨，增加成本1.6亿元，但由于改革的进行，提高了劳动生产率，降低了消耗，该部的销售额和盈利额都大幅度上升。当然，对于那些实在抵销不了的，则要通过国家采取减税或免税的办法来解决，以求工业品市场销售价格的稳定。

第三，确保广大城乡居民的实际收入不因价格的调整而降低，而必须逐步提高。社会主义经济工作的根本目的是满足人民的物质和文化生活的需要，价格体系的改革也必须服从这一目的。《决定》指出：“在解决农副产品购销价格倒挂的时候，必须采取切实的措施，确保广大城乡居民的实际收入不因价格的调整而降低。”这方面的主要措施之一，就是价格改革必须与工资改革同步进行，必须正确处理工资、物价和劳动生产率的关系。要在积极发展生产的前提下，使劳动生产率的增长高于工资总额的增长，同时要使工资的增长高于物价上涨的幅度。这样就可以使人民群众的实际收入不仅不会降低，而且随着生产的发展和经济效益的提高而逐步有所提高。

只要我们遵循《决定》指出的原则去做，价格体系的改革一定能取得预期的效果。

四、必须改革过分集中的价格管理体制

我国的价格改革，在调整和改革不合理的价格体系的同时，必须同时改革不合理的价格管理体制。

我国不合理的价格体系的形成，固然有历史的原因和理论上忽视商品生产、价值规律和市场的作用的迷误，但是价格体系的不合理，同价格管理体制的过分集中也有极为密切的关系。长期以来，物价管理权主要集中在中央，强调“一支笔批价”，地方权限太小，企业无权定价。中央不仅管了主要商品，许多次要商品价格也由中央统一规定，管得过多、过严、过死，使价格变动很难，调一次价要经过许多部门、转辗周折，费时费事，使许多商品价格，不能随着价值和供求的变化而及时调整，造成了价格体系的不合理。因此，要使价格体系合理化，就必须同时改革过分集中的价格管理体制。

“在调整价格的同时，必须改革过分集中的价格管理体制，逐步缩小国家统一定价的范围，适当扩大有一定幅度的浮动价格和自由价格的范围，使价格能够比较灵敏地反映社会劳动生产率和市场供求关系的变化，比较好地符合国民经济发展的需要。”《决定》不仅正式肯定了我国价格管理存在“国家统一定价”、“浮动价格”、“自由价格”三种形式，反映了我国1979年以来价格改革的初步经验和价格理论研究的成果，同时指出了三种价格形式发展变化的趋势，为我国价格管理体制的改革指出了明确的方向。

价格管理体制的模式决定于社会经济的性质和经济体制的模式。我国的经济是在公有制基础上有计划的商品经济，而不是那种完全由市场调节的市场经济，也不是那种单纯靠指令性计划运行的僵化的计划经济。我国的经济形式是以全民所有制经济为主导，集体经济为社会主义经济的重要组成部分，个体经济为社会主义经济的必要补充这样一种多种经济形式和多种经营方式并存的经济。这就决定我国价格管理体制的模式既不能是那种完全的市场价格或自由价格制度，也不是单一的无所不包的计划价格模式，而只能是由“国家统一定价”、“浮动价格”、“自由价格”构成的多种价格形式并存的模式。

在多种价格形式并存的模式之下，还必须对某些产品实行国家统一定价。国家统一定价，这是由中央和地方各级有关部门，按照价格管理权限，统一制定和管理的价格。关系国计民生的极为重要的产品中需要由国家直接调拨分配和直接计划购销的部分，即国家实行指令性计划的少数产品，其价格仍应由国家统一制定和调整。

实行一定范围的国家统一制定的计划价格是有计划的商品经济的客观要求，因为有计划的商品经济不仅必须根据有计划按比例发展规律的要求，把整个社会的劳动量，包括物化劳动（生产资料）和活劳动（劳动力），按照社会需要的客观比例有计划地分配到国民经济各部门中去，而且必须自觉地依据价值规律的要求，以商品价值为基础，考虑供求关系，制定计划价格，实行等价交换，使商品生产经营者在物质利益的分配上求得平衡，即实现价值平衡，才能保证计划所规定的比例得以实现，从而实现国民经济大体按比例地协调发展。所以，实行科学的计划价格正是计划经济自觉依据和运用价值规律的体现。同时，实行一定范围的国家统一制定的计划价格有利于国家对国民经济的宏观控制和调节，把大的方面管住管好，是防止市场和物价剧烈波动和避免社会劳动巨大浪费的重要保证之一。当然，国家统一定价必须科学合理，要反映价值规律的要求，也不能搞得太死，要根据价值和供求关系的变化适时调整，不能长期固定不变，要破除把国家统一计划价格当作“固定价格”的传统观念。同时，根据我国的国情，国家统一定价的范围也不能过宽，针对过去统得太多的弊病，应适当缩小国家统一定价的范围。

在多种价格形式并存的模式之下，浮动价格占有极为重要的地位。实行浮动价格，也是搞活价格的一个重要方面。浮动价格，是在国家统一定价的基础上，允许企业在一定的幅度内向上向下浮动的价格。有的也可以不必规定浮动幅度，比如对许多农副产品的收购价格，就可以只规定最低保护价，向上浮动幅度不限，以保护农业生产者的利益。关系国计民生的比较重要的产品，国家实行指导性计划的商品的大部分，都可以实行浮动价格。由于浮动价格的基价、浮动的幅度是由国家规定的，所以它是计划价格的派生形式，基本属于计划价格的范畴。为了明确其基木属性，可以称作浮动性计划价格。

浮动性计划价格，把统一性和灵活性、计划性和市场机制有机地结合起来，兼有统一定价和自由价格的长处，它既可以使企业能够根据市场供求关系以及竞争的需要,灵活地变动价格,又可以使这种变动控制在一定范围之内,不致引起市场和物价的剧烈波动,有利于诱导企业生产经营沿着正确的轨道运动。所以,我们应该扩大实行浮动价格的范围,从长期发展趋势来看,有必要使之成为主要的价格形式。

在多种价格形式并存的模式之下,自由价格也有存在的必要。自由价格,这是由商品交换双方自由议定的价格。包括现行的工商企业协商定价、议购议销价格和集市交易价格。集市价格由交易双方自由议定,随供求情况自由张落,其性质是自由价格,这自不待言。工商企业协商定价和议购议销价格,其实行的品种范围、作价原则等,虽然要由国家有计划地规定,但是,由于实际的定价权掌握在企业手中,企业可以根据成本和供求变化的情况,随行就市,有升有降,灵活掌握,适时调整,自由商定或自定,不必经过国家物价部门的批准,所以它们的基本属性也是属于自由价格的范畴,是在国家政策指导之下的自由价格。完全的市场调节的生产和交换的产品,主要是日用小商品的价格和服务修理行业的劳务活动的收费,以及部分农副产品(包括完成计划定购任务后的产品和非计划产品),都可以实行自由价格。

对一般产品实行自由价格,能够比较充分的发挥价值规律和市场机制的作用。使商品生产经营者能够根据市场信息,灵活地发展生产,组织供应,满足人民的物质和文化的需要。价格是各种经济杠杆中最主要、最灵敏的经济杠杆。要搞活经济就必须灵活地运用价格杠杆。而自由价格是最具灵活性的价格。对一般产品实行自由价格,有利于搞活经济。搞活企业是体制改革的中心环节,价格不活将会造成微观效益与宏观平衡的对立,企业之间的竞争就不会奏效,“优胜劣汰”就没有可能,生产要素和产品在社会范围内的流动也不会合理,地方割据、自然经济的格局也无法打破。

应当指出,对部分商品实行自由价格,是否一定会引起价格的全面上涨呢?不会的。诚然,有的商品价格会上升,但有的商品的价格也可能下降,价格的升降呈自然现象。即使有的商品,一时上涨幅度可能较大,但由于价值规律的作用,价格会刺激生产的发展,到一定时间,商品价格又自然会降下来的。陈云同志在谈到价格要有利于生产时,早就指出:“不要因为物价在一定范围内暂时上涨而有所恐惧。”①

① 《陈云同志文稿选编》(1956—1962),第10页。

总之,“国家统一定价”、“浮动价格’’、“自由价格”在其各自适用的范围之内,各有其优越性和作用。只有实行多种价格形式并存的价格模式,才有利于促进价格体系的合理化,才能更好地利用价格杠杆,搞活经济,从而发挥价格促进生产,扩大商品流通,安定和改善人民生活,加速社会主义现代化建设的作用。

(原载《兰州大学学报》社会科学版 1985 年第 2 期)

我国粮食收购价格必须逐步提高

按语：此文写于1986年，是提交中国价格学会年会的论文。该文从当时粮食收购价格水平显然偏低、农业内部种粮比较收益偏低、农产品成本存在上升的趋势、粮食供求变动的长期趋势等五个方面，论证了我国粮食价格水平必须逐步提高。本文针对1985年我国粮食收购实行"倒三七"固定比例价（三成按原统购价，七成按原超购加价），使得粮价下降，导致粮食减产的政策提出了批评，认为这是导致粮食减产的重要因素。并指出有人说我国粮食出现了"低水平相对过剩"的提法、"我国人均粮食已达到世界平均水平"的说法不符合我国实际。提出应采取"小步前进的办法"，逐步提高粮食价格。此文对我国粮食价格改革有实际意义。

"六五"期间，国家在1979年大幅度地提高农副产品收购价格的基础上，继续扩大农副产品议价收购和超购加价的范围，允许农民在完成国家的计划收购任务以后，到市场自由出售农副产品，从而使农副产品收购价格总水平提高23.4%，每年递增4.3%，其中粮食收购价格1981年至1985年提高35.1%，每年提高6.2%。农副产品收购价格的提高，对促进农村经济发展，起了巨大的作用。去年我国粮食收购实行"倒三七"固定比例计价（三成按原统购价，七成按原超购加价），对于稳定粮食价格，消除地区和农户之间的苦乐不均，减轻国家财政负担，起了积极的作用。但是，从种种情况来看，现行粮食收购价格水平仍显偏低。

首先，从粮食收购价格水平本身来看，显然偏低。据宁夏回族自治区资料，1985年粮食收购价格水平比1984年降低。小麦（中等）现行比例价为每斤0.2214元，较1984年混合收购价（统购价和超购价平均）每斤0.246元降低约2分4厘6，水稻（中等）由每斤0.225元，降为0.2025元，每斤降2分2厘5。农民投在粮食生产上的劳动，每亩因价格降低，比1984年减少收入约10～20元不等。甘肃省1985年粮食收购实行“倒三七”比例价,同1984年实际收购价比较,小麦每百斤降0.34元,玉米每百斤降0.56元,由此影响酒泉、张掖、武威三地区减少收入1390.11万元,人均减收4.30元。

其次,从种植业内部各类作物之间、农业内部各个生产项目之间的收益情况来看,粮食的收益情况仍显偏低。一般说来,不论就全国还是各地区情况而言,种植经济作物的收益比种粮食的收益要高,从事工副业生产的收益比种粮食更高。从全国来看,据1985年初对28个省(市)自治区、272个村、37423户和93个乡、71个县的典型调查资料,1984年粮食亩均净收入为85元,经济作物亩均净收入为172元,相差1倍。平均每个工日的收入,种植业为4.9元,农副产品加工业为8.4元,商业饮食业为8.6元,运输和工业品加工业为15元。以湖南省为例,一亩粮食(早稻加晚稻)净产值135.74元,一亩棉花净产值为214.08元,一亩芝麻净产值为338.8元,黄红麻为200元,生姜661.67元,广柑839.57元,高低相差数倍。又据甘肃省1984年农业统计资料,酒泉、张掖、武威等地区种植甜菜每亩减税纯收益为58.04元,而种植小麦每亩减税纯收益则为27.69元,甜菜比小麦多30.35元,高109.6%。

去年全国粮食减产约560多亿斤,这中间有合理调整农业产业结构和自然灾害的影响,但粮食价格偏低,影响农民种粮积极性的发挥,也是重要因素。全国粮食播种面积1985年比1984年减少7,000多万亩,直接影响粮食减产约200亿斤左右,这是不可否认而又必须正视的客观事实。山东省黄县城关镇有42个村,其中35个村有941户农民不愿要地,占总农户的9.5%。这941户中,只要口粮田、不要责任田的有700多户,口粮田和责任田全不愿要的有200多户。这些现象的发生,必须引起我们的高度重视。

再次,从粮食价值和成本变动趋势来看,价值是价格的基础,而成本则是价值的重要构成部分。我国目前农产品成本较普遍地存在着上升的现象。据有的调查资料表明,江苏扬州所辖十县市一区,从1980年到1984年每亩物质费用水稻增高9.4%,小麦增高28.5%。从世界发达国家情况看,粮食生产成本普遍存在着上升的趋势。据预测在今后十多年中,到20世纪末,我国的粮食生产成本也将是趋向上升。因为我国人多地少,土地有限,为了满足国家建设和人民对于粮食的需要,必须主要靠集约经营,增加对原有耕地的投资,提高土地生产率的途径来实现。这样就势必要增加粮食生产的物质费用。就人工费用而言,虽然随着我国农业现代化的逐步进行,生产粮食的每亩用工量可望减少,但随着我国人民生活水平的提高,农民的生活水平自然也要改善,这样就会使农业劳动力再生产费用提高,从而影响农业工日劳动报酬的提高。既然粮食生产成本将提高,那么粮食收购价格水平也就理应随之提高,这是商品生产价值规律的客观要求。

再从粮食供求状况来看,我们必须对我国粮食供求状况有一个正确的认识和估计。价格受供求关系的制约,国家在制定和调整计划价格时,必须考虑和充分重视供求关系的状况。考虑供求关系,不仅要考虑一时一地的情况,更要考虑全国范围内和较长时期的供求状况。党的十一届三中全会以来,由于农村联产承包责任制的推行,加上粮食收购价格水平的提高,促进了农业生产的发展,使我国粮食生产出现了历史性的转折,1984 年全国粮食产量达到 8145 亿斤,在局部地区还出现了"卖粮难"的问题。于是,一个时期以来,有的同志说我国粮食出现了"低水平的相对过剩",有的报刊也宣传说我国人均粮食产量已达到世界平均水平。其实,这种说法是不科学、不符合实际的。

首先,"低水平的相对过剩"的提法本身是不科学的。我们知道,"相对过剩"是资本主义经济危机的最根本的特征,它是反映资本主义制度下特有现象的概念。因为只有在资本主义制度下,由于资本主义生产方式的基本矛盾,即生产的社会性和生产资料私人资本主义占有形式之间的矛盾,以及这个基本矛盾所引起的个别企业内部生产的有组织性同整个社会生产无政府状态之间的矛盾和资本主义生产无限扩大的趋势同劳动人民有支付能力的需求相对缩小之间的矛盾,才必然会导致生产相对过剩的产生。在社会主义制度下,由于生产资料公有制的建立,可以实行计划经济,能够自觉地运用经济规律,采取计划调节和市场调节相结合的方法,保证社会主义国民经济大体上按比例地协调发展,避免资本主义社会的无政府状态。同时生产资料社会主义公有制决定着社会生产的目的只能是为了不断满足人民日益增长的物质和文化生活的需要,这就消除了资本主义社会所固有的生产和消费的对抗性矛盾,从而给社会生产力的发展以巨大的动力,不会产生生产的商品与劳动者的货币购买力相比而显得过剩的现象。所以,从本质上说,社会主义社会不会产生"相对过剩"。诚然,在社会主义社会,由于计划工作的不周或其他原因,有时也可能产生某种产品供过于求的现象。但这同整个资本主义社会生产的"相对过剩"是根本不同的。因此,决不能用"相对过剩"来说明社会主义社会某种产品一时的供过于求,即便加上"低水平"的限制词,也还是改变不了"相对过剩"概念的本质。

说我国人均粮食产量已达到世界平均水平，也是不确切的。因为，1984年我国粮食总产量虽已名列世界之首，但按人口平均的粮食产量还未达到世界平均水平。我国和世界粮食统计的口径是不一致的，我国粮食统计的内容包括小麦、稻谷、玉米、薯类、大豆及其他杂粮（如高粱、谷子等），而世界粮食统计的内容只包括谷物，即小麦、稻谷、粗粮（玉米、高粱等），大豆和薯类不包括在谷物中。因此，决不能把我国的粮食产量和世界粮食（谷物）的产量直接对比。如果就谷物总产量来比较，1984年世界谷物总产量为36 040亿斤，人均814斤；同年，我国谷物总产量为7 385.5亿斤，人均为717斤，比世界平均水平低97斤。如果以我国现行的粮食统计口径（包括谷物、大豆、薯类）计算的粮食总产量来比较，1984年世界粮食总产量约为38 852.8亿斤，人均877斤，而我国粮食总产量为8 145亿斤，人均790斤，我国比世界平均水平低87斤。所以，不论按我国粮食统计口径，还是按世界谷物统计口径计算，我国粮食人均占有量跟世界平均水平都还有一定的距离。同时我国粮食生产还存在着地区结构、品种结构不平衡的状况。有的地区粮食产量有余，需要调出；有的地区粮食产量不足，需要调入。东北地区玉米、大豆剩余，而大米和小麦则又不足；长江中下游地区和华南地区大米有余，而玉米、大豆则不足。由于粮食生产发展的不平衡，加上交通运输能力的限制，使地区之间的余缺调剂发生困难，有时在局部地区就出现"卖粮难"这样一种似乎是"粮食过剩"的假象。

其实，我国粮食生产并不真正存在"过剩"的情况。虽然我国粮食生产总水平已能基本满足人民温饱的需要，但是我们也不能不看到南方人均年口粮在400斤以下、北方人均口粮在300斤以下的人口仍有几千万，尚未解决温饱问题。对于我国粮食供求状况的估计，决不能过于乐观。

粮食是我国人民食物的主要来源，是关系国计民生的不可代替的重要产品。我国是十亿多人口的大国，粮食需求量十分巨大，不可能依靠从国外进口，而只能自力更生自主地解决。当前，世界上只有少数几个国家的粮食产量超过国内需求量，成为粮食出口国；约有75个国家的粮食生产量可满足自身需要的70%～80%；在亚非拉约50个国家，其粮食产量仅为本国需求量的一半左右，严重营养不良的人口达5亿多。可见，在国际市场上，粮食是供不应求的。因此我们必须立足国内解决粮食问题。我国人口到本世纪末将增长到12亿，随着国家建设的发展和人民生活的提高，必然要求提供更多的粮食。所以，"决不能放松粮食生产"应该成为我国长期的国策和坚定不移的战略方针。我们必须保证全国粮食总产量逐年稳定增长。“七五”计划要求粮食达到九千亿斤,保证人均800斤左右。为了实现粮食的稳定增长,我们必须采取各项适当的政策和措施。去年我们在经济体制改革方面迈出了重要的一步,今年主要是“巩固、消化、补充、改善”,价格改革不宜再采取大的措施。为了调动和鼓励农民生产和交售粮食的积极性,中央已经决定适当减少合同定购数量,扩大市场议价收购比重,并对签订合同的农民按平价供应一定数量的化肥,给予优惠贷款。在经济发达地区,还可以采取乡镇企业“以工补农”的方式等等。这些措施对调动农民种粮积极性会起一定的积极作用。但是,从目前粮农收益偏低和今后粮食价值和成本变动将趋于上升以及全国范围和较长时期的粮食供求状况来看,为了鼓励和促进粮食生产,今后还必须有计划有步骤地适当提高粮食的合同订购价格水平,逐步理顺粮食购销价格和整个农产品价格体系,这是有计划的商品经济和价值规律的客观要求,是“七五”期间改革价格体系所必须重视的一个重要问题。

具体办法,可以考虑采取逐步提高超购加价比重,改变收购价计算比例,比如在“七五”中后期由现行的“倒三七”改为“倒二八”、“倒一九”等,使粮食收购价格水平逐步有所提高,到“七五”末即1990年,把粮价提高到现行超购加价的水平。这样采取小步前进的办法,既可使粮价水平逐年有所提高,以鼓励粮农生产的积极性,又不致引起太大的振动,而且可以走一步看一步,便于总结经验,观察粮食收购价格水平变动对各方面的影响,以便采取相应的对策和措施,避免一次提价太高所可能带来的冲击和可能造成的被动局面的出现。

〔原载《中国经济问题》(1986年第5期),中国社科院财贸经济研究所、国务院经济社会发展研究中心编辑部《成本与价格资料》(1986年第10期)摘载,《湖南物价》、《甘肃粮食工作》转载〕

关于价格形式分类问题的理论思考

关于改革取向问题,这次会议讨论中有争论,这是正常的。20 世纪 50 年代末,当有人否定商品经济,以为搞商品经济就是搞资本主义时,毛泽东曾批评说,有人一见到商品经济就发愁,以为要搞资本主义。现在也有人一见"市场经济"就发愁,也认为是搞资本主义。其实"市场经济"既不姓"资",也不姓"社",是姓"市"。与资本主义私有制结合就是资本主义市场经济,与社会主义公有制结合就是社会主义市场经济。我国改革的取向只能是建立社会主义市场经济体制。与此相适应,我国也只能建立社会主义市场价格体制。在此体制下价格形式分类应该如何呢？这是本文要探讨的问题。

一、我国经济体制改革中价格形式分类问题的历史回顾

在传统的高度集中的经济体制下,物价管理权主要集中在中央,强调"一支笔批价",地方权限太小,企业无权定价。1978 年在社会商品零售总额中,国家定价部分高达 97%,自由市场价格部分只占 3%。中央不仅管了主要商品,许多次要商品价格也由中央统一规定,管理过多、过严、过死。价格变动很难,调一次价要经过许多部门,辗转周折,费时费事,使许多商品价格,不能随着价值和供求变化而及时调整,造成了价格体系的不合理。

党的十一届三中全会后,在有计划地调整不合理价格的同时,逐步放开了三类农产品和完成任务后的一、二类农产品价格,后又取消了粮、棉、油和一些重要农产品的统购、派购,实行合同定购。除合同定购的粮、棉、油以及糖、烟、蚕茧价格外,其他农副产品的销售价格,以及除麝香、杜仲、甘草、厚朴以外的中药材价格,实行国家指导价或议购议销价格;分批放开小商品价格,实行工商协商定价;在生产资料价格方面,1980 年初首先从机电产品开始实行浮动价格,以后逐步扩大实行浮动价格的范围,允许企业自销和完成计划任务后超产的工业生产资料销售价格可上下浮动 20%。1985 年 1 月又取消了浮动 20% 的限制,允许按市场调节价格出售,形成了工业生产资料价格的双轨制度。1985 年 4 月

放开缝纫机、国产手表、录音机、黑白电视机、收音机、电风扇等七种消费品价格。1988 年将大部分重要工业品的定价权下放给了地方。

这一系列放开价格的措施,打破了高度集中的、僵化的单一国家定价的计划价格管理体制。在价格形式方面,除了国家定价之外,出现了工商协商定价、议购议销价格、浮动价、最高限价、最低保护价、集市贸易价格等多种形式,初步形成了反映计划调节与市场调节相结合的多种价格管理形式并存的价格管理体制,国家定价产品所占比重大幅度下降,市场机制在经济生活中发挥着越来越重要的作用。随着改革的推进,到 1990 年,三种价格形式在农副产品收购总额中,国家定价所占比重下降为 31%,国家指导价占 27%,市场调节价已占 42%。在社会商品零售总额中国家定价所占比重下降为 30%,国家指导价占 25%,市场调节价已占 45%。在重工业产品中属于国家指导价和市场调节价的也已占 1/3 以上。

我国对多种价格形式的分类及称谓,在各个时期是有所不同的。1982 年 7 月国务院发布的《物价管理暂行条例》第三条明确规定:"遵循在社会主义公有制基础上实行计划经济,同时发挥市场调节的辅助作用的原则,按照商品对国计民生影响的大小不同,分别采取国家定价、国家规定范围内的企业定价和集市贸易价。"这里明确规定的三种价格形式是"国家定价"、"国家规定范围内的企业定价"、"集市贸易价"。这是价格改革前期,对我国出现的多种价格形式的初步分类,自然带有不完善的方面,其概括性和准确性都存在一定的问题。

1984 年《中共中央关于经济体制改革的决定》指出:"在调整价格的同时,必须改革过分集中的价格管理体制,逐步缩小国家统一定价的范围,适当扩大有一定幅度的浮动价和自由价格的范围,使价格能够比较灵敏地反映社会劳动生产率和市场供求的变化,比较好地符合国民经济发展的需要。"这里明确规定的三种价格形式则称为"国家统一定价"、"浮动价格"、"自由价格"。这里的"国家统一定价"的含义是比较明确的,它是指县及县以上人民政府的物价部门、业务主管部门,按照物价分工管理权限的规定所制定的价格。"浮动价格"其本义则是由国家规定基价和浮动幅度,允许地方和企业在规定幅度内升降的价格。由于浮动价格的基价以及浮动的幅度都是由国家计划加以规定的,所以它是计划价格的派生形式,基本属于计划价格的范畴,但就"浮动价格"字面看来似仍有含混不清、容易混淆之处,因为最具浮动性的莫过于"自由价格"。"自由价格"则是由商品交换双方自由议定的价格,包括工商企业协商定价、议购议销价格和集市贸易价格等。在中央正式文件中使用的"自由价格"这一概念,与《物价管理暂行条例》中所使用的"集市贸易价格"相比而言,其概括性更大,而且反映了市场调节价格的自由性的特点,这是对价格形式分类问题的认识上的进步。

1986年3月《关于第七个五年计划的报告》中指出:"经过改革,逐步建立起对极少数重要商品和劳务由国家定价,其他大量商品和劳务分别实行国家指导价格和市场调节价格的制度,较好地发挥价格杠杆的调节作用。"这里第一次明确地概括了我国存在"国家定价"、"国家指导价"、"市场调节价"三种价格形式。1987年9月11日国务院发布的《中华人民共和国价格管理条例》第三条,又一次明确规定:"国家对价格管理采取直接管理和间接管理相结合的原则,实行国家定价、国家指导价和市场调节价三种价格形式。"此后,这三种价格形式的称呼已为各行各业所广泛采用,并且全国用统一的红、绿、蓝三色价格标签将三种价格形式鲜明地区别开来,以便识别。这里的"国家定价"不必赘述。国家指导价,是指由县级以上各级人民政府价格部门、业务主管部门按价格管理权限规定基准价及浮动幅度,或规定最高限价、最低保护价、进销差率,指导生产者、经营者制定的价格。市场调节价是指生产者、经营者在法规和政策允许的范围内自主制定的价格。在这三种价格形式中,第一次使用了"国家指导价"的概念,把最高限价、最低保护价、浮动价格归类为国家指导价,这是我国价格改革中出现的一个新概念。这相对于《价格管理暂行条例》中使用的"国家规定范围内的企业定价"和《中共中央关于经济体制改革的决定》中所使用的"浮动价格"的提法,其概括性更大,也更明确,反映了这类价格具有指导性的本质特征,这是我国对价格形式及其分类问题认识的深化。至于"市场调节价"这一概念所存在的问题,后面再说。

以上简要回顾了改革以来我国对价格形式分类及其称谓的变化、发展过程,说明我们对价格形式及其分类的认识是随着改革实践的发展而不断深化的。

二、现行的三种价格形式应分别改称为"国定市场价"、"指导性市场价"、"自由市场价"

现行的"国家定价"、"国家指导价"、"市场调节价"的名称,似仍有商榷的必要,应分别改称为"国定市场价"、"指导性市场价"(或"国家指导性市场价")、"自由市场价"为宜。即以"国定市场价"代替"国家定价",以"指导性市场价”代替“国家指导价”,以“自由市场价”代替“市场调节价”。

这里有必要先简要说明一下“国定市场价”、“国家指导市场价”、“自由市场价”各自的内涵和特点。

国定市场价,是由国家价格管理部门制定的市场价格。这里的定价主体是国家。这种价格具有指令性,是生产经营单位必须执行的。它又具有计划性,是国家物价部门依据商品的价值及对供求关系的预测,参考政策要求而有计划制定和形成的。但国家制定价格必须以价值规律为客观依据,必须依据商品的价值和供求关系(包括国内的供求关系,有时还要考虑国际市场供求关系)。因此,它是充分反映了市场机制的一种价格,这同传统计划价格体制下那种轻视或排斥市场机制的价格是不同的。它反映了计划调节和市场调节的内在有机结合。由于它要充分反映市场机制的要求,所以它就理应随着价值和市场供求的变化适时地进行变动和调整,而不能几十年一贯制,更不能一价定终身。有的国家曾经把“国家定价”当作“固定价格”,显然不符合这种价格的本性。

国家指导市场价或指导性市场价,是由国家物价部门按价格管理权限规定基准价及浮动幅度,或规定最高限价和最低保护价、进销差率,指导生产者、经营者制定的价格。这里的定价主体是企业,不是国家。但企业定价,一方面要依据市场的供求关系;另一方面则要根据国家规定的基准价及浮动幅度、限价、差率(当然国家在做这些规定时也应充分考虑市场机制的作用)。实行国家指导市场价的形式,企业在国家规定的范围内可以自主定价。所以它是一种既具有国家指导性、约束性,又具有企业一定自主性、灵活性的价格,它既体现了国家的计划导向,又反映了市场供求变化,也是计划调节和市场调节相结合的一种价格形式。

自由市场价,这是由商品交换双方自由议定的价格。这种价格完全是由市场供求所决定的,是在市场竞争中形成的。自由性是这种价格形式的根本特点。当然,这种价格也要受国家宏观经济总体计划和法规的制约,但就价格形成和运行而言,则是完全由现实的市场供求关系自由地形成和运行的。有一种观点认为自由价格是资本主义自由竞争时期的产物,社会主义社会不能有自由价格。应当肯定,从总体上看我国社会主义的价格制度不是完全的自由价格制度。因为我国存在多种价格形式,有国定市场价、国家指导市场价等,但也不必讳言,自由市场价作为一种价格形式的存在是一种客观事实。这里所说的自由只是指在市场上供求双方自由定价,它是与国家定价对称的概念。

从以上所述“国定市场价”、“国家指导市场价”、“自由市场价”的内涵和特性来看,现行三种价格形式的名称,改为“国定市场价”、“国家指导市场价”、“自由市场价”,其好处是:

首先,既反映了商品经济的价格市场性的共性,又反映了我国有计划商品经济中价格形成的特性。我国社会主义经济是有计划的商品经济,商品是用来交换的劳动产品,商品交换必须通过市场才能进行。市场是商品经济的范畴,是商品经济就要有市场,无论是中国还是外国,无论是资本主义社会还是社会主义社会,概莫能外。既然商品必须通过市场来出卖,商品在市场上交换的价格也就应该都是市场价格。“国定市场价”、“指导性市场价”、“自由市场价”的概括,正好都反映了价格的市场性这一商品经济中价格的共性。只是由于我国的社会主义市场,包括计划性市场、半计划半自由的指导性市场、自由性市场,所以价格形成也就分为国家定价、指导性定价、自由市场定价,从而使价格形式分为“国定市场价”、“指导性市场价”、“自由市场价”。这些区分又反映了我国有计划商品经济中价格形成和运行形式多样性的特点。

其次,更符合我国计划经济与市场调节相结合的经济体制,可以克服现行三种价格形式称谓的缺陷。现行的“国家定价”、“国家指导价”、“市场调节价”之分类和概括,当人们把它们并列齐观之时,似仍有板块式划分之嫌的缺陷。从字面看来,“国家定价”、“国家指导价”属于计划调节一块,“市场调节价”则属市场调节一块。而我国建立的经济体制是计划经济与市场调节有机结合的计划与市场内在统一的体制,计划调节与市场调节并非一块是计划,一块是市场,而是计划调节要以市场调节为基础,市场调节则以计划调节为导向,二者是有机统一的。根据我国经济体制改革的目标,从价格形成来说,不仅现行的“市场调节价”(即自由市场价)要以价值规律为依据,要反映市场机制,而且“国家定价”、“国家指导价”都要以价值规律为依据,都要利用市场机制,只是“国家定价”、“国家指导价”是人们自觉地利用市场调节而形成的价格形式,而自由市场价则是在自由市场上市场机制自发地发生作用而形成的价格。用“国定市场价”、“国家指导市场价”、“自由市场价”来代替现行的三种价格形式,就克服了现行三种价格形式分类的板块之嫌的缺陷,也反映了“国家定价”、“国家指导价”要以价值规律和市场供求为依据的内在要求。

现在我国正在草拟《价格法》,据悉《价格法》草案中关于我国的价格形式仍要沿用现行“国家定价”、“国家指导价”、“市场调节价”之名称。有人认为现行三种价格形式的名称人们已经习惯,不应轻易改变。这种看法值得讨论。如果说在改革前期,人们囿于对计划与市场关系的板块式的理解,从而将价格形式也作了板块形式的划分尚可理解的话,那么,随着改革的深入,当人们已经认识到计划和市场是内在有机统一的关系的时候,仍要固守价格形式的原有板块称谓,则就令人费解了。

我们知道,名称也就是概念。无论何种概念,都是在实践的基础上,从事物中抽象出特有属性的结果,经济学的概念则是客观存在的经济关系在理论上的抽象。概念的内涵和外延并不是固定不变的,因为客观事物本身是发展变化的,人们对客观事物的认识也是发展变化的,所以概念必须相应地发生变化。事实上,正如前面所述,我们在改革过程中,在不同时期对价格形式的分类及其称谓是在不断变化的,为什么"国家定价"、"指导性价格"、"市场调节价"的称谓就不能改变呢?!

〔原载何建章主编,兰州大学出版社出版:《中国经济改革与发展的理论思考》(1992 年版)。此文是由中国社会科学院经济研究所发起,并与甘肃省体制改革委员会、兰州大学等单位共同筹办的"中国经济改革与发展的理论思考研讨会"的应征入选论文。研讨会于1991 年9 月5 日至8 日在兰州召开。这是党的十四大之前经济学界一次重要的研讨会,在会上涉及我国改革方向问题的选择有三种不同观点,即"计划取向改革论"、"计划—市场双向改革论"、"市场取向改革论",就此展开了热烈的争鸣和讨论。作者坚持了社会主义市场经济体制的改革方向,并被推选在大会发言,此即为大会发言稿〕

近年来若干价格理论与实践问题的讨论

近年来，随着治理整顿的顺利进行和改革开放的不断深入，我国经济学界与价格理论和实践部门的同志针对价格改革和运行中的各种问题进行了广泛而深入的探讨。这些问题主要包括：(一)深化价格改革的思路；(二)价格领域中如何贯彻计划经济与市场调节相结合的原则；(三)搞好国有大中型企业的价格对策；(四)生产资料价格双轨制的改革；(五)农产品价格改革；等等。下面将上述五个问题讨论中的观点综述如下：

一、关于深化价格改革的思路问题

薛暮桥同志认为应管住货币、放开价格。管住货币，就是加强计划管理，是用经济方法进行的国家干预，是完善计划经济；放开价格，就是利用市场调节作用。两者必须密切结合，大的方面管住管好，小的方面才能放宽放活。只要做好国民经济综合平衡，即社会总需求和总供给保持平衡，并保持国民经济各部门合理的比例关系，就可以管住货币，逐步放开价格，而不会导致物价全面上涨和经济振荡。①

王积业认为应采取有计划调价与部分放开价格相结合的方针。他主张价格改革要瞻前顾后，统筹安排，不能简单地以价格放开的程度来作为评价标准。有条件放开价格的要坚决放开；需要放开但眼下还不具备条件的，要创造条件准备放开；在较长时期内没有条件放开的，要根据供求关系的变化和价值规律的要求，实行有步骤的计划调价。②

沙训教等同志认为今后价格改革的重点应转到体制改革方面来。这包括两个方面，一是进一步放开价格，把绝大部分商品从国家定价形式中解放出来；在放权过程中，通过立法程序建立市场秩序和竞争规则，保证放开商品的公平

---

① 《关于深化改革的几个问题》，《管理世界》1991 年第 1 期。

② 《不能简单地根据价格放开的程度来评价价格改革的成效》，《价格理论与实践》1991 年第 1 期。

竞争，同时建立国家的宏观调控体系，以保证竞争有序和市场平稳。二是改进和完善国家管理价格的定价机制，要按照完全成本、劣等资源并考虑供求关系的变化来制定价格。①

林良友同志认为在今后的价格改革中应建立行业价格管理协会，参与价格管理。他主张不论哪种价格形式，都要遵循价格规律，不应一下子放到企业，而应放到由企业自觉组织起来的行业协会；在国家物价局和业务主管部门的指导下，使企业自觉组织起来，形成自我约束的价格形成机制。②

二、价格领域如何贯彻计划经济与市场调节相结合的原则

张卓元同志认为，管住宏观价格、大量放开微观价格是在价格领域中体现计划经济与市场调节相结合的具体形式。即政府要管住（调节和控制）宏观价格，主要是控制物价总水平、工农产品、基础产品和加工产品、轻重工业品等最主要的比价关系以及利率、工资、汇率等战略性价格；另一方面，大量放开微观价格即各种具体商品和劳务的价格，建立市场价格体制。③

许毅同志认为战略物资专营是计划与市场相结合的关键。国家对关系到国计民生的主要战略物资——钢铁、煤、粮食和棉花（即俗称的"两黑两白"）实行计划管理，其余的商品生产让市场自发调节。国家控制的战略物资，也要尊重价格规律，按等价交换、产需平衡的要求来制定产品价格，自觉地运用价格规律，适应于有计划按比例规律。④

李扣庆认为，计划经济和市场调节相结合在价格领域主要就是搞好非价格性的计划指标与市场价格信号的协调、计划价格与市场价格的协调。他认为，处理调节方式间的协调这一问题的基本困难又在于利益关系的协调，而合理的价格和科学的计划工作则是协调利益矛盾的必需步骤。在现有条件下，为促进价格的合理化，必须增强计划价格制定的科学性，解决好计划价格如何充分、正确地反映价值规律的问题；同时要采取措施增强市场调节价格的合理性。⑤

有的同志认为国家定价、国家指导价和市场调节价三种价格形式是在计划经济与市场调节结合条件下较为可行的价格管理形式。这三种价格划分的原

① 《中国价格学会十二年价格改革经验讨论会会议纪要》，《中国物价》1991 年第 7 期。
② 《中国价格学会十二年价格改革经验讨论会会议纪要》，《中国物价》1991 年第 7 期。
③ 《保持宏观经济稳定，推进市场取向改革》，《财贸经济》1991 年第 6 期。
④ 《战略物资专营是计划与市场相结合的关键》，《价格理论与实践》1991 年第 2 期。
⑤ 《论计划经济与市场调节相结合的价格前提》，《价格理论与实践》1991 年第 12 期。

则取决于该种商品在国民经济和人民生活中的重要程度以及是否适应于竞争等。这种划分要经常调整，不能一成不变。[①]

刘家声同志则认为计划经济与市场调节相结合的经济体制下的三种价格形式应该是“国定市场价”、“国家指导市场价”和“自由市场价”。他认为现行的“国家定价”、“国家指导价”和“市场调节价”的分类概括仍存在板块划分的缺陷，为了反映我国计划经济与市场调节内在有机统一体制的本质，应以“国定市场价”、“国家指导市场价”和“自由市场价”来代替。[②]

有的同志主张“四层次结合论”。这种观点认为，在价格领域内实现计划经济和市场调节的结合有四个层次：一是计划价格与物资的计划分配一致，即“保量又保价”；二是物资的分配可实行计划，但价格上放开，即“保量不保价”；三是一定幅度的浮动价格；四是市场调节价。[③]

还有一些同志认为，价格体制要坚持计划与市场相结合的原则，不仅体现在形式上，而且要体现在内容上。价格体制除了在形式上建立少数重要商品和劳务价格由国家管理，其它一般商品和劳务价格由市场调节的制度外，还必须在内容上塑造包括价格形成机制、运行机制和调控机制在内的一整套新的价格机制。[④]

三、关于搞好国有大中型企业的价格对策问题

近一两年来，如何搞好国有大中型企业是我国经济生活中出现的、经济理论界热烈争论的最重要问题之一。许多同志从价格的角度对这一问题进行了探讨。一般认为，价格不是影响搞好大中型企业的最主要因素，但两者之间又存在着很密切的联系。针对大中型企业目前所面临的价格问题，主要提出了如下对策：

1. 扩大企业价格自主权。许多同志认为，目前价格管理权限仍然过于集中，而且在治理整顿期间，许多企业已经得到的自主权又被收了回去，这是国有大中型企业搞不好的价格方面的原因之一。他们主张继续扩大企业价格自主权。主要措施有：(1)对现行价格政策、价格形式、管价办法进行一次全面清理，

① 《价格领域实现计划经济与市场调节相结合讨论观点综述》，《中国物价》1991年第1期。

② 刘家声：《关于价格形式分类问题的理论思考》，《价格调查研究》1991年第10期。

③ 《价格领域实现计划经济与市场调节相结合讨论观点综述》，《中国物价》1991年第1期。

④ 《全国高校物价教学研究会第十次年会述要》，《价格月刊》1991年第10期。

凡国家已明确放开的商品价格,要坚决还权于企业。[①] (2)依据计划经济与市场调节相结合的原则,调整价格分工管理权限,放开部分商品的价格,进一步扩大企业价格自主权。[②]

2. *理顺价格体系,改革价格双轨制*。一些同志认为,大中型企业在价格政策上处于劣势,应结合理顺价格体系、治理价格双轨制来缓和这一劣势。他们提出的主要对策有:(1)逐步提高基础原材料产品的价格,解决生产企业亏损问题;按照工商利润大致相等的原则,调整流通领域的各种差价,并统一商业内部调拨作价方法,解决国营企业亏损问题。(2)改价格政策向所有制倾斜为向产业倾斜,逐步把乡镇企业产品价格纳入三种价格形式管理的轨道。[③] (3)整顿流通领域中的价格秩序,尽量减少中间环节,以减少出厂价和到厂价之间的"价格损失"[④]。(4)生产资料价格双轨制严重扰乱了市场秩序,应该加快双轨向单轨的转变,为企业开展竞争创造平等的条件。[⑤]

3. *改革定价制度和方法*。具体措施有:(1)原材料价格应与产出品价格相适应,应允许企业自筹一部分原材料生产指导性产品并制定指导性价格;(2)序列产品价格问题应用一条龙办法来解决,以共同分摊政策性亏损;(3)采用行业成本利润率作价,以促进公平竞争;[⑥](4)对照国民经济计划和工业生产发展规划,实行差别价格;(5)实行按企业等级、按产品牌誉定价,拉开质量差价;(6)实行按产品寿命周期定价制度,使企业通过价格指示器的作用及时调整再生产。[⑦]

4. *价格改革要兼顾各方面的利益,其中包括生产企业的利益*。主要对策有:(1)国家制定价格和调整价格不能急于求成,应考虑最终产品的消化能力。[⑧] (2)电力、石油、铁路运输等垄断行业的价格在制定和调整时,要充分考虑到各方面的连锁反应,保证垄断行业与其他行业之间利益的合理分配。[⑨]

---

① 肖少彬等:《深化价格改革增强大中型企业活力的思考》,《成本与价格资料》1991 年第 15 期。
② 逢镜瓒等:《搞活国营大中型企业的价格对策》,《中国物价》1991 年第 10 期。
③ 逢镜瓒等:《搞活国营大中型企业的价格对策》,《中国物价》1991 年第 10 期。
④ 曹建军等:《搞活大中型企业的价格思考》,《价格月刊》1991 年第 7 期。
⑤ 肖少彬等:《深化价格改革增强大中型企业活力的思考》,《成本与价格资料》1991 年第 15 期。
⑥ 《搞活大中型企业有关价格问题座谈会综述》,《成本与价格资料》1991 年第 15 期。
⑦ 肖少彬等:《深化价格改革增强大中型企业活力的思考》,《成本与价格资料》1991 年第 15 期。
⑧ 李继珍等:《秦皇岛市大中型企业调查》,《价格理论与实践》1991 年第 6 期。
⑨ 沈兆兴等:《找出难点,寻求对策》,《价格理论与实践》1991 年第 7 期。

(3)在价格管和放的关系上,重点是摆平各方面的利益,放的目的是促使企业加强管理,增加花色品种,提高管理水平,价格放开后要注意协调和指导。①

5. 价格调整要与承包合同挂钩。(1)中央或省级政府物价部门对原材料价格的调整、原材料购进价格的上涨幅度应在企业承包基数中加以反映,根据企业投入品价格和产出品价格的关系对所承包的利税基数作出相应调整,以保证承包合同所确定的利益格局。(2)发包方要根据计划经济、计划价格的要求,向承包方发产品成本价格,承包方经协商接受成本价格,并以合同形式将成本价格固定下来,以维护成本的合理性。②

6. 物价部门要强化对企业的服务功能。这主要包括两个方面:一方面要强化价格信息工作,及时传递大中型企业所需的各类价格信息,为大中型企业的价格决策提供参考依据;另一方面,物价部门应转变职能,搞好调查研究,加强对放开价格的协调,及时解决大中型企业生产经营中的价格问题,指导企业开展竞争。③

四、关于生产资料价格双轨制问题

1. 生产资料价格双轨制的历史命运

一种意见认为,生产资料价格双轨制弊端突出,必须立即处置。主张这种意见的同志认为:生产资料价格双轨制既是对计划的否定,也是对市场机制的破坏,它统治了整个市场,扰乱了整个国民经济的秩序,破坏了廉政建设,腐蚀了党的肌体,因此必须马上除去这个祸害。立即解决这个问题不存在任何别的困难,只有一个既得利益的问题,既然要整顿经济秩序,根除腐败,就必须下大决心解决。不下狠心,而去考虑分几步走,是没有用的。④

另一种意见认为,解决生产资料价格双轨制问题是一个较长的历史过程,不可能一蹴而就。因为这受制于多方面的制约:(1)重要生产资料短缺且计划内价格过低的现状以及改变这种状况需要一个过程;(2)已经形成的国民经济运行格局及整个运行机制完全转换需要一个过程;(3)已经形成的利益格局以及调整利益格局也需要一个配套改革的过程。总之,在新的经济体制和运行机制的转换过程中,只要产生双轨制的特定历史条件还没有消失,双轨价格就不

---

① 《搞活大中型企业有关价格问题座谈会综述》,《成本与价格资料》1991 年第 15 期。

② 刘旭明:《利用价格机制搞活大中型企业》,《首都经济信息报》1991 年 3 月 9 日。

③ 逢镜瓒等:《搞活大中型企业的价格对策》,《中国物价》1991 年第 10 期。

④ 许毅:《战略物资专营是计划与市场相结合的关键》,《价格理论与实践》1991 年第 2 期。

能完全取消。解决双轨价格的过程，只能与整个经济体制和运行机制的转换过程相适应，同一定时期社会各方面的承受能力相适应。① 杨圣明同志也认为，能不能取消价格双轨制，主要不取决于我们的主观愿望，而取决于双轨制内部要素的组合方式与外部的社会经济环境。他认为生产资料价格双轨制将会在我国长期存在，至少是整个社会主义初级阶段的历史现象。鉴于生产资料双轨价格"并轨"是一个随着条件成熟而发生的自然过程，他建议用"消亡"来代替目前流行的"并轨"这种说法。他还主张生产资料双轨价格改革的方向是向市场轨（市场价格）靠拢，使70%或80%的生产资料定价权放给企业，实行市场价格；20%或30%的生产资料定价权留在各级物价部门，实行政府定价或计划价格。②

还有一种意见认为生产资料价格双轨制不会消亡。这种观点认为，在有计划的商品经济条件下，不同种商品的价格可以分别由国家管理和市场形成，同种商品的不同部分的价格也可以有不同的形成机制。一般来说，国家只管产品指令性计划部分的价格，其余部分可以由市场形成。价格同时由两种机制形成，是由商品的供求状况决定的，供求差异很大的商品，产生双轨制价格的可能性则大，只有供求大体平衡的，才可能保持只有一种机制形成的价格。因此，在有计划商品经济中，生产资料价格双轨制最终不会消失，只是它适应的范围将比现在大大减少。③

2.解决生产资料双轨制价格问题的思路

路南的"四结合"思路。主要内容是：（1）调整计划价格和放开价格相结合。在治理整顿取得一定成效之后，应较多地推出一些提高生产资料计划价格的措施，与此同时，有些产品也可进一步放开，使市场调节价格所占比重增大一些。（2）分年度有重点地推进和分步推进相结合。"八五"期间生产资料价格改革的重点是提高煤炭、原油、电力、钢材、木材、运输及有色金属等基础产品价格，这些产品对物价总水平和居民心理的影响不同，每年的出台项目必须有选择地搭配组合，避免造成过大的震动。考虑到有些基础产品欠账过多，也不可能在一年内提到合理水平，因而分步提高也是必要的。（3）提高计划内价格和

① 生产资料价格双轨制课题组：《成本与价格资料》1991年第24期。

② 《价格双轨制的历史地位与命运》，《经济研究》1991年第4期。

③ 陈德尊：《"八五"期间的总体思路：逐步推进生产资料价格双轨制问题的解决，明显提高基础工业品的价格水平》，国家物价局物价所：《生产资料双轨制问题研究》。

修订计划比重相结合。可以是一方面提高计划内价格,一方面又加大计划外比重;也可以是在提高计划内价格的同时提高计划内比重,只要保证计划外价格不上涨就行了。计划内价格的确定以计划内外混合平均价作为参照指标。(4)分产品推进和分地域推进相结合。各地经济发展水平不同,生产资料市场发育程度不同,生产资料的计划内外比重各异,供需状况也有所不同,因此必须实行分产品推进和分地域推进相结合。①

黄亚清等的“市场发育和价格改革双向推进”思路。其主要途径是:(1)阶段推进。双向推进是一个渐进的过程,必然由于其内外部条件的不同而呈现阶段性逐步推进的特点。近期主要靠治理整顿,缓和供需矛盾,改善市场环境;远期主要靠深化改革,重构宏观调控系统和市场微观基础,建立供求制衡机制。(2)区域推进。双向推进过程应该考虑到各地方的市场发育程度和经济利益,以经济区为基础,努力消除地区分割,加快国内统一市场的形成,促使双轨制问题逐步解决。在双向推进过程中,要做好国家宏观调控机制的强化、要素市场的健全完善、企业经营机制及价格改革的进一步深化等配套协调工作。②

有的同志主张“分类逐步推进、控管缩并结合”。“分类逐步推进”,就是根据不同产品品种、不同的市场竞争条件、资源丰缺程度、供需弹性的大小以及在国民经济中的重要程度,采取不同的并轨方式;“控管”即是通过经济、行政、法律的手段进行的宏观调节和管理,为双轨合一创造良好的经济环境和市场环境;“缩并”则是缩小双轨的轨距和品种范围或者双轨合一。对于并轨条件暂不成熟的,一方面要加强宏观调控,抑制计划外价格的上涨,另一方面要有计划地提高计划价格,使计划内外价格差距缩小,为并轨创造条件;对于并轨条件成熟的,则应尽快向计划轨或市场轨合拢。③

有的主张“按行业、产品、地区和环节推进”。即:(1)按行业推进:石油、电力、铁路、航空、邮政、住房等少数国家垄断经营行业的商品价格和收费实行调高国家定价,机械、电子等行业的商品价格采取有调有放的办法,逐步并轨。(2)按产品推进:上游产品以调为主,中游产品调放结合,下游产品以放为主,实行有控制的市场调节。(3)按地区推进:对于一地生产、全国分配且又占相当比

---

① 《生产资料双轨制研究报告》,国家物价局物价所编:《生产资料价格双轨制问题研究》。

② 《生产资料:市场发育和价格改革的双向推进》,《成本与价格资料》1991 年第 9 期。

③ 《生产资料价格双轨制问题研讨会综述》,《价格理论与实践》1991 年第 1 期。

重的产品应尽快并入计划轨，实行统一的国家定价；有些边远地区地产地销的生产资料价格放开，实行市场调节价。(4)按环节推进：生产环节、流通环节区别对待，放宽对生产领域价格的控制，而对流通领域差率实行严格控制。①

有些同志主张"先退后进"思路。即国家先收回全部生产资料价格决策权，形成一物一价，然后再根据各种生产资料市场供求状况，分期分批逐一放开价格。②

五、关于农产品价格问题

1. 对我国农产品价格水平的基本估价

谢兆璋认为我国农产品价格基本合理，从国家、企业、个人目前的承受能力来看，不宜再作大的调整。其主要理由是：(1)主要农产品价格的上涨快于农业生产资料价格的上涨；(2)我国粮食、棉花价格已经接近于国际市场价格，有的品种甚至已高于国际市场价格；(3)主要农产品的劳动日净收益并不低于城市一般职工的日收入。③

黄赞强认为我国农产品价格仍然不合理。针对谢兆璋的观点，黄赞强认为，谢或者是因为计算方法和对比口径不科学，或者是由于抹杀历史因素，或者是无视城乡工农差别，从而得出了错误的结论。他认为我国农产品价格仍然偏低，应当正视现实，利用价值规律，有计划地调整收购价格，同时相应提高销售价格，使价格逐步接近价值。④

持后一种观点的同志认为，我国粮食价格严重偏低的状况主要表现在：(1)工农产品剪刀差近两年又有所扩大；(2)粮食同经济作物、养殖业产品的比价不合理，种粮收益太低；(3)粮食收购价格提高幅度远没有农业生产资料上涨幅度大，种粮成本上升太快，造成农民增产减收；(4)粮食的国家定购价同议购价相比有较大差距。上述问题严重挫伤了农民种粮的积极性，有可能出现新的粮食生产萎缩。⑤

2. 农产品(粮食)价格改革的目标模式

市场价格模式。即政府间接调控下的统一市场价格模式：(1)政府放弃对

---

① 《生产资料价格双轨制问题研讨会综述》，《价格理论与实践》1991年第1期。

② 《全国高校物价教学研究会第十次年会述要》，《价格月刊》1991年第10期。

③ 谢兆璋：《农产品价格改革应稳步前进》，《价格理论与实践》1991年第1期。

④ 《我国当前的农产品价格是否合理》，《价格理论与实践》1991年第9期。

⑤ 朱明龙：《偏低的粮食价格与可能出现的粮食生产萎缩》，《价格理论与实践》1991年第7期。

农业和农产品流通的直接数量(计划)控制,将职能转变为间接性的调节;(2)农产品价格由市场机制形成,政府不再通过制定价格来保证所谓“等价交换”,而是通过提供法律保障来促进形成稳定高效的流通体系;(3)取消对农民的实物性收购任务,代之以货币收入控制,以消除数量控制对农业资源配置的扭曲作用;(4)将稳定政策的目标由稳定价格转变为稳定人民收入和生活水平;(5)建立按经济合理性形成的竞争性商业组织,以提高农产品流通效率。①

双轨制模式。即对粮食价格做到管一块放一块,既要使国家管理部分的粮食价格反映价值和市场供求,又要保证放开部分的粮食价格得到有效控制:(1)粮食定购价格逐步转向保护价格或支持价格;(2)城市定销粮食价格仍由国家控制,根据情况逐步提价,对粗米、粗面仍实行补贴和低价政策;(3)购销倒挂仍然存在,并仍由财政补贴,且总量不能减少,但补贴对象和补贴结构要进行调整;(4)相应地要求拉开各类差价,改革粮食调拨体制和调拨价格,建立粮食储备和丰欠调剂机制等。②

三种价格并存模式。即粮食价格要长期实行国家定价、国家指导价和市场调节价三种价格形式并存:(1)提高偏低的粮食合同定购价和统销价;(2)拉开粮食的质量差价;(3)调整或放开省际之间的粮食调拨价格;(4)完善国家对粮食价格的调控机制;(5)改革粮食定价形成机制;(6)减少财政补贴,优化补贴结构。③

租税+市场+双保险模式。“租税”指农民向国家上交的农业税采用实物税的形式,同时取消国家定购。以农业税形式无偿征收的粮食作为国家粮食库存,用作储备、计划供应粮食和调控粮食市场供求的物质基础。“市场”是指建立多层次、多形式经营的粮食市场体系,农民上交农业税以外的余粮都通过市场出售,国家无偿征收农业税粮食后的不足部分,也只能通过市场收购,地区之间的粮食余缺调剂也通过粮食市场进行购销。“双保险”包括两个方面:一是指国家对城市低收入居民的定销口粮实行低价,保证其维持一定的生活水平;二是指国家在丰收年景对农民的余粮实行最低保护价。④

---

① 农产品价格、成本和产品收入课题组:《我国农产品价格的变化趋势和调控政策选择》,《农业经济问题》1991年第5期。

② 《七省市粮价改革课题汇总会议纪要》,《中国物价》1991年第10期。

③ 《七省市粮价改革课题汇总会议纪要》,《中国物价》1991年第10期。

④ 《七省市粮价改革课题汇总会议纪要》,《中国物价》1991年第10期。

〔此文写于1992年,是为《中国经济科学年鉴》所写的学术综述,原载1992年《中国经济科学年鉴》(经济管理出版社出版),又载国家物价局物价研究所《物价文萃》1992年第5期,系与经济学博士刘力(现为重庆市人民政府研究室副主任)合作〕

我们如何放开价格

——对“管住货币、放开价格”的几点看法

按语:“管住货币、放开价格”是当时我国流行的关于价格改革的模式。该文指出“放开价格”只能作为价格改革的主体模式,不能囊括价改的全部内容,属于非竞争性市场(包括半竞争和垄断市场)的价格不能完全放开,仍需国家不同程度地参与,应该宜放则放,宜管则管。并提出放开价格,仅管住货币还不够,还必须综合运用多种调控手段。中国社会科学院经济研究所著名经济学家戴园晨评论:“管住货币、放开价格”是我国理论界中影响颇大的一种关于深化价格改革的思路,论文对这一思路提出其未能完全适合中国实际的一些分析讨论,颇具见地,是一篇有分量的佳作。”该文获甘肃省社会科学优秀成果一等奖。

在目前理论界关于深化价格改革问题的讨论中,有这样一种思路,即“管住货币、放开价格”。持这种观点的同志认为,今后我国价格改革的方针是,在管住货币的前提下,放开各类商品的价格,让价值规律自发调节。管住货币,就是坚持计划管理;放开价格,就是实行市场调节。只要两者结合起来,就能保证物价稳定和经济发展。笔者认为,针对我国经济体制改革的总体目标——发展有计划的商品经济,建立社会主义市场经济新体制来说,这种价格改革的思路无疑是一种较接近的模式。但是,却仍然存在着许多缺陷和不足。本文拟在这个方面谈一下自己的看法。

一、“放开价格”只能作为我国价格改革的主体模式,它不能囊括价格改革的全部内容

我国经济体制改革的总体方向是,根本变革传统的计划经济旧体制,建立社会主义市场经济新体制。这既是总结国内外的实践经验并依据我国国情而做出的实事求是的科学决断,又是针对我国传统的以指令性计划为主要特征的

高度集中的计划经济体制的一种彻底的"矫正"之法。我国传统的计划经济体制,排斥商品和货币关系,国家统得过死,市场毫无立锥之地,结果导致经济体制僵化,国民经济缺乏生机和活力。要彻底改变这种状况,就必须实行"市场取向"的改革,充分发挥市场所固有的价值规律、供求规律和竞争规律等的调节作用。价格改革,作为整个经济体制改革的一个重要组成部分,其改革方向也只能是市场取向。《中共中央关于经济体制改革的决定》就曾经指出:"在调整价格的同时,必须改革过分集中的价格管理体制,逐步缩小国家统一定价的范围,适当扩大有一定幅度的浮动价格和自由价格的范围,使价格能够比较灵敏地反映社会劳动生产率和市场供求关系的变化,比较好地符合国民经济发展的需要。"一句话,就是要逐步放开价格,让企业依据价值规律、供求关系和竞争的要求,实行自主定价。

价格改革的总体方向是逐步放开价格。但是,这不等于说,把所有商品的价格都统统放开,完全由市场自发调节。放开价格只能作为价格改革的主体模式,而不能作为价格改革的单一模式。因为价格改革的目的不仅在于引入市场因素,改变国家统得过死的状况,而且更重要的在于使价格能充分发挥分配利益、配置资源、促进竞争、提高经济效率、刺激技术进步等各种职能。某种商品的价格是管还是放,即是由国家定价,还是由市场定价,都必须以此为标准,宜管则管,宜放则放。完全由国家管起来的价格模式,已经被实践证明是行不通的,但是,价格完全放开,都由市场自发调节,也同样是行不通的。

市场价格形成的一般规律表明,商品价格是以市场为载体、通过市场主体之间的竞争形成的,不需要国家插手其间。但是,这一规律是有严格的前提条件的,那就是,市场必须高度完善,存在着充分的竞争,即必须有竞争性市场的存在。竞争性市场必须具备以下条件:(1)市场上存在着数目众多的买者和卖者,任何买者和卖者都无法垄断市场,或者是通过市场交易规则可以避免可能出现的垄断;(2)市场供给弹性和需求弹性都较充分,供给状况和需求状况的调整比较灵活,虽然存在着时滞,但这种时滞在短期内便能克服,从长期来看,不存在严重的供求矛盾;(3)生产要素能较迅速、较充分地自由进入或退出该市场,以便使市场供求迅速得到调整;(4)不存在外部经济效果(包括外部经济正效果和外部经济负效果),私人成本(收益)和社会成本(收益)比较趋于一致,以使边际成本等于边际收益的基本定价原则得以贯彻。在竞争性市场上,可以通过市场之间的分散决策和自由竞争来形成市场价格。

在一般情况下，绝大部分市场都属于竞争性市场，因而绝大部分商品的价格都可以通过自由竞争来形成，即完全由市场定价。但是，在整个市场结构中，还有少数市场属于非竞争性市场。这主要包括两类：半竞争性市场和垄断性市场。在这两类市场上，无法通过市场主体的分散决策和自由竞争形成合理的趋近于社会资源最佳配置点的市场价格，无法使市场价格的各种功能得到发挥或充分发挥。属于这两类市场的商品价格不能完全放开，由市场自发调节，需要国家的直接参与，只不过在这两类不同市场结构中，国家直接参与的程度和方式又有所不同。

半竞争性市场是指既存在着一定程度的竞争或局部竞争，却由于某些结构性缺陷而妨碍充分竞争的市场。这种市场结构的主要特征是：(1)市场上存在着数目众多的买者和卖者，但买方和卖方之间的地位不平等，占优势地位的一方往往形成垄断(如农产品)；(2)市场供给弹性或需求弹性较小，供给状况和需求状况的调整比较缓慢(如供求严重失衡的商品、农产品以及生产周期长的商品)；(3)生产要素的进入或退出比较困难(如生产技术专用性强的商品)；(4)存在一定的外部经济效果，尤其是社会效益较强(如教育、某些文化商品)。在半竞争性市场结构中，比较适合于通过私人分散决策和国家集中决策相结合的途径来形成市场价格。因为一方面这种市场存在着众多的买者和卖者，存在着一定程度的竞争，可以形成具有一定合理性的市场价格；但是另一方面这种市场又存在着许多结构性缺陷，自由竞争的结果不一定会使社会资源配置趋近于最佳状态，所以又需要国家予以一定程度的指导，以弥补分散决策和自由竞争所带来的缺陷。国家实施指导的方式是通过制定各种指导性价格(如最高限价、最低保护阶、中准价)来干预市场价格的形成。

垄断性市场是指存在着完全的买方垄断或卖方垄断(主要是卖方垄断)的市场。垄断性市场产生的原因主要有两点：一是由于规模经济的要求，完全垄断能使成本最低、效益最大；二是由于该市场存在着严重的外部经济正效果，私人收益远远无法弥补其成本，因而不愿从事该行业的生产和经营活动，只有靠国家独家经营。垄断性市场具有如下特点：(1)市场上只存在唯一的卖者或买者，形成完全垄断；(2)市场供给或需求近乎无弹性，供给状况和需求状况在短期内无法进行调整；(3)生产要素的进入或退出非常困难，特别是进入近乎不可能；(4)存在着严重的外部经济正效果或外部经济负效果。某种市场如果具备以上特点中的一点，便属于垄断性市场。例如，民航、铁路、城市公共设施、公路、邮政、电话、电讯、自来水等都属于垄断性市场。在垄断性市场结构中,最适宜的是通过国家集中决策的方式来形成市场价格。因为该种市场上几乎不存在竞争,私人之间的分散决策无法形成符合资源最优配置标准的市场价格,而且还必将会凭借垄断地位来牟取高额垄断利益,危害他人利益和公共利益。所以,必须以全社会整体利益的代表者——国家——来制定商品的价格。当然,国家在这里仍然是作为市场主体来参与经济活动,目的只是为了消除私人垄断利益,因而国家定价必须严格遵循各种市场规律,以完全成本加平均利润作为基本依据。

需要指出的是,对于价格改革的总体方向来说,多数同志并不主张把价格全部放开,而是主张国家管少数,市场管多数。但是,这里的"少数"和"多数"的划分大多是以商品在国民经济中的地位和重要程度为标准的,认为关系国计民生的少数重要商品价格由国家管理,其它一般商品价格由市场调节。我们认为,这种观点是不科学的。"少数"和"多数"的划分不应该以其重要程度作为标准,而应该以是否适宜于市场调节或国家管理来作为标准。因为国家对少数重要产品进行控制的目的无非有两个:一个是防止因私人或企业垄断而损害整体利益;一个是保证物价总水平和整个国民经济的稳定。我们认为,垄断性的重要产品应由国家管理,这没有问题;但是,其它竞争性强的重要产品应由市场调节。因为市场调节同样能达到上述两个目的,而且还具有国家控制所不具备的富有效率、充满活力等优越性。首先,竞争性市场的存在本来就能有效地防止垄断及其带来的危害。其次,我国改革以来的实践证明,依靠国家对所有重要产品价格的全面控制并未能保证市场物价总水平和整个国民经济的稳定,只会使国家定价处于稳定经济和价格体系进一步扭曲这一两难境地。因此,对于所谓关系到国计民生的重要产品来说,其价格适于市场定价的则由市场去管,适于国家掌握的则由国家来管。国家和市场之间只能"分工协作",而不可互相取代,既不能由国家定价一统天下,也不能完全放开,单纯依赖市场的力量。

二、"管住货币、放开价格"即使作为主体模式,在短期内也不可能完全实现,必须根据条件和可能,逐步推进

尽管"管住货币(这种说法不妥当,见本文第三部分)、放开价格"可以作为我国价格改革的主体模式,但这仅仅是一个长期目标,在近期内不可能完全实现。因为"管住货币、放开价格"需要以下两个必不可少的前提条件:一是货币能真正被管住;二是市场必须完善。只有这两个条件具备,才有可能避免价格放开后所引起的通货膨胀和经济振荡。而这两个前提条件在我国目前和今后可预见的一段时间内是不完全具备的,其真正成熟还需要一个很长的过程。下面分别加以论述。

先看管住货币。

按照"管住货币、放开价格"的思路,管住货币,就是要管住货币发行量,使货币发行量的增长率同国民经济的增长率存在一种稳定的常数关系,并且一旦在现实的货币供应量发行不当时,能通过适时的事后调节来加以纠正。因此,这就需要有适当的体制和手段来保证中央银行对货币发行量的调控,使其同经济增长的需要相适应。而在这个方面,我国目前还不完全具备现实性。

首先,要管住货币发行量,必须有独立决策、不受外部干扰的中央银行体制。但是,在我国传统的计划经济体制下,银行只是财政部门的"出纳机构",处于附庸地位,毫无独立性可言。尽管经过十多年来的改革,银行系统的独立性有所加强,但中央银行仍然隶属于国务院和各级地方政府,缺乏决策独立性,常常受到赤字财政等不合理因素的干扰,致使实际货币发行量经常变动,不能稳定地同国民经济的增长率挂起钩来。特别是近年来,"诸侯经济"猖獗,各级分支行的地区化倾向严重,它们在地方政府的压力下,随意增加货币供应量,严重影响了国民经济的全局。

其次,中央银行的货币政策目标,是稳定物价或是经济增长、或是二者兼取,尚处在争论之中。理论上的模糊和摇摆不定,则导致实际经济行为的失当和不规则。现实的情况就是,往往因强调经济增长而牺牲掉稳定物价的目标。最突出的表现就是前几年风行一时的所谓"通货膨胀无害论"。这种论调在最近一段时间虽已不再见诸报刊,但许多人的心里恐怕仍存在着这种"潜意识"。

再次,我国中央银行的货币政策手段很不完善,无法有效地对不适当的货币供应量进行适时适度的事后调节。一般来说,中央银行最主要的货币政策工具有三个:准备金率、再贴现率和公开市场业务。其中,公开市场业务是现代中央银行最常利用、最为灵活、最为有效的一种手段,从而成为调节货币供应量的主要工具。而准备金率和再贴现率由于其对经济运行的影响比较剧烈,只适用于经济发展的紧急时期,因此各国中央银行在使用时都很慎重。在我国,这些货币手段的运用还处于起步阶段,还很不成熟,因而还不能充分而有效地发挥作用。特别是现代各国最常用的公开市场业务,由于受我国不发达的金融市场的限制,作用更是微乎其微。在中央银行的货币政策手段还很不完善的情况下,对货币供应量的合理而恰如其分的调节是相当困难的。总之,管住货币这一全面放开价格的基本前提在我国还不完全具备。

再看市场的完善。

判定一国经济中的市场是否完善,主要有以下三条标准:第一,市场主体特别是生产企业的行为具有理性和灵活性,市场主体面对市场供求的变动能“顺风而动”,而不是“逆风而行”,也不是漠然视之,更不是“浑水摸鱼”;第二,市场体系较为发达,市场秩序较为规范,这是市场主体行为合理化的基础和前提条件;第三,国家对市场的调控体系比较健全,以便在市场和经济状况发生严重不均衡时,国家能及时而适当地进行干预。用上述标准来衡量,我国目前的市场还是很不完善的。

首先,从市场主体来看。一方面经过十年改革,我国的企业从行政部门的附庸地位中被解脱出来,开始拥有了一定的生产和经营自主权,但是,大部分企业还不是独立的商品生产者和经营者,尚处于一只眼盯着市场、另一只眼盯着“市长”的状态,其适应市场、参与竞争的压力、动力和能力都很弱。在这种情况下,如果立即放开商品的价格,企业非但不会去积极适应市场变化,迅速增加有效供给,反而会利用垄断等不正当手段来坐享其成、牟取暴利,从而引起市场和经济的动荡。另一方面,习惯于传统计划经济和固定价格的我国广大消费者的市场行为也有欠理性化,因此立即放开价格的社会心理基础也不充分具备。

其次,从市场环境来看。一方面,我国的市场体系极不健全,资金市场、劳动力市场、技术市场、信息市场等还处于萌芽状态,无法适应价格放开后由供求变动而引起的生产要素自由流动和资产存量迅速再配置的要求。在这种情况下,即使生产企业具有迅速适应市场变化的动机,也会因“难为无米之炊”而无所作为。另一方面,市场秩序也不规范,各类商品的流通体制尚未理顺,平等竞争的环境仍未形成,市场交易行为还很混乱,这些问题都成为市场主体行为合理化乃至整个市场机制运行的严重障碍。

再次,从宏观调控来看。目前,我国正处于新旧体制交替时期,旧的高度集中的计划经济体制正在被打破,社会主义市场经济新秩序尚未完全建立起来。在宏观调控体系上,直接调控模式被摒弃,间接调控为主的模式还处于摸索阶段,计划机制和市场机制的结合尚未找到恰当的途径,经济手段的运用还是一个新课题,法律手段更是极不健全。一旦市场发生严重不均衡,国家也无法施之于有效的计划调节。总之,与放开价格相适应的宏观调控体系尚不完全具备,如果不顾客观条件,贸然“闯关”,无疑会导致市场秩序的混乱和市场行为主体的失当。1988年严重的经济振荡便是一个最明显的例证。

所以,“管住货币、放开价格”模式在目前尚不具有现实性。在今后一段时间内,我国的价格改革还必须走调放结合的路子,不能把大多数商品价格一下子全部放开。

这里强调放开价格必须具备的前提条件,并不是主张对放开价格持消极或反对态度,也不是主张只有在一切前提条件完全具备之后才放开所有应放开的价格。我们的目的在于强调,今后的价格改革再不能像过去那样,不考虑客观条件是否许可而孤军突进,贸然闯关,从而导致整个国民经济重新陷入振荡和混乱状态,结果反而是欲速则不达,妨碍改革和发展的进程。因为价格是整个国民经济活动的综合反应,它总要受到来自国民经济方方面面的影响和制约,我们不能就放开价格而论放开价格,而应把价格改革置于整个经济体制改革的系统工程之中,通盘考虑,协调进行。

基于以上考虑,我们认为放开价格的科学做法是:第一,放开价格乃至整个价格改革必须同其他方面尤其是强相关方面的改革配套进行,彻底破除所谓“价格改革先行论”;第二,按照建立社会主义市场经济体制的要求,积极进行发育和完善市场体系、企业组织制度创新、建立相应的国家宏观调控体系等各方面的改革,为放开价格创造条件;第三,不能等到一切条件完全具备之后才放开价格,只要能避免经济振荡的前提条件初步具备之后,就应该把该放开的价格放开;第四,要区分不同商品价格的市场状况,凡是有条件放开的就坚决放开,以逐步达到最终的目标。

三、要大量放开商品的价格,仅仅“管住货币”是远远不够的,还必须综合运用多种调控手段

从上文第二部分的分析中可以看出,管住货币和完善市场是放开价格的必备前提。那么,如果市场完善了,又管住了货币,是否就可以放开价格了呢?答案同样是否定的。因为,即使在市场完善的情况下,要想保证价格放开后物价和市场不发生振荡,仅仅管住货币还是远远不够的。

首先,“管住货币论”所管住的仅仅是货币发行量,并不能保持货币和物价的稳定。

在物价水平和货币供给量的关系上,国内外经济学界存在着严重的分歧,有的认为物价水平决定货币供给量,有的则持相反的观点,即主张货币供给量决定物价水平。比较流行的观点是后者,如美国的货币主义学派。这也是本文所探讨的“管住货币论”者的理论依据。这种观点认为,价格是一种货币现象,价格的变动归根到底是由于货币供给量的变动,货币变动为因,物价变动为果。因此,只要管住了货币供给量,就能保持物价水平的稳定。这里姑且假定上述观点中的理论前提——货币供给量决定物价水平——是正确的,即使管住货币供给量,也无法保证货币乃至物价水平的稳定。

我们知道,在纸币流通的条件下,如果假定商品价值不变,物价总水平要受到两个因素的制约:一个是流通中的货币量,另一个是货币流通速度。由于缺乏金属货币流通的自动调节机制,在其中一个固定不变时,上述两个因素中的任何一个发生变动,都会引起物价总水平的变动。因此,就管住货币本身而言,要保持物价总水平的基本稳定,必须同时管住货币流通量和货币流通速度。但是,政府(中央银行)却只能管住货币流通量这一单个因素,却无法管住另一个因素:货币流通速度。原因在于,货币投放在先,货币流通在后,货币的流通速度是无法进行预先控制的。同时,货币的流通速度不仅要受到货币流通量的制约,还受到其它许多非货币因素如产品结构、预期等的制约,显得非常复杂和难以把握,因而中央银行根本无法像对待货币流通量那样施之于有效控制。货币流通速度的变动必然导致物价总水平的波动。

在货币流通速度发生变动的情况下,中央银行能否通过对货币流通量的事后调节,使之发生同货币流通速度同等程度的反向变动,从而抵销货币流通速度的变动对物价总水平的影响呢?一般来说,这是无法做到的。原因在于,中央银行对流通中的货币总量是无法完全控制的。上文我们说,管住货币就是管住流通中的货币量,这仅仅是为了分析问题方便而作的假设和抽象。事实上,中央银行所能管住的,仅仅只是货币发行量,而不是流通中的货币总量。货币流通量和货币发行量是两个不同的概念,货币发行量固然是货币流通量的主要组成部分,但除此之外,货币流通量还包括各种非发行的货币(如商业信用),这些货币代用品则是中央银行无法控制的。货币代用品的增加或减少,便会减弱甚至抵消中央银行为控制货币发行量所作的努力,从而引起流通中货币总量的相应变化。在现实的经济生活中,特别是在已经发生通货膨胀的情况下,货币代用品对货币流通总量的作用是非常显著的。过去,我们在探讨80年代后期我国恶性通货膨胀发生的原因时,主要归咎于增长过快的货币发行量,却忽视了另一重要的因素:商业信用。其实,膨胀的商业信用同失控的货币发行量一样，都导致了流通中货币总量的扩张。这也是近几年困扰我国广大企业的“三角债”产生的主要原因之一。

其次，货币稳定并非物价稳定的充分条件，即使能管住货币，也不一定就能保持物价水平的基本稳定。

货币决定物价，这是“管住货币论”者的理论出发点。无论从理论还是从实践来看，这一观点都是不全面的。它仅适用于这样一种场合，即政府主动采取扩张性货币政策的情况。只有在这种场合下，货币供给才先于物价，而成为物价波动的根源。而在其它许多场合下，货币供给和物价变动之间并无上述那样必然的直接联系，甚至是物价波动决定货币供给。

根据世界银行《1987 年世界发展报告》提供的资料，在 1965—1980 年和 1980—1985 年两个时期，货币供给和物价变动的关系呈现出四种类型。第一种类型是货币供给增长，价格上升，如巴西、前南斯拉夫、墨西哥、阿根廷、法国；第二种类型是货币供给增长，价格却下降，如阿曼、新加坡、泰国、西德、美国、英国；第三种类型是货币供给下降，价格却上升，如塞内加尔、尼泊尔、印度、索马里；第四种类型是货币供给下降，价格也下降，如马来西亚、韩国、日本。从以上资料可以看出，货币供给与物价变动的关系非常复杂，企图找出两者之间一般的恒定不变的关系是很不现实的。既然货币供给和物价变动之间的关系非常难以把握，即货币稳定并非物价稳定的充分条件，那么，单纯管住货币是无法保持物价的基本稳定的。

导致物价变动和货币供给发生背离，即引起物价变动的非货币因素主要有以下几种：(1)生产成本。如果企业的生产成本上升，那么价格就得上升，否则，企业就会减少生产，从而减少供给，最终导致价格上升。(2)结构性失衡。即使社会总供给和社会总需求在总量上是平衡的，但如果结构上不相适应，即有一部分供给是不适应需求的，导致有效供给总量不足，这时既定的货币量追逐较少的商品，便引起物价上涨。(3)垄断价格。垄断因素可以在市场供求不变、货币供给不变时，使价格发生变动。(4)工资和价格刚性。在整个国民经济中，不同部门的劳动生产率、供求状况等因素的变动是不一致的，但由于工资和价格刚性的存在，使得生产增长、需求增加的部门工资和物价上升，而落后部门的工资和物价却不下降，结果引起物价总水平的上升。

当然，在上述因素作用的许多场合中，物价上涨往往伴随着货币供给的增加，但货币扩张仅仅是被动适应因素，它只是价格上升的媒介，而不是价格上升的根源。非货币因素的作用导致物价水平的上升,物价上涨使名义国民收入增加,交易中所需货币增多,从而导致货币供给增加。这时,物价变动是因,货币供给是果,而不是相反。如果企图用管住货币的办法来稳定物价,则完全颠倒了两者之间的因果关系,从而无法真正解决物价波动的问题。

最后,我们可以得出结论:要想在价格放开后保持物价总水平的基本稳定,仅仅管住货币是远远不够的,必须综合运用多种调控手段。

第一,物价总水平不仅仅受货币因素的影响,而是要受到多种不同因素的影响。因此,国家应充分利用多种不同的政策如财政政策、货币政策、收入政策等来予以调控,不能搞“单打一”。

第二,要善于区分导致物价变动的不同原因,对症下药,以采用适宜的政策措施。例如,当工资刚性引起物价总水平上涨时,可采取收入政策(制定工资指导线、冻结工资等)来予以调控。又如,当垄断因素引起价格上涨时,可通过反垄断的手段予以干预。同时,要注意多种不同政策手段的搭配和协调,以达到或增加调控强度或减少单一政策所造成的副作用等目的。

第三,强调多种政策手段的综合运用,并不是说货币手段就不重要了。而是相反,一方面要保持货币供给量的稳定,防止因国家采取扩张性货币政策而有意导致的物价上涨;另一方面,要综合利用多种货币政策(而不仅仅是货币发行量),为稳定物价服务。

[此文发表于《兰州大学学报》(社会科学版)1993年第1期,系与刘力合作。刘力现为重庆市人民政府研究室副主任、经济学博士]

论社会主义市场价格体制

党的十四大明确指出:“价格改革是市场发育和经济体制改革的关键,应当根据各方面的承受能力,加快改革步伐,积极理顺价格关系,建立起以市场形成价格为主的价格机制。”这不仅指出了价格改革在我国经济体制改革中的重要地位,而且也明确指出了我国价格改革的方向和目标。

一、我国价格改革的目标是建立市场价格体制

在我国的价格理论和实际工作中,由于长期受计划经济等于社会主义、市场经济等于资本主义的传统观念的束缚,一直是将计划价格等于社会主义,市场价格等于资本主义,在价格管理体制上,只怕国家定价少了,社会主义阵地被削弱,相反对市场价格则存在种种疑虑,担心是否会诱发和导致资本主义。其实,市场价格既不姓“资”,也不姓“社”,而是姓“商”。所谓市场价格,就是在市场上由供求关系通过竞争而形成的价格。这种价格存在于一切商品—市场经济之中,不论是资本主义的商品—市场经济,还是社会主义的商品—市场经济。因为商品是用来交换的劳动产品,商品的交换必须通过市场来进行,商品价值通过市场交换表现和实现就是市场价格。所以市场价格是姓“商”或姓“市”。而国家(政府)定价即我们所称的计划价格,也不只是社会主义国家才有,资本主义国家也都不同程度地采用着这种形式,它并不是社会主义国家的专有物。在邓小平同志南巡重要讲话的指引下,我们终于破除了“计划价格 = 社会主义”、“市场价格 = 资本主义”的传统观念的束缚。

由于计划价格 = 社会主义、市场价格 = 资本主义的传统观念被突破,特别是十四大确立了我国经济体制改革的目标是建立社会主义市场经济体制,这就为价格改革指出了明确的方向和目标。我们知道经济体制与价格体制二者关系十分密切,价格体制既是经济体制的重要组成部分,又受经济体制的决定和制约。有什么样的经济体制,就有什么样的与其相适应的价格体制。与高度集中的计划经济体制相适应,就必然有与之相适应的高度集中的计划价格体制,而与社会主义市场经济体制相适应,也就必然要求建立与之相适应的市场价格体制。

应当指出十四大报告提出的是“建立起以市场形成价格为主的价格机制”,这实际上也就是指的价格改革的目标。一般说来,整个价格改革,包括价格体系的改革和价格管理体制的改革这两个基本方面。前者是要纠正扭曲的价格体系,理顺价格关系,后者是要转换僵硬的价格形成机制,建立新的价格形成机制和管理体制。这两方面的改革,是相辅相成,缺一不可的。但随着改革的深化,人们越来越清楚地认识到,改革僵化的高度集中的价格管理体制,转换价格形成机制,是价格改革的更重要的内容,是根本,这才是价格改革的核心。因为高度集中的僵化的计划价格管理体制下,价格形成机制不合理,是我国价格结构长期扭曲的最重要根源,不从根本上改革原有的价格管理体制,转换原有的价格形成机制,就不可能从根本上解决价格结构扭曲的问题,不可能实现价格体系的合理化,也就不可能为经济运行提供正确的价格信号,不可能正确发挥市场机制合理配置资源、调节经济运行的作用。也就谈不上建立社会主义市场经济体制。所以建立合理的价格形成机制,改革价格管理体制,是价格改革的根本任务和目标。

十四大提出的“建立起以市场形成价格为主的价格机制”,就是要建立市场价格体制。这里提市场形成价格为主,有两个含意:

其一,是指绝大部分商品和劳务价格要放开,由市场形成,市场价格要占主体地位。少数商品和劳务价格(主要是垄断性强、资源约束较大、供给的价格弹性较小的商品和劳务价格)仍由政府管理,制定价格,但是国家定价也必须科学化,关键在于逐步做到把国家定价建立在价值规律的基础上,必须以价值为基础,使生产经营者有大体的平均利润可图,要反映市场的供求状况,不应忽视供求规律,而是要把供求对价格形成的事后的、自发的调节,变成事前与事后相结合的自觉调节。对长期供不应求的商品,国家定价要定得高于其直接基础,以刺激供给,抑制需求;相反,则应把价格定得低于其直接基础,以抑制供给,刺激需求。同时,国家定价也不能固定不变,“多年一贯制”,“一价定终身”,而应根据供求的变化适时适度地进行调整。所以,国家定价也应是以市场供求为基础而制定的,这不过是计划化了的市场价格。因此,对国定价格的认识也必须深化。由于价格改革的目标是由市场形成价格为主,而少量的政府定价也应是计划化了的市场价格,所以,价格改革的目标也可以简称为市场价格体制。

其二,建立市场形成价格为主的机制,必须加强价格的宏观调控,建立和健全价格调控体系。首先,市场价格本身存在局限性。作为市场价格的定价主体,因其地位的局限性、利益的狭隘性和对未来预期的不确定性,仅凭市场价格和供求变化决定自己的生产方向和生产数量,可能会使生产产生一定的盲目性,从而出现生产的周期波动,使某些商品的价格大起大落,乃至造成资源的浪费。对于那些自然垄断产品或长期严重供不应求的产品,市场价格也难以在短期内迅速发挥其调节供求、刺激有效供给增加、实现供求平衡状态。其次,公共产品的生产和价格,也有政府管理的必要。一个社会总有出自全民需要的一些公共的社会的职能,如国防、教育、环境保护等,一般微观经济利益主体,往往不愿为公共产品的生产进行投资,而愿意“搭便车”,市场价格很难在此领域发挥调节作用。这就是所谓的“市场失灵”。因此需要政府调控。再次,市场价格的调节,与实现社会协调发展的目标也存在一定的矛盾。市场经济追求的首要目标是效率,但作为社会发展来说,还必须兼顾社会的公平稳定。效率需要适度的差别,但稳定却需相对的公平。如何在效率优先的前提下,兼顾公平及稳定,政府必须在收入分配和社会保障上进行调节。

我国经济体制改革和西方市场经济发展的历史表明,市场经济如果放任自流,很容易发生经济波动,出现通货膨胀,并产生不规范的行为。因此,在建立社会主义市场价格形成和运行机制的过程中,必须同时建立价格调控体系,以加强国家对价格的宏观调控。这是市场价格体制的题中应有之义。那种把建立市场价格体制与国家必要的宏观调控对立起来的观点是错误的。

有人认为“大部分价格放开了,国家还管什么?”这种认识是错误的,放开价格,价格由市场形成并不等于可以撒手不管。实际上,当今西方市场经济国家,没有一个是对价格放任不管的,它们都设立了不同层次、不同类型的价格管理机构,对商品和服务价格区别不同情况,分别采取了直接管理、间接管理和监督检查的措施。日本设立了全国统一的物价管理机构,由三层组织体系构成,第一层是由“物价问题阁僚会议”、“物价担当官会议”等组成的决策机构;第二层是以经济企画厅物价局为中心的价格执行机构;第三层是由有关部门组成的调控与监督机构。法国有国家竞争委员会、竞争消费和反诈骗稽查总局。美国没有设立全国统一的价格管理机构,对物价总水平的监控由联邦政府劳工部实施;对铁路运价的调控由政府的州际商务委员会负责;对消费者利益和企业价格的监督,由消费局承担。各国政府直接管理价格的品种,在居民消费支出中所占的比重,少则5%~10%(美国),有的约占20%左右(法国)。国外对价格监督检查也很重视,设有专门的价格监督检查队伍,有些国家还给检查人员配有枪支,必要时可进行搜查。严重违反价格法规者要受到法律制裁。

我国在改革过程中,价格放开后,由于新的调控管理跟不上,由于价格立法滞后,缺乏强有力的法律约束,以致出现漫天要价、攀比提价、变相涨价、乱收费用、垄断价格、联手提价等混乱现象。它扰乱了经济秩序,损害了群众利益。我国出现过高的物价总水平的上涨,这不能不说是重要原因之一。据测算,1993年社会零售物价上升13%中,自发涨价部分为6.8个百分点,其中有相当部分就是由于价格秩序混乱而引起的,究其根本,是各利益主体为追求自身经济效益而不顾社会效益的一种无秩序行为,是市场经济和市场价格自发性的反映。为了防止其破坏作用,国家必须对经济活动和市场价格进行调控和管理。

总之,在建立社会主义市场价格形成和运行机制的过程中,必须同时建立价格调控体系,以加强国家对价格的宏观调控。这是市场价格体制的题中应有之义。那种把建立市场价格体制与国家必要的宏观调控对立起来的观点是错误的。

二、市场价格的形成机制和特性

市场价格的形成,有其特有的规律,我们要正确发挥市场价格配置资源、调节经济的作用,就必须认识市场价格的形成机制及其特性。市场价格是如何形成的,有些什么特性呢?

1. 企业价格决策的自主性。市场经济是以企业作为自主经营、自负盈亏的独立的市场主体为前提的,作为市场主体的企业必须是价格决策的主体,应有自主定价权,实行"谁生产、谁经营、谁定价",只有企业对产品和劳务有自主定价的权力,才能谈得上自负盈亏,也才能使企业根据市场供求适时作出价格决策。

2. 市场价格具有平等协商性。市场价格是商品交换的产物,它是在供求双方交换中形成的,供求双方都是以独立的主体身份互相对待的,可以讨价还价,这样形成的价格就具有平等协商性。

3. 市场价格具有竞争性。市场价格是在竞争中形成的。市场经济中的竞争主体,包括卖者(供给者)、买者(需求者),他们都有各自独立的物质利益,市场价格就是在卖者之间、买者之间、买者与卖者之间的竞争中形成的。所以市场形成价格决不是个别企业单方面的行为,任何企业都不能主观地决定市场价格,其价格行为要受市场供求竞争的影响。明确这一点对企业尤为重要,企业在行使自主定价权时,不仅要考虑本企业的成本、利润,还要考虑整个市场的供求关系,包括供给者之间的关系与购买者之间的关系。我们过去对企业定价存有疑虑,担心企业在利益驱动下,随意定价,会导致价格失控,市场秩序混乱。应当指出,客观存在这种可能,也发生过类似的问题,但这主要是市场发育不健全、缺乏竞争机制的结果。只要我们建立和健全市场体系,加强宏观调控,这并不是不可避免的。

4. 市场价格具有高度灵活性。市场经济要求价格是灵活的,是处于运动之中。因为决定价格的价值和供求是经常处于变动之中的。只有价格随着价值和供求的变化而灵活变动,才能使价格具有灵敏性,而只有价格具有灵活性和灵敏性,才能发挥价格的信息导向功能,从而真正发挥价格优化资源配置、活价促产、活价促销、促进效率和效益提高的作用。我们过去对价格变动存有恐惧心理,认为不动总比动好,这种想法及由此产生的一些作法,事实证明,对经济的发展和人民生活的提高是不利的。

5. 市场价格对资源配置、经济的调节具有自动性。在市场经济中,市场价格是在市场主体的竞争中形成的,市场供求力量对比决定价格水平高低,其运行的机制是:供不应求——价格上涨——生产要素流入——供给增加——供求平衡——供过于求——价格下降——生产要素流出——供给减少——供不应求……如此循环往复,使市场价格不断地离开供求均衡点,又不断地趋向新的供求均衡点,从而成为一种内在的使价格趋向合理的自动调节机制。这种自动调节机制,能够较好地使社会生产适应复杂多变的社会需求,有利于满足人民的需要。

应当指出,市场价格除了具有以上的特性之外,还具有滞后性和盲目性的弱点。因此,正如前所述,建立社会主义市场经济必须加强和改善对市场和价格的宏观调控和管理。

三、健全和完善我国市场价格体制

十一届三中全会以来,我国坚持市场取向的改革,已放开了大量商品的价格,国家直接管理价格的范围大大缩小。1978 年前,我国的价格绝大部分是国家直接管理,至今则已发生了根本变化,目前国家定价比重(不含国家指导价),在社会商品零售总额中仅占 5.9%;在农副产品收购总额中仅占 12.5%;在生产资料销售收入总额中占 18.7%。其它大部分商品价格已经放开。

我们在价格改革方面虽已取得了重大的成绩,但是我们还必须加快改革,进一步健全和完善社会主义市场价格体制。

1.要进一步放开价格,建立与完善主要由市场形成价格的机制。现在大部分商品价格虽已经放开,但少数生产资料价格双轨制仍然存在,生产要素价格市场化程度还比较低。今后,必须进一步放开竞争性商品和服务的价格,由政府定价的只能是那些处于垄断经营以及那些必须由政府严格管理的极少数商品和服务的价格;要尽快取消生产资料价格双轨制,实现生产资料价格的并轨;要加速生产要素价格市场化进程。

2.要建立现代企业定价制度,使企业自主定价制度科学化。市场经济以市场主体为前提,市场价格机制的正常运行,要求企业必须是自主经营、自负盈亏的商品生产和经营者,企业有自主定价权。这是市场价格形成机制能够正常运行的微观基础。目前,随着大多数商品价格的放开,为实现政府定价向企业定价的转换提供了重要条件,但是,作为定价主体的企业,一般说都还缺乏科学制定价格的本领和相关的制度;加之市场发育不健全,调控体系尚未建立,以致造成企业价格行为不规范,欺诈暴利、高价宰客行为时有发生。这就扰乱了市场秩序,不能正常发挥市场价格的作用。今后必须做到企业管价有制度,定价有根据,调价有秩序,执行有规章,逐步建立与完善适应社会主义市场经济要求的现代企业定价制度,使企业定价科学化。

3.抓紧建立市场价格调控体系。与放开价格相比,我国价格宏观调控体系的建设明显滞后,调控乏力。我们必须适应整个经济体制改革与经济发展的要求,加快建立市场价格的调控体系。市场价格调控应该是以宏观调控为主、间接调控为主、经济手段和法律手段为主。为了建立健全市场价格的宏观调控体系:一要明确调控的目标,要运用计划和财政税收金融货币政策,有效地控制经济总量,求得总供给和总需求的平衡,以保证价格总水平的相对稳定。在保持经济较快增长的同时,避免出现严重的通货膨胀。二要完善间接调控手段,增强政府调控价格的能力。对市场价格进行有效的间接调控,必须增强政府调控价格的经济实力。为此,必须建立健全价格调节基金制度和重要商品的储备制度以及社会保障制度。三要建立完备的价格监测预警系统。全面及时准确的经济和价格信息是政府调控价格正确决策的基础。为了搞好市场价格的调控,必须建立科学的价格总水平监测指标体系,建立市场价格跟踪监测、预警体系。四要使价格的调控和管理逐步纳入法制轨道,加强市场价格法制体系的建设。

价格法律法规体系，包括价格的基本法即《价格法》，规范价格决策主体价格行为的法律法规；规范价格运行秩序的法律法规；规范政府宏观管理的法律法规等。我国虽然已经颁布了《反不正当竞争法》、《消费者权益法》等与价格有关的法律。但是却没有一部权威的《价格法》，使价格运行和价格执法都遇到很多困难。因此要抓紧《价格法》的制定，并且相应搞好反垄断、反欺诈、反价格歧视、反暴利以及批发市场交易、价格监督检查等方面的法律法规建设，以规范价格和市场交易，实现平等竞争、公平交易、正当经营，建立良好的市场价格秩序。

社会主义市场价格体制具有丰富的内涵，建立社会主义市场价格体制是个系统工程。我国价格改革的任务，任重道远。我们必须保持清醒的头脑，继续努力，在保持价格总水平基本稳定的前提下，进一步深化改革，以便最终在我国确立社会主义市场价格体制。

（此文是1994年递交全国高校社会主义经济理论与实践研讨会的论文，原载冯子标主编：《当今中国经济学八大理论热点》，山西人民出版社1994年版）

论新的价格体制下国家对价格的直接管理和间接管理

经过十多年来的实践，经济理论界对于我国的价格改革达成了这样一个共识，即由指令性计划价格模式转变为以市场定价为主体的新的价格形成机制和运行机制。我国价格改革的历程正是以逐步放开国定价格，并向市场价格机制靠拢为主要特征的。这样，价格改革的理论和实践都给我们提出了一个很重要的问题：价格放开后，国家如何进行行之有效的管理？这个问题不解决，新的价格机制的正常运行便成了一句空话。本文拟对这一问题作一探讨。

一、在市场经济体制下必须实行国家直接管理和间接管理相结合

国家对价格的管理，是指商品价格形成和运行的过程中，国家施以有效的干预和调控，以保证价格形成机制和运行机制的正常运转，并促使国民经济持续均衡地发展。一般来说，国家对价格的管理主要有两种形式：直接管理和间接管理。前者是国家直接规定商品的价格，定价行为和管理行为、定价主体和管理主体合二为一；后者则是国家不直接规定商品的价格，而只进行指示性、规范性的指导。在不同的经济体制和价格体制下，国家管理也各有差异甚至是本质的差别。在以集中性、行政性为特征的计划经济条件下，基本采用直接的管理形式。而在市场经济条件下，则是在市场定价的前提下采用间接管理的形式，只在市场机制作用不到或市场失灵的地方辅之于少量的必要的直接管理。

在我国传统的指令性计划价格体制下，国家管理仅仅意味着国家对价格的直接管理，国家管理和国家定价是同义语。国定价格忽视供求因素，排斥市场，“既不反映价值，也不反映供求关系”①，给我国的经济发展带来了严重危害。所以，国家定价作为一种无所不包的单一模式或覆盖大部分商品的主体模式都是应该摒弃的。我们要变革旧的高度集中的价格体制，建立新的灵活的市场价

① 见《中共中央关于经济体制改革的决定》。

格体制，对于国家管理来说，理所应当地应由直接管理转向间接管理，由排斥市场机制的管理，转为利用、顺应市场机制的管理。

在市场经济条件下，商品的价格主要是由市场形成的。在市场上，追求利润最大化的商品生产经营者和追求消费效用最大化的消费者通过双方之间的竞争以及双方内部的竞争，最终实现市场均衡并形成均衡价格。这一过程的不断进行，导致收入分配的效率化和资源的优化配置。因而，在市场价格体制下的国家管理必须以市场价格的正常运行为前提，国家管理主要不是取代市场的直接管理，而应该是保证市场价格机制正常运行的间接管理。这种间接管理主要是通过稳定宏观经济环境，提供客观经济信息，规范市场竞争秩序，约束市场主体行为等方式来进行。

但是，对于国家管理来说，并不是由"一统天下"的直接管理形式转为"唯我独尊"的间接管理形式。现在，一提起放开价格，就认为要放开一切商品的价格，国家从此就可以撒手不管了。且莫说放开价格之后，国家并不是撒手不管，而是要施之于间接管理，就拿放开价格本身而言，也不是要放开一切商品的价格。对于绝大部分商品来说，由于存在众多的生产经营者，存在着较充分的竞争，应该实行市场定价，国家再加以间接管理，这是完全正确的。但是，对于极少数商品而言，由于具有天然垄断性的特点，必须实行直接管理，即国家定价。因为这些垄断性产品，如果由私人或单个企业定价，它们必然会利用其垄断地位，干扰市场价格机制各种功能的充分发挥，危害市场和整个国民经济的运行。所以，这部分商品的价格必须由全社会整体利益的代表者——国家——来决定。另外，在某些时期，市场价格机制无法自动地使供求达到均衡，也必须由国家进行直接管理。

还应当指出，放开绝大部分商品的价格也不是实行"休克疗法"，一下子全部放开，而应该根据市场供求、宏观经济环境、社会居民心理等因素，通盘考虑，逐步放开。同时，在价格放开的过程中，一定要做好国家的宏观调控工作。这主要包括：一是对于正在放开的价格来说，要加强市场监督和检查工作，防止企业乱涨价，同时积极帮助企业搞好企业定价工作；二是对于尚未放开的价格来说，要充分发挥国家经济管理的职能，为放开价格创造条件，如发育和完善市场体系、制定市场竞争规则，通过企业改革规范企业行为、搞好对消费者的宣传教育工作，等等。上述管理内容，属于我国价格改革过程中的临时性对策，具有新旧体制转换的过渡性特点。

总之,直接管理和间接管理是在市场体制下国家管理价格的两种形式。其基本内容有二:第一,国家对绝大部分商品价格实行间接管理,对极少数垄断性商品价格实行直接管理;第二,对市场定价的商品价格在市场价格无法正常运行时也要实行国家直接管理。

二、国家对价格的直接管理

在现实条件下,市场价格模式同过去传统的社会主义计划价格模式相比,无疑具有不可比拟的优点,因而应当以市场价格模式来取代计划价格模式。但是,我们在破除"计划迷信"的同时,也必须避免陷入"市场迷信"的迷雾。事实上,市场也不是万能的,在某些场合市场是"失灵"的。在这些场合,还必须以计划取代市场,即实行国家对价格的直接管理。直接管理作为单一模式,甚至对于其某些内涵(诸如排斥供求关系、忽视成本等)来说,都是应该摒弃的。但是,它作为市场价格体制的补充形式来讲,则是应该加以保留和利用的。

市场"失灵"是多方面的。在价格形成和运行方面,主要有以下两类情况:一类是某些商品具有天然垄断性,在这些商品的定价方面,市场是无能为力的。前面已经谈到,市场价格形成的基本机制是竞争,离开了众多市场主体之间的竞争,市场价格便无法形成。另一类是,某些(或绝大部分)商品虽然是竞争性的,但如果出现供求严重失衡(即在一个较长的时期内供求缺口过大,在短期内无法实现供求均衡,一般指需求远远超过供给)的情况,市场也是无能为力的。因为对于这些商品来说,市场价格无法发挥其调节供求、配置资源的功能,无论价格怎样变动,也难以导致有效供给(或需求)的迅速增加,使市场达到均衡和出清状态。反而会导致通货膨胀(或通货紧缩),影响整个国民经济的稳定。这两类市场"失灵"的情况,都需要国家进行直接管理。但是,市场"失灵"的种类不同,施诸国家的直接管理也应该有所不同。

直接管理Ⅰ:长期管理。这是针对市场"失灵"的第一类情况而言的,即对某些属垄断性产品的价格实行国家定价。这种直接管理除具有一般直接管理的行政性、数量性和强制性等共性之外,还具有以下特点:第一,局部性。长期管理仅限于完全垄断性产品,非垄断性产品或垄断不完全的产品不是此种管理的对象。而且,从世界各国的实践来看,这种管理的副作用和操作成本较大,应尽可能缩小其作用范围。第二,长期性。一般而言,这类产品的垄断性是天然的,具有固定性的特征,因而对这类产品价格的直接管理将是长期的,不是暂时的权宜之计。此外,长期管理的主要目的是反垄断,防止牟取暴利,但是产品生产企业的合理利益必须得到保证，即国家在直接管理时，必须严格贯彻完全成本和合理利润原则。

直接管理Ⅱ：短期管理。这是针对市场“失灵”的第二类情况实施的管理。同直接管理Ⅰ相比，直接管理Ⅱ具有以下特点：第一，局部或全局的转换性。短期管理是针对供求严重失衡的商品而言的，当这种失衡是局部性的时候，则只对严重失衡的那部分商品的价格实行国家直接管理；当这种失衡波及到绝大部分商品甚至所有商品时，则应实行全面的直接管理。后者主要表现在战争时期或其他经济发展的非常时期。第二，短期性。一般而言，供求的严重失衡是经济运行的非常态，只是暂时的现象，因而施诸其上的直接管理也只能是短期的。一旦失衡的严重性消失，这种直接管理也将随之消失，而不应该长期化、固定化。应当明确，这时的供求失衡是指“严重失衡”状态，并不包括程度较低的供求失衡或供求矛盾，因为对于后者来说，是经济和市场运行的常态，绝对的供求平衡是不存在的。我们不能一遇到供求失衡的情况，就不加区分地进行直接管理。此外，直接管理Ⅱ的目的是保持价格总水平的稳定，其坚持成本利润原则与否，要取决于当时的经济和市场状况。当不影响价格总水平的稳定时，应尽量贯彻成本利润原则。但当市场全面失衡，需要采取冻结物价之类的严厉措施时，成本利润原则就要服从于物价总水平稳定的要求。

还要把这种直接管理同传统的指令性计划管理加以区别。两者之间主要有以下几点区别。第一，作用范围和程度不同。后者是商品价格的单一模式和永久模式，而前者一般只作用于少数商品或服务价格，也不总是永久性的。一般来说，直接管理Ⅰ不具有全局性，直接管理Ⅱ不具有永久性。第二，内容不同。后者是产品经济条件下的价格管理模式，它“既不反映价值，也不反映供求关系”；而前者是商品经济或市场经济的一种价格管理形式，其价格制定一般应严格遵循成本原则，反映供求关系。应当明确，这种直接管理对市场的取代只是从一定意义上来说的，就价格制定的操作过程而言，是离不开市场的，供求信息、成本收益的比较信息等都必须来自于市场，是国家对市场进行“模拟”。第三，形式不同。后者仅限于千篇一律的国定价格形式，忽视了不同商品供求和成本上的差异性；而前者的管理形式不仅包括国定价格形式，而且还包括最高限价、最低保护价等形式。大体而言，直接管理Ⅰ以国定价格为主，直接管理Ⅱ以最高限价、最低保护价等形式为主；成本容易把握、供求比较稳定的商品以国定价格为主，而成本难以把握、供求容易变动的商品以最高限价、最低保护价等形式为主。

三、国家对价格的间接管理

国家管理的基本形式之二是间接管理。与直接管理不同,间接管理不是取代市场,也不是直接管理价格,而是以市场定价为前提,通过调控市场间接地影响市场价格的形成和运行。

按照古典的市场静态均衡理论,价格机制正常运行的市场处于一种完全竞争的均质状态之中。这种市场的特点是:第一,市场上无论买者还是卖者都拥有完全的信息,市场状况没有不确定性因素;第二,市场上买者和卖者都处于完全的竞争状态之中,都是价格的"接受者",不存在垄断因素和"价格操纵";第三,各种商品和要素市场发达,生产要素能自由流动,不存在"进入障碍"和"退出障碍"。显然,这种完全竞争的市场在现实生活中是不可能存在的。或多或少,现实中的市场在上述三个方面都存在着缺陷:市场上存在着一些不确定性因素,垄断和"价格操纵"也时有发生,生产要素的自由流动也会受到某些障碍的限制。上述缺陷如果变得很严重时,便会妨碍市场价格机制的运转乃至市场和经济的均衡。这样,就不可避免地产生了国家管理的作用。这是各国经济不约而同地由自由竞争时代跨入国家调控时代的根本原因。在社会主义市场经济条件下,市场价格机制的运行同样需要国家的间接管理。结合我国经济发展的实际,国家间接管理应主要做好以下四个方面的工作。

第一,创造稳定的宏观经济环境。保持总供给和总需求的平衡,消除通货膨胀隐患或迅速控制已经发生的通货膨胀的局面,是保证市场价格机制运行的基本前提。西方"混合经济"的积极倡导者、著名经济学家詹姆士·E·米德曾经指出:"自由价格机制必须依据货币价格、货币成本、货币收入和资本与财富的货币价值才可以正常运行。但是,在现代货币经济社会里,物价以不确定的上涨率和下跌率此起彼伏,要使价格机制行使出公平和作出有效决策的功能,简直是不可能的。"[①]为消除通货膨胀的阴影,创造稳定的宏观经济环境,国家管理至少应做到以下几点:(1)通过控制货币发行量,实行一般的货币政策和财政政策来稳定通货;(2)平衡财政。严重的财政赤字总要导致过度的信贷货币扩张,随之便发生通货膨胀,这对以"短缺经济"为基本特征的发展中国家来说,尤

---

① 詹姆士·E·米德:《明智的激进派经济政策指南:混合经济》,上海三联书店1989年版,第2~3页。

其明显；(3)稳定国际收支。国家应通过汇率、关税等政策，防止国际收支状况的恶化。

第二，提供信息指导。前面已经谈到，现实中的市场，信息并非完善，总有一些不确定性因素存在。从冯·哈耶克到乔治·施蒂格勒的西方现代微观经济学，彻底否定了新古典学派关于市场信息完善、信息无偿的假设，认为处于市场经济活动中的企业由于信息阻滞，不可能顺利地走向均衡。① 这就决定了，一方面需要企业在不确定性的条件下作出最优选择，另一方面需要国家这一宏观经济主体予以信息指导。国家应当发挥自身综合性、前瞻性强的优势，通过定期或不定期公布国民经济发展的态势、提供宏观供求信息、收集国际经济资料、指明国民经济总体发展方向等形式，为企业和个人决策提供指导，以尽量减少市场主体行为上的盲目性，保证市场价格机制的正常运行，并使之符合国民经济发展的整体方向。

第三，健全市场体系，保证生产要素的自由流动。市场的运行和均衡，离不开生产要素较充分的自由流动。如果生产要素不能自由流动，当某种商品供不应求而导致价格上涨时，企业便无法扩大生产规模或有新的企业进入该产品的生产，从而不能迅速增加有效供给，价格的调节功能便无法得到充分发挥；同样，当某种商品供过于求时，企业也无法减小生产规模或退出该产品的生产，导致资源的浪费。生产要素的自由流动需要发达的市场体系来加以保证。市场体系是市场和经济运行的“蓄水池”，它为其提供能充分流动的生产要素。市场体系不仅包括各种商品市场，而且还包括资本、劳动力、技术等各种要素市场；不仅包括分散的区域性市场，而且还包括统一的国内市场和国际市场。目前，我国的市场体系很不健全，存在着许多亟待解决的问题。主要有：(1)商品流通渠道尚未完全理顺；(2)要素市场建设还处于起步阶段，一些理论障碍和实际障碍尚未消除；(3)国内市场分割，统一的大市场还未形成；(4)国内、国际两大市场的联系也很不紧密，资源配置功能的互补尚欠缺。上述问题已经严重阻碍了市场机制的正常运行，需要国家下定决心，尽快予以解决。

第四，制定市场规则，规范市场秩序。市场是各种市场主体交换关系的总和，市场主体行为是否合理和规范直接关系到市场的运行。而合理和规范的市场主体行为不是自发形成的，需要有一系列的市场规则来予以约束。在市场规

① 万解秋、李慧中：《价格机制论》，上海三联书店 1989 年版，第 4～5 页。

则不完善的情况下，一些市场主体必然会采取投机的态度，利用自身的垄断等条件牟取暴利，扰乱市场。市场规则包括两大类：一类是一般规则，即一般的市场行为应遵循的规则，例如经济合同规则、证券交易规则等，具有普遍性；另一类是特殊规则，是针对市场运动中出现的问题而制定的规范性对策等，如反垄断法、防止过度竞争法等。正如合理和规范的市场主体行为不可能自发形成一样，具有约束力的市场规则也不可能在市场的自发运行中形成，需要国家这一"强制性"机构来予以制定并监督实行。需要指出的是，国家制定市场规则的目的不是要妨碍市场主体的正常活动，而是保证市场活动的正常进行，杜绝不正当市场行为的发生。市场规则是保证车辆正常通行的交通规则，不是妨害小鸟正常生命活动的所谓"鸟笼"（这几年，有些同志主张的"鸟笼经济学"的观点是欠妥当的）。

综上所述，直接管理和间接管理相结合的新的经济管理体制是市场价格体制下国家对价格的管理模式。它既根本不同于改革前指令性计划管理体制，又不同于改革后国家定价、国家指导价为主和市场调节价为辅的管理模式。新的国家价格管理体制的建立和完善不可能一蹴而就，需要一个相当长的过程。在这个过程中，甚至在新的体制确立之后，都需要一系列的"硬件"和"软件"来予以保证。从"软件"来说，需要制定一系列的法律规章制度，以便新的管理体制法律化、制度化。当前尤为重要的是制定《价格法》、《反垄断法》等法律。从硬件来说，现行的物价管理部门要转变职能，从以直接控制为特征的行政性模式中解脱出来，加强其间接管理的职能，当前应首先在信息职能、监督职能上做文章。

（原载《经济管理研究》1993 年第 3 期）

西北油漆厂企业定价成功经验探索

英国经济学家亚瑟·马歇尔说:一个企业将定价权委任给谁,即意味着将企业的命运维系于谁。价格体制改革和企业经营机制改革逐步落实了国有企业定价自主权,企业能否把握住自己的命运呢?事实表明,企业定价对企业是机遇,也是挑战。在市场竞争中,企业的命运各不相同,有的如鱼得水,有的举步维艰。甘肃省西北油漆厂(以下简称西漆厂)在改革大潮中脱颖而出,1989年以来连续4年蝉联全国涂料行业厂际竞赛冠军,连续4年进入中国500家最佳经济效益企业行列,成为中国涂料行业中一颗耀眼的新星。西漆厂所取得的成就与其成功的企业定价息息相关。

一、企业定价目标、策略、制度

1.明确的定价目标

西漆厂在市场竞争中,把稳定和提高市场占有率作为企业定价的明确目标。企业定价活动围绕这个目标实施展开。

以稳定和提高市场占有率为企业定价目标,体现出了油漆行业市场结构现状的要求,反映出了发展与演变的趋势。中国油漆行业现有生产厂家数千,其中不乏与西漆厂规模相当抑或规模更大的。以乡镇企业为主体的小企业,规模虽然小,但其产品品种、花色单一,生产专业化程度高,在竞争中“单打一”,也是一支不可忽视的力量,由于油漆生产投资小、见效快,新企业仍在不断进入市场。众多的生产厂家在市场力量推动下,围绕产品价格、产品质量、营销手段展开了激烈的竞争,各个企业的相对地位正升降起伏。按照开放的、竞争的市场结构演进的规律,大企业的规模会越来越大,小企业的生存空间愈来愈小,产业集中度将稳步上升。油漆行业市场结构的演变正在进行,在今后十年中将达到高潮。谁能在演进过程的早期占有较高的市场份额,谁就有较强的市场价格控制能力,有较强的市场竞争承受能力,为以后的发展奠定坚实的基础。西漆厂在80年代初期,国有企业改革刚显端倪时就面向市场,选择了稳定、提高市场占有率为企业定价目标,这是深谋远虑的。

西漆厂在既定企业定价目标指引下,积极开拓市场。经过十余年努力,产品已牢固占领西北市场;在华北、中原、东北的广阔市场已站稳脚跟,正"步步为营,逐渐推进";在西南市场,利用三峡工程上马、油漆需求量倍增的有利时机,本着"占领一点,稳住一片"的原则,以成都为中心,逐步扩展市场。1993年,西漆厂年产油漆23016吨,实现产值20198万元,实现销售收入19430万元,分别比1982年增长1.1倍、1.4倍、3.1倍。市场占有率的提高和市场的拓展,为企业创造了有利的生存与发展空间,增强了市场竞争的承受能力,在某些区域性市场已有较强的市场价格控制能力。现在的西北地区油漆市场,西漆厂已成为行业中的龙头企业,能够左右市场价格,其他厂家参照西漆厂产品定价,按一定比例确定本厂产品价格。西漆厂提价或降价,它们也得采取相应的行动,否则,西漆厂有足够的实力采取报复性竞争行动,迫其就范。

2. 薄利多销的企业定价策略

价格作为重要的竞争手段,主要指的就是薄利多销的策略,即以较低的价格争夺顾客和扩大销路,这是提高市场占有率的前提。十几年来,西漆厂坚持薄利多销的定价策略,产品价格低于市场上同类产品的价格,尤其是低于国内市场中主要竞争对手(如天津油漆厂)的价格。在市场上同类产品质量、品质大体相当的情况下,价格就是决定产品被消费者接受程度的主要因素。西漆厂生产的永新牌油漆系列产品以其质优价廉的特点叩开了国内许多市场的大门,愈来愈受到消费者的青睐。现在,低价仍是西漆厂开拓新市场的一把利剑。剑之所指,顽固的地区保护主义也无力阻挡。

油漆产品从市场总的供求情况看,需求的价格弹性低,如果市场上油漆供给价格下跌20%,并不能使市场上油漆需求量增加20%。但对于单个企业而言,市场上买者、卖者众多,它所面对的市场需求量相对其产品供给量是庞大的,较低的价格会导致企业产品销售量大幅度的上升。在这种情况下,低价、低利润率非但不会使利润总额减少,相反,由于销售量的剧增,企业利润总额会上升。1993年,西漆厂实现利润910万元,利税总额3068万元,其中上交国家财政3055万元,比十年前有巨大的增长。这些成就对一个只有1500人的企业是难能可贵的,也应验了一句古话:"三分毛利撑死人,七分净利饿死人。"

低价是一道有效的市场进入壁垒,能遏制新的竞争者加入。事实上,即使是一个垄断市场,垄断价格也并不高,因为高价产生的高利会诱导潜在的市场竞争者。西漆厂已获得较高的市场占有率,在那些已占主导地位的区域性市场中继续实行低价,确保了既得市场地位和利益不受挑战。

3.完善的企业定价制度

企业定价目标、企业定价策略的贯彻、落实要有制度保障,为此,西漆厂建立了一套完善的企业定价制度。在机构设置上,成立了由厂长、财务、销售、信息中心、成本会计、物价审核员等部门人员组成的价格小组。厂长亲任组长,日常事务由财务部门办理。制定了以市场竞争为导向的定价原则、定价程序、定价执行制度。制度真正起到了把企业定价规范化、科学化的作用,也真正具有约束作用。例如:西漆厂在陕西的一销售门市部管理人员提高价格出售了一批产品,此举使企业增收十几万元,而销售人员并没有受到奖励,厂里对其进行了严肃处罚。因为他们的行为违背了任何人不能擅自变动厂价格小组制定的价格的制度。的确,增收十几万元在短期内是有利的,但它影响了全局,而企业定价必须有全局性和长期性眼光。

二、企业定价基础:成本控制、质量管理

企业定价是对具体的企业产品的价格制定,产品是其基础,企业定价制约于也体现出企业产品的特征。成本与质量是反映产品特征的两个主要指标。西漆厂以市场占有率为企业定价目标,以薄利多销为定价策略,低价要求低成本,否则利润难以保证,无法长期坚持低价。低成本又是以保证产品质量为前提的,没有这个前提条件,降低成本毫无意义。西漆厂双管齐下,一方面狠抓成本控制,一方面严格质量管理。卓有成效的工作为企业定价奠定了良好的基础。

1.加强经济核算,全面降低成本

西漆厂年需各种原材料300余种,2万多吨。需资金6000多万元。为了降低原材料采购成本,他们广泛收集国内外化工原料生产厂家的资料,了解每种原材料生产工艺和技术参数,积累了一套比较完整的原材料基地信息台账。采购人员每次外出采购,都要拿出信息台账进行四比较:①比价格;②比质量;③比费用;④比供货及时性。制定了采购中严格遵守的五原则:①凡是能当地解决的,不从外地进;②凡能从厂家进货的,不从商业进;③凡能买批发价的,不买零售的;④能买平价的,不买议价的;⑤能修旧利废的,不买新的。1991 年,仅供应人员低于市场平价购进原材料一项就节约资金 141.6 万元。

20 世纪 80 年代中、后期以来,西漆厂所用原材料市场价格上涨很快。他们依靠科研,优化产品配方,在保证质量的前提下,积极寻求原材料的节约替代方案。例如在生产脂胶漆时用价廉的胡麻油替代桐油,用价廉的硅灰石替代钛白粉和立德粉,用石油树脂代替硬树脂。1987 年以来,他们共优化配方 300 多个,降低了产品成本,增强了对原材料价格上涨的承受能力,也为企业净增收入 782 万元。

在传统体制下,企业"先干后算",对于具体的产品盈利、成本情况心中没底,一切都淹没在总盈利或总亏损的统计数字中。事实上,在 1982 年,西漆厂生产的油漆 700 多个品种,而其中 163 个品种是亏损的,少的每吨亏损 50 元,多的达到 2000 元。面对市场竞争,西漆厂逐步实行了科学化、规范化的"先算后干"制度。厂里的信息计算中心储备了 2300 个成品、半成品的配方。每月根据市场需求变化和原材料行情,对产品的成本进行预测,编制出每种产品的成本利税预测表,供有关部门决策用。"先算后干"加强了成本预测控制,有效地避免了企业定价的盲目性。

2. 严格的产品质量管理

按照美国经济学家张伯伦的说法,企业市场力量的强弱表现在它对市场价格的控制能力上,而控制能力的重要来源就是产品质量和性能的差异。价格只有与产品质量、性能联系在一起,才是有意义的,因为消费者接受一种产品的价格,暗含的前提是同时接受产品质量和性能。西漆厂十几年来,坚持走科技兴厂的道路,全面加强质量管理。

西漆厂从 80 年代中期开始,坚持开发与引进结合,挖潜与改造并重,高起点、高标准地全力推进企业技术进步。厂里先后从加拿大引进汽车喷烤设备 3 套;从台湾引进高级防火涂料、高级聚氯酯漆等高新技术;从日本引进油漆包装用的方便桶生产线。在引进先进技术、先进设备的同时,利用国内大专院校、科研单位的科技优势,与厂内技术力量结合,消化、吸收先进技术,并进一步创新。从 1982 年到 1993 年,生产能力扩大 3.3 倍。产品由以前的 12 个系列、100 多个品种增加到 17 个系列、400 多个品种、2000 多个花色。西漆厂的生产工艺和生产技术水平已跃居全国同行业的领先地位,产品中有 80 多个品种分别获国优、部优、省优荣誉称号。高质量的产品赢得了用户的信赖。

在从硬件改进上提高产品质量的同时,西漆厂加强了产品质量管理。厂里建立了产品质量保证体系,组成了以厂长为首的全面质量管理领导小组。积极开展 QC 小组活动,实行产品的质量一票否决制。厂内制定了产品“四不”出厂制度:①没有检验合格证和分析单不准出厂;②分析项目不全不准出厂;③产品未按规定留样不准出厂;④包装质量不合格不准出厂。近年来,西漆厂产品生产一次合格率达到 98.5%,工艺合格率达 98%,产品质量稳定提高率达到 100%。

三、企业定价的实现:产品销售

企业定价不是市场价格,企业定价在市场供求关系中的实现,取决于消费者的认同。价格和质量是决定一产品被消费者接受程度的重要因素,但这是潜在的。消费者只有购买了产品,一切才能变为现实。对于企业,消费者的认同只有成为实实在在的购买才是有意义的。西漆厂的产品质优价廉,这是开拓市场的一把利剑,但能否运用好这把利剑取决于销售活动。西漆厂的成功也在于他们相当纯熟地运用了这把利剑。

西漆厂的领导充分认识到销售是企业生存的命脉,对此给予了足够的重视。厂长亲自抓产品销售,厂内抽调一大批有技术、懂经营、有文化的职工充实销售队伍。扩大销售部门的权力,撤销以前的计划科,把下达生产计划的任务交给销售科,按照市场需求指导生产,及时调整产品结构。确立了以销售为龙头,以销定产,以销售带动全局的方针。

1983 年以前,西漆厂产品由商业、物资系统统销,这两个部门如果资金短缺或销售困难,就会减少进货,造成企业产品积压,影响企业再生产的顺利进行。久而久之,形成恶性循环,商业、物资系统打喷嚏,企业就感冒。为了增强市场应变能力,西漆厂从 80 年代中期就开始进行产品直销,打破旧的产品销售格局,建立起了商业和企业联销、以企业自销为主的新格局。目前,一个遍布全国的产品销售网络已经形成,该网络现有 13 个销售批发门市部、500 多个特约联营经销点、5000 多户代销门市部。遍布全国的销售点是确保老市场的阵地、向新市场渗透的桥头堡。销售网也是信息网,各个销售点成为西漆厂伸入市场的触角,能将市场信息灵敏地反馈给企业。

西漆厂产品销售实行一体化,产品销售与产品质量、售后服务紧密联系。他们在厂内广泛开展“假如我是用户”活动,真正做到为用户着想。产品销售实行“三保”,凡是用了该厂产品因各种原因使用户蒙受损失的,一律负责加倍赔偿损失；用户对产品提出技术问题，厂里派技术员登门解决；对购买新产品的用户，一律提供免费服务，上技术课，办培训班，传授知识，帮助施工，直到用户掌握技术为止。

近一年，由于宏观经济条件的变化，油漆市场销售疲软，西漆厂也受到一定的冲击。对此，西漆厂积极寻求对策，又出产品销售高招。他们把产品销售同原材料供应结合起来，与一些原材料供应大户建立联销关系，“我进他的原材料，他销我的产品”。这一举措尚处于落实阶段，但不论其成效如何，它至少反映出了西漆厂在市场竞争中的开拓、创新意识。

四、企业家精神

美国经济学家熊彼特在分析资本主义发展史时，非常强调企业家精神的独特作用。他把企业家看作资本主义的灵魂，是“创新”，“生产要素新组合”以及“经济发展”的主要组织者和推动者。他的看法是独特的，但这常易被人忽视，而事实一再向我们证明企业家精神对于一个企业和社会经济发展是多么重要。

企业定价是企业重要的自主经营权，但能否用好这一权利，有赖于企业家的素质。在市场竞争中，西漆厂张军厂长纯熟地运用了企业定价权利，为企业发展做出了巨大的贡献。仅举几个简单的事例就能有力说明张军厂长所表现出的卓越的企业家精神。1982 年，国有企业改革刚拉开序幕，张军厂长就敏锐地把企业经营纳入面向市场竞争的轨道；80 年代中期，全国油漆行业处于卖方市场，“皇帝女儿不愁嫁”时，张军厂长却带领西漆厂大搞技术改造，努力提高产品质量，这一措施为西漆厂今天和以后的发展打下了坚实的基础；当直销在中国仍为大多数人不熟悉时. 张军厂长力排众议，打破旧格局，建立了产品直销网络；现在，张军厂长又向更高的目标前进，他把眼光投向国际市场，以求为西漆厂创造更广阔的生存与发展空间。在市场经济的雏形阶段，那些勇于创新、捷足先登的人往往享有较高的投资报酬率，西漆厂的成功就是这个规律的明证，也是企业家精神作用的体现。

五、总结与思考

在计划经济体制中，价格只是一种核算手段，对经济运行没有实质性影响。社会主义市场经济把资源配置纳入了价格机制的范畴，相应地要求企业定价作为整个价格机制运作的基础。但是我们对企业定价的认识和企业定价工作还存在很多问题：有的仍把企业定价理解为核算意义上的价格制定；有的实行企业定价后，换汤不换药，沿袭计划体制的老作法；有的把企业定价仅仅理解为扩大企业自主权。凡此种种,表明我们的认识还需要深入,企业定价还不成熟,社会主义市场经济还有待完善。

从西漆厂企业定价的成功经验看,企业定价是责权对等的企业市场行为。企业定价确立了企业的市场经济微观基础的性质和功能,赋予了企业重要的自主经营权利;另一方面,企业定价强化了企业的利益约束和风险约束机制,企业必须承担参与市场竞争、自我发展的责任。作为责权对等的市场行为,企业定价是一个有机整体,它至少应包括以下几个方面的内容。

第一,企业定价目标。目标是纲,纲举目张。利润是企业定价的根本目标,这一根本目标可以分解为预期收益目标、利润最大化目标、市场占有率目标、稳定物价目标、树立企业形象目标等。不同的定价目标各有其不同涵义和恰当的适用范围,企业选择哪种目标,要具体考虑企业的营销环境、产品特征、市场及竞争状况。

第二,企业定价策略。策略是对目标的具体操作,它包括两方面的内容:一是制定价格时应遵循的方针、政策,如定出高价还是低价;二是对制定出的价格怎样管理,例如,为了促进销售或对付竞争,在什么情况下价格可以变动以及如何变动。

第三,企业定价制度。企业定价是一项复杂的工作,具有全局性和长期性,为了减少各种不确定因素的干扰,必须实行规范化、科学化的管理,这要求完善的制度保障。

第四,企业内部管理和销售活动。以成本和质量为核心内容的企业内部管理是企业定价的基础,销售活动是企业定价得以实现的手段。以上二者真切地体现出了企业定价的责任,它们是整个企业定价行为的重心。只有认真履行企业定价责任,才能真正享受到企业定价的权利。目前我们企业定价中的最大问题即在于此,相当多的企业还没有真正认识到企业定价是责权对等的市场行为,没有自觉地把企业定价中的权利和责任统一起来。

以上四个方面是构成完整的企业定价行为的主要内容,它们之间紧密相联。成功的企业定价是由适当的目标、灵活的策略、完善的制度、严格的内部管理、积极的营销活动合力形成的。但这一切都有赖于企业经营者。企业经营者的素质高低决定着企业定价水平的高低。对于在传统体制下塑造的国有企业和习惯于国家定价的企业经营者,企业定价无疑是严峻挑战。迎接挑战要重新塑造国有企业,也要有能够面向市场的新的企业经营者。社会主义市场经济的完善呼唤着企业家精神，成熟的企业定价也需要卓越的企业家精神。

〔原载《价格信息与研究》1994 年第 5 期，该文是对西北油漆厂（现改制为西北永新涂料有限责任公司）企业定价经验的调研报告，系与阙紫康（现为深圳证券交易所综合研究所副所长、经济学博士）合作〕

健全宏观调控　抑制通货膨胀

《中共中央关于建立社会主义市场经济体制若干问题的决定》指出："建立社会主义市场经济体制,就是要使市场在国家宏观调控下对资源配置起基础性作用",从而明确了市场机制是资源配置的基础性方式,也强调了宏观调控在我国建立现代市场经济条件下的必要性。

现代市场经济是有政府调节的市场经济,完全自由放任的市场经济是不存在的。这是因为市场机制本身有其局限性,即"市场失灵",要求政府对经济进行宏观调控,以弥补其不足。这主要表现在以下几方面:

第一,市场机制可有效地解决微观领域的平衡,但其自发性往往会导致总供给量和总需求量的失衡,使经济运行出现周期性震荡——经济衰退或通货膨胀。这就产生了政府对国民经济总量调控的必要性,以保证国民经济健康发展。

第二,市场机制主要调节现有的生产和需求,而不能有效反映国民经济发展的长远目标和宏观经济结构。正是为了实现产业结构合理化以及既定的产业目标,要求政府加以引导和调节。

第三,市场竞争的法则是大鱼吃小鱼,竞争的趋势是垄断,垄断则会障碍市场机制配置资源的有效性。因而,政府出面采取措施,抑制垄断,保证市场的平等竞争环境就成为必然。

第四,市场以其优胜劣汰的竞争机制检验市场主体。它势必拉大人们之间的收入差距,甚至导致两极分化,难以实现社会公平。为确保公平和效率,就要求政府参与国民收入的分配和再分配。

第五,企业经济活动的外部效应(正效应或负效应),也引起政府进行调节的必要性。因为,这时社会成本和企业成本、社会效益和企业效益之间存在差异,市场本身并不反映这一差异并作出评价,从而要求政府出面调整以实现资源的合理配置。

第六,社会公共消费品的生产要求政府承担相当的责任,以弥补市场调节之不足,为整个社会服务。

不仅如此,在我们这个发展中的社会主义大国中,政府强有力的宏观调控具有特殊意义:我国正处于新旧体制转换的关键时期,培育市场体系,健全法律、法规,缩小城乡间经济发展水平的差距,平衡东西部、内陆和沿海地区不同区域的经济,推进和完善各项改革工作等都需要政府发挥作用,以弥补市场之不足。二战后德、日等后起市场经济国家的实践证明,政府强有力的宏观调控是缩短经济上“追赶阶段”的重要条件。我国要抓住当前发展的有利时机,更有必要加强政府对整个国民经济的宏观调控,以尽快建立起完善的社会主义市场经济体制。

宏观调控和市场机制不同,它的主要目标就在于根据国民经济运行实际,搞好社会供求总量的基本平衡;按照既定的社会经济发展目标和政策,优化产业结构。从总体上保持国民经济的合理增长,预防通货膨胀,保证充分就业,以促进国民经济的健康、协调发展。同时宏观调控还肩负着为改革创造一个比较宽松的经济环境的任务。国家实施宏观调控,主要通过经济手段、法制手段以及必要的行政手段的运用来调节市场经济信号进而影响整个经济活动。这种调控目的和功能的实现,需要有良好的宏观调控体系和运行机制。因此,改革和完善计划、财政、金融体制,建立互相联系、互相制约的调控机制就成为必然。

一、切实转变计划职能,加快计划体制改革

党的十四大报告明确指出:“国家计划是宏观调控的重要手段之一。”说明在社会主义市场经济条件下,计划和财政、金融一起构成国家宏观调控体系的主要内容。

当然这里的计划和原体制下的计划模式有本质的区别。传统的集中计划经济是通过包罗万象的指令性计划来实现对经济调控,企业是政府机构的附属物,完全按自上而下的指令从事经济活动。因而,实际上没有微观经济和宏观经济之分,也无所谓经济的个量与总量,整个国民经济都受计划的严格控制。

在现代市场经济条件下,因为企业是独立的法人实体,自主经营,自负盈亏,作为市场主体通过市场和其它主体发生关系,在合理范围内企业活动无需政府的直接干涉。因而这时国家计划在总体上应该是指导性的而非指令性的。计划部门的主要任务应转变为合理确定国民经济和社会发展战略,提出宏观调控目标和产业政策,搞好经济预测,规划重大经济结构、生产力布局、国土整治和重点建设。计划工作从数量管理转变为价值管理,计划管理上突出预测性、宏观性、战略性和指导性,并与财政、金融部门密切配合,综合运用经济政策、经济杠杆、经济法规等间接管理手段,调节整个社会经济活动。在当前,尤其要求计划管理人员切实转变观念,更新知识结构,将计划管理转移到制定中长期计划工作上来。

二、认真落实财政体制改革的各项措施,进一步完善财税体制

财政是政府对经济活动进行宏观调控的重要经济手段。它是国家凭借政权力量强制地参与国民收入的分配和再分配,成为调节社会各方面利益关系的重要经济杠杆。它对社会经济活动的调节功能主要在于:第一,根据国家计划,主要运用财政收入和财政支出政策,保持总供给量和总需求量的基本平衡,保证宏观经济结构的合理化。第二,运用财政政策和财政杠杆,进行收入再分配,通过对市场的间接调控,来调整各方面的利益关系,保证公平和效率。

随着市场经济体制的发展,原财政包干体制弊端日益突出:中央财政困难.职能弱化;经济割据和地方保护主义发展;重复建设,企业效益低下,资源浪费现象严重;地区间差距扩大等。这说明,要建立现代市场经济体制,就必须改革这种旧的已不适应生产力发展的财政体制。因此,从我国建设实际出发,按既定战略,财政体制在以下三方面进行了重大改革:

首先,在1992年试点的基础上,今年年初开始在全国试行分税制改革,建立中央财政体系和地方财政体系。主要包括两个环节:(1)在合理界定中央和地方政府的事权和支出范围的基础上,将财政收入划分为中央固定财政收入、地方固定财政收入和共享收入。将关税等直接涉及整个国家利益和国家调节社会总供求,参加收入再分配所必需的收入列为国家固定财政收入;和地方社会事业及经济发展密切相关的适宜地方征管的税收确定为地方固定财政收入,如营业税、地方企业所得税等;随着经济发展而稳步增长的、数额较大的税种为中央和地方共享收入,如资源税、增值税等。中央税种和共享税种由中央税务机构征管,地方税种由地方税务机构征收。(2)建立中央政府对地方政府的转移支付制度。主要有税后返还和专项拨款。通过改革,基本理顺了中央和地方的利益关系,既从宏观上加强了中央政府对整个社会经济的调控,又便于调动地方政府的积极性,调节各方面的利益关系,促进区域经济的协调发展。

其次,税制方面,按照统一税法、公平税赋、简化税制和合理分权的原则,主要对流转税、企业所得税、个人所得税进行了改革。内外资企业统一实行增值税；不论国有企业、集体企业还是私营企业，其税收统一为内资企业所得税；取消国有企业缴纳的“两金”，减轻国有企业税赋，为不同所有制企业公平税赋和平等竞争创造了条件，为理顺国家和国有企业利润分配打下了基础；在个人所得税方面，对中国公民、外国人和城乡个体工商业户统一采取超额累进税；简化合并某些税种，开征新税种，以适应经济的发展。

最后，进一步改进和规范复式预算制度，建立分级预算管理体系。政府公共预算和国有资产经营预算分设，以便政府搞好国有资产管理，健全和强化管理职能。还要根据需要建立社会保障预算和其它预算。中央政府不再向中央银行透支，赤字只能通过中央财政发行长、短期债券去解决。同时，逐步建立分级财政管理体系，在强化中央财政职能的前提下，发挥省、市、县财政管理职能，以充分发挥中央和地方的积极性。

我们说财政体制改革是在维持现有利益格局的基础上进行的，因而是渐进的，这要求不断地在执行过程中完善财政体制的各个环节并进一步推进改革。

三、加快金融体制改革，建立与财政、计划相互制约和相互配合的宏观调控机制

金融是政府进行宏观调控的又一重要手段。它通过实施货币信贷政策，运用贷款规模、再贷款、利率、汇率等直接和间接调控手段，调节社会信用总量，保持货币稳定，防止经济出现“过热”或“过冷”，优化产业结构。

要适应现代市场经济的发展，必须深化金融体制的改革：

第一，建立中央银行领导的，政策金融和商业金融分离，国有商业银行为主体，多种金融机构并存的金融组织体系。(1)中央银行应主要制定和实施货币政策，利用金融手段调控货币供应量，管理社会总需求，保持货币稳定，对金融机构严格监管，保证金融体系的安全运行，以树立自身的领导地位。(2)建立受中央银行直接监督的政策性银行，剥离中央银行和专业银行承担的一般政策性业务给这些银行，负责专门政策性项目的资金供应，使中央银行和商业银行按市场要求运行，保证国家政策的实现。(3)原国家专业银行，引进风险责任制，使专业银行商业化、企业化。同时适量组建其它形式的商业银行。中央银行主要通过间接手段加强对这类银行的间接调控。(4)在继续鼓励发展证券公司、各类保险公司、城乡信用社等非银行金融机构的同时，加强引导和监管，使之真正成为商业银行的补充。总之，通过全面的改革，构建起层次、职责分明的金融宏观调控体系。

第二,建立统一开放、运行规范、严格管理的金融市场体系。完善的金融市场不仅能有效融通资金,而且还是中央银行实现宏观调控的必要环境。因此,要继续建设资金市场;在规范的银行和企业间允许并发展资金拆借市场;加强对证券市场的引导和管理;进一步改革外汇管理体制,建立全国统一的外汇交易市场,逐步实现人民币自由兑换。

第三,健全中央银行的宏观调控职能,综合运用经济手段、法律手段以及必要的行政措施,形成高效、健康的金融调控运行机制。首先,在加强金融体制微观基础建设的同时,中央银行本身应根据经济运行实际,采取多种金融调控手段,包括间接的货币政策工具,如贴现、存款准备金、公开市场操作等。还要借鉴别国其它金融宏观调控手段,加强调控的有效性。其次,加快金融法制建设,改变其滞后于金融经济发展的状况,使金融调控建立在法制化、程序化基础上。最后,各级银行要在明确各自职责和程序化基础上规范自身的行为。目前,金融系统过高的行业收入分配,已在社会引起强烈反响。所以,加强自身调控和自我约束及向社会的透明度是十分必要的。人民银行要利用监督机构切实加强对自身及下属各级银行的监管,包括职责范围,资金的储备、调度使用,机构设置和人员的精干,各种巧立名目的补贴的清理整顿等等。

总之,社会主义宏观调控是个系统化工程,加强企业制度等微观经济基础建设,是搞好宏观调控的前提。它不仅要求计划、财政、金融体制的改革,而且要求投资、外贸体制等各个环节的改革与之配套进行。政府职能也要适应宏观调控的需要。只有深化改革,才能建立起不断完善的宏观调控机制。

当前,在继续深化各项改革的同时,应将宏观调控重点转移到抑制物价的不断上涨,稳定经济增长速度上来。

1993年全年零售物价上涨率达13%,而1994年1~9月,全国零售物价指数比去年同期上涨20.9%,大大高于政府预期控制目标——10%以内。这说明尽管政府采取了一些措施,也在局部领域取得了效果,但现在通货膨胀仍在加剧。造成这种局面的原因很多:首先,在于固定资产投资规模过于庞大,投资需求膨胀。尤其是投资摊子过于庞大,直接导致原材料价格上涨,从而又带动加工企业产品价格上涨,造成成本推动型物价上涨;其次,投资结构乃至产业结构的失衡是本次通货膨胀出现的新特点——即农副产品价格以及农村物价上涨凶猛,房地产炒得火爆,每平方米高达上千元,有的甚至几千元。这些都是建国后所罕见的。第三,重大改革举措的出台,也对物价上涨产生重要影响。如:对粮食等农副产品的结构性提价直接引起相关物品价格的上涨和整个物价水平的攀升。政府公务员等工资的改革和调整,带动的几乎是各行业工资收入的提高,造成成本推动型和需求拉动型通货膨胀。最后,在改革过程中,价格放开后新的调控管理未能及时跟上,价格立法滞后,缺乏强有力的法律约束,以致出现漫天要价、垄断价格、变相涨价等流通中的混乱现象,使得由价格秩序混乱所造成的物价上涨占相当部分。总之,通货膨胀的出现归根结底在于新旧两种体制的交错状态,以及改革旧体制沉积的负效应的释放。这就要求我们正视经济现实,坚定不移地按市场经济的要求推进财政、金融等各个领域的改革,以最终消除经济问题的制度性根源。

但是现在物价的凶猛上涨已阻碍了各项经济改革的顺利进行:我国的经济属于短缺经济,通货膨胀将导致价格体系扭曲,并进一步导致资源配置的非合理化和产业结构的不合理,即加工工业的过度膨胀和“瓶颈”产业的滞后,加剧资源、资金的短缺状态,最终导致国民经济比例失调和生产的破坏;推迟价格进一步改革的步伐,原计划加以改革的如原油、货运等不合理的价格体系被迫延迟;直接阻碍现代企业制度建设,企业效益低下的状况将无法改变;尤其是它导致部分居民生活水准下降和社会分配不公,将产生严重的社会问题。总之,通货膨胀会影响整个社会的稳定以及各项改革事业的进程,甚至将改革拉向倒退。

我国的经济发展要求较高的速度,新旧体制转轨过程中出现一定的物价上涨也是难免的。但是,必须将经济增长和通货膨胀限制在企业和居民均可承受的限度内。因此,为了避免高通货膨胀的不利后果,给改革创造一个比较宽松的经济环境,政府的宏观调控要从保证增长优先转移到稳定物价、抑制通货膨胀同时兼顾经济的增长上来,以实现经济的“软着陆”,避免经济的过大波动。这就要求政府继续采取适当的经济政策,注意更多地采用经济手段、法律手段来调控整个经济。

首先,适当控制固定资产投资的增长速度,遏制投资需求的过度膨胀。同时,对交通运输、能源等“瓶颈”产业及西部和贫困地区开发实行政策倾斜,加大投入,引导现有企业进行技术改造,以优化产业结构。

其次,银行严格信用管理,控制贷款和货币发行,以控制货币量的过快增长;财政也要把住闸门,严格财政支出,从而稳定社会总需求。中央财政严禁向中央银行透支,通过国库券的发行来弥补赤字;适当提高银行利率,尤其是短期利率,以增加居民的储蓄和建立对货币的信任;各级银行严格控制贷款规模的扩大。继续整顿金融秩序,切实规范资金拆借者行为,堵住企业不正当直接融资行为的发展。监管各种非银行金融公司如证券公司等,消除其对通货膨胀的推波助澜作用。

第三,对农副产品生产要增加投入,以增加供给。主要通过财政和政策性银行等实行政策倾斜,当前尤其要抓好农业工程建设,尤其是菜篮子工程的建设,抓好农副产品的收购、储存及调运工作,以增加对社会的供给。

第四,抓紧建立市场价格调控体系,加强市场宏观管理。与放开价格相比,我国价格宏观调控体系的建设明显滞后,调控泛力。鉴于此,必须加快建立目标明确,以宏观调控为主,间接调控、经济手段和法律手段综合运用的市场价格调控体制。而价格法律法规体系是该体系应有之义。因此,当前在注重运用经济手段对价格进行调控的同时,要抓紧价格的基本法即《价格法》的制定,并且相应搞好反垄断、反欺诈、反价格歧视、反暴利以及价格监督检查等方面的法律法规建设,建立良好的市场价格秩序。

中央和地方各级政府要密切配合,采取切实措施,必要时采取临时性行政措施,抑制物价的进一步上涨。切实处理好稳定和增长的关系,为改革创造一个良好的经济环境,从而推动各项建设事业顺利进行,最终建立起完整的社会主义市场经济体制。

(原载《经济管理研究》1994 年第 4 期,系与沈宏亮合作。沈宏亮现为北京工商大学经济学院副教授、经济学博士)

必须抑制通货膨胀

当前我国物价形势严峻,物价指数长期居高不下。去年我国零售物价指数已达14.4%,今年1~9月全国全社会商品零售物价指数比去年同期上升20.9%,全国居民消费价格指数比去年同期上升23.3%,估计全年肯定超过20%,创建国以来新纪录。改革前价格指数较高的年份是:1951年为12.2%,1961年为16.2%。改革以来的价格指数,1988年为18.5%,1989年为17.8%,原计划1994年物价指数争取不超过两位数,现实是不仅超过两位数,而且破了"1"字开头二位数的局面,跃升达到空前的20%。甘肃情况也大体如此。1994年1~10月全社会商品零售物价指数同比上升21.8%,居民消费价格指数上升22.8%。这样高的价格水平,不论从国际公认标准,还是我们国家、企业、居民承受能力来看,都是难以承担的。

对这次通货膨胀和价格上涨原因的分析和看法,各说不一。有的认为是总需求膨胀造成的。表现为投资需求和消费需求的扩大,而其中投资需求膨胀占居主导地位;有的认为是由于生产经营成本上升,推动价格上涨;有的则认为既非需求过大,也非成本推动,而是由改革所导致的通货膨胀类型,可以把它称作"改革性"通货膨胀,它是中国经济体制转轨时期的特有现象,是发达市场经济和一般发展中国家都很难见到的;有的认为是结构性通货膨胀;还有的则认为我国近期物价上涨是多种因素综合作用的结果,很难归结出哪一个是造成价格上涨的主要原因。我认为我国近期物价的过高上涨是多种因素共同作用的结果,但其中又有主要的因素,而且从这次物价持续上涨的进程来看,起主要作用的因素也是有变化的。

1.过度投资引起货币供给过快增长,引发价格的过快上涨。随着经济规模的发展和经济市场化的发展,必然要求货币供给增加。在市场经济社会中,货币是供给增长的"第一推动力",通过货币供给的增长,可以增加需求,促进经济的增长,但当货币供给增长的速度超过资源能够支撑的潜在经济增长时,货币供给的超速增长，只能产生通货膨胀，引起价格的上涨。1992年货币供给增长36.45%，1993年增长35.3%，而同期GDP分别增长13%和13.4%，货币供给增长超过经济增长约20个百分点左右，从而引发通货膨胀。根据历史经验，我国货币供给的过度增长，又往往是由于投资需求过度增长，经济过热所造成，这一轮的价格过高上涨也正是如此。1992年全社会固定资产投资增长42.6%，1993年1~5月高达70%，后经加强宏观调控，全年全社会固定资产投资增长仍高达50.6%。这样高增长的投资需求必然拉动投资品价格的上涨。1993年生产资料出厂价格上涨33.7%。由于投资品价格的上涨，生产成本的提高，最终必然表现为生活资料价格的大幅度上涨。

2.价格改革引起价格上涨。我国价格体系不合理，基础产品价低利少，不利于基础产业的发展和整个国民经济的协调发展。1993年以来.我们加大了价格改革的力度和广度。其主要内容是：放开了大部分钢铁产品价格、部分统配煤炭和统配水泥的出厂价格；提高了铁路货运价格、电力价格、原油价格和原木价格；大部分县市放开和提高粮油价格。这次价格改革大多集中于农业、能源、交通和原材料基础产业部门，这些部门产品价格的上升，会推动整个价格水平的上涨，通过原材料、燃料、电力、运输等成本上升连锁反应，最先带动生产资料价格的上涨，然后逐步影响到消费品价格的上涨。1994年初汇率的并轨，公务员工资的增加，特别是粮食价格的提高，都加速了价格的上涨。如果说1993年物价上涨的主要原因是增长过快、经济过热引发的，那么在1993年下半年国家采取加强宏观调控措施以来，使投资逐步得到抑制的背景下，1994年价格仍然居高不下的重要原因就在于价格改革。改革不合理的价格，有利于经济的发展，是合理的。一定程度的价格上涨则是改革所付出的必要“成本”。当然，改革也要注意力度和时机，不能毕其功于一役。还应当指出，价格改革与通货膨胀并没有必然的联系。在价格改革过程中，会引起一定程度的物价上涨，但并不必然引发严重的通货膨胀。

3.近期价格上涨与农业基础地位被严重削弱有密切关系。在投资需求和货币供给高速增长，通货膨胀日趋严重的大环境下，主要农产品特别是粮、油、猪供给不足，直接引起物价的上涨。近几年来，特别是从1992年下半年开始，由于没有正确执行党中央、国务院的精神，放松了农业，搞开发区，搞房地产，挤占了农业资源，农业投资比重约降低1/4，使大量的农田被占用，加上农业生产资料涨价，农业比较收益严重下降，使农民种粮、养猪的积极性低落，导致农副产品供给严重减少,这是目前基本生活资料大幅度涨价的直接原因。所以,近期物价上涨,表现出与居民日常生活密切相关的粮食、肉禽及其制品、蛋类和鲜菜涨势猛的特征,其影响程度高达70%以上。这些品种消费弹性小,可代替性弱,涉及面广,故居民感觉强烈。

4.流通领域秩序混乱,各级政府程度不同地放松了对市场价格的管理。这也是近期我国价格过高上涨的重要原因之一。流通领域中存在着漫天要价、攀比提价、“搭车”涨价、变相涨价、乱收费用、垄断价格、联手提价等混乱现象,这是有目共睹的事实。它扰乱了经济秩序,损害了群众利益,究其根本是各利益主体为追求自身的经济效益而不顾社会效益的一种无秩序的行为,是市场经济和市场价格自发性的反映。

在建立市场经济体制的过程中,出现一点混乱现象是难以完全避免的。但目前我国流通领域中存在如此严重的混乱现象,却与思想认识和工作有着不可分割的关系。在思想认识上,理论界存在着盲目照搬西方经济学书本,鼓吹“市场万能”,主张价格应该完全由市场自由形成的观点。有人把我国价格改革的思路归结为“管住货币,放开价格”,这就过于简单化了。更有人认为既然价格放开了,还管什么。这种认识程度不同地影响着我们的工作。例如随便撤并物价机构,造成价格管理干部思想混乱,不愿管,不敢管,不会管,以致给人以可乘之机。

综上所述,近期的物价上涨是上述各种因素交互作用的结果,是一种综合型的价格上涨。对其整治之法,也必须综合运用各种手段和办法。既要加强需求管理,特别是继续控制投资规模,又要改善结构,刺激某些短缺部门的生产,特别是增加农副产品的供给;既深化和完善价格改革,又要加强价格的宏观调控和管理,健全物价机构,规范市场价格秩序,改变价格改革力度强和价格管理力量弱的局面;既要运用经济的、法律的手段,又要采取必要的行政手段,并使它们能够有效配合。我们有能力、有办法控制通货膨胀。

(原载《社科纵横》1995第1期。这是作者1994年11月29日在甘肃省社会科学学会联合会召开的理论讨论会上的发言稿)

社会主义市场价格体制的基本框架

一、建立市场价格体制是我国价格改革实践发展和价格改革理论深化的必然结果

党的十四大报告在阐述我国建立社会主义市场经济体制的客观必然性时指出："实践的发展和认识的深化，要求我们明确提出，我国经济体制改革的目标是建立社会主义市场经济体制，以利于进一步解放和发展生产力。"同样，我国价格改革实践的发展和价格改革理论认识的深化，要求我们建立新型的社会主义市场价格体制，这是对原有计划价格体制的彻底变革。

高度集中的计划价格体制是在特定的历史时期形成并延续的，而且也确曾起到了一定的积极作用，有其历史存在的合理性。但是，由于计划价格体制从根本上排斥市场机制、价值规律的作用，价格决策权过分集中，国家对价格管理得过多、过死，价格对国民经济的调节作用不能正常、充分地发挥，从而不利于国民经济发展和产业结构合理化，不利于调动企业和劳动者的积极性。针对计划价格体制的弊端，我国价格体制改革从一开始就比较重视发挥市场机制和价值规律对价格形成的调节作用，实行了市场取向的价格改革。通过十几年的改革，使原来扭曲的价格体系有了显著改观，特别是价格形成机制发生了重大突破。市场机制对于价格形成调节作用显著增强。价格改革对于优化产业结构和产品结构、发育市场、调动企业和劳动者的积极性、促进国民经济持续、快速、健康发展起了非常重要的作用。

从区域经济发展来看，区域经济发展之所以不平衡，归根结底是来自区域之间的商品经济或市场经济发展的不平衡。我国区域经济发展的历史告诉我们：旧中国经济的发展，仅在沿海的某些地区，商品化、市场化有一定基础，在广大的内地，自然经济占主导地位。中华人民共和国建立以后，由于实行计划经济，商品化、市场化的发展遇到重重障碍。改革开放以来，传统格局开始打破，而其结果则是：市场化程度较高的地区经济发展较快，经济发展较快又促进了

市场化,形成良性循环;相比之下,市场化程度较低的地区经济发展迟滞,而经济发展缓慢又制约了市场化的进展,形成恶性循环。毋庸置疑,市场价格改革在地区经济发展中起着关键性作用。市场价格改革力度大的地区,其经济发展就快,反之就慢。比如作为我国经济发展排头兵的深圳特区在价格方面,除少数商品和服务价格由国家定价外,97%以上的商品和服务价格已放开,价格改革已过关,政府不再给予价格补贴。① 实践证明,我国市场取向的价格改革是非常成功的。

当然,我国的价格改革还存在一些问题,改革的任务远没有完成。这些问题的解决有赖于价格改革的深化。党的十二届三中全会通过的《关于经济体制改革的决定》指出:“价格体系的改革是整个经济体制改革成败的关键。”把价格改革摆到了一个很高的位置。邓小平同志也指出:“物价改革是个很大的难关,但这个关非过不可。不过这个关,就得不到持续发展的基础。”指明了价格改革是经济发展的基础。又说:“理顺物价,改革才能加快步伐。”②可见,为了保证我国经济体制改革的深入进行,从而促进国民经济的发展,实践已对价格改革提出了更高的要求,即加速市场化,尽快建立市场价格新体制。

另一方面,建立市场价格体制又是我国价格改革理论深化的必然结果。我国价格改革之初,主要是改革不合理的价格体系,但随着改革的不断深入,我们越来越清楚地认识到,在价格改革的两部分内容即价格体系改革和价格管理体制改革中,价格管理体制改革更为重要,因为价格体系不合理,是价格管理体制不合理造成的。唯有改革不合理的价格体制,才是根本的出路。

我国传统价格理论中,由于长期受计划经济等于社会主义、市场经济等于资本主义的传统观念的束缚,一直将计划价格等于社会主义、市场价格等于资本主义。在价格管理体制上,只怕国家定价少了,社会主义阵地被削弱,担心市场价格会诱发和导致资本主义,因而就建立起并一直维持高度集中的计划价格管理体制。改革以后,我们认为社会主义仍然是一种商品经济,价值规律、市场机制在国民经济中存在并发挥重要作用,价格形成必然要反映商品价值和市场供求关系的变化,只有这样,形成的价格才是合理的、科学的价格,才能发挥其固有的经济核算、传递信息、配置资源和分配收入等主要功能。必须改革原来

① 孙健:《中华人民共和国经济史》,中国人民大学出版社1992年12月版,第650页。
② 《邓小平文选》第三卷,人民出版社1993年10月版,第131、262页。

不合理的价格形成机制,重视市场机制对价格形成的决定作用。特别是邓小平南巡谈话和党的十四大明确了社会主义经济体制改革的目标是建立社会主义市场经济体制后,社会主义市场经济,要求在国家宏观调控下使市场对资源配置发挥基础性作用,价格形成也要以市场为基础。伴随着市场经济不等于资本主义的认识的确立,我们突破了“计划价格 = 社会主义”、“市场价格 = 资本主义”的传统观念,确立了“市场价格不等于资本主义”,而是完全可以和社会主义结合在一起的新观念,为我国价格改革的推进明确了方向与目标。

经济体制与价格体制二者有着十分密切的关系,价格体制既是经济体制的重要组成部分,同时又受经济体制的决定和制约。有什么样的经济体制,就有什么样的与其相适应的价格体制。与高度集中的计划经济体制相适应,就必然有与之相适应的高度集中的计划价格体制;而与社会主义市场经济体制相适应,也就必然要求建立与之相适应的市场价格体制,即如十四届三中全会决定指出的“建立主要由市场形成价格的机制”。

提出价格改革的目标是建立市场价格体制,标志着我国的价格改革进入了一个新的历史时期。表现为:(1)价格改革的目标和任务已经明确,即在“保持价格总水平相对稳定的前提下,放开竞争性商品和服务的价格,调顺少数由政府定价的商品和劳务的价格”。(2)价格改革从以“破”为主转为以“立”为主。即健全新的价格管理体制及完善新的价格形成机制和运行机制。(3)价格改革领域拓宽,广义价格改革提上议事日程。所谓广义价格就是包括物质产品、劳务和生产要素在内的所有商品价格的总和。①

需要指出的是,虽然价格改革的目标已经明确,并为越来越多的人所认识和理解,但要真正建立起市场价格体制,还有许多工作要做。其中最重要的是要改变在计划经济体制下形成的一些阻碍市场经济体制建立的思想观念。我国现阶段仍然是双重体制并存,高度集中的计划经济体制并未完全退出历史舞台。因此,计划经济观念仍在左右着一部分人的思想。反映到价格改革方面,就是对市场价格体制存有疑虑,甚至否定市场价格体制。如有些人认为“市场价格就是价格放任自流”、“市场价格就是涨价”、“只有实行计划价格才能稳定物价”等,从而主张维持计划价格体制。还有些人认为,旧的价格体制固然存在许多弊病,必须对其进行改革,但计划价格体制从本质上讲是合理的,价格改革

① 张卓元主编:《中国价格模式转换的理论与实践》,中国社会科学出版社 1990 年版,第 121 页。

不应该完全否定计划价格体制，而是应该在保留计划价格体制的基础上，通过引入市场因素，最终建立一种有市场调节的计划价格模式。所有这些主张和观点，归结到一点，都是犯了“计划经济病”，必须从根本上去救治。对此，我们指出以下几点：

(1)高度集中的计划经济体制(包括计划价格体制)严重阻碍我国生产力的向前发展，必须对其进行根本性的改革，这是既定事实。市场取向改革的深化和发展，必然要求建立社会主义市场经济体制(包括市场价格体制)，只有这样才能为生产力的发展开辟道路。

(2)建立市场价格体制必须根本变革计划价格体制而不是继续保留计划价格体制。计划价格体制下，价格由国家指令决定，基本不反映价值和供求关系。但在市场价格体制下，价格主要在市场上形成，既要反映商品价值，又要反映市场供求关系。虽然市场价格体制下仍然要保留一部分国家定价，但毕竟是以市场形成价格为主。而且，国家定价也要以市场为基础，随市场供求关系变化而适时调整。因此，市场价格体制和计划价格体制实质性的区别在于价格形成机制的根本不同。二者不能同时并存，就如同计划和市场两种手段可以并存，但计划经济和市场经济不能并存一样。所以，建立市场价格体制必然是排斥计划价格体制的。

(3)社会主义市场价格体制是社会主义市场经济体制的核心。在市场经济体制下，市场机制对社会经济资源配置、生产要素横向流动起着基础性调节作用，即是说市场体制的核心是市场机制。市场机制包括供求机制、竞争机制、价格机制，三者的相互依存、相互影响、协同运作共同构成了市场机制。其中，价格机制是核心。市场机制配置经济资源的作用是通过价格机制来实现的。这就要求必须建立起合理的价格体系，使价格能够真实地反映商品的成本、利润水平以及供求状况、稀缺程度，并且能够灵活地根据变化了的情况及时变动。理论和实践证明，传统的计划价格体制不能达到这一要求，因为计划价格体制是从根本上排斥价格在市场上形成和运行的机制。只有市场价格体制才遵循价格在市场中形成和运行的原则，也才能从根本上确立动态合理和科学的价格体系，从而实现市场优化配置资源的导向作用。所以不难理解，如果没有社会主义市场价格体制的建立，也就没有整个社会主义市场经济体制的建立。

二、市场价格体制的基本框架

我国价格改革的目标是建立社会主义市场价格体制，那么，市场价格体制的基本含义是什么？其主要包括哪些方面的内容？这是我们在建立市场价格体制过程中必须回答的问题。关于市场价格体制的含义，我们认为就是使市场在价格形成中发挥基础性作用，绝大部分商品和劳务的价格要由企业自主决策，在市场供求竞争中形成，即使是国家定价，也必须反映商品价值和市场供求关系的变化。

我国市场价格体制的主要内容，大致可以概括如下：市场形成价格为主、价格引导企业、企业自主定价、国家宏观调控和全面价格监督。

1. 市场形成价格为主。

这是市场经济条件下价格形成和运行的最基本特点。所谓市场形成价格为主，是指在价值规律、供求规律、竞争规律等价格形成和运行一般规律作用下，绝大多数产品价格，通过生产者之间、生产者与经营者之间、生产者与消费者之间以及消费者之间的竞争来确定，不仅包括各类消费资料和社会服务收费，而且包括生产资料和生产要素的价格都是在市场供求竞争中形成的。因而市场形成价格也就成为基本的价格形式。在社会主义市场经济体制下，建立主要由市场形成价格的机制，其主要特点是：

第一，商品价值量及其实现形态（成本和利润）对商品价格的形成具有基础作用。因为成本价格是商品价格的最低界限，利润则是企业利益之所在，发展之根本。企业总是力图通过商品价格的实现来收回成本并获得利润。所以制定价格必须以价值为基础。各种商品的比价及其长期变动趋势，归根到底是由商品内在的价值量及其实现形态（成本和利润）所决定的。

第二，商品供求状况对市场价格的变动具有决定性调节作用。这种调节作用是覆盖全社会整个市场的。商品交换的实现是实现商品的价值，即收回成本并获得利润。而价值的实现是通过价格实现来完成的。如果价格不能实现，即这个价格不被消费者认可，则价值也无从实现，而且价格实现的程度决定着价值实现的程度。如果说在初次制定一个商品价格时，主要考虑商品的价值即成本价格和预期收益，那么在调整该商品价格时就必须主要考虑市场供求因素了。因为供求状况如何关系着价格能否实现，而当某种商品供过于求，则其市场价格必然下降到市场价值（商品价值在市场上的实现形态）以下，以致利润减少甚至亏本。反之，该种商品供不应求，则市场价格必然上升到其市场价值以上，从而获得超额利润。这里，市场价格高或低的变化除了取决于价值变化，而且取决于供求关系的变化。另一方面，某种商品供求关系的变化还会波及到其它一系列商品上,从而引起其它一系列商品市场价格的变动。如果以不变应万变,即不改变由成本加利润制定出来的市场价格,去应付变化了的供求关系,那么这样的市场价格是不能实现的,从而商品的价值也就不能实现。

第三,超越企业和个人的政府,为了社会利益,制定稳定物价的政策措施,能够对少量商品的市场价格进行调节。当然这种调节只能是对供求状况对市场价格调节作用的利用和限制,这种利用和限制只能在一定时期内在有限的范围内产生效应,而不能从根本上取消供求状况对市场价格的调节作用。例如,在某种基础产品非常短缺而供给不能马上增加的情况下,为了控制物价上涨,政府可以采取最高限价或价格管制的措施,从表面上看是对市场供求调节市场价格的否定,但由于这种价格管制不能维持长久,所以必须采取措施,增加供给,以期把该种商品的价格降下来,并维持其稳定,这实质上是对市场供求调节市场价格作用的利用和尊重。所以无论是资本主义国家还是社会主义国家,都把价格管制作为一种权宜之计,或过渡性措施。在我国由原来的计划价格体制向新的市场价格体制的转变过程中,对某些商品的价格干预和管制也是不可避免的,但应不断创造条件,最终确立起由市场供求关系调节市场价格变动的机制。

第四,货币币值的稳定是商品供求关系、价格波动及其信息准确传递的重要条件。市场价格运行,必须建立在货币稳定的基础上,为此就必须按货币流通规律的客观要求发行货币。

经过十几年的改革,我国的价格形成和运行机制发生了重大变化,市场机制在商品价格形成中已经占据了主导地位。今后随着经济体制改革的进一步深化,将全部放开竞争性商品和服务价格,取消生产资料价格双轨制,加速生产要素价格市场化进程。

2. 价格引导企业。

这是市场价格的运行效应。在市场经济条件下,企业是微观经济活动的主体,是独立的商品生产经营者,其生产经营活动的开展主要是由市场价格来引导。市场价格既是企业利益的实现形式,又是企业生产经营的向导。市场价格对于生产同种商品的生产者来说,是竞争的手段。生产同种商品的生产者为了在市场上保持较高的市场占有率,必须在价格上以廉取胜,从而会带动产品成本的降低和社会劳动消耗的节约。市场价格对于不同产品的生产者来说,是调整生产方向和生产规模的信号。市场价格对于宏观调控来说,是以其价格总水平的变动，一方面给国家反馈宏观调控的信息，另一方面自动调节企业总体活动，推动总供求平衡。市场价格对于消费者来说，是改变需求方向和需求规模的信号，价格水平的上升或下跌，影响消费者的购买意向，从而调节需求规模和需求结构。

市场价格功能的发挥，主要取决于企业对价格信号的反应能力和价格自身的灵敏性。因此完善市场价格体制，必须做到以下两方面：一是使价格真正成为利益范畴，具有较强的制约力量而能左右企业活动。二是放活价格，使价格同生产供给和消费需求变动建立紧密的联系，使价格真正成为市场供求状况的指示器，从而能灵活地引导企业的生产经营活动。

3.企业自主定价。

市场经济是以企业作为自主经营、自负盈亏的独立的市场主体为前提的。作为市场主体的企业必须是价格决策的主体，应有自主定价权，实行“谁生产、谁经营、谁定价”。只有企业对产品和劳务有自主定价的权力，才能谈得上自负盈亏，也才能使企业根据市场供求适时作出价格决策。由于市场价格是在竞争中形成的，市场经济中的竞争主体，包括卖者(供给者)、买者(需求者)，他们都有各自独立的物质利益，市场价格就是在卖者之间、买者之间、买者与卖者之间的竞争中形成的。因此，市场价格的形成决不是个别企业单方面的行为，任何企业都不能主观地决定市场价格，其价格行为要受市场供求竞争的影响，明确这一点对企业尤为重要。企业在行使定价自主权时，不仅要考虑企业的成本、利润，还要考虑整个市场的供求关系。从西方国家企业定价的理论和实践来看，企业定价在考虑成本、利润和供求关系的基础上，主要有三种方法：侧重成本的定价方法、侧重需求的定价方法、侧重竞争的定价方法。[①] 侧重成本的定价方法容易忽视市场竞争和供求因素的影响，只适于卖方市场的条件。侧重需求的定价方法，是以消费者对产品的看法和紧迫程度为基础制定价格，不是以成本为主要基础定价。侧重竞争的定价方法是把竞争者如何定价作为自己制定价格的主要依据，企业根据自身的情况和经营目标制定与竞争者相同的价格或者制定比竞争者价格略高或略低的价格，并不坚持价格与成本或需求之间的固定关系。即使自己的成本或需求有所变化，只要竞争者价格不变，自己的价格

① 孙春芳：《西方企业定价方法简介》，《国内外价格专题讲座》，苏联东欧国家价格学术研究会1985年1月编论文集，第418页。

也不变。相反，当竞争者价格变动时，尽管自己的成本和需求都未改变，也要随着变动价格。

在市场价格体制下，制定价格应特别重视需求、竞争因素的作用，因为只有在供求一致的基础上，市场价格才等于市场价值。而供求平衡是相对的，不平衡才是绝对的，供求平衡只是一个趋势。我们过去对企业定价存有疑虑，担心企业在利益驱动下，随意定价，会导致价格失控，市场秩序混乱。其实，企业定价会受到成本、供求等因素的制约，并不必然出现价格失控问题。我国在放开价格的过程中出现了一些价格失控的现象，从根本上说是由于我国市场发育不健全、缺乏竞争机制所造成的。只要我们继续发育市场，扩大市场竞争的作用，再加上适当的宏观调控，价格失控的现象是可以改变乃至避免的。

4. 国家宏观调控。

应当指出，我国所要建立的价格体制，并不是完全放任自流的市场价格体制，而是有宏观调控的市场价格体制。加强国家对价格的宏观调控，是市场价格体制的题中应有之义。不能把建立市场价格体制同国家必要的宏观调控对立起来。这是因为：

首先，市场价格本身存在局限性。作为市场价格的定价主体，因其地位的局限性、利益的狭隘性和对未来预期的不确定性，仅凭市场价格和供求变化决定自己的生产方向和生产数量，从而会使生产产生一定的盲目性，出现生产的周期波动，使某些商品的价格大起大落，造成资源浪费。对于那些自然垄断产品或长期严重供不应求的产品，市场价格也难以在短期内迅速发挥其调节供求，刺激有效供给增加，实现供求平衡状态。

其次，公共产品的生产和价格，也有政府管理的必要。一个社会总有出自全民需要的一些公共的社会的职能，如国防、教育、环境保护等，一般微观经济利益主体往往不愿为公共产品的生产进行投资，市场价格很难在此领域发挥调节作用，需要政府的调控和管理。

再次，市场价格的调节，与实现社会协调发展的目标存在一定的矛盾。市场经济追求的首要目标是效率，但作为社会发展来说，也需兼顾社会公平。如何在效率优先的前提下，兼顾公平及稳定，政府必须在收入分配和社会保障上进行调节。

我国经济体制改革和西方市场经济发展的历史表明，市场经济如果放任自流，很容易发生经济波动和通货膨胀，并产生不规范行为。因此，在建立社会主义市场价格形成和运行机制的过程中，必须建立价格调控体系，以加强国家对价格的宏观调控。

应当指出，国家对价格的宏观调控主要是间接调控，但并不排除特定时期、特定环境中的直接调控。所谓间接调控，是指国家不能像过去那样直接规定商品和劳务的价格，而是通过调节市场价格形成和运行的经济环境来影响商品和劳务的价格，从而达到既定的价格调控目标。价格宏观调控的目标是要运用计划和财政、税收、金融货币政策，有效地控制经济总量，求得总供给和总需求的平衡，以保证价格总水平的相对稳定。

对价格的宏观调控必须综合运用经济的、法律的、行政的手段，三者之中，要以经济手段、法律手段为主。从经济手段来讲，必须建立健全价格调节基金制度和重要商品的储备制度以及社会保障制度；建立完备的价格监测预警系统。从法律手段来讲，要加强市场价格法制系统、价格法律法规体系，包括价格的基本法即《价格法》的建设；规范价格决策主体价格行为的法律法规；规范价格运行秩序的法律法规；规范政府宏观管理的法律法规等。通过这些法律法规的建设，规范价格和市场交易，实现平等竞争，公平交易，正当经营，建立良好的市场价格秩序。

5.全面价格监督。

价格监督检查是社会主义市场价格体制的一个重要组成部分。要建立和健全以市场形成价格为主的价格形成和运行机制，必须与各种价格违纪违法行为进行坚决的斗争，建立公开、公平、公正的、由供求形成的市场价格秩序。而价格监督检查正是达到这一目的所必须建立的制度。

在我国建立社会主义市场经济体制的过程中，迫切需要建立健全具有中国特色的全面价格监督系统。全面价格监督，包括国家价格监督（指国家权力机构及各级物价检查机构的监督）、社会价格监督（指依靠社会力量，如职工物价监督小组，乡镇、街道群众物价监督，消费者协会、工会的监督等）、企业内部价格监督和舆论监督。

我国的价格监督，应以国家监督为主，社会监督、内部监督和舆论监督为辅。

我国价格监督应具有如下特征：

第一，价格监督的对象主要是价格总水平和商品的相对价格水平。

第二，应将价格监督纳入对国民经济整体监督之中加以考虑。同时必须综合运用经济、法律、行政的乃至舆论手段对市场价格进行监督。

第三，价格监督应具有超前性。不应停留于事后的惩治和补救，而应着力于超前的监测和预警，以形成合理的价格预期，尽可能避免价格的剧烈波动。

价格监督应包括价格监测预警、价格法制约束、价格监督执行三大方面内容。

价格监测预警又包括价格总水平的监测、相对比价水平的监测和重要商品及劳务的价格水平监测、对国际市场价格的监测。

所谓价格法制约束，是指为了在激烈的竞争条件下，规范市场价格行为，保障正常有序的市场价格秩序，使价格能正确体现市场供求关系和合理配置资源，必须围绕价格运行的各个环节制定出相应的法规，以使进入市场交易的各方在行动上具有法律依据和行为准则，做到有法可依，违法必究。

价格监督的组织执行，其目的是要使价格监督落到实处，真正发挥出价格监督的作用。为此必须界定价格监督主体及其权责，设计、评价、利用多样化的价格监督方式，落实价格监督的组织，以确保价格监督的实施。价格监督主体应是依法有权利和义务对价格进行监督的组织、团体或人员。根据我国的情况，具体的监督主体应是各级人民代表大会、各级物价部门、有关社会团体或机构（如消费者协会、价格事务所等）、行业管理组织及消费者。各级人民代表大会及其常委会独立行使宏观价格监督权，即依法对国务院及各级地方政府的各项价格政策及执行情况进行监督。其余价格监督主体则主要是从不同角度独立地对微观价格进行监督，即监督生产经营组织的市场价格行为。监督主体依法行使价格监督权，不受任何其他组织和个人干涉。

今后，在价格监督方面，我们必须做到以下几点：一要强化国家监督，加大监督检查的力度，加快立法步伐，增强行政执法的强制手段；二要扩大社会监督，健全价格社会监督网络，巩固社会监督队伍，完善价格投诉举报制度；三要健全内部监督，继续开展"物价、计量信得过"活动；四要注重舆论监督，充分发挥舆论导向和监督作用。

（节选自刘家声著《社会主义市场价格新体制》，甘肃人民出版社 1995 年版）

企业定价在社会主义市场经济中的地位、特征和作用

一、企业定价在社会主义市场经济中的地位

1. 市场价格机制在市场经济中处于核心地位。

我们知道,市场经济就是独立的商品生产经营者通过市场交换,建立广泛的关系并由市场机制在资源配置中起基础作用,调节经济的运行。它包括的要点有三:(1)企业独立是市场经济的前提。企业是经济独立、自主经营、自负盈亏的商品生产经营者,是独立的法人,是市场的主体。如果企业不能成为市场的主体,那就谈不上什么市场经济。(2)市场及市场体系是市场经济的媒介和物质载体。各自独立的企业之间的联系和关系都是通过市场交易进行的,社会再生产的全过程,即生产、交换、分配、消费都与市场有密切的关系,已形成广泛的市场经济关系。没有市场这个载体,市场主体也就没有活动的场所,也就谈不上什么市场经济。(3)市场机制是市场经济的核心或灵魂。所谓市场机制,就是构成市场机体的价格、供求、竞争诸因素之间,互为因果,互相制约的有机联系及其作用。正是通过市场机制的作用支配着众多的经济主体的行为,使他们根据市场供求所引起的价格的变动,来决定人力、物力、财力资源的投向和规模,决定生产什么,生产多少,怎样生产,从而使得整个社会经济得以运行。所以,市场机制是市场经济的核心。没有市场机制也不可能有真正的市场经济。而构成市场机制的价格、供求、竞争三者的关系是通过供求之间的竞争形成市场价格,市场价格传导信息,引导资源配置,调节供求,调节经济的运行。因此,市场价格机制是最灵敏的核心机制,我们说市场机制在市场经济中处于核心地位,本质上就是市场价格在市场经济中处于核心地位。

市场价格机制之所以能成为市场经济的核心,其原因在于市场价格是市场竞争主体和各种社会成员在交换中经济利益的集中表现和体现。市场机制的

实质是利益机制,是以利益机制作为经济发展的基本驱动力。人们为了从事物质资料的生产,必须结成一定的生产关系即经济关系,必须建立体现一定生产关系或经济关系的制度和体制。经济关系及反映其内容的体制都体现一定的物质利益关系。马克思主义历来重视物质利益。马克思说:"人们奋斗所争取的一切,都同他们的利益有关。"①人们从事生产斗争,直接是为了经济利益;人们进行阶级斗争和革命斗争,最终也是为了实现物质利益。因为人们的生产关系和经济关系"首先是作为利益表现出来"②,市场本身就是一种经济关系,**市场经济体制既是经济运行的方式,又是一种经济关系。所以市场和市场机制并不仅仅是手段,而且是客观存在的经济关系。**

2. 企业自主定价是市场价格体制的重要内容,也是市场价格体制运行的主要环节。

我国的市场经济是社会主义的市场经济,我们要建立的市场经济是与社会主义基本制度结合在一起的,我国的社会主义市场经济就是在公有制为主的基础上,在社会主义国家宏观调控之下的,各个经济主体通过市场交换建立联系(关系),由市场机制对资源配置起基础作用,并调节经济运行的经济。与社会主义市场经济相适应,我国必须建立和健全有调控的社会主义市场价格体制。这个体制的基本框架和主要内容是"市场形成价格为主,价格引导企业,企业自主定价。国家宏观调控,全面价格监督"。

(1)市场形成价格为主。这是市场经济条件下价格形成和运行的最基本特点。所谓市场形成价格为主,是指在价值规律、供求规律、竞争规律等价格形成和运行一般规律作用下,绝大多数产品价格,通过生产者之间、生产者和经营者之间、生产者和消费者之间以及消费者之间的竞争来确定,不仅包括各类消费资料和社会服务收费,而且包括生产资料和生产要素的价格都是在市场供求竞争中形成的。因而市场形成价格也就成为基本的价格形式。

(2)价格引导企业。这是市场价格的运行效应和机制。在市场经济中,企业是微观经济活动的主体,是独立的商品生产经营者,其生产经营活动的开展,主要是由市场价格来引导。市场价格既是企业利益的实现形式,又是企业生产经营的向导。

---

① 《马克思恩格斯全集》第一卷,第82页。

② 《马克思恩格斯选集》第二卷,第537页。

(3)企业自主定价。市场经济是以企业作为自主经营、自负盈亏的独立的市场主体为前提的。作为市场主体的企业必须是价格决策的主体,应有自主定价权,实行“谁生产、谁经营、谁定价”。只有企业对产品和劳务有自主定价的权力,才能谈得上自负盈亏,也才能使企业根据市场供求适时作出价格决策。

(4)国家宏观调控。应当指出,我国所要建立的价格体制,并不是完全放任自流的市场价格体制,而是有宏观调控的市场价格体制。加强国家对价格的宏观调控,是市场价格体制的题中应有之义。不能把建立市场价格体制同国家必要的宏观调控对立起来。

(5)全面价格监督。价格监督检查是社会主义市场价格体制的一个重要组成部分。要建立和健全以市场形成价格为主的价格形成和运行机制,必须与各种价格违纪违法行为进行坚决的斗争,建立公平、公正、公开的、由供求形成的市场价格秩序。而价格监督检查正是达到这一目的所必须建立的制度。

3. 企业定价是市场价格的主要形式。

在有政府调控的市场价格体制下,价格的基本形式是经营者定价(企业定价)、政府定价、政府指导价。

经营者定价,是由从事商品生产、经营或提供有偿服务的法人、其他经济组织和个人等一切经营者在市场竞争中自主制定的价格。

政府定价,是由县级以上人民政府价格管理部门或有关部门按照价格分工审批权直接制定的价格。

政府指导价,是由县级以上人民政府价格管理部门或有关部门按照价格分工审批权限规定基准价及其浮动幅度、最高限价、最低限价,指导经营者在上述规定范围内制定的价格。

以上三种价格形式中,经营者定价是最基本、最主要的市场价格形式。

市场价格与企业定价是什么关系,二者有无区别呢?关于二者的关系,见诸报刊,多把二者等同或混同。应该说市场价格是企业定价的本质,企业定价则是市场价格的表现形式,而且是最基本、最主要的形式。

政府指导价是市场价格的必不可缺的一种形式,它把政府的一定程度的调控和管理与企业的自主定价有机地结合起来,既可以使企业能够根据市场供求关系及竞争的需要,灵活地变动价格,又可以使这种变动控制在一定范围之内,不致引起价格与市场的剧烈波动,有利于诱导企业经营沿着正确的轨道运行,是一种有效的市场价格形式。

政府定价,就其表面形式来说,是属于行政性质的定价,但在市场价格体制下,政府定价也必须以价值和供求为客观依据,而不能随心所欲地主观决定,也不能长期固定不变,应随价值和供求的变动适时适度地作出调整。我们决不能以计划价格体制下"国家定价"的老眼光来看待市场价格体制下的"政府定价"。

从以上所述可以看出市场价格机制在市场经济中的地位、企业定价在市场价格体制中的地位、企业定价在三种价格形式中的地位,可见企业定价在社会主义市场经济中是极为重要的,我们必须高度重视和做好企业定价工作。

二、企业定价的特征

任何事物都有特殊性,尤其重要的、成为我们认识事物的基础的东西,则是必须注意它的特殊点,就是说,注意它和其它运动形式的质的区别。只有注意了这一点,才有可能区别事物、认识事物。市场经济体制下的企业定价,与计划经济体制下的国家定价不同。国家定价具有集中性、指令性、固定性、单一性、直接性等特征。企业定价则具有以下几个特征:

1. 科学性

企业定价的科学性是指企业定价应遵从一定规律,有一定科学依据的特性。企业定价是企业按照价值规律、供求规律和竞争规律,对商品和服务作出的一种定价行为,是这些规律的综合反映。同时,企业定价活动也有一定的科学依据,不论是采用成本导向法制定价格,还是采用需求价格弹性和供给价格弹性制定价格,或是根据产品生命周期各阶段特征制定价格等,都有一定的规律可循,即使是主观意识很强的消费者心理,也能从其纷繁复杂的现象背后露出它的客观物质基础。西方经济学家提出的基数效用理论、序数效用理论、显示性偏好理论以及不合谐理论、阶梯理论等,都可成为我们研究消费者心理时借鉴的基础。

2. 自主性

市场经济条件下的企业,有独立的产权,有独享的经济利益,有生产经营自主权,包括定价自主权,能够根据自身条件、竞争的需要和市场供求状况自主选择定价策略、定价方法和技巧。虽然政府在一定范围内可采取直接定价、限价、控制幅度和差率等手段对企业定价施以管理,但只要企业按照政府宏观调控的要求,并准确判断其对企业定价活动产生的可能后果,进而预先采取相应对策,企业定价就能达到预期的目的。

3. 灵活变动性

过去，在计划经济体制下，价格具有稳定性的特征，几十年一贯制，长期固定不变，甚至"一价定终身"，这既不反映价值也不反映供求，实践证明是不利于经济发展的。作为市场价格的企业定价则是具有灵活变动性的，因为决定价格的价值和供求是经常处于变动之中的，所以价格也必须随着价值和供求的变动而变动，只有灵活变动的价格才能发挥价格的信息导向功能。

4. 互利性

市场经济是一种互利经济。这种互利性植根于商品—市场经济的基本规律，即价值规律，它要求等价交换。企业与企业之间、企业与消费者之间要想实现商品与货币的顺利让渡，也必须遵循这个原则。供给者企图从市场交易中得到利益最大化，消费者则企图实现消费利益最大化，要交换到质优价廉的产品。各自都必须顾及对方的利益，因此，企业定价具有互利性。企业在定价过程中，不可能长久地牺牲自己的利益以低于成本的价格去无偿地给予对方好处，也不可能无代价地获取他人给予的好处，否则企业难以维持再生产、甚至破产。其他企业或消费者也不会追求质次价高的商品去照顾生产企业，因为这样做会使他们的利益受损，客观上也不利于社会资源的有效配置。

5. 竞争性

竞争性是企业定价的一个重要特征。企业定价的竞争性就是企业之间、企业与消费者之间为争取最有利的产销条件以获取最大利润，而使其所定价格具有竞争优势。一切企业定价过程中运用的策略、方法、技巧等，无一不是为了取得有利的销售条件和"生产者剩余"最大化，而同消费者和其他企业展开激烈的价格竞争。因此，企业定价都绝不是企业单方面的行为，而且企业也不能主观决定自己产品或服务价格，其定价行为要受市场同类产品竞争的影响。从客观上讲，通过价格竞争，会使社会资源从低效企业流向具有竞争能力的企业，实现优胜劣汰。价格竞争越充分，资源配置就越合理，企业也就越能获得消费者的"货币选票"。

6. 风险性

企业定价也是一项充满风险的工作，生产者的商品能否卖出去，利益追求能否得到满足，关键之一是其制定的价格能否被消费者所接受。不论企业界采取撇脂定价法还是渗透定价或其他定价策略和方法，要实现马克思所讲的从商品到货币的"惊险的跳跃"，不确定的随机因素很多，既有国际、国内市场因素的影响，也有企业自身主观判断等一些因素的影响。因此企业在定价过程中必须做好定价的预测、决策工作，选择多种定价方案以备不测。

7. 目标性

企业定价虽然受宏观环境、市场因素和企业内部条件的制约，但它并不是消极被动的活动，相反，企业定价是一种受明确目标支配的积极适应内外部条件变化的有目的的活动，即企业定价具有目标性特征。企业定价的目标很多，其基本目标是追求利润，其他目标，如市场占有率、树立良好的企业形象等，都是为最终获取利润服务的。但是，企业定价的目标也不仅仅是为了追求利润的增加。在现实中，企业定价的目标是多种多样的，尤其从短期目标来看，更是如此。如稳定价格、保持价格的领导地位、维持中间商和客户的支持、弱化消费者对价格的敏感、阻止新竞争对手加入、使产品为人们了解等等，都是企业定价在短期内所要达到的目标。

8. 预测性

这是企业正式对其产品确定价格前所表现出的必不可少的特征。特指企业根据市场供求变化和价格运动规律对未来一定时期内与本企业有关的商品价格的变化趋势作出预见性的判断和推测。内容主要包括：商品成本变化预测、市场行情预测、价格弹性预测、需求交叉商品价格变化预测、商品市场寿命周期预测、国家宏观经济政策变动预测、国际市场行情预测等。它是企业价格决策科学化的前提。

9. 相关性

企业定价行为是社会经济关系的综合反映，各种经济现象的变化，如劳动生产率的变化、工资的变化、流通费用的增减、税收和利润的变动、货币价值、商品供求关系的变动、国家有关政策调整等，都有一定关联。因此，企业定价时必须仔细考察与本企业商品价格有关的各种经济因素，有时甚至要考虑政治、军事形势等，深入研究影响价格运行的各种因素的相互联系以及发展变化的规律性，以便对所定价格及其变化趋势作出准确判断。

我们只有认识企业定价的特征，才有利于搞好企业定价工作。

三、企业定价的意义和作用

实行和搞好企业定价有重要的意义和作用。

第一，企业定价是转换企业经营机制，实现企业自主经营的重要环节。在社会主义市场经济体制下，企业作为独立的商品生产经营者，是市场主体，必须自主经营、自负盈亏。而实现自主经营,必须享有自主定价权。这是企业法人财产权的实现和保障。只有落实了定价自主权,才能做到自负盈亏,才能保证企业资产的保值和增值。

第二,企业定价是企业竞争的重要手段。市场经济是竞争经济。恩格斯曾经指出:"只有通过竞争的波动,从而通过商品价格的波动,商品生产的价值规律才能得到贯彻,社会必要劳动时间决定价值这一点才能成为现实。"[①]竞争的内容很广泛,包括产品竞争、质量竞争、销售服务竞争等。而在复杂多变、剧烈尖锐的竞争中,价格竞争也是企业竞争的重要内容。由于实行企业定价,企业在掌握市场供求和成本价格信息的基础上,通过制定正确的价格竞争策略和定价方法与技巧,适应竞争的需要,随行就市,可保证企业在竞争中立于不败之地。在产品质量、服务、规格及促销水平相仿的前提下,如何制定产品价格,往往是决定谁的产品在销售中获得竞争优势的关键性因素。同时,市场竞争还必然反过来促使企业加快产品更新换代,改善经营管理,降低成本,提高效率,这又为企业在竞争中取得优势创造了更坚实的基础。

第三,企业定价直接关系企业商品价值的实现和经济效益的提高。企业生产经营商品是为了出卖,因此企业生产经营商品必须以符合和满足消费者的消费需要为转移。为了满足消费需要,一方面,企业生产经营的商品品种、款式、质量,都必须符合消费者生理和心理需要,对消费者有使用价值,适销对路;另一方面,企业生产经营的商品必须符合消费者的收入所决定的有支付能力的需求,价格必须适中。如果价格偏高,商品就难以售出,从而影响商品到货币的转化,影响商品价值的实现;如果价格偏低于价值,同样也影响商品价值的充分实现,影响企业效益的提高。所以,只有生产经营市场需要的产品,并以消费者所能接受的合适价格出售,才能使商品价值得到最大限度的实现。由于企业自主定价具有灵活性,企业可以根据供求变化而适时变动,制定合适的价格,这就有利于实现商品到货币的顺利转化,也有利于企业经济效益的提高。

第四,企业定价关系人民生活水平的高低。在市场经济条件下,价格水平的高低,直接关系生产经营者与消费者利益的分配。消费者生活水平的高低,首先取决于货币收入的高低。而在货币收入量一定的条件下,商品(服务)价格水平的高低,则直接影响消费者的生活水平的高低。近几年物价上涨率过高,

① 《马克思恩格斯全集》第二十一卷,第215页。

直接影响人民生活水平，特别是低收入阶层叫苦不迭。

当前物价上涨是各种因素综合作用的结果，流通秩序混乱，企业价格行为不规范，追求“涨价效应”，获取“暴利”是其重要原因之一。现在大家都反对物价上涨，但实际上存在着只反对别人涨价，而涉及本行业、本单位，则想涨价，工厂要提高自己产品的价格，服务行业要提高自己服务的价格，如此等等，一片要求“涨价声”。这样下去，全社会物价怎能不上去呢？如果大家克制自己的要求，规范好自己的价格行为，则物价上涨的势头就可抑制，人民的生活水平就可稳定地得到保障和提高。

（原载《价格信息与研究》1995 年第 5 期。这是作者在甘肃省物价局举办的企业定价研讨会上的讲话稿）

深化价格改革 促进经济增长方式的转变

党的十四届五中全会通过的《建议》明确提出，经济体制由计划经济向社会主义市场经济体制的转变，经济增长方式由粗放型向集约型的转变，是实现今后15年奋斗目标的关键。两个转变是相互联系、相互依存的。体制转变是经济增长方式转变的动力和保障。不深化经济体制改革，就难以实现经济增长方式的转变。价格体制是经济体制的极其重要的组成部分，我们有必要探讨如何深化价格改革，促进经济增长方式的转变。

一、市场价格体制：市场经济的核心和灵魂

我国经济体制改革的目标是建立社会主义市场经济体制。市场经济是独立的经济主体通过市场交换建立联系，并由市场机制对资源配置起基础作用和调节经济活动的经济。在市场经济中，独立的经济主体的存在是市场经济存在和运行的前提，市场及其体系是市场经济的媒介和物质载体，市场机制则是市场经济的核心。因为在市场经济中，市场机制在资源配置中居于基础地位，调节着资源的配置和整个经济的运行。

市场价格在市场机制中又起着特别重要的作用。我们知道，市场机制是指构成市场机体的供求、竞争、价格等诸多要素之间所存在的互为因果、互相制约的有机联系及其作用。供求通过竞争形成价格，价格又反过来影响供求及其竞争。在市场机制中，市场价格是最灵敏有效的指示器和调节器。市场价格具有传导信息、配置资源、调节供求、经济核算、奖优罚劣等多种功能。市场价格机制的作用支配着众多的经济主体的行为，使他们根据市场供求所引起的价格变动来决定其资源的投向和规模，进行资源配置，决定生产什么、生产多少、怎样生产，产品生产出来后怎样满足社会成员的消费需要，使得整个社会经济得以运行，同时实现市场主体所追求的最大化利益。因此，市场机制在资源配置中起基础作用，调节经济运行，究其根本则是市场价格在起着核心作用。所以市场价格机制是市场机制乃至整个市场经济的灵魂。没有市场价格也就谈不上市场经济及其运行。

市场价格直接体现着商品生产经营者的经济利益。马克思曾形象地指出，商品到货币的转化是一个“惊险的跳跃”，这个跳跃不成功，摔坏的不是商品，而是商品所有者。这里所说的商品到货币的转化，必须通过市场价格方能实现。商品向货币的转化状况，究其实则决定于作为商品价值货币表现的价格状况，商品价高则利大，反之价低则利小甚至亏损。所以市场价格的高低对于生产经营者来说是生命攸关的大事。

市场价格机制在市场经济中的这种重要的地位和作用，无论对私有制基础上的市场经济或是在公有制基础上的市场经济，对资本主义市场经济或是社会主义市场经济而言都是共同的。

二、建立和健全市场价格体制，促进经济增长方式的转变

社会主义市场价格体制的基本框架和主要内容可以概括为“市场形成价格为主，价格引导企业，企业自主定价，国家宏观调控，全面价格监督”①。发挥价格的调节作用和杠杆作用，促进经济增长方式的转变，必须围绕以上内容，深化各方面的价格改革，做好工作。

经过十几年的改革开放，我们已初步建立了适应市场经济的价格形成机制和运行机制。据统计，1994 年，我国社会商品零售总额中，国家定价比重为 7.2%，国家指导价比重为 2.4%，市场调节价比重为 90.4%；农产品收购总额中，国家定价比重为16.6%，国家指导价比重为 4.1%，市场调节价比重为 79.3%；生产资料销售收入总额中，国家定价比重为 14.7%，国家指导价比重为 5.3%，市场调节价比重为 80%。这些统计数字说明，我国以市场形成价格的机制正在逐步建立和完善，国民经济的市场化程度明显提高。然而，目前在价格形成机制和运行机制中存在和需要解决的主要问题是：(1)有的竞争性商品的价格尚未放开，不是由市场形成。(2)市场体系不完善，生产要素市场滞后于商品市场，生产要素价格的市场化形成滞后。目前，我国的利率等要素价格还实际存在着价格双轨制，影响了价格机制对资源配置的调节作用。(3)一些具有垄断性、强制性和保护性的商品价格继续实行国家定价，但国家定价如何遵循价值规律的原则、反映供求关系方面还需要继续完善。(4)企业还未成为真正的市场主体，还缺乏自我发展和自我约束的内在动力和外在压力，而这是市场

① 刘家声：《社会主义市场价格新体制》，甘肃人民出版社 1995 年版，第 28 页。

价格机制正常运行的微观基础。(5)价格调控体系的建设相对滞后,当绝大部分价格放开以后,尚未建立起有效的价格调控制度和完善的价格法律法规体系。立法相对滞后,对各种市场利益主体为追求自身经济利益而不顾社会利益所产生的自发的无序行为,调控乏力,从而出现了价格秩序混乱的现象。凡此种种,都有待于我们通过深化价格改革,逐步加以解决。

1. 价格主要由市场形成,才能真正发挥市场机制的作用,有利于经济增长方式的转变

在有调控的市场价格体制下,除了少数具有垄断性、强制性和保护性的商品价格由国家定价外,其余大部分商品价格均应由市场形成。市场形成价格为主,这是市场经济条件下价格形成和运行的最基本特点,就是要在价值规律、供求规律、竞争规律等价格形成和运行一般规律的指导下,绝大部分产品价格,通过生产者之间、生产者与经营者之间、生产者与消费者之间的市场竞争来确定,不仅包括各类消费资料,而且生产资料和要素的价格也应主要由市场竞争形成。

逐步实现主要由市场形成要素价格,是发挥市场对资源配置起基础性作用的关键。对包括利率、汇率和工资等要素价格进行改革,已成为建立市场价格体制,充分发挥价格杠杆作用的必然的迫切要求。

利率是资金价格的表现形式,资金价格的深化是我国金融深化的目标。在正常的市场经济中,利率水平是由市场上资金的供求状况决定的。只有反映供求变化的灵活的市场利率,才能促进资金的有效配置,也才能防止由于利率偏低而导致的忽视资金成本的粗放式投资和粗放增长。当然利率市场化需要有一个良好的宏观经济环境和健全的微观经济基础,在这些条件尚未完全具备的条件下,利率改革还只能调放结合,小步调整,逐步放开,循序渐进,最终实现利率市场化,形成合理的利率水平、合理的利率结构和合理的利率管理体制。

我国汇率改革取得了重大的进展。1994 年实现了人民币官方汇率和市场汇率并轨,实行单一的有管理的浮动汇率制。在新的汇率制度中,汇率水平主要是由外汇市场的供求关系决定的,中央银行通过适度的干预,保持人民币汇率的基本稳定。目前,要按照《建议》的要求,完善汇率形成机制,逐步使人民币成为可兑换的货币。"九五"期间要取消目前经常项目下的用汇限制和非贸易非经营性用汇的审批;进一步开发市场,增加外汇市场的广度和深度,完善汇率形成机制,增强汇率杠杆调节功能,使汇率成为有效配置外汇资源的杠杆。

在工资的市场形成方面取得了一些进展,但由于企业改革、社会保障制度方面的滞后,工资的形成仍带有计划经济色彩。因此,只有加快现代企业制度的建立及一些配套改革的步伐,工资的市场化形成才可能取得实质性的进展。而只有工资真正实现了市场化,才能使劳动力资源得到合理配置和有效利用,从而充分发挥劳动力资源在促进经济增长中的作用。

此外,土地价格的市场化,对于促进土地资源的合理配置也是非常重要的。

总之,只有深化改革,加快商品和要素的价格市场化进程,使价格通过市场的竞争形成,充分发挥其对经济的调节作用,企业这个经济增长的主体才能在严酷的市场竞争中经受考验,根据市场需求合理调节生产,依靠技术进步,强化企业管理,降低生产成本、提高经济效益,促进经济增长方式的转变。

2. 价格引导企业,市场配置资源

在社会主义市场经济体制和市场价格体制下,市场价格机制对资源配置起基础作用,是通过市场价格的功能对企业的引导作用来实现的。市场经济体制下,企业是具有自己独立利益的市场主体,其根本目标是实现利润最大化,它的生产经营活动是由市场价格来引导的。

如何用相对稀缺的资源来最大限度地满足相对无限的需求,即资源配置问题,是任何一个经济体制都要首先解决的问题。资源配置问题主要包括两个方面:(1)生产什么,即必须确定各种产品和服务的产出量构成;(2)如何生产,即确定生产出预期产出量的方法。在市场经济体制中,资源配置主要是通过价格的作用运行的,即通过市场价格来解决生产什么和如何生产的问题。

第一,生产什么取决于最终产品相对价格的高低。在市场经济中,稀缺资源满足消费者需求的程度是通过消费者的"货币选票"决定的,每个社会成员通过所愿支付的价格来表达其需要什么,需要多少;厌恶什么,厌恶程度。为获得自己所需的商品,他愿意支付较高的价格;对于自己不喜欢或已经满足的商品,他只愿意支付较低的价格甚至不购买。这样,市场价格就变成了商品稀缺性的货币系数,生产者根据这一货币系数来决定生产什么和生产多少。如果某种商品的价格上涨,生产者便优先扩大生产这种商品;如果某种商品的价格下跌,生产者便缩减生产或停止生产这种商品。所以,市场价格的导向作用有效地解决了生产什么和生产多少的问题。

第二,如何生产取决于生产要素相对价格的高低。生产要素的稀缺性,要求任何生产都必须节省生产要素并作出合理的生产要素组合选择,以多用不太稀缺的生产要素,少用严重稀缺的生产要素。在市场经济条件下,生产要素相对价格高低反映生产要素的稀缺程度。因而它成为生产者选择资源组合和特定的生产技术的根据。如果某种生产要素价格上涨,高于其他替代要素,生产者将改变生产技术,调整使用资源。其结果,在生产者降低生产成本、提高微观效率的同时,也使得社会最稀缺的资源配置到最需要的地方去。

3. 企业自主定价必须以市场价格为依据

市场经济是以企业作为自主经营、自负盈亏的独立市场主体为前提的。作为市场主体的企业,必须是价格决策的主体,应有自主定价权,实行"谁生产、谁经营、谁定价",只有企业有自主定价权,才能谈得上自负盈亏。但是,必须认识到,企业自主定价权并不是一种任意的随心所欲的权利,作为生产经营者不能仅从本企业的个别劳动耗费或个别成本出发,任意自定商品的价格,而必须以经过市场竞争形成的市场价格为依据,来决定企业的商品价格水平。所以决不能混同市场价格和企业定价,更不能误将二者等同。现在见诸报刊文章,多把二者等同或混同。其实,市场价格是企业定价的本质,企业定价则是市场价格的表现形式。前者是依据价值规律、供求规律和竞争规律而形成的市场商品价格水平,是一个平均数,具有社会性、客观性,后者则是企业自主决定的,具有个别性和主观性。一般说来,企业自主决策价格的高低必须大体反映市场价格的水平,企业才能顺利实现商品到货币的"惊险跳跃",从而实现商品的价值,获得盈利,增加效益。如果盲目将价格任意定得高于市场价格,即使可得利于一时,将可能导致市场占有份额的丧失,到头来,致使企业陷入困境,自食恶果。

目前,为适应经济增长方式转变的需要,要对企业定价机制进行改革。我国现行的企业定价机制,多数企业基本上还是沿用计划经济的模式,即商品定价=企业生产成本+利润。这种定价模式,商品定价随本企业生产成本而变动,不能促使企业降低成本,提高效率。在市场经济条件下,商品价格的决定需要倒过来,即首先确定在市场竞争中社会可接受的价格(市场价格),其模式是商品价格=市场(社会)成本+利润,即社会可接受商品价格-利润=社会允许的成本。邯郸钢铁公司实行"模拟市场,成本否决"办法,就体现了这种价格决策机制。这种模式的实质是实行"市场否决",即成本随市场价格而变动,只有能够达到社会允许成本的企业才能生产,这样促使企业实行规模经营,提高产品的技术含量,减少消耗,实现集约增长,达到提高效益的目的。

4. 加强对价格的宏观调控，抑制通货膨胀，为经济增长方式的转变创造良好的宏观环境

我国所要建立的价格体制，并不是完全放任自流的市场价格体制，而是有宏观调控的市场价格体制。加强国家对价格的宏观调控，是市场价格体制的题中应有之义。不能把建立市场价格体制同国家必要的宏观调控对立起来。这是因为：

首先，市场价格本身存在局限性。作为市场价格的定价主体，因其地位的局限性、利益的狭隘性和对未来预期的不确定性，仅凭市场价格和供求变化决定自己的生产方向和生产数量，会使生产产生一定的盲目性，出现周期性波动，使某些商品的价格大起大落，造成资源浪费。对于那些自然垄断产品或长期严重供不应求的产品，市场价格也难以在短期内迅速发挥其调节作用，刺激有效供给增加，实现供求平衡状态。

其次，公共产品的生产和价格，也有政府管理的必要。一个社会总有出自全民需要的一些公共的社会的职能，如国防、教育、环境保护等，一般微观经济利益主体往往不愿为公共产品的生产进行投资，市场价格很难在此领域发挥其调节作用，需要政府的调控和管理。

再次，市场价格的调节，与实现社会协调发展的目标存在一定的矛盾。市场经济追求的首要目标是效率，但作为社会发展来说，也需要兼顾公平。如何在效率优先的前提下兼顾社会公平及稳定，政府必须在收入分配和社会保障上进行调节。

我国经济体制改革和西方市场经济发展的历史表明，市场经济如果放任自流，很容易产生经济波动，发生通货膨胀，并产生不规范行为。因此，在建立社会主义市场价格形成和运行机制的过程中，必须建立价格调控体系，以加强国家对价格的宏观调控。

应当指出，国家对价格的宏观调控主要是间接调控，但并不排除特定时期、特定环境中的直接调控。所谓间接调控，是指国家不能像过去那样直接规定商品和劳务的价格，而是通过调节市场价格形成和运行的经济环境来影响商品和劳务的价格，从而达到既定的价格调控目标。价格宏观调控的目标是要运用计划和财政税收、货币金融政策，有效地控制经济总量，求得总供给和总需求的平衡，以保证价格总水平的稳定。

在对价格调控的手段上必须综合运用经济的、法律的、行政的手段，三者之

中要以经济和法律手段为主。关于行政手段的运用,要根据不同阶段、不同情况,掌握好实施力度。对市场调节价格保持适度的行政干预,可主要采取差率管理、规定作价原则、临时最高限价、保护价等。从经济手段来说,一是要建立健全价格调节基金制度。对关系工农业生产和群众基本生活、生产、购销易发生波动的商品,政府应运用专项调节基金,使其在发展生产、平抑物价中发挥重要作用。二是要建立重要商品的储备制度,对粮食、棉花、石油等战略性物资,必须建立足够的储备,在必要时进行吞吐调剂。三是要建立完备的价格预警系统,及时搜集和了解宏观经济信息和市场价格的波动趋势,准确把握经济运行态势,增加价格调节管理的预见性和科学性。从法律手段来讲,要尽快出台包括《价格法》和规范价格决策主体价格行为、规范价格运行秩序以及规范政府价格调节和管理等在内的一系列价格法律、法规,为市场价格机制的正常运行和价格的宏观调控和管理提供法律依据,建立良好的市场价格秩序。

伴随着改革开放以来经济的高速增长,经济生活中也出现了严重的通货膨胀,譬如1988年的物价上涨率为18.5%,1994年更是达到了21.7%,超过了历史最高水平。经过十几年的经济实践,通货膨胀的危害越来越被人们所认识。在体制转轨和经济增长方式转变的过程中,通货膨胀的负面效应表现在:造成经济的频繁波动,影响社会稳定,阻碍国民经济持续、快速和健康发展;扭曲价格信号,误导资源配置,扰乱市场秩序,使市场机制难以发挥有效配置资源的功能;造成国民经济的虚假繁荣,使企业缺乏优化产品结构、促进技术进步、改善经营管理、提高经济效益的竞争压力,以致助长经济的粗放增长。因此,中共中央在《建议》中明确提出了必须坚决抑制通货膨胀,并把它作为"九五"期间宏观调控的首要任务,以使市场价格正常地发挥信号导向调节供求的作用,合理配置资源。

5. 严格价格的监督检查,规范价格秩序,保证价格机制的通畅运行

价格监督检查是有调控的市场价格体制的一个重要组成部分。要建立和健全以市场形成价格为主的价格形成和运行机制,就必须强化价格的监督检查,建立公开、公平、公正的市场价格秩序。

我们正处在一个体制转轨时期,市场体系和国家的宏观调控体系都尚不健全,经济运行中还存在着许多无序、混乱现象。目前我国的市场竞争不充分,企业定价行为不规范,尤其是流通秩序混乱,存在着许多暴利现象。譬如,不执行明码标价制度,漫天要价;以次充好,短斤少两,掺杂使假,降低等级以及制售假

冒伪劣产品;欺行霸市,强买强卖,硬性索要高价;互相串通,联手抬价,垄断市场价格等等。这些暴利行为损害了消费者的利益,更为严重的是它提供虚假的价格信号,破坏了市场的供求关系,难以形成公平、合理的市场价格,误导资源的配置,造成了资源的无效和浪费,严重阻碍着经济增长方式的转变。

严格价格的监督检查,目前首要的是要走出"放开价格不必管理"的误区,确立价格监督检查是规范市场秩序、健全市场体系、建立价格新体制、促进经济增长方式转变的重要保证的思想。要建立健全适应市场价格体制的全面价格监督系统;要强化国家监督,扩大社会监督,注重舆论监督。价格监督的主要内容,一是价格监测预警,包括价格总水平的监测、相对比价水平的监测、重要商品及劳务的价格水平监测和对国际市场价格的监测。二是价格法制约束,要依法治价,依法监督,违法必究。三是价格监督的组织执行,必须界定价格监督主体及其权责,落实价格监督的组织,以保障价格监督的实施。

总之,我们应当通过深化价格改革,建立和健全有调控的市场价格体制,发挥市场价格机制传播信息、引导企业有效配置资源的功能,推动企业改善经营管理,提高经济效益,促进经济增长方式的转变。

(原载《兰州大学学报》社会科学版1996年第4期,系与朱智文合作。朱智文现为甘肃省社会科学院副院长、研究员、博士)

论价格杠杆在结构调整和西部开发中的作用

一、价格工作宏观环境的变化

1. 社会总供求形势已基本完成了由卖方市场向买方市场过渡

五六十年代，我国在进行"一五"、"三线"建设时面对的主要是市场供给约束。当时由于生产力水平较低、经济基础较差，市场上多数商品、生产资料严重短缺，供给紧张，所以政府运用计划手段集中有限的生产要素进行内地经济建设，这在当时是合乎时宜的，也是必要的。

经过 20 多年的改革开放和重点经济建设，我国整体生产力水平有了较大提高，市场供应状况也有了根本的好转，绝大多数商品和生产资料实现了供求平衡和供过于求。据中华全国商业信息中心对 2000 年下半年 609 种商品的供求情况排队结果显示，有 79.64% 的商品供过于求，比上半年增加了近 1.28 个百分点，供不应求的商品占 1.97%，而供求基本平衡的商品仅占 3.25 个百分点。市场上供过于求的商品种类越来越多。相对有支付能力的市场需求而言，上述数据表明，我国目前的社会总供求形势发生了根本性的变化，已基本实现了由卖方市场向买方市场的过渡。

市场供应充裕，一方面为我们开发西部，进行经济结构战略性调整提供了有利的时机和物质条件；另一方面我们也应注意到目前西部价格工作面对的主要是市场需求约束。这是我们在制定具体价格政策、措施时，不得不考虑的重要的环境变化。

2. 国民经济已由封闭运行转向开放运行

宏观经济学认为，一国经济在对外开放条件下运行时，国际贸易和国际资本流动都会对该国的社会总供给和社会总需求产生影响。下面以进出口贸易为例来说明这种影响。

在封闭条件下，一国社会总供求的平衡公式为：C（消费）+I（投资）=GDP（国内生产总值，表示总供给）

投资需求的增长在现有社会生产资源尚未充分利用的条件下，可以导致几倍于投资需求的社会总需求和产出的增长，即投资具有乘数作用；另外在封闭运行条件下，国民收入增量⊿Y只在消费、储蓄之间进行分配，这时边际消费率(C)加上边际储蓄率(S)等于1，于是投资乘数(K_i)可用公式表示为：

$$K_i = 1/(1-C) = 1/S$$

我国"一五"、"三线"建设时期开发西部时，宏观经济就是在这样的封闭条件下运行的。当时推进工业化的直接手段就是实行高储蓄率(S)、高投资率，尽可能大地发挥K_i的作用以提高社会总产出的增长率，并以牺牲一定时期的即期消费(C)为代价。

在开放条件下，一国经济运行的情况则迥然不同。在添加了进出口因素后，社会总供求的平衡公式变为：C + I + X(出口) = GDP + M(进口).

这时，国民收入增量⊿Y则在消费、储蓄与进口之间进行分配，即边际消费率(C)加上边际储蓄率(S)再加上边际进口率(M)等于I，这时的投资乘数公式表示为：$K_i = 1/(S+M)$.

可见，与封闭运行条件下投资乘数的公式相比，投资乘数的作用减小了。这是因为，开放条件下，有出口就有进口，而进口就会引起本国总收入(Y)的"漏出"，同时增加国内市场的总供给，于是引起了投资乘数效应的下降。但是另一方面，在开放条件下，由出口需求增长产生的对国内总需求和产出的增长作用也存在乘数作用，即所谓的外贸乘数(K_f)，用公式表示为：$K_f = 1/(1-C) = 1/(S+M)$.

而外贸乘数的作用，则是在封闭条件下运行的国民经济所不具备的。

在目前西部地区的价格工作中，西部各省区如何利用价格杠杆提高K_i和K_f的作用，进行结构调整，发展地方特色经济和优势产业并促使社会总供求的对内、对外平衡，都是亟待研究的新问题。总之，目前开发西部需要同时面对国内、国外的两种需求，面对国内、国外的两种供给，这又是一个与"一五"、"三线"时期开发西部时不同的宏观环境。

二、价格机制是市场机制的核心

市场经济是独立的经济主体通过市场建立交换关系，由市场机制配置资源和调节经济活动的经济形态。而市场机制则是指构成市场机体的供求机制、竞争机制和价格机制之间的相互联系、相互作用的统一体。三者相互作用表现为：供求通过竞争形成价格，而价格又反过来作用于供求。我们认为三者之中，价格机制是市场机制的核心，这是因为：

1. 市场机制对不同市场主体物质利益的调节功能，主要是通过价格机制来贯彻的

在市场经济中，商品生产者、经营者从事生产、经营的根本动力是追求物质利益，而能否实现物质利益以及实现多少，则要看他们能不能按社会必要劳动时间(价值量)生产出商品。通过对个别劳动时间与社会必要劳动时间的比较，在现实中表现为通过个别企业生产商品的个别成本与整个行业的社会成本的比较，他们可能获得超额利润，也可能获得正常利润，也可能亏损。所以说，价值体现着商品生产者之间的物质利益关系，而价值是通过价格来实现的，所以价格机制是不同市场主体物质利益的调节者。对这一点，马克思曾有过深刻的论述。

2. 市场机制对资源配置的调节作用主要通过价格机制来实现

市场机制依靠价格信号的变动，通过资金或商品的流入流出，引导商品生产者和经营者或进入价高利大的生产部门和地区，或退出价低利小的生产部门和地区。正是由于价格机制对资金和商品的流量与流向进行着不断的调节，才最终形成了生产要素在全社会范围内的合理、高效配置。

为西方古典政治经济学之父的亚当·斯密所称道的“看不见的手”，实际上指的就是市场价格机制，它自发、有效地调节着资源配置和社会经济的运行。尽管价格机制不是万能的，但它是迄今为止配置资源、调节市场主体行为最有效的方式。斯密以后，西方市场价格机制理论不断发展，产生了许多理论见解、政策主张迥异的流派，但是所有流派在对价格机制的认识上有两点是相通的：其一，他们都把市场价格机制当作资源配置的机制来认识；其二，所有的市场价格机制理论都以效率为准则。经济学家们自己都承认，作为他们两大基础理论的组成部分之一的微观经济学实际上就是价格理论。

3. 从市场机制三个组成部分内在关系看，价格机制也在市场机制中居核心地位

(1)价格机制制约着供求机制作用的发挥。供求关系作为一种社会关系，是隐藏在人们背后发挥作用的，供求双方在事前都无法准确的估计。商品投放市场后，生产者主要从价格的涨落中得知商品在市场上的存量是多是少，并据以调节生产和供给，消费者的行为方式也与此一致。所以，供求机制是通过价格机制作用得以实现的。

(2)竞争机制的作用也受价格机制的支配。买者、卖者之间的竞争,或卖者内部之间、买者内部之间的竞争,都是围绕价格进行的,价格变动往往是竞争的动因。如前所述,价格直接体现着商品生产者之间的物质利益关系,所以围绕价格展开的竞争,说到底就是不同生产者为谋取利益最大化而进行的竞争。在市场机制的三个要素之中,价格机制在这里无疑地充当了"动力系统"的角色。市场机制一方面决定了供求双方开展竞争的动因——追求经济利益,另一方面通过价格对下一期供求的反作用又决定了全社会的资源配置状况。从这个意义上来理解,价格机制也是市场机制的核心。

我们国家建立社会主义市场经济体制的目的是为了充分发挥市场机制在资源配置和经济调节中的基础性作用,通过"两个转变"从而提高经济运行的质量和效率,解放生产力,发展生产力,最终实现共同富裕。通过上述分析,价格机制在市场机制中处于核心的地位。由此决定了价格机制在完善社会主义市场经济体制中的重要作用,决定了价格政策和价格工作在进行西部开发和经济结构战略性调整中的重要作用。对于这一点,价格部门应有充分的认识。

三、利用价格杠杆,促进经济结构调整和西部开发

经济结构包括产业结构、企业结构、产品结构、地区结构以及我国经济发展中长期存在的"二元结构"等。我国经济结构存在的问题有:从产业结构看,我国的高新技术产业在国民经济中所占比例还较小,传统的纺织、煤炭、冶金、机械等加工业迫切需要调整,基础产业、基础设施仍需加强;从产品结构看,一方面不适应市场需求的产品大量积压,另一方面有市场潜力的产品和服务的开发落后于市场需求;从地区结构看,合理调整生产力布局,促进东西部协调发展的任务还很繁重;从城乡协调发展,消除"二元结构"来看,需要逐步推进城镇化,努力实现城乡经济良性互动。上述这些问题都需要通过结构调整来解决。

一般认为,价格具有经济核算(表价)、信息引导、调节供求、配置资源和收入分配等功能。我们认为,从价格的收入分配职能中还能引出价格筹资功能。另外,价格工作还有建立公平竞争的市场秩序的义务。经济结构调整属于宏观调控范畴,而宏观调控的诸多手段中,价格杠杆发挥着不可替代的重要作用。应该充分利用价格杠杆的调节供求、配置资源和筹资功能,配合财政、信贷、利率、汇率(在广义价格研究中,利率、汇率也是价格杠杆之一)等宏观调控工具来解决上述的各种结构问题。为了更好地指导各地积极地促进西部开发,国家计委在2000年8月底提出了《关于运用价格杠杆促进西部开发的若干意见》(以下简称《意见》),为此,西部地区应结合本地实际情况研究如何贯彻落实。

1. 发挥价格杠杆调节供求和引导资源配置的功能,加快西部地区的资源开发

为此国家计委进一步下放了涉及西部的5项价格管理权限。这里仅就铁路运价和支线航空运价等涉及公用事业的部门价格管理体制改革展开讨论。

铁路运价方面的问题,突出反映在管理过于集中,运价调节机制僵化。对于我国4类铁路的价格管理,《铁路法》规定:国家铁路旅客票价和货物、包裹、行李的运价由国务院批准,货物运输杂费收费项目、标准、运价由国务院铁路主管部门规定;地方铁路上述各项收费标准由地方政府物价主管部门会同铁道部授权的机构规定;专用铁路和铁路专用线运价和收费标准由地方政府物价主管部门规定。目前政府定价占铁路运价的主要部分,而且调价周期长,不能及时反应运输企业个别成本的差异,从而形成了僵化的铁路运价机制。

《意见》提出,将西部地区部分铁路运价由政府定价改为政府指导价,铁路支线(国家铁路)则实行政府指导价或市场调节价,其目的就是试图松动原有僵化的铁路运价机制,使铁路运价能适应季节供求变化和干、支线及新、旧线个别运输成本的差异。通过政府指导价或市场调节价,铁路运输企业便部分或全部获得了定价自主权,有利于执行运价调整政策,增效减亏,弥补成本和取得合理利润。当然,铁路运价机制僵化问题的根本解决,还要依赖于铁路系统相关配套改革的推行。

航空定价方面也存在与铁路运价类似的问题,即国家统一定价范围过大的问题。《意见》实际上允许西部省区间、省区内的运价由政府定价改为政府指导价,即航空公司在国家规定公布票价10%的范围内,可依据市场供求确定具体票价。航空运价的市场化同样需要我国民航系统改革的支持,不能一蹴而就,但其趋势不可逆转。我们认为,最终民航运价应依支线、干线、国内航线、国际航线顺序依次放开,由航空企业自主定价;另外可参考国外航空业先进价格管理模式,不仅在客源旺、淡季实行差别运价,而且也应依据航班起飞时间、机型、航线曲直(有无中途经停站)等影响航空服务质量因素的不同而实行差别运价。为了支持西部开发,国家可考虑在运价管理体制改革方面让西部先行一步,增强西部航空企业在未来国内、国际航空市场上的竞争力。当然,目前西部价格部门的首要任务是指导航空企业如何用足这个“10%”的倾斜政策。

2.发挥价格筹资功能,加快西部地方基础设施的建设步伐

《意见》提出加快西部地区实行收费的二级公路建设并鼓励社会资金和外资投入;另一方面扩大以收费权为核心的经营权质押政策的实施范围。目前,甘肃省二级公路仅占公路通车里程的9%,发展潜力大;另一方面修建二级公路的投资,可以通过设立公路收费项目这一价格补偿方式收回并取得合理利润,这样对国内外资金也具有一定吸引力。在筹措公路建设资金方面,目前甘肃省已有下列渠道:利用公路质押权向国家开发银行等商业银行贷款;争取中央直接投资和国债转贷资金;利用世界银行等国际金融组织贷款;另外,将现有公路收费权(经营权)转让,直接变现。根据《意见》精神,今后应推动公路质押权贷款和经营权转让,同时扩大经营权质押政策实施范围。在这个方面有邻省经验可以参考。陕西省1995年将西(安)临(潼)高速公路经营权转让给外商,1999年将渭河大桥15年的经营权转让给上市公司"宝商集团",实现了公路建设资金的快速变现,加快了高等级公路和城市市政设施建设步伐。为了顺利开展公路质押权贷款和经营权转让,合理估计质押金额或转让价格就成为一个非常重要的问题。我们设 P_n 为公路转让价格,n 为转让年限(一般应小于公路折旧年限);R_t 为年公路净收益,它等于360乘以日均通过交通量乘以经批准的公路收费标准减去公路年折旧额、年均维护费用和管理费用;X 为转让期满公路、桥隧净残值;i 为贴现率,可选用资金成本率加上合理的利润率确定,NPV 表示 R_t、X 经贴现后的净现值,它等于转让价格 P_n,计算公式为:$P_n = NPV = \int R_t/(1+i)^t D_t + X/(1+i)^n$.

另一方面,经营权质押政策的范围可扩展到几乎所有有收费权的基础设施领域,如公路、桥梁、隧道、城市供热、供气、自来水、垃圾处理、污水处理等基础设施部门。

《意见》还提出鼓励"西电东送",降低西部电网配电费用和疏导西部电网电价矛盾,其目的不外乎是增加电力部门的积累和加快西部地区的电力投资。我国电价改革的整体思路是:

(1)引入竞争机制。电价改革涉及发电、输电、配电三个环节。与此相对应,电价也由容量成本和经营成本输电费用、配电费用3部分组成。目前,我国只限在发电环节引入竞争,并且竞争还被限制在电度电价上。这是因为:我国国有电力企业的企业制度的改革尚未有实质性突破,目前发电企业容量成本差

别太大，而且电力供给也没有发达国家那样宽松，所以基本电价、配电环节暂不具备引入竞争的条件。在发电环节引入竞争机制就是要实现发电价格市场化，其实现方式为：将发电价格分解为基本电价和电度电价两部分，基本电价反映发电的容量成本，由国家规定，不论发电量多少，电网都必须支付，以保证电力投资本金的收回；电度电价则由市场调节，它反映电厂的运营成本。电网按发电企业的报价，择低调度上网电量。这样技术先进、管理好的电站运营成本低，可获得较高的发电利润。作为发电价格市场化的最终目标是实现发电企业与配电公司或工商用电大户的直接交易，这也是《意见》中鼓励的作法之一。另外，为实现发电价格市场化还需要相关配套措施，如"厂网分开"和重建新的调控体系等等。

(2)重建电价管制机能，核心是制定规范的平均电价制定方法和改革电价体系。平均电价的价格构成应包括容量成本(折旧)、运营成本、输配电费用、合理的报酬(再并入电力建设基金)。按照现行的"还本付息电价"，将还本需要作为容量成本的依据，而且普遍还本期太短，10 年、8 年就可收回投资，大大低于设备的实际折旧年限，造成还本期成本扩大，还本后成本缺项的情况，从而不仅增大了电价上涨压力，而且鼓励了电厂建设"短、平、快"的倾向。因此必须统一按折旧年限确定容量成本；在合理的报酬率方面，我国电力企业也应以必要的筹资费用加风险补偿为基准，即可参考公式：

资本报酬率 =(资本金 × 一年期国债利率)/资本金 + 风险补偿(2% ~3%)

再者，电力建设基金也应并入价内。因为其征收具有导致资金分散和用户之间"交叉补贴"的弊端，尽管它在一定时期起到了一定的筹资功能。

(3)改革电价体系。其一是发电价格实行峰谷时段差价和丰枯季节差价，改变目前按单位上网电量计价的制度，最终目标是实现"竞价上网"。其二是取消配电价格双轨制，实行"一网一价"。配电价格双轨制是生产资料价格渐进式改革的产物，而如本文前述，我国资源配置方式已发生了根本性变化，它已失去了存在的基础。

3. 发挥价格杠杆调节供求和引导资源配置的功能，促进西部地区退耕还林还草和农业结构调整

目前，甘肃省在退耕还林还草工作中存在的一个突出问题是树苗、草籽市场价格混乱，直接影响到生态建设和农业结构调整。其原因有市场需求拉动的因素，也有价格管理上的漏洞。另外，树苗、草籽商品本身的一些特征(如规格

复杂,品质、产地不一等)也决定了其价格的多样化。为了将树苗、草籽的价格控制在一个合理范围之内,确保西部生态建设的顺利开展,我们建议,对主要树苗、草籽品种实行政府指导价,制定中准价和最高限价,改变过去由市场定价引发的价格混乱局面。另外,加快制定《树苗、草籽价格管理办法》,使对树苗、草籽的价格管理走上法制轨道。最后,还要对树苗、草籽的生产经营做好价格服务工作。

在水利工程供水价格方面。甘肃省水利工程供水的平均成本为0.11元/m³,自流灌区0.079元/m³,提水灌区0.316元/m³,而同期水利工程供水的平均价格为0.068元/m³,其中自流灌区0.052元/m³,提水灌区0.20元/m³,分别只能补偿水利工程供水成本的62%、66%、60%。全省水利工程建设维护成本开支得不到合理补偿,其直接后果是水利工程大范围老化,带病运行,危及水利基础设施的安全和扩大再生产。参照《意见》的精神,西部水资源短缺地区的水利工程供水价格应获得优先调整,达到合理补偿成本并有微利的水平。同时应考虑到农民的水费负担能力,建议政府对于其间差额部分能给予财政补贴。

在城市供水价格方面,应提高水资源费的征收标准,开征污水处理费,并逐步推行“两部制”水价和阶梯式水价。“两部制”水价由基本水价和用量水价两部分组成。向用户征收基本水价,主要是考虑到城镇供水设施固定成本的合理补偿;而阶梯式水价则是指水价随用水量“递增递加”的定价方式,其直接目的就在于促进工农业循环用水和水资源的节约使用。

4.发挥价格部门建立公平竞争的市场秩序的职能,整顿价格秩序,规范价格行为

建立公平竞争的市场秩序是物价部门首位的职能。公平竞争的市场秩序是市场经济的重要宏观环境,也是重要的投资环境。它不是由市场价格自发形成的,而要依赖于价格管理者的主观能动性,自觉地来形成。西部地区由于经济落后、财政困难、部分执法人员素质偏低,长期以来就是地方保护、价格欺诈、价格联盟等有碍公平竞争市场秩序建立的现象的多发区。另外,西部地区价格放开时间不长,价格法规体系不健全、价格行为不规范更为突出。为此价格部门在建立公平竞争的市场环境方面的工作很多:首先,加快价格法制建设,规范政府、企业价格行为,维护公平竞争,为西部开发创造良好的价格环境和投资环境。其次,就是要深化收费改革,降低过高的收费标准,取缔非法收费,降低进入西部市场的“门槛”,同时降低成本费用,增加西部企业的对外竞争力。要严

格清理现行各种收费、基金、附加,在此基础上价格部门再全面推进收费改革,最终理顺价、费、税三者之间的关系。最后,认真贯彻落实《中介服务收费管理办法》和《关于制止低价倾销的规定》等价格法规,加强价格执法,依靠法律手段惩治价格欺诈、价格联盟、乱收费等价格违法现象,维护公平竞争的市场秩序。

综上所述,进行经济结构调整和西部开发,应立足于市场经济的基础之上,注重发挥市场机制,特别是价格机制的作用。这是与"一五"、"三线"时期建设内地时在宏观调控方面最大的不同。在价格工作中,价格部门首要的职能就是建立并维护公平竞争的市场环境并保障市场机制作用的发挥,在此基础上再发挥价格的调节供求、配置资源和筹资等功能,以促进西部地区经济结构的调整和西部开发。

参考文献

[1]刘家声.社会主义市场价格新体制[M].兰州:甘肃人民出版社,1998.

[2]课题组.资源价格[M].北京:商务印书馆,1996.

[3]刘树成.垄断性产业价格改革[M].北京:中国计划出版社,1999.

[4]运用价格杠杆,促进西部开发[N].经济日报,2000-9-1.

(原载《甘肃省经济管理干部学院学报》2001年第1期,系与阎梁合作。阎梁现为南开大学周恩来政府管理学院讲师、博士)

关于调整居民生活用电价格的几点意见

一、价格调整要兼顾利益相关者的利益

价格是反映利益相关者的经济关系的重要经济范畴。电力价格的调整及高低,不仅关系生产经营电力的企业的利益,也关系到使用和消费电力的各行各业、企事业单位及广大城乡居民的利益,还涉及国家和地方政府的利益。因此电力价格的调整应以"三个代表"的思想和要求为指导,正确处理利益相关者各方的利益关系,务必考虑各个方面的承受能力,统筹兼顾,不能顾此失彼。

二、提高居民生活用电价格要适度

其理由有二点:

第一,为使企业"保本有利"地从事生产经营活动,应当适当提高电价。电力工业是基础产业,其发展直接关系整个国民经济和社会发展。电力企业作为独立的商品生产经营者,应以合理的价格,补偿成本并获得合理的适当利润。这样才能保证企业的生存和发展,从而服务社会,满足社会各行各业对于电力的需要。"保本有利",也是价格要以价值为基础的客观要求,补偿成本是制定价格的基本依据和要求。只有使企业的成本耗费得到补偿,才能保证企业的生存和再生产的周而复始的进行。价格中包含适当利润则是保证企业自我发展和扩大再生产所必要的。当然利润也要合理,不能太高,一般应以社会平均利润水平为宜。如凭借垄断,提高价格获得过高利润,也不妥当。

按照"保本有利"的原则来衡量甘肃现行电力价格,对于部分发电企业,主要指我国实行"拨改贷"政策后,使用银行贷款建设的发电企业,难以承受,造成亏损。根据1985年国务院《关于鼓励集资办电和实行多种电价的暂行规定》及1987年下发的《关于多种电价实施办法的通知》,明确规定上网电价由发电单位成本、税金和利润构成,其中发电利润按电力项目贷款办法,以在规定的期限内还清投资本息和电网发电企业平均的留利水平计算。甘肃省在核定新建企业的上网电价时,除靖远二期、大峡电厂外大都未按此执行,考虑甘肃大中型重

点企业(特别是高耗能企业)和社会电力用户承受能力较弱的制约,实际执行的是每度0.18372元的临时上网电价。由于电价不到位,以致造成部分企业亏损或潜亏。所以,为了使电力企业"保本有利",适当提高电力价格是必要的。

第二,为实现城乡用电同价,适当提高城市居民用电价格也是必要的。改造农村电网,改革农电管理体制,实现城乡用电同价是党中央、国务院为减轻农民负担,提高农民生活质量,加快农村经济发展,扩大内需,促进国民经济持续快速健康发展而采取的重大决策。我国是一个农业人口大国,拥有广阔的农村电力市场。但相当长时期以来,由于历史、体制、管理等多方面的原因,我国农村电网建设很薄弱,电价既高且乱,据1997年国家计委对农村电价的调查统计,省物价部门批准的农村零售电价全国平均为每千瓦时0.67元,比县城电价高0.2元,而农民实际负担电价,多数高于省定标准,有的高达1.32元。甘肃情况亦然。比如庆阳县马乡房里村电价,每度高达1.6元,致使农民有电用不起。农村电价高于城市,原因复杂,涉及体制、技术、管理等多方面。根本的原因是城乡电网投融资体制和管理体制不同,农村低压电网由农民自己建设管理,发生的电能损耗、运行维护费用和农村电工的报酬,都要由农民平摊,使得农村电价必然要高于城市。再者,农村电网设备陈旧,变线损过高,布局不合理,"大马拉小车",造成电能损耗过大,也是农村电价过高的客观原因。在电价上乡高城低,这显然有失公平。近几年来农民收入增长缓慢,城乡差距又有所扩大,现城乡收入的真实差距达6:1之间。在此情况下如果继续维持城乡电价的不公平待遇,不利于处理工农之间的正确关系,将不利于国民经济的持续快速健康发展。为了解决这个问题,1998年底国务院决定实施农电"两改一同价"工作,即通过改造农村电网,改革农电管理体制,最大限度地缩小城乡用电价格,再通过全社会公平负担,实行城乡同价。根据国家统一布置,甘肃省电力公司筹措巨额贷款进行农村电网改造和建设,这些贷款需要还本付息。为了保证电力企业"还本付息"的需要,为了实现城乡居民用电同价的目标,也有必要适当提高居民生活用电价格。

三、应把体制、经营问题与价格问题区分开来

目前部分电力企业绩效欠佳或亏损原因复杂,并不单纯是价格低的问题。首先,与体制改革不到位有关。过去,在高度集权的计划经济体制下,政企不分,产权不明晰,在电力系统内部发电、输电、配电一体,实行垄断经营。这很不利于效率的提高和资源的优化配置。后虽进行了一些改革,也取得了一定的成效，但离建设社会主义市场经济体制目标的要求还有不小的距离。受电力工业垄断经营传统思想的影响，企业缺乏竞争意识，外部没有压力，内部动力也不足，以致影响企业效率和效益的提高。其次，市场因素也是影响企业绩效的重要原因。甘肃过去缺电，供不应求，经过多年的发展，发电能力大有提高，但近年来电力市场持续低迷，使各发电企业发电设备利用小时偏低，开工不足，以致造成发电单位固定成本上升，经营困难。此外，还有企业本身经营不当也直接影响企业的效益。这样一来，使得电力企业经营问题和价格问题就混在一起，政策性因素和经营性因素模糊不清。正确的做法应当是区别情况，采取不同的办法来解决。体制的问题应通过深化体制改革来解决。为此就要明确产权，建立和完善现代企业制度；打破垄断，引入竞争；实行发电、输电、配电分开经营；实行“厂网分开，竞价上网”。首先在发电环节引入竞争机制。这势必迫使电力企业挖掘内部潜力，改进技术，加强管理，降低成本，从而为电价的下降创造条件。进而实行输配电分离。至于电力市场供过于求的问题，则要进行具体分析，看是电力供给超过了真实需求而绝对过剩，还是有效需求不足而出现了相对过剩。如果是前者则应压缩供给，如果是后者则应刺激需求。但不论是何种情况，都应利用市场机制来解决，即采取由各发电厂竞价上网的办法，“优胜劣汰”，“低胜高汰”，使那些个别成本高、价高的厂家被淘汰出局，从而使供求达到平衡。或者，通过降低电力价格以刺激需求来达到平衡。如现在实行的分四个梯段的优惠电价办法就应继续并扩大使用范围。至于纯粹由于电力企业本身经营不当而造成的经营绩效不佳的问题，则应通过企业加强管理、改善经营来解决。总之，电力企业经营绩效问题，应通过多种办法，而不能单纯依赖提价来解决。因此，在考虑提高电力价格水平时，就应当剔除经营因素的影响，还要考虑深化改革可以提高效率、降低成本等有利因素的影响。如果不考虑以上因素的影响，就有可能导致定高电力价格水平，从而损害电力消费者的利益。

四、“城市公用事业附加”和“三峡建设工程基金”两项收费应予取消

顺便指出，甘肃现行电价中还附含了一些费用，如居民生活电价含“城市公用事业附加”每千瓦时 3.1 分，甘肃全省每年约征收 1 亿多元。“三峡工程建设基金”每千瓦时 0.4 分，全省年收缴约 6 千万元。这两项附加是否继续含征，值得研讨。据了解，根据《中华人民共和国城市维护建设税暂行条例》（1985 年［19 号］）之规定，已开征了“城市维护建设税”（属于地税），此项税收资金由地方人民政府确定使用，主要用于城市公用事业维护和建设等开支，甘肃今年 1～

6月已征收29.892万元。姑且不说电价中附含“城市公用事业附加”这本不属于电价本性要求的费用是否合理,在已开征“城市维护建设税”的情况下,再在电价中征收“城市公用事业附加”费,显然属于重复征收,加重了居民和企业的负担,这应该在税费改革中予以解决。至于“三峡工程建设基金”,如果说根据全国一盘棋的原则,开始征收尚有一定的合理性的话,那么根据“谁投资,谁受益”,“谁受益,谁负担”的原则,在中央已实施“西部大开发”的大局方针的情景下,对于处于不受益的西北地区(包括甘肃)来说,理应不再额外负担,而应通过改由增加东中部地区负担或别的途径来解决。

(原载《甘肃体改内参》2002年第9期。此文是2002年7月24日在甘肃省物价局召开的关于调整居民生活用电价格的听证会上的发言稿)

经济发展与地区经济

甘肃省举办经济问题座谈会讨论社会主义基本经济规律和生产目的问题

在1980年7月5日、19日和8月2日，甘肃省委宣传部、省委调查研究室和省社会科学院联合召开了双周经济座谈会，就社会主义基本经济规律和生产目的问题进行了专题讨论。参加座谈会的有省级经济部门负责同志、宣传工作者和理论工作者共四十多人。甘肃省委第一书记宋平、书记杨植霖出席了座谈会。

座谈会始终坚持理论联系实际的原则，结合甘肃省具体情况，遵循“双百”方针，各抒己见，畅所欲言，展开争论，共同探讨。围绕社会主义基本经济规律和生产目的这个中心，交换了各自的见解。

座谈一开始，有的同志对斯大林表述的社会主义基本经济规律和生产目的，表示怀疑和不解。提出社会主义到底有没有一个基本经济规律，是利用经济规律达到满足“物质和文化的需要”的目的呢，还是目的本身就是规律呢？对此，绝大多数同志认为，社会主义社会是客观存在着一个社会主义基本经济规律的，而且是不依人们的意志为转移的。有的同志说，应该把人们从事实践活动时头脑里存在的目的同一定社会生产方式的生产目的区别开来，因为前者是主观的，后者是客观的。社会主义生产目的是社会主义公有制为基础的生产关系决定的，是社会主义公有制的本质反映和具体体现。生产资料劳动人民公有，财富文明共创，物质和文化利益共享，“满足整个社会经常增长的物质和文化的需要”就成为客观必然。所以说，社会主义生产的目的是客观的经济范畴，也是社会主义基本经济规律的内容和核心。诚然，人们实践时的主观目的和社会生产的目的有一定的联系，前者可以反映后者，但也可能不反映后者。而当人们实践时的目的违背了社会生产目的的客观要求时，就必然要遭到惩罚。我们多年来的问题，正是因为违背了社会主义生产的客观目的，吃了苦头，受到了惩罚。这就从反面证明了社会主义生产的目的是规律性的东西，而且是基本经济规律。

在谈到社会主义生产目的的涵义时，一种意见认为，社会主义经济，既是公有制经济，又是商品经济，决定了社会主义生产目的是两重：前者决定生产目的为“满足整个社会经常增长的物质和文化的需要”，后者决定生产的另一个目的是赚钱；否则，只讲满足需要，不讲赚钱，甚至像前几年把赚钱不加区别地说成是资本主义的，办企业不要利润，没法积累，也就没法扩大再生产规模，“需要”也就无法满足。另一种意见认为，社会主义生产的目的，只能是斯大林表述的“满足整个社会经常增长的物质和文化的需要”，这和资本主义生产的唯一目的为赚钱是有本质区别的。并针对前一种意见进一步指出，社会主义基本经济规律只是揭示社会主义生产目的的客观性，而不是回答社会主义生产要不要利润、赚钱的问题。为了满足需要，赚钱、积累、扩大再生产是必要的，但赚钱是达到满足“需要”的手段，而不是目的。如果把赚钱也视为社会主义生产的目的，那不是就有两个目的了么！不就成了二元论了么！

在谈到社会主义基本经济规律所说“需要”的内涵时，一种意见认为，所谓“需要”，应当是既包括个人的、眼前的、平时的需要，也包括集体和国家的、长远的、战时的需要。如果只提个人的物质和文化需要，就容易产生片面性。因此，就一定要处理好个人、集体、国家以及眼前利益与长远利益、积累和消费、平时和战时等各方面的关系。另一种意见认为，“需要”就包括劳动者个人物质和文化的需要，以及公共物质和文化的需要。后者是指社会的文化、艺术、教育、科学、医疗卫生和其他公共福利事业的需要。不包括扩大再生产、国家行政管理以及国防、外援的需要。持这种意见的同志又进一步解释说，当然，社会产品生产出来后，必须有一部分要用于扩大再生产、国家行政管理和国防、外援，但这些都不是目的，而是为了生产更多的产品，组织管理好生产，保证生产顺利进行和人民和平劳动、安定生活，说到底还是手段，不是目的。否则，把这些都说成是生产目的范畴的内容，就会造成概念上的混乱和“左”的解释，片面强调国家、集体的需要，忽视个人的需要。“先国家、后集体、再个人”的说法，就是在“左”的思想影响下提出来的，是不符合社会规律的。俗语说，“民富国强”，民不富，国何以强！集体利益、国家利益是建立在个人利益基础上的，要藏富于民，但也不能笼统的提“先个人，后集体，再国家”。比如战争来了，那就应该先国家后个人。但是在一般情况下，特别在目前，还是要先把人民的生活安排好，在此基础上再进行建设。

对斯大林提出的发展社会主义生产的“手段”问题，讨论中也出现了两种截然不同的看法。一些同志认为，斯大林提出的“用在高度技术基础上使社会主义生产不断增长和不断完善的办法”，只讲技术手段，不讲经济手段，有片面性。有的同志说，管理、科学、技术是资本主义生产发展的三大支柱，对我们来说也是要采用的。斯大林的表述，只讲技术，不讲管理、科学，就达不到满足“需要”的目的。同时还认为，从目前的实际情况出发，需要技术，但还不能采用“高度技术”，只能采用多层次的技术，加上经济手段和必要的行政监督，来推动我国生产的发展。另一种意见认为，斯大林提出的“手段”，是就整个社会主义时期而言，作为我们建设社会主义整个历史时期的规律来讲，还是要有高度技术基础的。从我国实际出发，虽说现在还不能采用最高度的技术，但要逐步实现，而且终究是要采用高度技术的。不能用我们现在“大、中、小并举”、“土洋并举”的特殊性，来说明和代替基本经济规律的普遍性。持这种见解的同志还指出，斯大林表述的“手段”，既抓住了高度技术这个社会主义发展生产的关键，也没有排除其他发展生产的手段，从“不断增长和不断完善的办法”来理解，也包含其他内容在内。所以说，斯大林关于“手段”的表述并没有什么片面性。问题是要求我们不能片面理解斯大林的这个表述。

在关于基本经济规律和生产目的的讨论快告一段落时，大家按照社会主义基本经济规律的要求，联系甘肃省实际，对于如何把甘肃省经济工作搞好、搞活，发表了各自的意见，提出了许多改进经济工作，改善和提高群众生活的有益措施。主要有：(1)领导干部要学好经济理论。特别是关于社会主义基本经济规律和生产目的问题，很有必要在县以上领导干部中普遍讨论一次，提高按客观经济规律办事的自觉性。(2)要充分利用现有的物质技术基础。我国的特点是，地少人多，钱少劳多，商品生产不发达，科学文化落后，经营管理水平低。我们搞现代化，不能从概念出发，一定要从实际出发来确定采用什么技术手段。我们要引进一些技术，但更重要的是应当研究如何把我们三十年建设起来的物质技术基础充分利用起来。就我们甘肃而言，现有企业的固定资产和农田基本建设的设施，都还没有发挥应有的作用，大有潜力可挖。这是我们搞四化的前进阵地，绝不能轻易丢掉这些阵地去另搞一批新的东西。我们要坚守这些阵地，利用这些阵地，挖掘潜力，发挥作用，发展生产。(3)社会主义基本经济规律为国民经济规划根本任务，我们必须以此作为编制国民经济计划的指导思想，处理好经济生活中的各种关系问题，包括协调国民经济各部门、各方面以及各种所有制之间的关系等，使国民经济保持一个有计划、按比例、综合平衡和持续稳定的发展速度。(4)调整好消费和积累的比例关系，有意识地把积累降下来。首先安排好人民群众的生活，在此基础上，有多大力量，就办多大建设。这一点，甘肃省更为迫切，应该坚定不移地做下去。(5)在国家计划的指导下，搞好市场调节。人民的需要是通过市场反映和实现的。要建立经济情报网和科技情报网，加强对市场情况的调查研究，减少盲目生产的弊病。可以组织一些同志搞这个专业，研究人民生活需要，研究市场行情，做好供销工作。(6)引导、帮助人民过富裕文明的生活。这一条是宋平同志提出的。他说，他去岷县、甘南做了些调查。岷县群众手里有八百万元，但住的房屋却破烂不堪，应供应一些建筑材料，改善他们的居住条件。甘肃牧区的一些群众，收入不少。有一户收入八千多元，买飞机票带上全家去拉萨朝拜。我们不能强迫人们不信宗教，但我们可以进行科学教育，宣传无神论，帮助改善物质文化生活，不然的话，有了钱就会喝酒、拜佛。商业、工业、交通、建筑和文化教育部门，各级党委、政府，都要考虑这个问题，做好工作，引导、帮助群众向文明富裕的方向发展。

（原载中国社会科学院经济研究所《经济学动态》1980 年第 11 期）

建设规模要和国力相适应 是经济发展规律的客观要求

长期以来,陈云同志在主持和领导财经工作的过程中,有一条极其重要的指导思想,就是"建设规模要和国力相适应"。他说:"建设规模的大小必须和国家的财力物力相适应。适应还是不适应,这是经济稳定或不稳定的界限。像我们这样一个有六亿人口的大国,经济稳定极为重要。建设的规模超过国家财力物力的可能,就是冒了,就会出现经济混乱,两者合适经济就稳定。"①陈云同志的论断完全符合马克思主义的再生产理论,反映了社会主义经济发展的客观规律,切合我国的实际,是从我国社会主义建设实践中总结出来的我党领导经济建设的一条最基本的经验,也是我们从事经济工作的一个重要指导方针。这个方针对于我国社会主义经济建设来说,无论过去、现在和将来,都有极为重要的指导意义。

一、建设规模要和国力相适应符合马克思主义再生产原理及中国国情

"建设规模要和国力相适应"的论断,完全符合马克思主义关于社会再生产的原理。马克思的再生产理论告诉我们,社会物质生产部门在一定时期内(通常为一年)所生产的全部物质资料的总和,就是社会总产品。社会总产品按价值形式可分为三个部分:(1)不变资本(C);(2)可变资本(V);(3)剩余价值(m)。代表不变资本价值的部分(C)要用以补偿已消耗的生产资料,代表可变资本价值的部分(V)要变为工资,用以进行劳动力的再生产,它们都属于维持简单再生产的范围。如果这两部分的补偿得不到保证,势必影响简单再生产。而能够用以积累,即用以扩大再生产的,只能是剩余价值,而且只能是剩余价值的一部分,不能是全部。马克思说:"首先,年生产必须提供一切物品(使用价

① 《陈云同志文稿选编》(1956—1962),第44~45页。

值)以补偿一年中所消费的资本的物质组成部分。扣除这一部分以后,剩下的就是包含剩余价值的纯产品或剩余产品。""要积累,就必须把一部分剩余产品转化为资本。但是,如果不是出现了奇迹,能够转化为资本的,只是在劳动过程中可使用的物品,即生产资料,以及工人用以维持自身的物品,即生活资料。"①马克思的这些论述,去掉反映资本主义剥削关系的资本属性,是完全适合社会主义再生产的。在社会主义社会里,能够作为积累用于扩大再生产或基本建设的也只能是物质生产部门所提供的一部分剩余产品。因为社会主义的剩余产品,其中一部分必须用来满足非物质生产部门(如文教、卫生、行政管理、国防等部门)的需要,还有一部分要用于适当改善和提高原有劳动者的生活水平的需要。只有扣除了这些部分之后,才能用来搞建设。所以建设规模和国力相适应,就是基本建设的规模要和国家一定时期内所能提供的用于积累的物质资料相适应。这正如陈云同志所说:"基本建设搞多少,不决定于钞票有多少,而决定于原材料有多少。"②"满足了当年生产方面的需要,再搞基本建设。有多大余力,就搞多少基本建设。"③这些论述完全符合马克思关于剩余产品是积累的源泉的原理以及简单再生产是扩大再生产的基础的原理。

"建设规模要和国力相适应"的论断,也符合我们中国的国情。我国最基本的国情就是国家大,人口多,底子薄,水平低。邓小平同志曾经指出:"我们要经常记住,我们国家大,人口多,底子薄,只能长期奋斗才能赶上发达国家的水平。"④因为一方面由于底子薄,水平低,每年国民收入的增长额就有限;而另一方面,由于人口多,消费大,所以每年增长的国民收入能够用于积累的部分则更有限。据统计,1980 年我国国民收入约为 4,274 亿元,按人口平均每人国民收入只有 400 多元。国家建设、改善生活都靠它,只能量力而行。我国 1982 年国民收入比 1952 年增加 3,658 亿元,三十年平均每年只增长 122 亿元。就以增长较快的 1979 年至 1982 年来说,四年共增加 1237 亿元,平均每年增长额也只有 309 亿元。而这 300 多亿元中每年用于所增人口消费、改善人民生活和提高社会集体福利事业的部分约占 70%,即大约 210 亿元左右。扣除这部分之后,剩余约 30%,即大约 90 亿元左右,平均每人只有 9 元用于增加积累。而且这 90

① 马克思:《资本论》第一卷,第 636、637 页。

② 《陈云同志文稿选编》(1956—1962),第 46 页。

③ 《陈云同志文稿选编》(1956—1962),第 210 页。

④ 《邓小平文选》(1975—1982),第 224 页。

亿元中,还有一部分归农民和城镇集体经济单位支配。因此,每年能集中到国家手中用于增加基本建设投资的数量就比较少了,每年基建规模比上年增加的比率不能太大。所以,我国的国情决定着建设规模不能搞大了,必须和国力相适应。同时,由于我国的底子薄,水平低,国家财力物力储备少,人民生活不富裕,我们应付激剧变动的承受能力也就小。我们经不起反复折腾,只能稳步前进。正如陈云同志所指出的,像我们这样一个人口众多的大国,经济稳定极为重要。

实践是检验真理的标准。我国社会主义建设正反两方面的经验反复证明陈云同志提出的"建设规模要和国力相适应"是一个伟大的真理。什么时候按照国力来安排建设规模,国民经济就能稳定地、健康地向前发展;反之,国民经济就会出现混乱、失调和不稳。

从1953年到1957年实行的第一个五年计划时期,我国总的建设规模与国力是基本适应的,同时资金的使用比较集中,保证了一百五十六项大中型骨干项目的重点建设,效果是好的,生产持续发展,人民生活得到较大改善,并为以后的经济发展奠定了初步基础。但是在当时的大好形势下,一些同志在胜利面前滋长了骄傲自满情绪,头脑发热,过分夸大主观能动性的作用,忽视客观规律,急于求成。1956年我国就已经出现基建投资过多的"冒进"问题,1957年陈云同志针对这种苗头,郑重提出:"建设规模的大小必须和国家的财力物力相适应。"只是1956年的冒进,由于发现及时,纠正得快,所以没有形成全局性的错误。但是由于主导思想上的急于求成的倾向一直没有得到清理和纠正,以致以后建设规模超过国力的事又发生了三次,导致国民经济的发展出现了三次大的曲折。

第一次是1958年的"大跃进"。当年全民所有制单位基本建设投资达到269亿元,比1957年增加126亿元,一年猛增93%,积累率上升到33.9%。结果造成混乱,以致国民经济各部门的失调出现了极其严重的局面。然而,当时并未冷静地、客观地总结这些经验,也没有采取有效措施纠正已经十分严重的"左"倾错误,相反地还一股劲地反对保守,批判"右倾机会主义",其结果是"左"上加"左",使我们的经济建设受到了非常严重的损失。到1962年,工农业总产值退回到1957年的水平,经济生活全面发生困难。严峻的事实教育了我们,于是提出了"调整、巩固、充实、提高"的八字方针,被迫进行调整,经过调整,被破坏了的经济才又好转起来。

第二次是1970年的“促进国民经济的新飞跃”。当时不顾国民收入、财政收入从1967年以来逐年下降的情况，全民所有制单位基本建设投资高达313亿元，比上年的201亿元增加了112亿元，一年猛增58.9%，积累率达到32.9%，又超过了国力的可能。1971年感到搞冒了，准备压缩基本建设投资，但由于决心不大，致使膨胀了的建设规模一直延续到1976年。又一次给经济建设带来了危害，国民经济濒临崩溃边缘。

第三次是1978年的“大干快上”。本来在打倒“四人帮”之后，我们应很好地总结一下历史教训，从路线的高度出发，纠正和防止“左”倾蛮干，可是，由于对“十年内乱”的恶果估计不足，对当时经济形势的估计比较乐观，急于把经济搞上去，因而在建设规模上又一次出现了超过国力的冒进错误。当年全民所有制单位基本建设投资一下子达到501亿元，比上年增加119亿元，一年猛增31.6%，猛增幅度虽不比1958年大，但是积累率高达36.5%，更加重了国民经济的比例失调，财政出现巨额赤字，外汇大量逆差，通货膨胀，物价上涨，经济出现了新的困难。

党的十一届三中全会后，开始纠正经济建设中“左”的指导思想，提出了“调整，改革，整顿，提高”八字方针，压缩基建投资规模，使建设规模与国力相适应。但由于经济建设中“左”的影响还没有完全肃清，加上1978年这次是“洋跃进”，大型建设项目多，从国外引进了价值78亿美元的成套设备，向外国人订的货，签约生效，不遵守合同就要罚款，不容易下马，致使1979、1980年的基建规模仍没有控制住。根据陈云同志的意见，1980年底中央决定进一步调整，在要退就要退够的思想指导下，基本建设规模才真正压下来，并开始得到有效控制，使整个经济形势迅速好转。

解放以来的三次冒进表明，基建规模超过国力，必然造成战线过长，力量分散，工期拖长，效益下降。投资规模过大，也必然挤生产，挤维修，挤人民生活，导致国民经济的全面比例失调。结果，基本建设不得不退下来，国民经济被迫进行调整。“大上”的结果必然是“大下”，一次大上大下，时间虽然只有一年左右，但所带来的既深又广的后遗症，却一般要花四五年的调整时间才能完全消除。事实正如陈云同志所说：“财力物力不够，把建设规模搞大了，要压缩下来就不那么容易，还会造成严重浪费。”①1953年～1978年期间，我国完成的5000

① 《陈云同志文稿选编》(1956—1962)，第45页。

多亿元基本建设投资中，由于折腾而浪费掉的，或者形成固定资产而没有发挥应有作用的，约占总投资额的1/4。教训是深刻的，代价是巨大的，应该牢记。

我们知道，经济规律是经济发展过程的内在的必然的本质联系。它同任何规律一样，具有重复性、普遍性、必然性的特点。列宁说："规律是现象中巩固（保存着）的东西。"①我国经济发展过程的几次曲折，反复证明："建设规模必须和国力相适应。"这是我国社会主义经济发展的一条重要客观规律。

二、建设规模和国力相适应是社会主义基本经济规律的客观要求

建设规模和国力之间的关系，也反映了基本建设即扩大再生产和人民生活之间的关系。建设或者说基本建设，一般说来是属于扩大再生产的范围，一定时期内，建设规模搞多大，必须考虑人民的生活水平，要受人民生活水平的制约。

我们共产党领导全国人民进行革命与建设的最终目的，是通过革命的手段改变生产关系，解放与发展生产力，实现国家的现代化，从而使人民过上幸福的生活。因此，怎样处理好经济建设和人民生活的关系，是我们党在社会主义建设时期需要解决的一个重大问题。这个问题处理得好，就既能促进经济建设的发展，又能在发展生产的基础上逐步提高人们的物质和文化生活水平。如果处理不好，对两方面都会带来严重的影响。

陈云同志一贯高度重视改善人民生活的问题，这贯彻在他领导经济工作的全部思想中。早在我国私有制改造基本完成时，陈云同志就认为社会主义经济是一种"有利于人民的经济"②。他提出："经济建设和人民生活必须兼顾，必须平衡。"③既要进行经济建设，又要保证人民生活有所提高。到了1962年，我国经受了"大跃进"所造成的波折后，他从正反两方面总结了经验教训，指出安排好人民生活的极端重要性，认为这不仅是经济问题，而且是重大的政治问题。他语重心长地说："同志们：我们花了几十年的时间把革命搞成功了，千万不要使革命成果在我们手里失掉。现在我们面临着如何把革命成果巩固和发展下去的问题，关键就在于要安排好六亿多人民的生活，真正为人民谋福利。"④他指出，解决民生问题，"应该成为重要的国策"。

---

① 《列宁全集》第三十八卷，第159页。

② 《陈云同志文稿选编》（1956—1962），第14页。

③ 《陈云同志文稿选编》（1956—1962），第25页。

④ 《陈云同志文稿选编》（1956—1962），第210页。

陈云同志关于“建设规模要和国力相适应”的论断与他的“为人民谋福利”的思想一脉相通。首先,搞经济建设必须明确其目的。我国社会主义经济是建立在生产资料公有制基础之上的,是劳动人民当家作主的、为人民服务的经济。社会主义生产资料公有制不仅决定着社会主义生产的目的只能是满足人民的物质和文化的需要,也决定作为扩大再生产的手段的基本建设的目的,同样只能是满足人民的物质和文化的需要,这是社会主义基本经济规律的客观要求。陈云同志说得非常清楚:“搞经济建设的最后目的,是为了改善人民的生活。”这是我们从事社会主义经济建设时所必须明确遵循的基本指导思想。离开了它,经济建设就会走到邪路上去。其次,必须坚持在安排好人民生活的基础上来搞建设。因为既然社会主义经济建设的根本目的是为了满足人民的物质和文化的需要,那么我们就不能为建设而建设,不能脱离人民需要片面追求高速度,更不能用降低人民生活、损害人民利益的办法来搞建设。而只能在确保人民生活有所改善的基础上来进行建设。正像陈云同志近年来所概括的“一要吃饭,二要建设”,这是我们在安排基本建设规模时所必须遵循的原则。如果基本建设规模过大,势必影响消费品的生产,影响消费基金的应有增长,从而影响人民生活的改善,挫伤劳动群众的积极性,不利于国民经济的迅速发展。

回顾历史,我们在第一个五年计划期间,比较注意了国家建设和人民生活之间的平衡。当时的人民生活是逐步提高的,全民所有制单位职工的平均工资增长了42.8%,消费水平增长32.5%,建设规模与速度,也基本适应着当时所具有的那种发展程度的扩大再生产的需要。在工农业生产上基本没有发生什么大范围的、全局性的倒退和下降现象。这期间,工农业总产值平均每年增长10.9%,其中工业总产值平均每年增长18%,农业总产值平均每年增长4.5%。那时,我们的各个方面都表现出了繁荣兴旺、蒸蒸向上的趋势,反映在政治上的党群关系、军民关系、干群关系、民族关系是何等的亲密啊!

此后,在一个相当长的时间里,我们在社会主义经济发展战略目标上片面地把追求高速度放在首位,违背了社会主义基本经济规律的客观要求,背离了满足人民物质和文化生活需要的根本宗旨,过多地安排了建设的需要,忽视了人民生活的逐步改善。靠紧缩人民的消费,保持过高的积累率,吃了不少苦头。1958—1978年的二十年间,我国经济发展速度和人民生活水平下降了,与“一五”时期相比,工农业生产总值平均增长率从10.9%下降到6.5%;全民所有制职工实际工资从年平均增长5.5%变为下降0.21%。事实证明,片面追求高速度，反而欲速则不达，人民付出了辛勤劳动却得不到实惠，社会主义积极性受到严重挫伤，反过来又影响生产建设的发展。

党的十一届三中全会，从根本上冲破了长期“左”的错误的束缚，为我国社会主义经济的发展开辟了一条新的道路，在确定把全党的工作重点转移到社会主义现代化建设上来的同时，指出要“加快社会主义现代化建设，并在生产迅速发展的基础上显著地改善人民的生活”。这标志着我国经济发展战略转移的开始。1979 年以来，在经济调整中，我们实行了以建设社会主义要以不断满足人民日益增长的物质和文化需要为根本目标的新战略。在陈云同志的倡议下，由于经济调整工作的指导思想明确，头脑清醒，步伐稳妥，措施得力，国民经济的调整工作进行得很有成效，初步实现了陈云同志所提出的“经济建设和人民生活必须兼顾”的思想，在生产建设发展的同时，人民生活得到了改善。根据 28 个省、市、自治区所属 589 个县的 22 775 户农民家庭收支抽样调查，1982 年全国农民平均每人的纯收入达到 270 元，比 1978 年的 133.57 元增加 136.54 元，翻了一番。五年中，农村新建住宅二十二亿平方米。有几十万户搬进了新居。城镇职工生活水平也普遍提高，五年安排三千八百多万人就业，加上提高职工工资和实行奖励制度，职工生活也得到了明显的改善。根据 29 个省、市、自治区所属 47 个城市的 9 020 户职工家庭收支抽样调查，1982 年城市职工家庭平均每人全年可用于生活费的收入为 500 元，扣除物价上涨因素，比 1978 年增长 38.3%。五年中国家用于城市职工住宅的投资共 480 亿元，新建住宅三亿五千万平方米，相当于 1977 年前 19 年所建住宅面积的总和。这几年来，人民生活的改善，是大家亲身体会到的，在今后的经济建设中，只要我们坚持一切为人民的思想，统筹安排生产建设和人民生活，做到经济建设与国力相适应，生产就会稳步扩大和发展，城乡人民的收入和生活水平也将逐步提高。

三、必须注意我国农业对经济建设的约束力

1957 年陈云同志提出建设规模要和国力相适应这一科学论断的同时，强调指出：“我国农业对经济建设的规模有很大的约束力。”①多年来的实践证明，注意还是忽视这种约束力，是国家建设规模定得是否恰当和对经济工作的指导犯不犯错误的一条重要界限。

农业是国民经济的基础。马克思指出：“超过劳动者个人需要的农业劳动

① 《陈云同志文稿选编》(1956—1962)，第 48 页。

生产率,是一切社会的基础……"①,"从事加工工业等等而完全脱离农业的工人……的数目,取决于农业劳动者所生产的超过自己消费的农产品的数量。"②事实很清楚,农业是人们生存所必须的粮食的唯一提供者,只有当农业部门的劳动者所生产的农产品除满足农业人口的需要外还有剩余,能够为其他部门提供必要的食物时,国民经济的其他部门才能得到发展。从根本上说工业和整个国民经济的发展规模和速度,取决于农业的发展规模和速度。我国10亿人口,8亿农民,农业在我国国民经济中占有特殊重要的地位。根据1981年统计,我国农业总产值占工农业总产值的30.9%,农业净产值占工农业净产值的48.7%;在轻纺工业总产值中,有68.5%是以农副产品为主要原料制造的;在社会商品零售额中,有56.3%是在农村实现的;在出口商品总额中,有43.8%是农副产品及其加工品;在国家财政收入中,有45.3%是与农业有关的收入。陈云同志关于"我国农业对经济建设有很大约束力"的论述,揭示了农业是国民经济的基础这一规律在我国的特殊作用。

从我国经济发展的历程来看,在1958年开始的三年"大跃进"时,由于当时大办工业,三年间招收职工二千五百万人,使城市人口膨胀,猛增到一亿三千万,这样大的建设规模,大大超过了农业的负担能力,造成城乡经济生活的严重困难,结果不得不进行调整,大量精简职工,动员城市人口下乡,把建设规模压缩到农业所能负担的程度。陈云同志对上述历史经验进行了科学总结,指出:"农村能有多少剩余产品拿到城市,工业建设以及城市的规模才能搞多大。其中关键是粮食。"③所以农业是国民经济发展的基础的这一规律同其他任何经济规律一样是不能违背的。人们违背了它,就要吃苦头,到头来,还得顺着它行事。这是我们在安排基本建设规模时所必须遵循的。

陈云同志认为:我们搞四个现代化,建设社会主义强国,必须实事求是。讲实事求是,先要把"实事"搞清楚。这个问题不搞清楚,什么事情也搞不好。他说:"我们是十亿人口,八亿农民的国家,我们是在这样一个国家中进行建设",我们必须认识这一点,看到这种困难。他认为,把农业这个基础搞好了,整个国民经济就好搞了;把农民这个大头稳住了,全国也就基本稳定了。只有在搞好

① 《资本论》第三卷,第885页。
② 《剩余价值论》第1册,第22页。
③ 《陈云同志文稿选编》(1956—1962),第147页。

农业、稳定农民这个基础上，才能搞好经济建设。他指出："'农轻重'的排列法就是马克思主义与中国革命的实践相结合。""按比例，必须把农业考虑进去。这是个根本问题。"

十一届三中全会以后，党中央首先抓住农业，作为推动整个经济建设的中心环节，提出了一系列发展农业生产的政策和经济措施。其中主要的是：恢复和扩大社队的自主权；恢复自留地、家庭副业、集体副业和集市贸易；建立和健全各种形式的生产责任制；大幅度提高主要农副产品的收购价格，降低重要农业生产资料的价格；为了调整农业结构，让农民休养生息，根据陈云同志建议，国家还下决心在1979—1982年期间进口粮食等等。所有这些，极大地调动了几亿农民的积极性，促进了农业生产的发展，使整个农村经济欣欣向荣，为我国经济、政治形势的好转奠定了基础。但是应当清醒地估计到，我国农业的发展还是初步的，这个基础还不稳固。在当前情况下，我们对经济建设规模的安排，必须自觉地考虑到农业这个客观存在的"约束力"。

当前，我国国民经济经过几年的调整，出现了建国以来少有的好形势。然而，在好形势下，1982年基本建设规模又开始膨胀了。1982年全民所有制单位的固定资产投资达845亿元，比上年增加176.5亿元，增长25%，超过计划110亿元。当年新开工项目有三万四千个，是新开项目最多的一年。当然1982年的情况和以往三次不同，过去是在"左"的思想指导下，计划本身片面追求高速度、高指标、高积累造成的，主要表现为计划内投资猛增。而1982年基本建设投资膨胀，主要是财力和物力过于分散，自筹和贷款基本建设投资失控造成的。据计算，超计划基建投资中，80%以上是地方和企业投资，其中自筹基建投资超过52亿元，国内贷款超过37亿元。但是，计划外的资金和物力同样是国力，超过国力而又不迅速控制的话，同样要带来严重后果。

最近，中央决定控制基本建设规模，适当集中资金，加强重点建设。这是关系国民经济全局，实现十二大战略目标的大事。如果膨胀了的基本建设规模得不到有效的控制，盲目建设、重复建设停不下来，能源、交通等重点建设搞不上去，那么经济就不能稳定地发展，还有可能被迫进行一次大的调整，80年代打基础的任务就要落空，90年代新的经济振兴就没有希望。如果出现这种情况，那就不仅是经济问题，而且会成为政治问题。因此，我们决不可掉以轻心。我们必须切记建国以来三次基本建设规模过大的历史教训，决不能好了伤疤忘了痛。现在全党都在学习《邓小平文选》，邓小平同志对我国的经济建设有许多精辟的论述，我们应当把《邓小平文选》的学习和《陈云同志文稿选编》以及党中央、国务院关于当前经济工作的各项指示的学习结合起来，深刻领会“建设规模要和国力相适应”这一方针的极端重要性，统一思想，采取切实措施，控制基本建设规模，巩固和发展大好形势。

（原载《兰州大学学报》1983年第4期，此为作者在甘肃省级机关单位学习《陈云同志文稿选编》辅导报告的一部分）

坚定不移地实行稳中求改,以改促发

按语:本文论述了只有坚持改革开放才能发挥社会主义制度的优越性。阐明了20世纪90年代深化改革扩大开放的重要性和紧迫性,这是实现我国现代化建设第二步战略目标的重要保证;是解决我国经济生活中深层次问题的需要;也是确保我国在国际竞争中获胜的需要。提出了90年代改革开放的基本方向和需要正确处理的几个问题:坚持经济体制改革的正确方向;政治体制改革要与经济体制改革相互适应;坚持对外开放还必须高度警惕西方的"和平演变"的阴谋;正确处理好改革与发展、稳定之间的关系;正确处理好利益关系,做改革的促进派。

党的十三届七中全会认为,必须坚定不移地推进改革开放,并指出:"我们的改革是社会主义制度的自我完善和发展,目的是为了促进生产力的发展和社会的全面进步,充分发挥社会主义制度的优越性。要在总结20世纪80年代改革开放经验的基础上,依据生产力发展的要求,使改革不断深化,开放进一步扩大。"这对于我们正确认识进一步改革开放的必要性,明确改革开放的性质、方向、目的都具有十分重要的意义。

一、20世纪90年代深化改革扩大开放的重要性和紧迫性

20世纪90年代我们必须继续坚持改革开放的方针,深化经济体制改革,进一步扩大对外开放。因为:第一,深化改革,是实现我国现代化建设第二步战略目标的重要保证。我国的经济发展,已经进入关键时期。在90年代,能否进一步把国民经济搞上去,实现国民生产总值再翻一番,人民生活水平达到小康程度,不仅直接影响到中华民族的兴衰,而且关系到整个社会主义革命和建设的成败。要把国民经济搞上去,最强大的推动力在于进一步深化改革。只有实事求是地承认现行体制上存在的各种弊端,通过深化改革,逐步加以解决,才能使社会主义制度进一步成熟和完善起来,才能使国民经济持续、稳定、协调地发展。

第二,深化改革,是解决我国经济生活中深层次问题的需要。自1988年9月党的十三届三中全会以来,经过两年多的治理整顿,社会总供给与总需求趋向平衡,严重的通货膨胀得到抑制,农业连年丰收,工业生产逐步回升,市场秩序得到了初步整顿。总的看来,形势是向好的方向发展。但是,我国经济发展过程中所存在的不少深层次的矛盾和问题,并没有得到解决。如宏观经济不稳定因素依然存在;通货膨胀的根源仍未消除;经济结构不合理问题仍未根本好转;经济效益下降,财政困难;社会再生产过程的生产、流通、分配、消费各个环节的运转都面临种种困难。一些主要体制的改革,仍处于迂回和徘徊状态,存在着计划管不住与管得过死并存,企业放不活与缺少约束并存,价格扭曲与通货膨胀威协并存,市场分割与无序竞争并存等情况。这些矛盾和问题,同改革还在进行过程中,新旧体制的摩擦,有着直接或间接的关系。我们必须通过深化改革,基本理顺社会再生产的各个环节之间,国民经济的各个部门之间,中央、地方、企业(集体)、个人之间等各方面的关系,逐步建立起一种合理的体制和机制,才有可能从根本上克服困难,使经济走上良性循环的发展轨道。

第三,深化改革,是确保我国在国际竞争中获胜的需要。调整和改革是当代世界发展的基本方向之一,只有顺应世界潮流,通过进一步深化改革,建立起适应商品经济发展的新体制,才能在激烈的国际竞争中立于不败之地。当前,历史发展的进程正处于新旧世纪交替的时期,为了迎接新世纪的到来,抢占新世纪经济发展的“制高点”,许多国家和地区,都在致力于改革调整。一方面,国际间的竞争日益激烈;另一方面,国际间的经济联系日益密切。这对我国来说,既是一个难逢的历史良机,也是一种严峻的挑战。机遇和挑战并存,只有进一步深化改革,扩大开放,建立起适应新时代国际经济竞争的新体制,才能更好地推进社会主义现代化建设的进程,充分发挥社会主义制度的优越性。同时,当前国际风云变幻,国际敌对势力加紧推行“和平演变”,一些人心目中产生“社会主义的红旗究竟能否在中国大地上永远飘扬”的疑惑。要消疑挫变,关键就看今后我们能不能通过改革把经济搞上去,人民安居乐业,这样才能使社会主义立于不败之地。

第四,在进一步深化改革的同时,必须扩大对外开放。对外开放既是改革的一个重要组成部分,又在一定程度上推动和促进改革。当代世界,是一个开放的世界。世界各国经济发展的历史经验证明,任何国家闭关自守都不可能使自己发达起来。我国本身是一个发展中国家,人口众多,资源相对不足,资金短缺,经济、科技、教育和经营管理水平都比较落后,只有通过对外开放,以他国之长补己之短,才能发挥"后起国效应",使我们的社会主义现代化建设得到更快、更好的发展。生产的社会化程度越高,与国际经济的联系必然更加密切,也就愈加要求提高对外开放的程度。对外开放是推动生产力发展的强有力手段,它可以增强社会主义的物质技术基础,从而有利于社会主义制度优越性的发挥,所以,也是社会主义制度的自我完善与发展。因此,我们必须坚持对外开放的基本国策,进一步扩大对外开放。

二、改革是社会主义制度的自我完善和发展,目的是发展生产力和促进社会全面进步

我国的改革是社会主义性质的改革,是社会主义制度的自我完善和发展,这可从以下几点来说明:

首先,改革不是改变社会主义的根本制度,而只是改变社会主义的体制。社会主义的根本制度或基本制度与社会主义的体制是既有区别又有联系的。社会主义的根本经济制度包括公有制、按劳分配,是社会主义社会中最本质的规定性,它是社会主义制度区别于其他社会制度的基本经济特征。社会主义体制是社会主义根本制度的具体表现形式,是体现根本制度的具体制度。社会主义根本经济制度在一个国家的整个社会主义阶段中,其质的规定性始终处于稳定状态,在各个不同的社会主义国家也是共同的,基本一致的。而社会主义经济体制,在不同的社会主义国家,则可随各国国情的不同表现为具有不同特色的体制,在同一国家也可随生产力的发展而变化。例如生产资料公有制,可采取国家所有制的形式或社会所有制的形式,也可采用集体所有制形式等。可见,二者是有区别的。但二者又有联系,社会主义经济体制决定于社会主义根本经济制度,它必须体现社会主义根本制度的要求,社会主义经济体制的完善与否,对根本经济制度也有反作用。好的经济体制有利于巩固和发展社会主义的根本制度,能较充分地发挥社会主义制度的优越性;反之,则不利于其优越性的发挥。社会主义的改革,只是社会主义制度具体形式的改革,是社会主义制度的自我完善,而不是社会主义根本制度的改变。

其次,改革是社会主义制度的自我完善和发展,是由社会主义基本矛盾的性质所决定的。毛泽东同志曾经讲过,"社会主义生产关系已经建立起来,它是和生产力的发展相适应的;但是,它又还很不完善,这些不完善的方面和生产力的发展又是相矛盾的。除了生产关系和生产力发展的这种又相适应又相矛盾的情况以外,还有上层建筑和经济基础的又相适应又相矛盾的情况"①。我国建立起以生产资料公有制为主体和按劳分配为分配形式的社会主义经济制度;以人民当家作主为主要特征的社会主义政治制度,这些是和"生产力的发展相适应的"。建国40年来的伟大成就有力地显示了我们国家社会主义根本制度的优越性。但是,社会主义的生产关系和上层建筑还很不完善,主要是各项具体制度等,还存在不少的弊端和缺陷,还没有充分体现社会主义根本制度的要求。这种相矛盾的方面是不可忽视的,它必然妨碍社会主义优越性的发挥。这就要求我们必须不断调整和改革"相矛盾"的环节和方面。而且社会主义社会的基本矛盾跟资本主义基本矛盾的根本不同还在于"它不是对抗性的矛盾,它可以经过社会主义制度本身不断地得到解决"②,而不需要进行一个阶级推翻另一个阶级的革命。因此,社会主义的改革,绝不是社会主义根本制度的改变,而是在坚持社会主义根本制度的基础上,通过对各项具体制度的改革,使之不断完善和发展。社会主义改革的过程,就是辩证发展的扬弃过程,就是改革过去体制中存在的弊端,继承和发挥我们在长期革命和建设中形成的好传统、好做法和好经验,并且在适应新的历史条件下不断有所创造的过程,就是社会主义制度自我完善和发展的过程。

再次,改革是社会主义制度的自我完善和发展,还在于它是通过社会主义社会中党和人民群众的自觉活动而实现的。社会主义制度在客观上给人们认识和运用社会主义基本矛盾的规律提供了巨大的可能性。生产资料公有制的主体地位使国民经济的有计划发展成为可能;无产阶级及其政党以马克思主义为理论武器,从实践中总结经验,逐步提高对客观规律的认识,并把它们作为制定路线、方针、政策的重要依据;改革中会遇到人民利益的矛盾和冲突,但人民群众在根本利益和长远利益上的一致,使他们可以在党和政府的领导下,为共同的目标而奋斗。因此,社会主义社会作为一个整体,基本矛盾的规律是通过人们的自觉活动而实现的。无论是生产力的发展还是生产关系和上层建筑的调整和变革,都是在党和政府的领导下,有计划、有步骤、有秩序地动员和组织群众来实现的。它可以使我们在改革的实践中,既不会无能为力,又不会去等

① 《毛泽东选集》第五卷,第374页。

② 《毛泽东选集》第五卷,第373页。

待"自发调节",在认真总结经验教训的基础上,正确的加以坚持,不足的加以完善,失误的加以纠正,使我们的社会主义制度不断完善和发展。

第四,我国的对外开放也是社会主义的对外开放。社会主义制度不是封闭的制度,它的完善和发展离不开世界文明的发展。所以,社会主义的改革又必须在实行对外开放中去不断完善和发展。对外开放就是通过与国外的交流和合作,吸收国外资金、技术、先进管理经验及其他一切先进的东西,为社会主义服务。再者我们在对外开放中始终坚持社会主义是主体的原则,坚持平等互利、领土和主权完整的原则。利用外资、外国企业家在中国投资设厂,这些都只是作为社会主义经济的补充。外国企业家在中国投资设厂必须遵守中国的法律,必须符合中国社会主义经济发展的需要。至于引进外国先进技术和管理经验,不但不会损害社会主义所有制,而且还会促进社会主义经济的发展。所以,我国对外开放也是社会主义的对外开放,是社会主义的完善和发展。

在改革开放问题上,历来就存在着两种截然不同的改革观,一种是党中央和邓小平同志一贯坚持主张的坚持社会主义道路,坚持人民民主专政,坚持共产党领导,坚持马列主义、毛泽东思想的改革开放,即作为社会主义制度自我完善和发展的改革开放;另一种是坚持资产阶级立场,要求中国"全盘西化"的人所主张的同四项基本原则相割裂、相背离、相对立的"改革开放"。这种所谓"改革开放"的实质,就是资本主义化,就是把中国纳入到西方资本主义体系。我们必须划清两种改革开放观,认清社会主义改革开放的性质,坚持改革开放的社会主义方向,只有这样,才能达到我们改革开放的目的。"总之,不改革开放不行,改革开放不坚持社会主义方向也不行"。

改革的目的是为了促进生产力的发展和社会的全面进步,充分发挥社会主义制度的优越性。马克思主义认为,在构成人类社会的生产力与生产关系、经济基础与上层建筑的基本矛盾中,生产力是最终地起决定作用的力量。人类历史首先就是一部生产力发展的历史,随着生产力的不断发展和科学技术的不断进步,才产生不同社会形态更替的要求和运动。社会主义代替资本主义是历史的要求,通过发展生产力,建立比资本主义更强大的物质基础,同样是历史赋于社会主义的伟大使命。十月革命胜利后,列宁指出:"无产阶级取得国家政权以后,它的最主要最根本的利益就是增加产品数量,大大提高社会生产力。"①

① 《列宁选集》第四卷,第586页。

我国社会主义政治经济制度基本建立以后，所要解决的主要矛盾是人民日益增长的物质文化需要同落后的社会生产力之间的矛盾，这就决定发展生产力已是社会主义的根本任务。我们必须通过改革，运用社会主义制度的力量，大力发展生产力。只有大力发展生产力，才能建设起强大的社会主义物质基础，从而巩固社会主义制度和人民民主专政的国家政权；才能不断满足人民日益增长的物质文化需要，从根本上提高人民的生活；才能增强改造社会的物质力量，提高全民族的科学文化水平，促进社会的全面进步，从而彻底地改变我国贫穷落后的面貌；才能增强社会主义的吸引力，使社会主义制度的优越性充分发挥出来，使我们伟大的祖国巍然屹立在世界东方。所以，改革的目的是促进生产力的发展和社会的全面进步，这既是社会主义建设的根本任务，也是社会主义改革的题中应有之意。我们必须明确改革的目的，以免偏离方向而走上歧途。

三、20 世纪 90 年代改革开放的基本方向和需要正确处理的几个问题

坚定不移地推进改革开放，必须重视和正确处理好如下几个重要的理论和实际问题：

第一，坚持计划经济与市场调节相结合是经济体制改革的方向。

党中央明确提出建立计划经济与市场调节相结合的经济体制和运行机制，这就既摈弃了只承认计划经济而排斥市场调节的理论，是对以“统”为特征的传统经济体制的否定，也否定了那种主张建立完全自由市场调节的自由市场经济的理论，为我们逐步建立起一个既不同于过去那种高度集中、统得过多过死、排斥市场调节作用的体制，又不同于以私有制为基础的国家实行的自由市场经济的体制，而是对符合有计划商品经济发展要求的、有中国特色的经济体制指出了明确的方向。实行计划经济与市场调节相结合，可以同时发挥两者的优点和长处，尽量避免其短处，促进宏观经济效益和微观经济效益的结合和提高。

在计划经济与市场调节相结合的问题上，应当对计划经济和市场调节有新认识。实行计划经济，必须依据市场供求关系和价值规律，实行市场调节，不是自由市场经济下那种完全由“看不见的手”所实现的自发调节。如果还用传统的观念看待计划经济与市场调节的结合，那就会走偏方向。

第二，政治体制改革要与经济体制改革相互适应。

政治体制改革是我国整个改革开放和社会主义现代化建设事业的重要组成部分。建设社会主义的现代化必须建设高度的社会主义民主，加强民主与法制建设。经济体制改革与政治体制改革是互相联系、互相制约的。经济体制改革是政治体制改革的基础,而政治体制改革又是经济体制改革的保证。随着经济体制改革的深入进行,必然相应的要求政治体制改革的配合和深入。

人民民主专政是我国的国家制度,与之相适应,我国还建立了各项基本政治制度。其中主要有人民代表大会制度,中国共产党和各民主党派、人民团体以及社会各方面代表等参加的政治协商制度,中国共产党领导的多党合作制度等。这些基本制度是好的,使社会主义优越性得到了初步体现。但是,在政治体制上,即在具体的领导制度、组织形式和工作方式上,存在着一些重大缺陷。正如邓小平同志早在1980年所指出的:“从党和国家的领导制度、干部制度方面来说,主要的弊端是官僚主义现象,权力过分集中的现象,家长制现象,干部领导职务终身制现象和形形色色的特权现象。”他进一步指出,这些弊端“妨碍甚至严重妨碍社会主义优越性的发挥。如不认真进行改革,就很难适应现代化建设的迫切需要,我们就要严重脱离广大群众”①。

在坚持我国基本政治制度的前提下,自十一届三中全会以来,政治体制改革已取得了某些进展。但是在克服官僚主义,消除腐败,精简机构,理顺各部门、各级政府关系,提高办事效率,加强与人民群众的联系,提高决策的科学化、民主化等方面,还有大量的改革工作要做。我们必须在党的领导下坚决而又慎重地、有计划、有步骤地逐步推行政治体制改革。

第三,在坚定不移地贯彻执行对外开放的基本国策时,又必须高度警惕西方“和平演变”的阴谋。

当今世界的政治格局不管发生什么变化,我们首先必须把握一个基本的事实,这就是:一个世界,两种制度。社会主义和资本主义两种社会制度的共存与斗争,是当今世界国际关系的根本特征。十月革命的胜利开辟了人类历史的新纪元,揭开了社会主义逐渐代替资本主义伟大历史时代的序幕,由此开始了两种不同的社会制度之间的长期斗争。颠覆社会主义制度,恢复资本主义一统天下,始终是西方资产阶级的既定战略目标。列宁认为,资本主义与社会主义斗争的结局“最后不是这个胜利就是那个胜利,不是为苏维埃共和国唱挽歌,就是为世界资本主义唱挽歌”②。

自十月革命至今70多年,社会主义和资本主义两种根本对立的社会制度

① 《邓小平文选》,第287页。

② 《列宁全集》第三十一卷,第416页。

的斗争从未停息。国际资产阶级为扼杀和消灭社会主义国家,曾经随着国际形势的变化而不断变化对社会主义国家的对策,经历了从“扼杀”、“遏制”直到“超越遏制”的战略策略的变化。但万变不离其宗,“亡社之心”不死。当他们采取武力手段屡遭失败后,就转换手法,提出“和平演变”的策略,妄图达到“不战而胜”的目的。

尼克松在其所著的《1999 年:不战而胜》中鲜明地提出,“我们也应追求不战而胜”。西方国家推行“和平演变”的手段,最重要的一招就是“鼓励改革”,妄图利用社会主义国家对外开放和改革这种“历史性机遇”进行渗透,迫使社会主义国家的改革走上脱离共产党领导、脱离社会主义的道路,“根本改变共产主义性质”,“重新回到世界秩序中来”。他们还提出了“通过接触促进变革”的策略,指出:“我们同东方接触越多,就会使它受西方榜样力量的影响越大。这样做必然会加强那些还在促进演变的内部势力。”“这种接触引起种种不受欢迎的对比,播下了不满的种子,这种种子有朝一日将结出和平演变之果。”[①]这些不加掩饰的言辞,提醒我们在坚定不移地推行改革开放的方针时,必须保持高度的警惕。因此,“处理对外关系,既要讲经济,又要讲政治;既要讲友好,又要讲斗争;既要讲原则,又要讲策略。这是外交工作中的‘两点论’,也是符合党的‘一个中心,两个基本点’的基本路线的要求。”[②]

第四,正确处理好改革与发展、稳定之间的关系。

在改革与发展的关系上,改革是手段,发展是目的,改革生产关系和上层建筑,最终是为了促进生产力发展。改革还是社会经济发展的强大推动力,发展必须依靠改革。当前我们要实现经济发展的第二步战略目标,最重要的是坚定不移而又积极稳妥地推进经济体制改革,改革的最终目的是为了促进社会生产力的发展,促进国家综合国力的增强和人民物质文化生活的改善。因此,改革必须紧紧围绕经济发展战略来进行,改革必须服务于发展。“围绕发展搞改革,搞好改革为发展”才是正确的方针。如果离开发展谈改革,那改革就离开了中心,就会走偏方向。不能以什么抽象的模式评价改革,检验一切改革得失成败的主要标准,应该是看它是否有利于国民经济的持续、稳定、协调发展,有利于社会经济效益的提高,有利于人民生活的提高和社会的进步。

---

① [美]理查德·尼克松:《真正的和平》,新华出版社 1985 年版。

② 江泽民同志 1989 年 7 月 12 日在驻外使节会议上的讲话。

就稳定同改革与发展的关系而言,稳定是改革与发展的前提,没有稳定的社会经济环境和安定团结的政治局面,改革和发展就不可能顺利进行。然而稳定又不是绝对的静止,那样的话,社会也就停滞了。因而必须通过改革和发展进一步促进社会的稳定。因此,正确的方针应当是稳中求改,以改促发,以发促稳。总之,应该是“稳中求进”。这样才能有真正的、长期的、牢靠的稳定。

我国当前经济生活中的许多“两难”问题往往表现为某些立足于近期稳定的措施(如冻结某些物价)可能不利于长期的稳定,而某些有利于长期稳定的(如关停并转)又可能导致近期的不稳定。这就需要我们审时度势,相机行事,正确处理好稳定、改革、发展之间的辩证关系,避免相互脱节,“三张皮”打架,而要相互衔接,从而促进经济持续、稳定、协调发展。

第五,正确处理好利益关系,做改革的促进派。

改革虽然是社会主义制度的自我完善,但它毕竟是一场触动社会利益结构、权力结构的深刻变革。不论是经济体制改革还是政治体制改革,在一定意义上说,都是一种利益和权力的重新调整和分配,要打破旧的利益和权力格局,建立新的利益和权力结构,必然会涉及各个地方、阶层、集团、单位、个人的利益。社会主义的改革最终必然会使全体人民的利益得到最大限度的满足,达到共同富裕。但在一定阶段,所推行的某种改革措施可能会产生这样的情况:使大多数人受益,少数人则可能暂时受损。当前深化改革就可能会触及在旧体制下形成的既得利益。在这个过程中,我们要通过改革,正确处理各种利益关系,包括中央和地方,沿海和内地,城市和农村,大中型国营企业和其他企业,以及全局和局部,长远和眼前,国家、集体和个人之间等利益关系。应该按照从全国人民的共同利益出发,统筹兼顾、适当安排的原则精神,既照顾各个方面的利益,又坚持局部利益服从全局利益,眼前利益服从长远利益。我们大家都要做改革的促进派,特别是党的干部和共产党员,都要增强历史使命感,自觉地站在改革开放的前列,为实现我国经济发展的第二步战略目标,为建设中国特色的社会主义,做出自己的贡献。

(原载《理论、实践、方法》1991年第6期,为1991年3月30日在中共甘肃省委常委中心学习组的专题辅导稿)

以开带发、以外带内

——兼谈甘肃经济总体发展战略方针

自邓小平同志南巡讲话传达以来,全国又掀起了一个改革开放的浪潮,我国的改革开放进入了一个新的阶段。

要把甘肃经济搞上去,必须实行"以开带发"、"以外带内"的发展方针。

一、实行这个方针的必要性

首先,是由商品经济的本性及发展商品经济的需要决定的。商品经济是一种交换性的经济,我国的经济是公有制基础上的商品经济,其本性就是要通过市场与外部进行交换,就是一种开放性的经济。

其次,是发展现代社会化经济的需要。一个省区的经济循环,不仅包括省区内部的循环,而且包括本省区与外部的经济循环。一个省区经济的发展,不仅有赖于本省区内部经济循环的正常进行,而且决定于外部经济循环的状况。因为,就一个省区而言,往往会存在生产要素不足的现象,只有不断与外部交换,从外输入生产要素,才能弥补自身要素不足的缺陷,以求得发展。例如,甘肃的铝产业,如果不从云南和河南输入铝土,就无法正常进行生产。尤其是资金,更需从外部引入。同时,市场是商品经济正常发展和实现的关键。列宁说得很清楚:市场问题就是实现问题。没有市场,商品的使用价值和价值都无法实现,再生产也无法继续进行。而就一个省区内部的市场而言,往往具有局限性,因此只有与外部交换,才能为本省区的发展打开市场。甘肃的镍产量在全国居第一位,自己消费不了那么多,如果没有省外的市场,将会怎么样呢?

再次,实行对外开放,才能扬长避短,发挥优势,获得比较效益。在经济发展上,每个民族和国家都有自己的长处,同时,也有自己的短处。由于自然条件、技术条件等的差别,不同国家生产同一商品所花费的劳动时间是不同的,从而形成各不相同的社会必要劳动时间决定的国别价值(国内价值),而在国际市场上,商品则是按照由世界范围内的社会必要劳动时间决定的国际价值来进行交换的,于是出现了国别价值与国际价值的差异。这就导致各国着重生产国别价值低于国际价值,或低于别国价值的商品。我国也应该发挥自己的优势,多生产那些国际价值较高、对自己最为有利的产品,去交换那些相对在本国生产不利的产品。这样既发挥了本国生产的优势,又利用了外国生产的优势,就能以少的社会劳动获得较大经济效益,从而加速经济的发展。就国际经济关系而言是如此,就省(区)际经济关系而言,也应如此。古典经济学家李嘉图所创立的"比较成本"学说,为国际经济贸易关系的发展奠定了理论基础,我们应该借鉴,为我所用,扩大开放,发展对外经济贸易关系。因此,我们不应当追求"小而全"、"大而全",也不应该"万事不求人",这是一种落后意识的体现。

最后,只有开放,积极参加外部竞争,才能在竞争中促进发展。大家都知道,前些年美国可口可乐打进了我们的市场,起初有人不理解,以为人家占领了我们的市场,但从近几年的发展来看,可口可乐进来后,带动了我们一大批饮料生产的发展,并且与"洋水"展开了激烈竞争。发达地区进攻我们西北市场,是商品经济天然的原则,市场不是诸侯的封地,它天生就应是开放的。

二、以外带内,以开带发

甘肃省制定了"强化农业基础,搞活大中型企业,以大带小,以城带乡,整体推动甘肃经济发展"的"双带整推"战略方针。这个方针是针对甘肃经济存在着城乡分割,在全民所有制工业与非全民所有制工业之间,中央工业与地方工业之间,存在着明显的断层而提出来的。这个方针对于促进甘肃省内经济的正常循环、协调发展无疑是正确的。实践证明贯彻这一方针也取得了一定的成功。但是作为一个统率全省的总体发展战略方针似又感不足,它没有表明省内经济与外部的关系。战略是指带全局性的重大的谋略。就本省经济谈本省经济,是一种自我循环的封闭意识的反映。我国是社会主义市场经济,发展经济必须树立大市场的观念,应该立足甘肃,放眼全国甚至全世界。既面向省内市场、国内市场,还要面向国际市场。要把甘肃经济搞上去,必须加上"以外带内"、"以开带发"的方针,只有把"以城带乡、以大带小"与"以开带发、以外带内"有机地结合起来,才能更好地整体推动甘肃经济的发展。

甘肃对外开放的条件与沿海比虽有一定的局限性,比如区位条件差,地处内陆,没有出海口岸等等。但是,甘肃对外开放也有自己的优势条件,具体地讲有三条:第一,土地面积辽阔,拥有丰富的矿产资源、能源资源、农副土特产资源、旅游资源,这些为对外开放创造了物质条件。第二,甘肃有1.5万户海外侨民和外籍华人，分布在54个国家和地区，省内还有10多个少数民族，特别是有百万之众的穆斯林，他们与中东、西亚、中亚的许多国家有着密切的往来，可以为对外开放牵线搭桥。第三，经过40余年的建设，甘肃省已形成了以能源、石油化工、机械制造、有色金属等为支柱的工业体系，为对外开放奠定了经济基础。

现在是甘肃对外开放的有利时机：国家在继续实行沿海发展战略的同时，已经开始实行产业倾斜的政策。按照国家十年规划与“八·五”计划的安排，交通运输、能源、原材料等基础产业战略已开始西移，这不仅有利于这些基础产业的发展，而且可以带动一批相关产业、配套产业、后续产业的发展。亚欧大陆桥的开通，为地处内陆的甘肃省的全面开放，打开了通道，更给甘肃带来了机遇。机不可失，时不我待，我们应该利用这个有利时机加速甘肃省的改革开放。

三、如何进一步扩大开放

具体地讲，有这么几点：

(1)要进一步解放思想，破除旧的观念，增强开放的意识。无所作为的思想，封闭自足的观念必须坚决摈弃。重要的是，要防止经验主义和教条主义。过去，我们干什么习惯于统配、统调，缺乏市场经济和商品经济的观念，一些干部什么都等中央文件，缺乏创造性。

(2)要东联东出，西联西出，双向开放。甘肃地处内陆，必须搞好对国内的开放，加强与东部和西部省区的经济联合和协作。实行双向开放，一面可以巩固和继续扩大对港澳、日本、东南亚及美洲、澳洲的传统经贸关系；一面通过“走西口”，加快发展与独联体各国及欧洲、中东各国的经贸合作关系，把本省区的发展和国际经济大循环连接在一起，在更大范围内实现生产要素的结合，把来自国内和国外的各种有利因素结合起来，使开放与开发内外联动，共同促进经济发展。

(3)发挥优势，扬长避短，各业并举。通过对外开放，其目的是要加速开发本省的资源，使资源优势转化为经济优势，促进甘肃经济的增长和发展。甘肃的重、轻、农各业都有可开放的优势产业和产品，许多机电产品、有色金属产品以及地毯、毛纺织品、皮革制品、雕漆等工艺品都有出口的优势。甘肃药材达950个品种，居全国第二，当归、党参、红芪、黄芪、甘草更是著称于世。就是农业方面，陇南的核桃、木耳、生漆、药材，中部的黑瓜籽，河西的瓜果、啤酒花、蔬菜等都很有出口潜力。俄罗斯人比较喜欢吃黄瓜，但他们那儿的生产条件不能满足其需求，因此，甘肃河西就可以大面积地发展黄瓜生产，争取出口。在发展思路上要“反弹琵琶”，多视角、多方位看待甘肃省的农业发展，不要就粮食抓粮食。因此农、轻、重各业既要面向国内市场，又要面向国际市场，都要朝外向型发展。

(4)以旅游、民族、文化、科技等方面的交流为桥梁，多渠道促进开放。

(5)加强基础设施建设，完善政策，搞好社会治安，不断优化对外开放的社会经济环境。1991年，有一个香港客商来兰洽谈投资，因在街头被“街游子”拳打，一气之下走了，一百多万元的投资就这样被砸了。

(6)要加强市场的开拓和建设，完善市场体系，充分发挥市场的功能和作用。兰州市建立东部市场，栽下梧桐树，引来“金凤凰”，这是个大型综合批发市场，1991年成交额达2.64亿元。已成为西北服装、小商品批发的集散中心。甘肃经济的发展，不仅有赖于商品市场的建设和发展，而且还必须建立和完善资金、劳动力、科技等生产要素市场。

总之，改革高度集中的计划经济，发展社会主义市场经济，是我国改革的大趋势，改革的取向是市场取向。市场是经济手段，但又不仅仅是经济手段，而是不以人的主观意志为转移的、客观存在的经济关系。我们必须顺呼这种关系，朝着社会主义市场经济的体制目标前进。

(此文为1992年7月在中共甘肃省委宣传部座谈会上的发言，摘载于1992年8月1日的《甘肃经济报》上)

高举旗帜　献计献策

兰州市政协经济社会发展论坛今天正式成立了，这是兰州市和兰州地区的一件大事，对此我表示热烈的祝贺。

在邓小平建设有中国特色社会主义理论指引下，党的十四大确立了我国经济体制改革的目标是建立社会主义市场经济体制。此后，我国改革开放的步伐加快，全面配套，整体推进，改革和发展出现了新的局面。建立社会主义市场经济，这是一项史无前例的开创性的伟大事业，历史上只存在过资本主义市场经济，只有私有制基础上的市场经济，不曾存在过社会主义市场经济，公有制基础上的市场经济。我们则要在坚持社会主义基本制度的前提下，建立市场经济。如何在社会主义公有制条件下搞市场经济，有一系列的问题摆在我们面前，需要我们去探索、研究。正是在这种形势下，各地先后成立了各种名目的论坛。比较早成立的有中国社会主义市场经济论坛。从1993年4月13日首届论坛会以来，至今已召开了四十多次会议。上海也有海派论坛。这些论坛的活动，不仅活跃了我国的学术理论空气，而且在为党和政府的决策服务、为两个文明建设服务方面做出了有益的贡献，促进了改革开放和现代化事业的发展。

兰州市政协经济社会发展论坛的成立，为兰州地区各界专家学者、企业家、管理干部提供了活动的舞台，在学校、科研院所与社会之间架起了一座桥梁，对于促进科研成果向生产的转化，包括社会科学研究成果向物质生产和精神生产的转化，促进兰州地区经济社会事业的发展，乃至推动甘肃经济社会的发展都将发挥重要的作用。在兰州市委、市政府和兰州市政协的正确领导下，在大家的积极参与下，在北京和其他各方专家、学者的支持下，一定会达到论坛的预期目的，取得成功。

值此论坛成立之际，我想提几点意见与大家共勉。

1. 高举旗帜学理论。江泽民同志在中央党校省部班“5·29”讲话中指出，在社会主义改革开放和现代化建设的新时期，在跨世纪的新征途上，一定要高举邓小平建设有中国特色社会主义理论的伟大旗帜，用这个理论来指导我们的整个事业和各项工作。又说“旗帜问题很重要，旗帜就是方向，旗帜就是形象”。我们说坚持十一届三中全会路线不动摇，就是高举邓小平建设有中国特色社会主义理论旗帜不动摇。江泽民同志的讲话为我们指明了方向。我们要搞好论坛，也必须高举旗帜，坚持以邓小平理论为指导。因此，我们必须继续认真深入学习这个理论，完整、准确、全面地掌握邓小平理论的科学体系和精神实质，最根本的是要认真学习邓小平同志运用马克思主义的立场、观点和方法，研究新情况、解决新问题的科学态度和创新精神，沿着建设有中国特色的社会主义道路奋勇前进。

2. *献计献策讲真话*。参加论坛的理事、顾问都是各界的专家、学者、企业经营者、各项事业的管理者，都有一技之长，或在某一学科领域内有较深的造诣，或有丰富的实践管理经验，都是“人力资本”的所有者，大家聚集一堂，从兰州实际出发，使这个“人力资本”运营起来，发表“真知灼见”，讲真话，提思路，出点子，献对策，对促进兰州经济社会持续、快速、健康发展，做出我们应有的贡献。

3. *深入实际搞调研*。深入实际搞调研之必要，首先是因为献计献策必须符合实际的需要。其次是所献计策要付诸实施也离不开实践，同时还要接受实践的检验，看其效果如何。再者实践在发展，改革在深化，开放在扩大，新事物层出不穷，老问题未完全解决，又出现新问题。只有深入实际，继续向实践学习，才能使自己的“人力资本”更新增殖，才能有所作为，形成新概念，解决新问题，做出新成绩。

4. *相互争鸣多切磋*。献计献策需要有一个宽松的氛围，要允许不同意见的发表和存在，使得献计献策者无后顾之忧，敢于发表自己的独立见解。事物总是在矛盾之中存在和发展的，不可能尽善尽美，万无一失。要求言者万无一失，只能堵塞言路。现代科学决策需要提出两个以上可供实施的行动方案，经过比较、评价，从中选择一个合理方案才可能付诸实施。有的西方企业在管理中，对能够提出改进企业生产经营建议的雇员，不论建议合理与否，采用与否，一律给予奖励，这都给我们以启发。要提倡不同观点的相互争鸣、切磋。争论有时是不必要的，有时候是必要的。看一篇文章，其中讲了这样一个故事：两个人争论，一个说四七二十七，一个说是四七二十八，两个争论得不可开交，官司打到县衙门，县老爷听了诉状，叫主张四七二十八的人脱下裤子打屁股，主张四七二十八的人不服气说：“我四七二十八是正确的，打我屁股干什么。”县官说：“四七二十七本来是荒谬，你跟他打官司更荒谬。”所以有些东西不值得争论，但有些问题是值得争论的。不争论不利于学术理论之发展，也不利于经济社会之发展。比如计划与市场的关系问题，一直存在不同意见，有人把主张在我国实行市场经济当作是搞资本主义。这涉及到我国改革的方向，不争论清楚行吗？当然，不同意见的相互切磋，在实践的过程中经过实践的检验也是可取得共识和一致的，从而达到思想一致、行动一致，促进经济社会的发展和进步。所以，我们办好论坛，既不搞无所谓的争论，又要大力提倡必要的争鸣。

（原载《兰州发展论坛》1997年第9期，此文是1997年9月15日在政协兰州市委员会经济社会发展论坛成立暨第一次研讨会上的讲话）

世界银行贷款债务的分解与约束

——以甘肃省为例的分析

一、明确债务责任

（一）影响世行债务分解的因素

世行债务究竟应由哪些人来承担？他们各自应承担多少？这实际上就是世行贷款债务的分解问题。我们认为，对世行贷款债务的分解应当考虑如下几方面因素：

1. 我国现行财政体制。1994 年以后，我国中央财政与地方财政实行了以分税制为主要内容的分级财政体制，在此体制下，各省根据自身的实际情况与需要，由世行贷款所上项目属于各省自己的事，由此所引起的财政支出在原则上中央已无义务负担。因世行贷款有诸多优惠，为鼓励各省使用世行贷款，中央对利用世行贷款所上项目往往提供或多或少的国内配套资金，但世行贷款债务全由各省自行负担，大部分配套资金也由各省自己安排解决。这种现行财政体制构成甘肃省考虑债务分解的体制前提。

2. 相关各方的承受能力。与全国一样，目前，甘肃省各地区之间经济和社会的发展仍极不平衡。这种不平衡有其历史渊源，既有主观方面的原因，也有客观方面的原因，但更多的还是客观原因所致。甘肃现阶段在利用世行贷款工作中，采取了与中央类似的方法——将世行贷款逐级转贷到项目所在地区政府，世行贷款的债务全由项目区最直接的一级政府负担，省政府只为其提供部分内配资金。无论省内哪个地区利用世行贷款上项目，也无论项目大小，一律采用这种方法。

这种方法的采用有其原因，也有一定的道理。如省级财政不宽裕，无力负担等。但这样做所产生的主要问题之一，是未考虑地区之间在经济和社会发展上的差异，从而未考虑或忽视了它们各自对世行贷款债务承受能力的差别，于是，极易发生条件相对较差、比较贫困的地区因财力有限而偿债困难的问题。

而如果为了不发生偿债困难，省政府又不想增加财政负担，那就只能在条件好的地区多上项目、上大项目，而在条件差的地区少上项目、上小项目或不上项目，一旦如此，则无疑会进一步加剧已存在于地区之间的经济和社会发展的不平衡、不协调的格局。很显然，上述两种情形都不符合发展的要求。更何况什么地区能上什么项目，这并不完全依赖于我们的主观愿望，而主要取决于世行的扶持重点和省内各地区自身的条件：所处的地理位置、地形地势、拥有的自然资源等。由于世行贷款具有扶贫性质，这使得越是贫困的地区，越有机会和资格获准立项，从而获得贷款；条件相对较好的地区，这样的机会相对较少，于是出现承受能力与贷款机会不对称的局面。为了有更多的机会和更好地利用世行贷款，形成借、用、还的良性循环，我们必须从实际出发，实事求是地承认省内各地区之间在债务承受能力上的差别，在债务分解上予以区别对待。

3. 项目性质。目前，我们在利用世行贷款中遵循"谁用款，谁还款，谁承担风险"的原则，它有一定的道理，但我们认为，对此仍需作具体分析。公益性项目的建设通常由政府承担，而竞争性项目的建设由市场主体（如企业）承担，介于两者之间的半公益、半竞争性项目则参照上两者酌情对待，这已为世界上大多数国家所遵循。据此，公益性项目建设的贷款债务应由政府来承担。

这里值得研究的一点是，一个公益性项目究竟应由哪一级或哪几级政府来承担，从而由于该项活动的进行所引起的负债该由哪一级或哪几级政府来承担。此外，关键是要先明确划分各级政府的职责范围。目前，省内各级政府职能和责任范围界限不清，这是对世行贷款债务，尤其是用于公益性贷款的债务分解所遇到的主要障碍和困难，所以我们认为要科学地分解世行债务，就必须按照事权与财权相对应的原则来界定各级政府的职责范围。

4. 配套资金任务的分解情况。为世行贷款项目提供配套资金是利用世行贷款的必要条件之一，按照现行做法，各级政府分别为项目提供了数额不等的配套资金。

分解世行贷款债务，既要根据需要，也要考虑可能，此处的"可能性"主要指一级或一地的财政能力；在某级或某地的财政能力既定条件下，其所承担的配套负担增大，就会降低其偿债能力；相反，它所承担的配套负担减轻，其偿债能力就会随之增强。同样，它所承担的债务的多寡对其配套能力也产生反方向的影响[①]。

所以,在分解债务时,应当考虑配套资金的分解情况;同样,在分解配套资金时,也得考虑债务的分解情况,而不可顾此失彼。

(二)对甘肃利用世行贷款债务分解的设想

设想一:由省政府对省内不同地区利用世行贷款项目所形成的债务和所需要的配套资金统筹安排。总体思路是经济较发达、承受能力相对较强的地区适当多承担一些债务;经济欠发达、承受能力相对较弱的地区适当少承担一些债务。例如,承受能力强的地区自己承担全部或绝大部分债务,省财政对其债务不负担或少负担,由此所节余的财力可用于帮助承受能力较差的地区偿债。具体实施中,有以下三种方案可供考虑。

为叙述方便,我们用甲、乙分别表示经济条件优劣、偿债能力强弱不同的两个地区;用 A、B 分别代表项目区政府和省级政府[②]。同时,假定该两地区同时上了一个相同(如都是由世行贷款 100 万元、要求配套资金 100 万元)的项目。那么,按照现行做法,甲、乙两地的债务分解和配套资金的安排完全相同,均表现为:100 万元(债务均由项目区政府 A 甲或 A 乙负责);100 万元配套(由项目区政府 A 和省级政府 B 共同负担)。

现我们对之进行改进。

方案一:只对债务进行分解而不变更现行配套办法。

甲:100 万元债务 =80 万元($A_{甲}$) +20 万元(B)

乙:100 万元债务 =20 万元($A_{乙}$) +80 万元(B)

意义:省级政府(B)由于不承担或少承担甲地的债务,由此所节余的财力可用于帮助乙地承担部分(或较多的)债务,结果,使整个偿债工作变得较为顺利。

方案二:只考虑配套资金的分解而不变更现行的偿债办法。

甲:100 万元配套资金 =80 万元($A_{甲}$) +20 万元(B)

乙:100 万元配套资金 =20 万元($A_{乙}$) +80 万元(B)

意义:甲、乙比较,甲地的配套资金由地区(A 甲)自己承担的份额相应增

① 实际生活中,配套资金并非全由某级财政直接负担,如项目的行业主管部门也提供一些配套资金,但这笔资金最终仍是来自财政。

② 实际上涉及的政府可能是省、地、县三级,此处为方便起见,分两级分析,但这种分析思路和方法同样适用于三级政府时的情形。

大,省级政府用于甲地的配套资金数量相应减少,由此所节余之财力用于乙地。这样,对于乙地来说,在财政能力既定条件下,用于配套资金的负担减轻,偿债能力随之上升,从而偿债就变得较前顺利。

方案三:同时变更现行的债务分解方法和配套资金的分解方法,以减轻乙地之负担。

$$甲:200\text{ 万元}=\frac{80\text{ 万元}(A_{甲})+20\text{ 万元}(B)}{\text{贷款债务}}+\frac{80\text{ 万元}(A_{甲})+20\text{ 万元}(B)}{\text{配套资金}}$$

$$乙:200\text{ 万元}=\frac{20\text{ 万元}(A_{乙})+80\text{ 万元}(B)}{\text{贷款债务}}+\frac{20\text{ 万元}(A_{乙})+80\text{ 万元}(B)}{\text{配套资金}}$$

意义:这一方案是方案一、二的合并使用,它对于减轻乙地负担具有更大的灵活性,力度也更大。

当然,这样一来,极易导致省级政府与各地、县政府之间围绕“债务”分解展开讨价还价,增大分解债务的难度。为了避免和解决这一矛盾,可将各地、县的人均国民收入水平(为稳妥起见,可以最近三年的平均数为准)作为确定各地、县上项目时所应承担债务多少的依据。具体让一个地、县承担多少,也有数种办法(此处以县为例说明)。

1.将全省所有的县按收入水平高低划分为若干类,规定不同类的县在上项目时,承担不同的债务比例(如下表)。

区县	一类	二类	三类	四类	五类
承担债务比例(%)	20	40	60	80	100

2.仍以收入最高县承担全部债务(100%)为标准,根据各县占全省最高收入县收入水平的百分比来确定各县所承担债务的比例。如最高收入的县的收入为 6000 元,某县收入水平为 4000 元,其收入为最高县的(4000/6000)66.67%。从而该县上项目时自己应承担总债务的66.67%。

3.收入水平最高的县承担全部债务,收入最低的县①不承担债务,那么,在这两者之间的县若上项目,则应承担债务的多少可用如下方法计算:第一步,求出收入最高县和收入最低县收入水平之差,并将该差作为基数(100%)——

① 亦可规定人均收入水平低于某一标准的县。

(1);第二步,求出所上项目县的收入水平与最低收入县水平之差——(2);第三步,求出(2)占(1)的百分比,该百分比同时亦即该县应承担的债务量的比例。

例如:收入水平最高和最低的县人均国民收入分别为6000元和2000元,某项目县人均国民收入水平为3000元,该县应承担的债务为:

6000—2000=4000……(1)

3000—2000=1000……(2)

1000/4000=25%

若照此设想分解债务,对于那些条件相对较差的地、县无疑将起到较前更大的鼓励作用,可以刺激他们利用世行贷款搞项目的积极性;对于那些经济条件相对较好的地、县来说,和以前相比是不利的,但是,他们的积极性并不会因此而受到多大的影响,因为:第一,只要上项目,上级就会无偿地提供配套资金,这意味着可无代价地享受来自上级的资助,只是获得的这种资助在比例上可能比现行做法提供的要少些而已;而若不上项目,便得不到这种资助,上与不上相比,当然还是上了对他们有利;第二,收入较高的县相对来说具有较强的偿债能力;第三,贷款搞建设,对于缺乏资金而又急于寻求发展的地区而言,无疑是一条可行之路,何况世行贷款被认为是一种条件比较优惠的贷款。所以,我们认为上述设想是具有可行性的。

设想二:按"倒推法"分解债务。

具体设想是,在将世行贷款与配套资金合并的基础上,由项目受益人到县、地、省政府(财政)一律承担债务,各自承担的份额由受益人向上倒推,依次递减。具体到不同的项目可稍有调整。

提出这种设想的依据和思路是:(1)我们正处于计划经济向市场经济转轨的过渡时期,计划和市场两手都应使用。即在利用世行贷款活动中,既要发挥受益人的积极性,又要重视政府的作用。(2)能获准立项,说明所上项目的重要性和必要性。如前所述,它既是一县、一地的事,同时也是全省的事。但省内不同的地区、不同级的政府受益程度不等,越是接近项目区的政府,受益越大,当事人受益最大,所以,按受益大小与直接(间接)程度承担债务份额也是合乎情理的和可行的。

二、完善债务约束机制

1.出资任务的落实应尽可能具体。对利用世行贷款活动中各项任务的落实,不能仅限于某级政府的财政部门,而应尽可能具体,最好是能落实到个人,并使他们对自身责任的履行情况与个人的经济利益直接挂起钩来。

2. 要像对待世行贷款债务那样重视配套资金的安排。内部配套资金作为世行贷款项目所要求的资金来源之一,若不能按时、足额到位,将产生一系列不良影响。首先,它会造成项目所需资金的短缺,增大项目实施中的困难,由此极可能导致工程建设质量或标准的下降、完工期的后延,使项目发挥的效益达不到预期水平或推迟项目发挥效益的时间,这本身就是一种损失;而且,对于竞争性和半公益、半竞争性项目,项目本身的效益又是偿债的资金来源之一,所以,若内配资金不到位,就增大了项目按计划如期进行的难度,同时也就破坏了偿债计划,增大了偿债的难度。其次,在现行体制下,由于配套资金是由项目区的政府及其以上各级政府负责提供的,配套资金若不能及时、足额的到位,基层一方面奈何不得,只能是千方百计地克服因此而遇到的更大的困难;另一方面,上级也因此给下级政府及项目区群众造成"说话不算数"、"办事不严肃认真"的不良印象,于是,上级对下级进行领导、指挥的"效力"也就大打折扣了。而且,上级不兑现承诺的行为还会诱发和鼓励下级政府和群众赖账的念头和行为。

配套资金不到位的情况(如庆阳地区马莲河项目)应当引起我们的警惕。

所以,明确偿债责任的同时,也必须明确配套资金的责任,并且也应像惩罚不及时履行偿债责任者那样,制裁不认真履行配套资金责任的单位和个人。

甘肃省配套资金不落实的原因主要是缺乏安排配套资金时所应遵循的理论依据、原则和起码的规章制度,通常不是经由某机构研究决定的,而是长官意志起了很大作用。这样一来不够科学,二来承担出资任务的部门也不能认真对待。因此,为了搞好配套资金的分配和落实,应重点抓好如下两点:首先,应制定一套包括筹集配套资金的原则等在内的规章制度,以便遵循;其次,要像对待偿债任务那样,要求提供配套资金的单位提供实施计划。

3. 在约束上要经济、行政和法律三种手段同时并用。(1)经济手段,就是根据当事人对完成任务的程度和好坏,在经济上对其予以奖惩。经济手段能够促使当事人从对自身经济利益的关心上去关心自己所承担的任务,它有助于世行贷款中各项工作的开展。影响经济手段能否运用以及运用的效果如何的基本条件有二:一是责任的明确、具体;二是要有具体的奖罚依据和标准。为此,必须建立健全各项规章制度。(2)行政手段。这里所讲的行政手段即通过行政组织和系统,上级对下级当事人根据其工作态度和任务的完成情况、表现优劣,在行政上作晋升、贬谪或撤职查办等处理。为了使行政手段更加有效，有必要建立对当事人实行“离任审计”的制度。(3)法律手段。此处所讲的法律手段是指工作人员在工作中的表现当触犯了国家法律时，应将其提交司法部门，接受国家法律的制裁。若能将三种手段并用，便可使利用世行贷款活动中的所有当事人内有动力，外有压力，从而形成一种很有效的约束机制，有效地保障利用世行贷款活动健康、顺利开展。

（原载财政部财政科学研究所《中国财经信息资料》2000 年第 16 期，此文为刘家声所主持的《甘肃省世界银行贷款偿债机制研究》课题成果的一部分，系与闵正良博士合作。闵正良现为青岛大学经济学院教授、经济学系主任）

甘津合作　共同发展

这些年来，天津市对甘肃省进行了大量无私的支持和帮助，开展了多层次、多方位的合作，特别是对口帮扶工作成效显著，加速了甘肃扶贫开发的步伐。去年，天津市委、市政府先后组织了14个区(县)的党政领导和有关部门与我省对口的13个贫困县多次互访，签订了几十项对口帮扶和经济技术协作项目。今年，李盛林市长、孙海麟、俞海潮副市长还亲临甘肃进行考察，天津市社科联也组织专家对甘肃进行考察，这说明天津市领导、专家学者和人民对甘肃给以高度重视和关怀。

在此，我就西部大开发中甘津合作问题讲几点初浅意见。

1. 合作开发和生产。甘肃有比较丰富的自然资源，境内已发现矿种155种，探明储量的有94种，其中储量居全国第一位的有镍、钴、铂族、硒、铸型粘土、饰面蛇纹岩等6种，居全国前5位的有29种。甘肃还是全国中药材的主要产地之一，中草药品种有950多种，其中当归、党参、大黄、黄芪、甘草等以产量大、品质好而驰名中外，这些资源有的虽已开发，但开发规模有限，或开发深度不够，技术水平不高，有些则尚未开发。这是可以广泛开展合作的领域。经过几十年的发展建设，甘肃已经形成了以石油化工、有色冶金、机械电子、建筑建材、食品医药、轻工纺织为主的工业体系，是全国重要的原材料基地。兰炼、兰化、金川公司、酒钢、黄河集团、莫高干红、皇台集团有一定优势，甘肃和天津集团型企业可以就组织紧密型、跨区域的大企业集团的问题开展合作。

2. 旅游合作。甘肃有丰富的旅游资源、人文景观和自然景观，在全国占有一定地位。在国内外享有很高的知名度的主要有联合国教科文组织确定为世界文化遗产的“艺术殿堂”敦煌莫高窟，被誉为“东方雕塑陈列馆”的天水麦积山石窟，还有距今2800—4800年的秦安大地湾文化遗址，夏河拉卜楞寺，永靖炳灵寺石窟，“天下雄关”嘉峪关，道教名山崆峒山，武都万泉洞，文县天池等。古丝绸之路横穿甘肃全境，是旅游的黄金地段。在漫长的丝绸之路上，流传着许多优美动听的天马故事，武威雷台汉墓出土的铜铸天马雕塑，被郭沫若誉为"世界第一流的艺术珍品"，得到举世公认，定为中国旅游的标志。张掖卧佛身长34.5米，肩宽17.5米，是中国室内最大泥塑卧佛。著名的意大利旅行家马可·波罗对此曾有详尽的描绘。甘肃自然风光独特，有草原、冰川、湿地、雅丹地貌、雪域高原、戈壁沙漠。民族风情多姿多彩，甘肃共有40个少数民族，东乡、裕固、保安为甘肃特有民族。如此得天独厚的条件，对于甘津双方进行旅游方面的合作经营，是一个广阔的领域。

3. 互开市场。我国东部地区在进一步发展中，由于受到国际市场竞争日趋激烈和国内市场有效需求不足的制约，相当一部分资金、技术和劳动力需要寻找新的发展空间，而西部地区幅员辽阔，资源和能源丰富，基础设施建设相对滞后，居民消费水平相对较低，经济增长和市场开拓的潜力很大。开发西部可以为扩大国内投资需求和消费需求创造巨大的市场，为东部产业结构调整、升级、换代提供资金、技术和人力资本转移的新天地。有战略眼光的东部人士都看到西部大开发战略的实施，不仅是西部发展的机遇，也为东部本身带来进一步发展的机会，他们都在"西进"，积极参与西部大开发或谋划参与西部大开发。甘肃和天津有各自的经济优势和特色经济结构，有一定的互补性，天津是渤海地带的经济中心，甘肃兰州是西北重要的贸易中心，都对周边有辐射作用，甘津进一步互相开拓市场，就可以发挥各自的比较优势，有力地促进各自经济的交流和发展。

4. 借船出海。甘肃有特色资源和特色产品，就农业资源来说，全省多数地区日照时间长，昼夜温差大，75%以上地区年日照超过2500小时，年日照高于国内同纬度的东部沿海地区。适宜发展优质瓜果蔬菜等农副产品的生产。兰州黑瓜籽，具有板大、皮薄、肉厚、外型美观的特点，被海内外客人誉为"兰州大板"，1993年在曼谷国际农产品博览会上获金奖；白兰瓜、百合都是兰州的特色产品。甘肃现有脱水菜厂约40余家，大部分集中在河西三地区，年生产能力达一万五千吨，生产的产品主要包括甜青椒粒、甜红椒粒、洋葱、韭菜、四季豆、菠菜、胡萝卜粒等，名列西北前列。这些产品都可供出口。甘肃实施开放带动战略，不仅要面向国内市场，也要面向国际市场，同时还实行"双向"(向东向西)开放，但苦于没有出海的口岸，不利于发展。天津作为我国环渤海地带的中心，北方重大出海港口城市，与170多个国家和地区有贸易往来，特别是邻近日本、韩国等东北亚地区，信息灵通，交通便利，甘肃可以"借船出海"，天津可以为甘肃扩大开放、发展国际经贸关系提供便利,大有可为,达到双赢的目的。

5. 传经送“宝”。这个经和宝,就是先行“先发”地区改革开放和现代化建设的宝贵的经验。

东部是我国改革开放的先行“先发”地区,天津在其中,走在我国改革开放和现代化建设的前面,不仅为我国经济和社会发展提供了大量的“物质产品”,而且在建立社会主义市场经济体制,扩大对外开放,引进国外资金、技术及先进的管理方面,积累了丰富的经验和可供给我们后发地区宝贵的“精神产品”。例如,天津经济技术开发区,在全国来说,是办得很好的,成绩显著,短短16年间,在一片盐碱荒滩地上建立起了一座年工业总产值达600多亿元的现代化工业新城区。据统计,在全国开发区14项主要经济指标比较中,天津开发区一直名列前茅,1998年14项指标均列全国开发区之首。邓小平同志曾题词:“开发区大有希望”,给予肯定。天津开发区提出并实行“大胆利用外资,以抓大项目、大财团为重点,全方位融资开发”的思路,吸引了一批跨国公司、世界著名大型企业,世界前100强工业企业中有25家在天津开发区投资,如美国的摩托罗拉,德国的SEW,韩国的三星,丹麦的诺和诺得等都在天津成亿美元地投入资金,建立其亚洲生产中心。天津技术开发区珍惜土地资源的利用,重视土地开发的投入和产出比,千方百计提高土地利用效率,在已开发的土地上,创造了“投入1元人民币,吸引2美元项目投资,产出3美元的工业产值”的投入产出模式。天津在房改方面也走在全国的前面,这些成功的经验,值得我们借鉴。

东部在改革开放、大量引进外资进行合资合作或独资生产经营的过程中,也曾发生过少数外商利用不正当手段,进行非法盈利的问题。例如,外商通过对进口原材料、设备、技术等低价高报或对出口商品高价低报的形式,使我方受损;通过虚列境外费用,支付境外公司劳务费佣金等,使合资企业利润向境外企业转移,低估合作方投入设备、厂房、土地等生产资料价格,造成中方资产流失等。在西部开发中,要认真记取东部“先发”地区的经验,既要加强对外资企业的服务管理和监督,又要防止合资中的不法外商的不正当行为,维护中方权益。

不论先发地区成功的经验,还是反面的经验,都值得我们后发地区认真学习和记取,从而使后发地区少走弯路,避免失误,少交学费,减少改革开放的成本,发挥“后发优势”的作用,加快发展。

6. 合作研究。西部大开发中,基础设施建设和生态环境建设是重点。水资源的开发利用既关系基础设施建设,又关系生态环境的保护和建设,开发西部水资源是一个重要的问题。1992 年联合国环境和发展大会通过的《21 世纪议程》明确指出，淡水是一种有限资源，不仅为地球上一切生命所需，且对一切社会经济部门都具有生死攸关的意义。江泽民 1999 年 6 月在西安的讲话中，首次强调指出，要把水资源的开发和有效利用放在突出位置。西北和甘肃处在干旱和半干旱地区，水资源缺乏，天津也是个缺水的城市，和甘肃一样，面临共同的问题。

解决这个问题，必须研究和探索水资源及其产品的价格。水价和水资源价值是两个不同的概念，合理的水价应该由水资源价值、水的生产成本和正常利润三部分构成。但是长期以来我们否定水资源的价值，认为它没有"凝结"无差别的人类劳动。在国民经济核算体系中，没有包括水资源环境部分，由此导致的严重后果是水资源环境的变化在国民经济核算中没有得到反映，一方面是经济不断增长，另一方面是资源环境资产不断减少，形成经济增长过程中的"资源空心化"现象。这可以从印尼的实例中看清这一点。印尼在 1977—1984 年 8 年间，土壤肥力的年损耗率为 4%，该国的农业产值的增长率大体相当，如果将资源环境资产考虑进去，两者相抵，印尼的农业生产增长率实际为零。正如《中国 21 世纪议程》所指出，不合理的资源定价方法导致了资源市场价格的严重扭曲，表现为自然资源无价、资源产品低价以及资源需求过度膨胀。长此下去，势必影响经济社会的可持续发展，因此我们必须进行水资源及水资源产品的价格改革。如何借鉴现代产权经济学的原理，改革水价管理模式，严格界定水资源的产权权能界限（包括所有权、经营权、使用权等），使产权主体人格化，做到产权主体明确；如何利用价格杠杆，促进水资源的有效开发和利用，可以开展合作研究，交流经验，例如实行多元水价、二部水价制度等。除此之外，尚需开展合作研究方面还很多。

7. 培训人才。以罗默、卢卡斯等为代表的新经济增长理论认为，发达国家与发展中国家差距扩大的关键就是各自在人力资本拥有的差异上，人力资本才是解释当今世界各国经济发展水平差异的主要因素，这也可用来部分解释中国东西部的差距。甘肃教育文化相对落后，受教育程度低，特别是一些贫困乡村生活方式陈旧落后，价值观的品位较低，这大都是中国传统农耕文明所孕育的封建落后的小农意识的反映。具体表现为：消极无为、听天由命的人生观；安贫乐道、得过且过的幸福观；小农本位、重农轻商的生产观；不求更好，但求温饱的消费观；方术迷信，崇拜鬼神的宗教观；老守田园，安土轻迁的乡土观；多子多福、香火旺盛的生育观等等。这些落后的观念不仅对甘肃乡村社会的全面进步形成了严重障碍,而且也制约了乡村经济的持续发展。实施西部大开发战略,必须贯彻科教兴国的方针。为此,必须破除以上这些陈旧的观念,要强化商品经济和市场意识、开放意识、改革意识、科学意识。天津科技教育文化相对发达,在支援甘肃发展教育事业、培训人员方面做了大量的工作。去年甘肃共有222名企业厂长(经理)和业务人员到天津对口区县进行培训。他们在天津学到了新鲜的市场经济知识和企业管理经验,在各自的岗位上发挥了骨干作用,今后在这方面可开辟更广阔的合作领域,还可以通过互访、挂职的方式进行高级科技和管理人才的交流培圳。

西部的发展离不开东部支持,西部的发展也有利于东部的进一步发展。西部大开发的号角已经吹响,道路已经指明,航道已经开通,让我们携起手来,为落实中央关于西部大开发的战略部署共同奋斗。

(原载《社科纵横》2001 年第 3 期,此文是 2001 年在天津市社会科学联合会召开的"天津与西部大开发"的研讨会上的大会发言稿)

西部大开发中东西部联动发展的条件、模式与政策选择

东西部联动发展是东西部共同的利益所在，东西合作是一种完善的优势互补的过程。国家实施西部开发战略，目的就是要加速生产要素在全国范围内的自由流动，优化资源配置，调整产业结构，形成全国统一的市场，使全国各经济区域连成一体，优势互补，协调发展。从这个意义上说，西部大开发，对东部是一种机遇，也是一种调整。东西部联动开发西部必须以“富民”为根本目的，充分考虑西部各省区的要素禀赋和经济基础条件，转变资源导向型思路为市场导向型思路。东西部联动应确定以可持续发展为出发点，以科教兴区、科技创新为基本手段，以推进城市化进程为途径的开发战略。通过这一战略的实施，帮助西部各省区广开生产门路，调整产业结构，加快西部经济社会发展，扩大就业，增加收入，逐步提高西部人民的生活质量，实现西部经济社会可持续发展。

一、大开发中东西部联动发展的条件

我国是一个发展中大国，区域之间的资源禀赋、经济结构和发展水平存在较大的差异，因而地区间要素的丰富程度和需求都有较大的差异。我国的东西部尽管处于不同的经济发展阶段，有着不同的资源要素条件，但这两个地区不能分割成两个独立的部分，更不能使一方的发展以另一方的不发展为代价，这样的结果将不利于整体区域经济发展。东西部应在资源比较优势的基础上加强要素的流动，优势互补，通过要素和商品的自由流动来提高资源配置效率，进而推动区域经济的增长。而且，在一个业已存在差距的经济整体中，既要推动西部的发展以逐渐缩小差距，又不能牺牲先发展地区的经济效率，唯一的出路就是提高经济整体各部门的素质。西部和东部都必须发挥出自身的比较优势，在此基础上将各自的优势整合成整体的优势，这样才能保证两地区的持久发

展。要素的比较优势要通过要素的流动和组合才能有所体现,因而促进东西部要素和商品的流动是东西部联动,进而推进西部发展的基础。而要实现东西部联动发展,首先就是要实现东西部的大开放,即通过建立和完善各类市场机制,加强基础设施建设和加大要素的集聚和流动能力等方面的努力,降低要素和商品流动的成本,促进东西部联动发展。

经过20年的改革开放,特别是东部地区经济的快速发展,东西部联动发展的条件业已逐渐成熟,主要表现在以下方面:

一是具有市场经济意识的经济开发主体已经形成。商品和要素流动的背后都有经济主体的活动在支撑,这就说明商品和要素流动之前,首先要发现资源相对稀缺的信息及其蕴含着的获利机会。在一个资源的稀缺性普遍存在的社会中,交易行为能改善双方的福利,交换就是一种最基本的具有市场意识的行为。东部的许多地区在经济发展之初,缺乏各种资源,甚至包括农业生产中最基本的土地资源。然而,东部市场经济的兴起利用了比土地资源更稀缺的市场信息,正是这种市场经济意识,逐步健全了具有比较优势战略的体制。所以,东西部联动战略必须依赖于市场经济体制,其中一个前提就是具有市场经济意识的经济主体的形成,而东西部在经历20年的改革发展后,具有市场经济意识的经济主体已经出现。所不同的是,西部地区应相应减轻政府干预市场,因为政府过度干预市场不可能造就有市场意识的个体和能参与市场竞争的企业。

二是东西部区际贸易的发展。随着社会主义市场经济体制的建立和逐步完善,东部的市场及其运作方式也应当看作是一种稀缺资源向西部流动,这有助于加强西部的市场经济和风险意识。更重要的是,东部目前正处于经济结构转型时期,原有的依托商品市场发展起来的产业正逐步摆脱市场的束缚,建立市场之外的销售渠道。所以,东部的市场体制向西部移植将促使依托于市场发展的产业向西部具有低成本优势的地区转移,从而加快东西部要素的流动。东部市场经济发育比较早,抓住当时市场短缺的机遇,吸收了大量中西部的剩余劳动力资源和高层次的技术人才,市场体制的落差在相当程度上造成了东西部的差距。随着西部大开发战略的实施,西部的市场经济意识日渐浓厚,市场信息也逐步在西部集聚,东部利用区际贸易发展经济的优势逐渐将被西部取代。目前,西部已经具有了生产低成本的优势,只要西部在市场经济体制和运行机制上多从东部借鉴经验,积极地向东部招商引资,那么,生产要素低成本和稀缺的市场信息要素就能相结合。东部已经不再具有比较优势的产业可以通过资本流动向西部转移,依托东部在市场信息集聚上的优势,西部将成为国际和区际的产品生产基地,直接在区内消化剩余劳动力。西部将在这一基础上同东部发展区际贸易。而且,西部地区本身也是一块很有潜力的市场,只要低成本优势和信息集聚的优势相结合,就会使西部能发现和利用更多的比较优势。

三是非国有经济的壮大。市场经济体制为区际贸易提供了商品和要素流动的双重渠道,要真正能在经济发展中实现东西部联动发展,还必须由以企业为主的经济主体来支撑。西部的经济发展需要有一大批能在市场机制中寻找和实现比较优势的企业来实现东西部联动发展。东部经济发展的经验表明,曾经为东部经济发展做出了巨大贡献的乡镇企业,近几年来正在失去增长的势头,愈来愈暴露了在长期发展中产权制度对资本积累和企业竞争力提升的低效率。从长期来看,如果西部企业在产权制度上沿袭东部乡镇企业的做法,企业将失去资本积累和吸收剩余劳动力的潜在能力,很难保持相对于东部的比较优势。因此,要保证短期内市场竞争的激励和长期内产权的激励对西部经济发展的促进作用,必须在微观经营机制和产权制度两方面有所创新,主要途径就是发展非国有经济,尤其是私营经济。私营经济在东西部现阶段的经济发展中正在取代乡镇企业的地位。经济发展的经验表明,只要有良好的经济发展环境,私营经济这一在市场竞争和企业发展中具有高效率的所有制形式,就能从小到大、由弱到强地发展起来。私营经济是发挥比较优势的主体,比较优势战略又能促进私营经济的发展,这两者是相辅相成的。

四是要素集聚的规模效应的扩大。如果商品和要素的流动是一个个孤立的个体行为,要素的流动就是没有规模效应的。但是如果要素的流动集聚在一起,就构成了一系列相互影响的行为,那么要素的流动就会有正的外部效应,这对要素流动的成本将会有很大的影响。因此,为给商品和要素流动创造低成本的条件,首先要使商品和要素有一个集聚规模。劳动力脱离分散的农村并在城市部门集聚,资本从分散的闲置状态在某一个所有者、某一个地区集聚,就需要有一个能完整地发挥功能的劳动力市场、资本市场。资本是西部的稀缺要素,而且东部确实有大笔的资本正在寻找新的投资机会。但是,如果没有很好的交通条件、投资环境,东部剩余资本的预期收益低于机会成本,西部根本就无法集聚、吸引东部的资本。要形成要素集聚的机制是多方面的,交通等基础设施的建设、劳动力市场制度、劳动者社会保障制度、城镇化建设等等,都有助于在规模效应的作用下降低要素流动的成本。可喜的是,西部地区在这些方面正得到快速的发展。

二、东西部联动发展的模式分析

在经济全球化、市场化和信息化浪潮的冲击下,东西部联动协调发展,必须遵循市场原则,从经济合理布局和发挥整体优势出发,寻找新的最佳的联动合作模式,从而增强东西联动协调发展的效果。东西联动发展可选择以下三种模式:

一是资源型联动合作模式。资源优势是西部地区的首要优势。东西部可以通过联动合作进行资源开发,把西部的资源优势尽快转化为商品优势、经济优势和市场竞争优势。这样,一方面能带动西部地区经济的发展,提高西部地区产品的附加值,改变西部地区单纯的原材料和初级产品输出状态;另一方面可缓解东部地区能源不足的紧张状况,促进双方共同发展。

二是产业型联动合作模式。就是通过产业结构的适当转移来实现东西部生产互补、联动发展。这种模式可以缓解东部产业升级与西部产业调整的矛盾,推进跨地区的产业结构战略性调整,促进产业结构升级,形成合理的区域分工。东部可以利用西部地区劳动力资源相对丰富和廉价的优势,抓住东部产业结构升级调整的机遇,寻找优势产业,把劳动密集型的产业逐步向西转移。西部可以根据现有的产业优势和支柱产业的发展,有选择地接受东部地区的产业转移和扩散,加快培养自己的主导产业和拳头产品,促进产业升级,增强整体经济实力,从而缩小东西部差距,加快东西部经济一体化进程,发挥规模效益,促进整个国民经济持续发展。这种模式包括三种具体形式:(1)名牌产品对接型模式;(2)零部件或初级产品生产基地转移与对接模式;(3)特色产业对接模式。

三是市场与科技型联动合作模式。在市场方面,东西部都面临着开拓市场的共同任务。在国内、国际市场方面,东西联手,优势互补,有利于形成更大的力量,共同开拓国内、国际市场。在科技方面,广泛探索技术合作途径和渠道,对关键技术进行联合攻关,联合组建高新技术企业,共同开发高技术含量、高附加值、高市场占有率的产品,把科研成果转化为生产力,为双方的产业结构与产品结构升级创造条件。西部要从培植新的经济增长点的目标出发,选择市场前景好,起点较高,投入产出比较大,产业关联度和劳动力较强,有一定科技含量,便于与东部地区优势互补,有利于提高资源利用率、市场占有率、经济竞争力和当地财政收入的项目,本着"优势互补,互利互惠,长期合作,共同发展"的原则,与东部地区进行多层次、多形式、多领域和全方位的经济技术联合与协作。

东西部地区经济合作的内容十分丰富,涉及工业、农业、贸易、旅游等许多领域,遍布一、二、三产业;合作的主体是两地企业。经济合作的形式也多种多样,主要的是工业经济、贸易经济、旅游经济合作模式。

首先是东西部地区工业经济合作模式,具体包括东部优势企业兼并西部劣势企业,这是近几年来东西部经济合作中最常见的方式。这种合作既有同类产品生产企业的横向一体化,也有相关产品生产企业的嫁接改造。通过输出新的企业文化,移植新的机制,使一些企业当年投产、当年上规模、见效益,不但提升了企业的生产能力,降低了经营成本,还盘活了西部地区的国有资产,解决原来企业职工的就业问题,成为当地的利税大户。既为西部地区经济建设作出了贡献,也进一步树立了东部名牌企业的形象。另外还有东部企业为利用西部地区优势资源直接在西部投资建厂。东部企业以这种方式参与西部开发,有的是直接投资西部建立独资企业,有的是与西部合资合作办厂,由东部出资金、出技术、出人才,由西部出原料、出土地、出劳力,把企业多年形成的技术、管理、人才、市场和信誉优势,同资源地原料、能源、劳动力等价格的优势结合起来,开辟企业新的发展空间,为西部地区带来巨大的经济效益和社会效益。东部地区还可以通过输出管理、技术或品牌与西部企业合资或托管西部企业。当然,西部优势企业,也可以到东部地区设立自己的"出海口"。

其次是东西部地区贸易经济合作模式。具体包括合作建立地区特色产品交易市场。可以由西部地区出土地、东部地区出资金,在西部地区建立东部沿海城市特色产品交易市场;也可以由东部地区在本地建立西部地区特色产品交易市场,面向广大西部地区进行招商。同时包括东部沿海城市可以把港口"搬"到西部。如东部有的沿海城市在西部内陆中心城市设立直通式港口铁路联运办事机构,架起西部各省区广大企业与海外市场的桥梁,既扩大自己的货源,更形成广阔的经济发展腹地。

再次是东西部地区旅游经济合作模式。具体包括共同开发旅游资源。尽管西部地区具有良好的自然风光和资源优势,但其旅游业还存在市场不成熟、不规范、基础设施太差、软硬环境亟待改进等问题。这就需要发挥东部地区资金、管理等方面的优势,与西部地区合作开发西部旅游资源,共同发展旅游事业。为吸引东部资金共同搞好旅游资源的合作开发,西部地区应当制定有关优惠政策,像重视基础设施建设、工业项目引进一样,重视旅游资源的开发。此外,还应具体包括联合进行旅游促销和共同推进旅游产品等。

三、促进东西部联动发展的政策选择

为实现东西部联动发展,政府可以在以下几个方面重点发挥作用:

(1)市场培育政策。这类政策旨在解决在西部地区加快经济体制改革步伐,推动经济市场化进程,发挥市场机制在开发中的作用。

(2)投融资政策。投融资是区域开发的关键要素之一。这方面的政策将探讨如何依靠市场化的方式引导民间资本投向和政府的直接投入,解决西部地区大规模开发所需要的资金问题,提高资金的使用效率。

(3)产业政策。西部地区已经进入了产业结构调整的重要时期。这类政策意在解决产业结构的调整机制,政府对东部产业西移的支持等问题。

(4)科技和教育发展政策。这类政策将在很大程度上把科技教育作为产业来发展,通过科技和教育的发展为改善西部地区的技术和人力资源提供条件,为其它产业的发展提供可靠的支撑。

(5)基础设施建设政策。这方面的政策主要是解决跨区域的基础设施规划与建设问题的同时,在投入和经营方面应采取有效措施以吸引民间力量进行基础设施建设和经营。

(6)要素集聚培育政策。西部的开发仍然需要有强有力的集聚中心来组织、带动。这类政策就是要在市场集聚要素的基础上选择一定数量的区际贸易中心作为区域增长极,进行重点培育,使之成为进行东西部联动和西部大规模开发的支点和基地。

战略对了头,政策选择就是关键。东西联动发展是我国区域空间一体化的要求,也是实现生产要素在区域间合理流动、建立科学的区域分工体系的内在要求,对于区域经济协调发展,缩小东西部差距,实现我国国民经济第三步战略目标和整个国家的现代化具有十分重大的意义。

参考文献:

①武友德.《不发达地域经济成长论》(M),中国经济出版社,2000年版.

②[美]基思·B·格显芬.《试论六种不同的经济发展战略》(J),《经济译文》,1990.6.

③杨吾扬.《论我国区域开发的理论模式》(J),《地理研究》,1994.3.

④中国社会科学院工业经济研究课题组.《西部开发与东中部发展问题研

究》(J),《中国工业经济》,2000.4.

(原载《文人杂志》2002年第5期,与倪国良博士合作。倪国良现为兰州大学政治与行政学院教授、博士生导师)

发挥地缘优势，用价格策略促进安西旅游业发展

旅游业是满足人民不断增长消费需求的“朝阳产业”，安西是旅游资源大县，可以开发，以满足市场需求。旅游业“产业关联度”大，发展旅游可以带动县域经济和社会事业的发展。

如何发展安西县旅游产业呢？

一、客观评价安西旅游区位，利用“近邻优势”，走联合开发之路

安西地处丝绸之路两个著名旅游景点之间，西邻敦煌，距离7公里，而敦煌是世界著名艺术宝库，声名远扬。东邻嘉峪关，距离236公里，而嘉峪关因是万里长城西端的雄关，著称于世。二者都获得了“中国优秀旅游城市”的称号。

如何看待和评价安西所处的区位呢？由于看问题的视角不同，可能有不同的看法和观点。表面看，出现了“两头热，中间冷”，处于劣势，是“致命的弱点”。其实，敦煌和嘉峪关的优势是客观存在，主观不可改变。但是这对安西来说，从一定角度看也是一种区位优势，可称“近邻优势”或称“近邻地缘优势”。安西可以借“敦煌之光”照亮自己，决不是什么“阴影”，利用这种“近邻优势”顺势而为，乘势而为，做好安西旅游开发的大文章。例如安西是敦煌与嘉峪关陆路必经之地，我们就可以顺势大力发展“过境旅游”。

走联合、合作开发之路也是利用“近邻优势”可以采取的措施。综观世界，随着经济全球化浪潮的发展，区域经济一体化是世界经济发展所呈现的一个主流。地缘相邻的各个地区，打破国家的界线，建立地区经济合作组织，加速地区经济一体化的发展。其内容相当宽泛，形式多样，层级高低不一。在当今世界主要经济体中，欧洲一体化进程在加快，非洲联盟正在兴起，美洲自由贸易区也初见雏形，显然，不跟上区域化的步伐，经济就可能被边缘化。通过增强区域合

作提升竞争力是应对外来经济挑战的必由之路。“中国—东盟自由贸易区”正在建设之中，我国广东倡导“泛珠三角”区域合作与发展，即“9+2”（广东、广西、海南、福建、江西、湖南、四川、贵州和云南加香港、澳门），走在全国前列。已经达成“区域合作框架协议”，他们提出“根据国民经济和社会发展规划的总体要求，坚持区域协调发展和可持续发展，充分发挥各方的优势和特色，互相尊重，自愿互利，按照市场原则推进区域合作，拓宽合作领域，提高合作水平，形成合作互动、优势互补、互利共赢、共同发展的新格局，拓展区域发展空间，共创美好未来”。在旅游领域，他们提出：“各方支持全面推进区域旅游合作，共同制定区域旅游发展战略和市场开发策略；建立区域旅游信息库；构建区域旅游网络营销系统和旅游质量标准，创建旅游电子商务服务平台；逐步推进区域内无障碍旅游，共同策划和推广区域精品旅游路线，树立区域旅游形象，打造区域旅游品牌”。这些值得借鉴。我国的“长江三角洲”、“环渤海”也都在行动。

由上可见，顺应区域经济一体化的潮流，走“联合之路”、“合作共赢”已经成为各地区发展经济的共同理念。

就安西来说，可与敦煌、嘉峪关携手共同策划：①搞线路对接，开辟嘉峪关—安西—敦煌精品旅游线，将精品景点一体化；②联手促销，安西也可借敦煌“大船”，借船出海，做好海外市场的开拓和推广；③客源互送，如此等等。促进区域旅游产业的共同发展。

应当指出：提倡联合开发、合作开发与自主开发，并不是绝对对立的，更不是不要自主开发。而只是说要在区域联合协作大环境下来进行自主开发。不能脱离大环境孤立的自主开发。在区域合作中自主开发，在自主开发中进一步促进合作。

二、面向国际、国内两个市场

近年来，我国的国际、国内旅游均以惊人的速度发展，国际、国内、出境三大旅游市场升温。今年春节黄金周，全国接待旅游者6329万人次，突破收入289亿元。入境旅游人数在世界排名由1980年的第18位，上升到2002年的第5位，同期国际外汇收入由39位上升到第5位。2002年国际国内旅游总收入达5565亿元，占当年GDP约5.4%。今年1—7月份累计，全国入境旅游人数6101.8万人次，比上年同期增24.17%，旅游外汇收入累计测算为127.11亿美元，比上年同期增45%。其中外国人891.68万人次，比上年同期增63.2%。

从客源市场看，16个主要客源国内市场与2002年同期比，除菲律宾外，其余15国均有两位数增长。其中印度增长50.57%，俄罗斯增长42.16%，印尼增长29.47%，韩国增长29.19%，德国增长15.08%，澳大利亚增长22.53%，新加坡增长21.96%，英国增长20.52%，法国增长20.07%，蒙古增长15.08%，美国增长16.49%，马来西亚增长16.47%，加拿大增长16.47%，泰国增长15.08%，日本增长11.70%，菲律宾增长2.61%。随着我国国际地位的提高，经济实力的增强，各项事业的发展，我国对世界各国的影响在扩大，吸引力在增加，世界旅游组织预测看好中国市场。

从甘肃省2000—2002年的旅游增长速度来看，国际旅游入境年均增速为5.41%，比全国8.23%低2.91%。国际旅游外汇收入年均增速-0.3%，全国为12.1%。而形成鲜明对照的是，三年来甘肃国内旅游收入的增长速度明显高于全国年均水平，全国年均增速为8.63%，甘肃为18.85%，高于全国10.22%。国内旅游收入全国年均增长10.5%，甘肃年均增速为20.17%，甘肃比全国高9.66%。但是甘肃占全国旅游的比重较少，规模较小。2003年国际国内旅游总收入、入境旅游人数、国内旅游人数三项指标分别仅为0.485%、0.112%、0.417%。

由上看出，甘肃虽有国际游客进入，但目前仍是一个以国内旅游客源为主的省份。

从安西1995年至2000年数字看，国内旅客占93.1%，海外游客占6.9%。今年仍应面向国内和国际两大市场作好市场分析，要进一步扩大国内市场，巩固发展过境市场，大力发展周边市场，积极开拓考古、摄影等专业文化市场，稳妥开辟极旱荒漠自然景观游市场，同时要积极开拓海外市场。海外市场西端应以欧洲为主，特别是以法国、德国为重点，东端应以东亚的日、韩及东南亚地区各国及我国港澳台为主，另加美国。

三、深化旅游价格改革和管理，正确运用价格策略，促进安西旅游经济发展

市场价格机制是市场经济的核心。旅游价格直接关系到旅游相关者的利益，包括旅游消费者、旅游产品和服务的供给者、旅游企业、事业单位和政府（财政）的直接利益。“物价物价，关系重大”。正确地运用价格策略，合理地制定旅游产品的价格，对于旅游产业的发展具有重要的作用。

适应建立和完善社会主义市场经济体制的要求，我国价格形成机制和管理体制的改革已取得重大进展，价格在国家宏观调控下主要由市场形成的机制已经确立，绝大多数产品和服务价格都已经放开，国家只管极少数商品和服务的价格。在旅游价格方面:1993 年前,旅行社的"综合服务费"原一直由国家旅游局和国家物价局按年度制定,各省严格执行,上调幅度超过 10%,需报国务院批准。1993 年后,由省定报国家旅游局公布。到 1994 年以后由旅游企业自主定价。饭店定价,1992 年 12 月甘肃已将宾馆、饭店的价格权下放给企业。餐饮价格、旅游商品价格也是企业自主定价。

旅游景点门票价格的改革,是旅游收费改革的主线,现在实行政府定价、分级管理政策。省物价局管理的有敦煌莫高窟、麦积山石窟(以上二者 2000 年国家发改委下放省管)、嘉峪关关城、炳灵寺石窟、拉卜楞寺院、榆林窟、西千佛洞、省博物馆、大地湾遗址等旅游景点的门票价格。其他旅游景点价格由各地、州、市及县、区价格管理部门管理。安西县只有榆林窟由省管,其余均由县制定并管理。

深化价格改革,加强价格管理的具体意见如下:

1. 要综合考虑决定和影响价格的因素,科学合理地制定价格。一般来说制定价格必须以价值、供求、国际因素、国家政策为依据。

(1)价值:价格是商品和服务价值的货币表现,价格必须以价值为基础,具体说就是以生产商品和服务的成本为主要依据,成本是"价格最低经济界限"。

(2)供求状况:供求在竞争中决定价格,价格反过来又影响供求,二者是互相制约的互动关系。一方面,市场需求大,求大于供,消费者对价格的接受程度就高,价格变动空间就大,反之亦然。另一方面,价格高将会抑制市场需求,价格低能够促进市场需求。

(3)国家政策:这就是要以符合国民经济和社会发展的要求的政策为依据。要考虑社会的承受能力及社会的稳定。国家限制类产品和服务价格要高(如烟、酒等),公益类产品和服务的价格则应较低。

(4)国际市场价格。我国市场已向世界开放,国际市场价格必会影响国内市场价格,国内市场价格要逐步与国际市场价格接轨。因此,制定价格必须参照和考虑国际市场的价格水平。

应当指出,由于旅游资源的特殊性,它往往具有特殊的艺术观赏价值、人文社会价值、历史价值等。例如,文物资源,一方面它是人类历史上遗留下来的实物,它具有直观形象性、历史真实性,是有形的物质形体。另一方面,它是无形的文化载体,它蕴涵丰富的古代政治、经济、军事、科学技术、文化艺术等内容和信息,是"无形资产",具有"无形价值"。吸引广大游客慕名而至,既是文物的物质形体，也是这种“无形资产”的魅力。这是文物资源的特殊价值。因此，制定旅游产品和服务的价格，不能仅以一般产品的价值（成本耗费）为基础，还应考虑其历史文化性和开发历史文化而付出的劳动。

总之，制定和调整旅游价格必须综合考虑以上诸种因素，使价格科学和合理，才能发挥价格配置资源，提高效率，促进旅游和经济与社会发展的作用。

2.要采取“适中的价格”水平策略。除个别景点外，总体上应选择适中价格策略。一是由于我国仍处于社会主义初级阶段，大多数居民收入有限，价格是旅游者必须考虑的敏感因素；二是因安西旅游业开发处于初期，旅游进入者有限，扩大市场客源是当务之急，有必要以价格诱导、吸引游客。如果价格过高，会限制旅游消费的需求，如果以为“奇货可居”高价宰客，甚至可能吓跑游客，会造成不良影响，损害景区的声誉，乃至破坏旅游事业发展的基础。国内有的景点，门票价格过高，以至造成门可罗雀，游人稀少，经营困难，应引以为戒。当然价格过低也不行，不能低于成本这个最低经济界限。采取“适中价格”策略，不排除个别具有特殊价值的景点实行适度高价，或个别低价。

3.要改革现行的价格管理形式，景点门票价格由政府定价改为政府指导价。在政府宏观调控下，逐步扩大旅游企业自主定价权，以充分发挥市场价格机制优化资源配置、促进提高效率的作用。景点门票的基准价格浮动幅度由政府制定，旅游经营企业可以根据季节及市场变化，适时地实行浮动。但放开的幅度不宜过大，以使整体旅游产品价格相对稳定。

4.旅游产品价格制定要拉开质量差价和季节差价。根据旅游资源、旅游景点、旅游设施的不同级别、档次，要拉开质量差价，在旅游资源、旅游设施同等的情况下，根据旅游的服务内容、服务水平实行差别收费（价格）。

旅游受季节、气候的影响较大，甘肃河西地区更是存在旅游旺季短、淡季长的问题，可以适当拉开旅游产品季节差价，通过合理的价格差，调节淡旺季客源，以提高旅游资源和设施在淡季的利用率，扩大旅游需求。

当然实行差价策略，要避免价格歧视之嫌。

5.要搞好旅游价格的协调衔接工作。由于管理体制的深层原因，旅游资源掌握在不同的地区和部门，旅游资源被分割占有，谁管资源谁收费，条块分割，各自为政，造成利益的冲突和矛盾。政府应当发挥宏观调控职能，制止虚高价格，搞好相互衔接，以塑造良好的整体旅游形象。一要加强相关（相邻）地区景点门票价格的衔接；二要搞好县区内涉及与旅游有关的吃、住、行、游、购、娱等价格的协调,发挥各种旅游资源的整体效应。

6. 整顿旅游市场价格秩序,优化旅游发展环境。要实行旅游价格明码标价制度,使旅客做到明白消费,要整治旅游购物中强买强卖、价格欺诈、欺客宰客等行为。加强价格监测,防止恶性价格竞争。价格部门要通过设立公布"12358"举报、投诉电话,及时受理游客投诉,核查、处理相关价格违法案件。

(此文是2004年9月8日在安西旅游经济发展研讨会上的发言稿)

研究经济理论与实践
发展经济学科

十年经济理论的发展

从1978年12月召开的党的十一届三中全会到现在,已整整十年。总结这十年的历史,我们可以得出结论:只有脚踏实地、实事求是,才能探索出建设中国特色的社会主义之路,才能深刻地揭示改革、开放的规律,从而充分地发挥社会主义的优越性,也才能从根本上坚持和发展马克思主义。

纵观十年艰辛却又光辉的历程,我们在经济理论方面取得的重大突破,硕果累累。

1.提出社会主义初级阶段的理论,为马克思主义宝库增添了新的内容

科学社会主义的创始人马克思,在《哥达纲领批判》中,对于共产主义社会曾经提出过两个阶段的思想,即共产主义社会的“第一阶段”和“高级阶段”。“第一阶段”就是通常所说的社会主义社会。由于历史条件的限制,马、恩对未来社会主义社会发展的阶段性问题没有作出具体的探讨。但是,长期以来,国际共产主义运动中一直存在着急于过渡到社会主义、共产主义的“超阶段”思想。解放以后,我们也把马克思关于共产主义两个阶段的话当成教条搬用到我国,总是急于过渡,以至1958年大刮“共产风”,造成了严重的恶果。正是在总结我国社会主义革命和建设经验教训,同时借鉴其他社会主义国家经验教训的基础上,我们党于1978年得出了“我们的社会主义制度还是处于初级阶段”的论断。直至1987年党的十三大,完整地、系统地提出了社会主义初级阶段理论。如果说,党的十一届三中全会是在路线上拨乱反正,那么十三大则是对中国社会性质及其所处的阶段认识上的拨乱反正。社会主义初级阶段论的提出,不仅对我国的社会主义建设实践具有极大的指导意义,而且具有重大的理论意义。正如十三大报告中所说:“在中国这样落后的东方大国中建设社会主义,是马克思主义发展史上的新课题。”因为不论是马克思关于共产主义两个阶段的设想,还是列宁所预见的,“初级形式的社会主义”和“发达的社会主义”、“不完全的社会主义”和“完全的社会主义”,他们指的都是直接脱胎于资本主义社会

的社会主义所要经历的阶段。而我们提出的社会主义初级阶段,则是指在中国这样一个曾经是半殖民地、半封建社会,在资本主义发展相当薄弱,生产力落后,商品经济不发达条件下建设社会主义必然要经历的特定阶段,以便在这个阶段去实现别的许多国家在资本主义条件下实现的工业化和生产的商品化、社会化、现代化。这就解决了马克思主义发展史上的新课题,为科学社会主义理论宝库增添了新的内容。

2. 肯定了发展社会主义经济可以有多种模式,中国应建设具有中国特色的社会主义

关于模式问题,传统的观点认为,只有按马克思当初对未来社会的设想建立起社会经济制度,才是社会主义;只有按苏联20世纪30年代到50年代形成的一系列规章制度来组织经济运行,才是社会主义经济。按照这种传统观念建立的社会主义经济模式,社会主义经济便变成一种僵化的指令性经济,缺乏生机和效率。这种传统观念在中国延续了近30年。

十一届三中全会提出了改革、开放、搞活的方针,从而走上了独立自主地建设中国特色的社会主义的探索之路。但对模式问题的认识却随着改革的不断深入经历了一个认识过程。1981年6月党的十一届六中全会《关于建国以来党的若干历史问题的决议》指出:“社会主义生产关系的发展并不存在一套固定的模式,我们的任务是要根据我国生产力发展的要求,在每一个阶段上创造出与之相适应和便于继续前进的生产关系的具体形式。”邓小平在十二大开幕词中更明确更具体地指出:“我们的现代化建设,必须从中国的实际出发。无论是革命还是建设,都要注意学习和借鉴外国经验。但是照抄、照搬别国经验、别国模式,从来不能得到成功。这方面我们有过不少教训。把马克思主义普遍真理同我国的具体实际结合起来,走自己的道路,建设有中国特色的社会主义,这就是我们总结长期历史经验得出的基本结论。”这样就把我国社会主义建设的模式明确化为建设有中国特色的社会主义。

模式是存在的,它是人类改造客观实际过程中,实践、认识、再实践、再认识的结果。是认识客观规律、改造实际的一种表现,体现着人的主观能动性和驾驭世界的理性力量。而不是从抽象原则而来的条条框框。它来之于实践又要付之于实践。从这一认识出发,建设有中国特色的社会主义便成为顺理成章的了。

建设有中国特色的社会主义,就思想的酝酿和结论的作出都可以说由来已

久,但我们对它的认识却随实践在不同的历史时期具有不同的内容,如果说原先我们只是从中国的实际和马克思主义结合的逻辑演绎中,效仿中国革命成功的经验得出这一结论的话,那么对社会主义多种模式的肯定,建设有中国特色的社会主义便是多种模式的必然归宿和再一次验证,而且社会主义初级阶段论的提出,生产力标准讨论的深入,使中国特色的社会主义一步一步地具体化。这样,什么是中国特色便越来越明白,它就是马克思主义的一般原理和中国国情的结合;商品经济的一般规律和中国实际的结合;历史与现实的结合统一。

3.提出了社会主义经济是公有制基础上的有计划的商品经济的理论,突破了把计划经济与商品经济对立起来和把商品经济与资本主义等同起来的传统观念,为我国进行经济体制改革提供了重要的理论依据

马克思、恩格斯曾经设想在社会主义社会"商品生产将被消除"。后人囿于这个结论,屡次在这个问题上失误,妄想消灭商品生产,付出了重大代价。苏联、中国及其他各国社会主义建设的实践都一再证明,在社会主义社会,商品经济不仅不能消灭,而且必须大力发展。我们党的十二届三中全会通过的《中共中央关于经济体制改革的决定》第一次明确指出:社会主义经济"是在公有制基础上的有计划的商品经济",这是对各国社会主义建设经验的总结,也是对马克思主义政治经济学具有深远意义的重大突破。

有计划商品经济理论的提出,在理论上把社会主义经济同商品经济联系起来,从而把社会主义经济同自然经济、产品经济划清了界限。同时还把社会主义商品经济同资本主义无计划的商品经济划清了界限,规定了社会主义商品经济的计划性,有利于我们避免资本主义商品经济的盲目性,加强社会主义计划对商品经济的正确指导。

有计划商品经济的提出,为加强和改善计划工作提供了有效途径。因为它突破了过去认为计划只能是指令性的;计划包括整个国民经济领域;计划实施方式主要采取实物指标等传统观念,为我们重新构造计划管理体制拓宽了道路。新的计划管理体制是计划管理并不等于实行指令性计划,指导性计划、市场调节也是计划管理的有效形式。为避免过去指令性计划太多造成的弊端,应逐步扩大指导性计划和市场调节的范围;计划不是无所不包,无所不在的,计划的主要作用是组织国民经济的宏观平衡,大量的具体的微观经济活动,应主要依靠市场机制来协调;计划不一定都要借助实物指标来实现,而应当更多地运用经济政策和经济杠杆来调节经济活动,引导微观经济目标与宏观经济目标达

成一致。

4. 突破了在所有制形式上认为越“公”越优、越“纯”越好的传统观念，提出了要在坚持公有制为主体的前提下，发展多种所有制形式同时并存并相互交融、相互制约、相互促进的新观念

过去我们教条主义地理解马克思主义，再加上主观主义的“左”倾冒进，因此重视发展全民所有制经济，轻视发展集体所有制经济，排斥个体等非公有成分，搞“穷过渡”，搞合并升级，从而形成了朝国有制单一方向发展的格局，这从根本上违背了生产关系一定要适合生产力性质和发展的规律。对所有制形式上的正本清源，使我们回到了马克思主义的正确观点上来，从而能够根据我国生产力的多层次性，正确选择适合生产力发展的所有制结构，这已经并将继续促进我国生产力的巨大发展。

过去我们还认为所有制越“纯”越好，以为社会主义所有制应当是纯而又纯的，社会主义应当只允许公有制存在，不允许非公有制存在，这样就使个体经济受到排斥，更谈不上国家资本主义经济成分的存在。认为越“纯”越好还表现在各种所有制形式的自我封闭、相互隔绝上。根本谈不上各种所有制形式之间的联合和交融。十年来的改革在打破所有制单一公有化格局的同时，也造成了各种所有制形式之间的相互渗透和相互融合的局面，既有公有制之间的联合渗透，又有公有制与个体经济和国家资本主义经济之间的交融。这种局面的形成，有力地荡涤了过去在所有制形式上的传统观念，使人们确立的新的所有制观念深深扎根于现实的土壤中。

5. 突破了公有制经济应当实行所有权和经营权的统一，国家所有必须国家经营，“两权分离”只适用于私有制的传统观念，提出了社会主义公有制同样可以实行“两权分离”，广泛实行承包、租赁等多种经营方式的观念

过去认为，“两权分离”是资本主义的东西，没有认识到“两权分离”实质上是社会化大生产发展的要求，是搞活企业特别是大中型国有企业的有效途径。实际上“两权分离”只是把经营权下放给企业，所有权仍然在国家和集体手中，这并不能改变社会主义公有制的性质，但却可以促进企业活力的焕发。党的十一届三中全会后，我们先是在农村集体所有制范围内进行了“两权分离”的尝试。接着又在城市集体所有制经济和国营小型企业实行承包、租赁的“两权分离”，并通过利改税、承包经营责任制等办法，探索在国有大中型企业实行“两权分离”的途径。并且已被实践证明是正确的。因此无论从实际上看还是从理论

上看,“两权分离”是有利于从根本上解决增强企业活力,尤其是国营大中型企业活力问题的。因此是我国社会主义经济理论的一个重大突破。

6. 突破了计划和市场相互排斥的观念,提出了社会主义经济应该是计划与市场内在统一的体制,必须把计划工作建立在商品交换和价值规律的基础上,价值规律自动地调节国民经济活动,但要受计划的指导,从而把计划调节与市场调节结合起来的理论

过去把市场调节等同于资本主义,并认为市场调节不可避免地造成国民经济的比例失调。其实市场调节和计划调节一样是实现国民经济按比例发展的有效手段。市场调节并不是资本主义的专利,如同资本主义国家也存在指导性计划一样,社会主义国家同样应该利用市场调节,并把市场调节与计划调节有机地结合起来。改革十年来,在计划与市场结合上先后存在三种目标模式。第一种是“板块式结合”,即在原来大一统的计划体制的旁边出现了一块计划外的“市场调节”。第二种是“渗透式结合”,即上述计划和市场两个并行的板块,互相渗透,你中有我,我中有你。第三种是“胶体式结合”,即计划与市场不再是分别调节国民经济不同部分的两个并立的板块,而是有机地融为一体,在不同层次上调节国民经济的运行。计划主要调节宏观层次的经济活动,市场主要调节微观层次的经济活动,但宏观平衡要以市场供求变动趋势为依据,而微观活动又必须接受宏观计划的指导。需要指出的是,寻求能够更加有力地促进生产力发展的社会主义商品经济体制模式的任务还十分艰巨,仍是当前我国马克思主义经济理论研究的一个重要任务。

7. 破除了生产资料、资金、技术、劳动力、信息和土地等生产要素不能进入市场的传统观念,明确提出了发展和完善社会主义市场体系和加紧建立社会主义商品经济新秩序的理论

过去认为,在社会主义经济中,只有消费品才是商品,生产资料只具有商品的外壳,本质上不是商品,因而也不能进入市场,至于资金、技术、劳动力、信息和土地等生产要素更是绝对地被排斥在商品和市场之外,因此过去所谓的市场仅是消费品市场,根本没有形成一个体系。改革以来,我们不但承认了生产资料是商品,允许其进入市场,而且还承认了资金、技术、劳动力、信息和土地等生产要素也可以形成市场,并提出要建立和发展统一的、不可分割的社会主义市场体系,这无疑是对马克思主义经济理论的一个重大发展。之后,又提出了尽快建立社会主义商品经济新秩序的理论。建立社会主义商品经济新秩序,实质

上就是要尽快结束过去的僵化经济体制，从而建立起充满生机与活力的，有利于社会主义经济发展的商品经济体制，因此，努力发展和完善社会主义市场体系，形成一套合理有效的市场规则，改进国民经济计划，使计划与市场有机结合起来，乃是建立社会主义商品经济新秩序的题中应有之义。所以，建立商品经济新秩序是与计划和市场有机结合，建立和完善社会主义市场体系相联系的又一个重大理论创新和发展。

8.突破了社会主义经济中价格固定不变和价格只能由国家制定的旧观念，确立了价格要随价值和供求的变化而变化，国家定价、指导性价格、自由价格等多种形式应该并存的新观念

解放以后，我国实行了“稳定物价”的方针，在安定人民生活方面起了积极作用。但是，由于我们轻视价值规律和供求的作用，在执行稳定物价方针时有片面性。强调了价格不能动的一面，而忽视了价格及时变动的一面。使许多商品价格既不反映价值，也不反映供求，长期以来固定不变，不合理价格越积越多，造成价格体系不合理，不利于生产的发展和商品的正常流通，阻碍产业结构和产品结构的调整，以致商品匮乏，甚至有价无市，不利于满足人民的物质和文化需要。

其实，价格的变动是商品经济、价值规律的客观要求，是不以人们的意志为转移的。因为价格是价值的货币表现，价格必须以价值为基础。而价值是随物化劳动消耗和活劳动消耗的变化而变化的，价值变了，反映价值的价格自然也应发生变化。再者价格受供求变化的影响，供求变动势必影响价格变动。所以价格变动是合情合理的。

十一届三中全会后，适应发展社会主义有计划商品经济的需要，我们破除了价格固定不变的观念，提出了价格要反映价值和供求，使价格随价值和供求的变化而变化的观点，这是社会主义商品价格理论上的重大突破。正是这个突破，使我国的价格改革迈出了坚实的步伐。

同时，过去由于忽视商品货币关系和价值规律的作用，再加上价格管理体制上的高度集中统一，因此否认企业作为相对独立的商品生产经营者有制定价格的权利，排斥在国家计划指导下的企业定价和主要依据供求关系的变化而制定的自由价格，从而在价格形式上形成了国家定价的单一化格局。十一届三中全会以来，我们打破了这种格局，适应多种所有制和商品经济的需要，确认除了国家定价外，还应该存在指导性价格和自由价格，形成了多种价格形式并存的

新局面。国家定价、指导性价格、自由价格各有其适用的范围,只有在其适用范围之内,才能发挥其优越性和作用。只有实行多种价格形式并存,才能有利于价格体系的合理化,从而使价格能够真正作为国民经济的重要经济杠杆而发挥核算、刺激、调节、分配的职能。

9. 突破了分配领域中的平均主义观念的束缚,明确了在商品经济条件下实行按劳分配为主、多种分配方式并存的观念

根据马克思主义的原理,在社会主义社会的个人消费品分配领域中,应该实行按劳分配的原则,这样才能消灭剥削,实现人类历史上的最大的平等。但是,长期以来,我们由于受小生产思想的影响,错误地理解了平等,以为“越平均越好”,造成“干与不干一个样,干多干少一个样,干好干坏一个样”的吃大锅饭现象。其实,平均主义观念是出于对社会主义的误解而附加给社会主义的东西,它混淆了平均和平等。社会主义所指的平等,不是抽象的平等,也不是收入分配上的平均主义,而是消灭人剥削人的现象。在资本主义条件下,人剥削人的根源在于生产资料私有制,社会主义用生产资料公有制取代生产资料私有制,这就为实现平等即人们在劳动面前的平等创造了条件,按劳分配正是体现了人们在劳动面前的这种平等,社会主义是在承认个人能力、劳动贡献的差别的基础上来肯定按劳分配的,它和平均主义毫无共同之处。十一届三中全会以来,我们批判了平均主义,提出了在共同富裕的前提下让一部分人先富起来的思想,这是正本清源,恢复马克思主义的按劳分配原则的本来面目。

在进行改革开放过程中,随着改革的不断深入,多种经济成分和多种经营方式有了很大发展,出现了股份经济、私营经济、承包租赁制、债券等多样化的经济现象,适应这些经济现实,使我们认识到社会主义初级阶段的分配形式也必然是多样化的,除了按劳分配这一方式之外,其他分配方式也应该允许存在。十三大报告中,我们党鲜明地提出了这个思想:“社会主义的分配方式不可能是单一的。我们必须坚持的原则是,以按劳分配为主体,其他分配方式为补充。除了按劳分配这种主要方式和个体劳动所得以外,企业发行债券筹集资金,就会出现凭债权取得利息;随着股份经济的产生,就会出现股份分红;企业经营者的收入中,,包含部分风险补偿;私营企业雇佣一定数量劳动力,会给企业主带来部分非劳动收入。以上这些收入,只要是合法的,就应当允许。”这个以按劳分配为主、多种分配形式并存的思想,也是对马克思主义按劳分配理论的继承和重大发展。

10. 突破了国家直接管理一切经济活动的传统观念，明确了逐步建立以间接管理为主的宏观经济调控体系的观念

从总体上讲，我国原先的经济体制是高度集中、带有供给制因素的计划经济体制。因此，国家直接管理经济，经济管理集中化，经济运行实物化，造成“政企职责不分，条块分割，国家对企业统得过多过死，忽视商品生产、价值规律和市场作用”。适应发展有计划商品经济的要求，社会主义宏观经济调节体系必须从直接管理为主转向间接管理为主。这一认识并不是把公有化和市场简单地相加而得出的结论，而是立足于对公有制为主体的多种所有制形式并存、所有权和经营权可以分离、国家宏观经济职能的认识基础之上的。

随着“国家调控市场，市场引导企业”的运行机制的提出，这种间接管理日益具体化。就管理经济而言有三个层次：一为总量平衡，即总需求和总供给相平衡；二为运用价格、财政、税收、金融等经济手段进行间接调控；三为既有总体规划又深入到微观层次的产业政策。间接管理相当于上面所说的第二层次，它也可以叫做计划指导的市场调节，相当于通常所说的“指导性计划”部分。这里需要指出的是所谓的直接调节即“指令性计划”部分在一定范围内是必要的，可以使国家掌握必要的经济力量来调节社会生产力，保障国民经济按全社会的利益和要求健康发展，避免宏观失控。

总之，我们要建立“国家调控市场，市场引导企业”的运行机制，以间接调控为主的宏观调控体系的建立是它的重要组成部分。

11. 突破了长期闭关自守的旧观念，提出了实行对外对内开放，不断扩大国际经济技术交往与合作的新观念

当今的世界是开放的世界，任何一个国家都不可能脱离世界发展的潮流而独善其身。社会分工的扩大和深化，必然促进商品经济的不断发展，商品生产和商品交换的发展，就会越出地区的限制，形成统一的国内市场，越出国家的限制，形成世界市场。我国也为国际市场体系中的一员，是世界市场的组成部分，就应当和世界各国进行必要的技术经济的合作。

对外开放也是我国经济发展的组成部分，是建设有中国特色的社会主义的必由之路。我国经济结构具有二元结构的特点，一方面有实现四化的艰巨重任，另一方面还要面向世界新技术革命的发展，迎接新技术革命的挑战。

我国从封闭和半封闭转向开放型经济，坚持实行对外开放，对内搞活，这不仅是经济发展战略方针的重大转变，也是我国经济体制方面的一项重大改革，

因为我国处于发展中国家,处于社会主义初级阶段,要实行有计划的商品经济,商品的"渗透性"为开放交流之必然所在。因此,"发展外向型经济",作为改革开放的宝贵探索初步提了出来,它尽管还处于探讨性的试验之中,但进行对外开放、扩大国际经济技术的交往合作却是完全可以肯定的。

12. 突破了企业是行政机构附属物的传统观念,确立了城市经济体制改革的中心环节是增强企业活力,在企业内部全面实行厂长负责制,通过竞争选拔合格的经营者等新观念

企业活力是经济体制改革的中心环节,这是由企业在我国社会主义国民经济中的地位决定的。企业是国民经济的"细胞",体现着社会主义的生产关系,是"国家调控市场,市场引导企业"运行机制的承受者。十一届三中全会以来对企业主体的确认总的来说是有计划商品经济的必然要求,随着改革的深入,在如下方面有了突破性的进展:市场体系中自然产生的对市场主体的确认;对企业从单纯的放权让利到进行企业制度的改革的提出;国有企业可采用厂长负责制、资产经营责任制、租赁制和承包制等责权利相结合的多种方式进行生产经营。

企业的主体地位,随着改革的逐步深入显示得愈益重要。这还突出地表现在对改革思路的选择上,中国的体制改革是由两个主要的方面交织而成的过程。一个方面是以所有制关系或者产权关系为中心的企业机制的改革;另一个方面是以价格为中心的经济运行机制的改革。这便形成两条不同的改革思路,它们在不同的时期具有不同的倾向和侧重,但就其根本则是互相补充,相辅相成。正如十二届三中全会关于经济体制改革的决定指出的那样,企业改革是经济改革的核心,而价格改革是整个改革成败的关键。企业改革的核心地位就在于搞活企业是改革的目的,如果不对企业这一微观基础进行再造,那么市场机制和间接的宏观调控也是难以运转的。从这里可见企业所处的重要位置。

纵观我们重新认识我国的国情,认识社会主义、马克思主义取得的上述成果,根本的一点就是坚持了马克思主义的实事求是的思想路线。这是十年来解放思想的结果,我们在经济理论上取得的上述一系列的突破和进展就是在这种思想解放的氛围之中,坚持走中国特色的社会主义之路下取得的。今后我们也一定要继续坚持实事求是这一马克思主义的根本路线,进一步解放思想,以求取得更大的突破和发展。

当然,在进行社会主义的探索、实践中难免会出现差错和失误,还有许多有

待认识的现象和规律，还会受陈旧思想的羁绊，真正是困难重重，但我们可以坦然地面对一切，因为我们在脚踏实地地走我们的路！我们肩负着的是民族复兴、国家富强的重任！我们进行着的是崇高的共产主义伟业！

〔原载《兰州大学学报》社会科学版1989年第1期，系与张存刚(现为兰州商学院马克思主义学院院长、教授、经济学博士)、王玉海(现为北京师范大学资源学院教授、经济学博士)合作〕

绽放的花朵

——为齐经民所著《职业经济学》作的序

在繁花似锦的经济科学百花园中，又绽开了一束鲜艳的花朵——职业经济学。这是青年学者齐经民同志不畏艰辛，历经五载，潜心研究而获得的丰硕成果。

职业经济学是研究人们职业活动中的经济问题的科学。在传统的以指令性计划为特征的计划经济体制下，劳动力是统招统配的，人们几乎很少有自由选择职业的机会，也就很少考虑从事何种职业获得经济效益高低的问题。十一届三中全会以来，我国坚持"市场取向"的改革，在劳动就业、招工用人、人事干部制度方面，打破了高度计划统一的僵化体制，引入并逐渐扩大市场调节的作用，使人们逐渐具有了选择职业的机会，在这种情况下，人们自然要考虑选择何种职业能给自己和社会带来最大的经济效益和社会效益的问题。职业经济学正是适乎其时而开创的一项新的经济科学研究门类。

齐经民同志所著《职业经济学》具有开拓性、理论性，该著以职业经济关系为基本线索，以职业效益为核心，对本门学科的对象与方法、择业就业、职业效益、职业文明、职业保障、职业管理等问题进行了全面的探讨和研究，形成了一套比较完整的体系。同时，《职业经济学》又具有很强的实用性，对于帮助人们择业，加强职业教育和职业管理等都大有裨益。

党的十四大提出了社会主义市场经济理论，指出我国经济体制改革的目标是建立社会主义市场经济体制，这也就为我国劳动就业、人事干部制度的进一步改革指出了明确的方向。《职业经济学》在此时出版，无疑将推动人们深入研究市场经济中的职业经济问题。任何新学科的建立和完善，都有一个发展过程。我相信在齐经民同志及有志于此的同志们的共同努力下，职业经济学将茁壮成长，从而在建立我国社会主义市场经济新体制，加速社会主义现代化事业中发挥巨大作用。

〔此文为齐经民所著《职业经济学》（兰州大学出版社1993年版）所写的序。齐经民现为燕山大学经济管理学院教授、公共管理系主任、职业经济研究所所长。《职业经济学》于2004年已由经济科学出版社出第二版〕

为创建有中国特色的发展经济学而努力

发展经济学是在第二次世界大战后，伴随着旧殖民体系的瓦解，一大批独立国家的产生和发展而逐步形成的一门综合性经济学科。它的研究对象是发展中国家的经济发展，即研究发展中国家的经济如何由不发达状态发展到发达状态，实现经济的现代化，以揭示发展中国家经济发展的规律。

40多年来，经济发展问题的研究一直是当今世界经济研究的重点和热点之一。西方各主要发达国家以及许多发展中国家都设立了从事发展经济学研究的专门机构，世界著名大学也纷纷将发展经济学列为重要课程。和平与发展是当今世界的两大主题。发展需要和平，和平离不开发展。发展中国家经济恶化，南北关系进一步失衡，成为影响世界发展的重要因素。研究发展中国家的经济发展问题，不仅关系到发展中国家本身的发展，而且关系到整个世界和人类的发展。我国是一个发展中国家，同经济发达和技术先进的国家相比，我国的经济文化仍然是相对落后的。虽然我国的总体经济实力已经处于世界前列，但由于人口多，人均国民收入在世界上仍居于后列。我国社会生产力水平还比较低，物质产品不丰富，远远不能满足人民物质和文化生活的需要，人民生活还不富裕，还有相当一部分人口处于贫困状态。因此，人民日益增长的物质和文化需要同落后的社会生产力之间的矛盾，是我国现阶段的主要矛盾。摆脱落后，谋求发展，尽快把经济搞上去，是我国的根本任务。我国的经济要发展，应当吸收和利用世界各国所创造的一切先进文明成果。发展经济学对于我们了解和研究发展中国家经济发展的历史和现状、经验和教训、理论和方法，都是大有裨益的。当然，我们应当采取分析的态度，取其精华，去其糟粕。

我国已将发展经济学列为高等院校财经类专业核心课程之一，为了适应发展经济学教学的需要，青年经济学者王必达、刘学敏、张佑青、张学义在从事发展经济学教学和研究的基础上，发挥群体的力量，共同编写了《发展经济学》一书。该书的出版，是一件十分可喜的事情。

本书共分为四篇，即第一篇：概论；第二篇：经济发展的国内因素；第三篇：经济发展的国际条件；第四篇：经济发展与经济体制、发展战略和经济政策。全书在概括地介绍发展经济学的基本理论（如经济发展的含义、经济发展理论的形成和发展的历史、经济增长理论、经济发展的基本思路等）的基础上，从内到外，先分析了经济发展的国内因素（资本、人力资源、科学技术、自然资源），然后分析了经济发展的国际条件（对外贸易、国外资源等），最后突出了经济体制、发展战略和经济政策对经济发展的影响的分析。读来使人感到逻辑严密、耳目一新。西方发展经济学历经40余载的发展，内容丰富而庞杂，且各家学说各有千秋，将如此浩繁的理论，条分缕析、尽收其中，按照一定的逻辑，构建完整体系，这是作者独具匠心之作。作者在本书中对一些人们易于混同的概念及范畴（如人口、人力资源、资本等）进行了新的界定。这都表明了作者的理论勇气和刻意求新的态度。

应当指出，我们研究国外的发展经济学，目的是为了“洋为中用”。因此，决不能停留在一般地介绍和评论的地步，而应该把“介评”和“创新”紧密结合起来。为了适应我国经济发展的需要，我们不仅要一般地研究发展中国家经济发展的普遍问题和共同规律，更要着重探讨我国这个不发达的社会主义国家的经济发展的特殊规律。我们应当以马克思主义为指导，在总结社会主义国家，特别是我国社会主义经济发展的经验和借鉴国外发展经济学的基础上，尽快地建立有中国特色的社会主义发展经济学，以便更好地指导中国社会主义经济的发展，使中国早日实现社会主义现代化。这是中国经济学界面临的迫切任务，也希望作者在这方面继续作出努力。

〔此文是1993年10月为青年经济学者王必达（现为兰州商学院教授、博士、副院长）、刘学敏（现为北京师范大学资源学院教授、博士生导师、党委书记，科技部“国家可持续发展实验区”专家指导委员会委员）等所编著的《发展经济学》（甘肃人民出版社1994年1月版）所写的“序”，现立题目为《为创建有中国特色的发展经济学而努力》〕

由劳动价值论解读新经济要素

新经济已初现端倪，我们应当用马克思主义的劳动价值论观点去解读新经济要素，为此有必要先弄清新经济的概念及特征。美国《商业周刊》1996 年 12 月 30 日发表的一组文章中首先提出"新经济"论，指出"新经济"是以信息革命和全球化大市场为基础的经济，之后，各界对新经济的讨论，可谓是众说纷纭，莫衷一是。新经济可以带来巨大经济效益，这在新经济的发源地美国表现得最为明显。20 世纪 90 年代，美国经济连续 9 年增长，而且与菲利普斯曲线相悖，即呈现低通胀和低失业与经济增长并存现象。

一、何谓新经济

近年来，对新经济有很多提法，也有人称之为知识经济，或网络经济、数字经济、信息经济、智能经济等等，我们以推动新经济发展的新生产要素（生产力的三要素除外）为依据，归纳概括几种有代表性的观点：

1. 信息技术产业推动经济发展，是新经济的主导产业

指信息技术的发展渗透于所有的经济领域之中，带动了整体经济的发展。如前已述及美国《商业周刊》的解释，以及我国华中科技大学徐长生教授和《互联网周刊》主编姜奇平先生的观点可以归结为此类。徐长生教授认为，以美国为代表的西方国家的"新经济"，狭义而言，是以信息技术（IT）产业为龙头的新兴产业，它不同于传统产业，是经济增长的主要动力；广义而言，它还包括这些新兴产业对传统产业乃至整个国民经济的扩散影响①。姜奇平先生将新经济概括为"直接经济"，认为像 DELL 公司等把握住了新经济时代财富运转方向的变化，将企业组织的扁平化做到了极致，这样的扁平化组织结构可以靠"契约"来维持，能比较好地代替传统企业的分层式组织结构②。

---

① 吴厚庆：《"新经济"与经济全球化》，《经济学动态》2001 年第 11 期。

② 姜奇平：《网络新经济的微观定位》，《国际商报》2000 年 12 月 22 日。

2. 科技创新是新经济发展的决定因素

指科技创新贯穿于所有的领域中，从而推动新经济的发展，而并非单一的信息技术领域中的各类创新。美国的迈克尔·曼德尔(Michael J. Mandel)教授和我国的厉以宁教授的观点可以归结为这一类。曼德尔认为：新经济是科技创新与商业创新相结合的产物，是新的创新企业与新的创业投资(或风险投资)互动促使整个经济变化的结果，"科技是发动机，金融是燃料"①。厉以宁教授则认为，新经济是建立在网络经济和技术创新基础上的一种经济形态，在一段时间内，新经济和传统经济可能是同时并存的，新经济的发展并不意味着传统经济的衰退，新经济与传统经济各有其优势，且新与旧的要领是变化的，今天的新经济过若干年后也许就变为传统经济，而出现更新的经济②。

3. 新技术、新知识的运用导致新经济的大发展

指推动新经济的要素除新科技以外，还有新知识。《新经济大百科》(Encyclopedia of the New Economy)和澳大利亚工业科学及资源部(ISR)的解释以及美国哈佛大学经济学教授罗伦斯·萨默斯(Laurence Summers)的观点属于这一类，但又略有差异。《新经济大百科》的解释为：是人们用脑代替双手来工作的世界。在这个世界中，信息技术创造了全球竞争，不只是为鞋子及电脑的竞争，更是为那些不能装进集装箱运输的银行贷款及其他服务行业的竞争。在这个世界中，创新比大规模生产更重要，投资购买新观念或创造新观念的理念比购买新设备更重要。变化是永恒的，这个世界不同于以前的工业社会及农业社会，不能仅仅把它描述成一次革命③；澳大利亚工业科学及资源部将整个国民经济视为如 OECD 所称的"以知识为基础的经济"(Knowledge Based Economy, KBE)转型，这种经济的生产、分配及知识的使用是经济增长的主要动力，并使财富创造及就业满足于整个产业。这确实是以知识为基础的经济，不仅指那些通常的"高科技"，所有部门都变为知识密集型的，尽管到目前为止，没有一个国家在这些概念上完全发展了 KBE，但一些现代经济国家，包括澳大利亚，正在向

① [美]迈克尔·曼德尔：《即将到来的互联网大萧条》(中译本)，光明日报出版社 2001 年版。

② 厉以宁：《众说纷纭新经济：只要有实质内容，网络经济就不是泡沫》，《国际商报》2000 年 4 月 18 日。

③ John Browning, Spencer Reiss. Encyclopedia of the New Economy. a Lycos Network site. Wired Digital lnc, 2002.

这一方向接近[①];萨默斯指出,新经济的新奇之处在于"由生产实体产品的经济转移到奠基于知识的生产与运用的经济",新经济生产的是"知识产品"[②]。

4. 人力资本是推动新经济的决定因素

指只有人力资本是推动新经济的生产要素。如美联储主席格林斯潘(Alan Greenspan)在一次演讲中所言:"新经济实际是以人为主要推动力的经济"[③]。意即人决定了技术、决定了政府和企业、决定了发展,企业价值的创造基础更加侧重于人力资本。

5. 信息、网络、知识和高素质的人共同成为推动新经济的决定因素

全国人大常委会副委员长成思危的观点可以归结为此类。他认为,"新经济"主要"新"在三个方面:知识经济是新的社会经济形态,虚拟经济是新的经济活动模式,网络经济是新的经济运行方式。在新经济时代,知识工人将成为经济发展的主力[④]。

上述五类观点中,第一类强调信息技术产业是主线,由信息技术产业的发展带动了所有产业的技术进步、成本节约、信息沟通和组织变革等。现实的发展表明,信息技术发展的作用确实很大,但还有其他新技术和知识的贡献;第二类较前者加入了科技创新的因素,但具体内容并不明确,主要是指信息技术、网络技术的发展,而对如生物工程、航空航天、海洋科学等领域的新技术在当今社会的变革与进步中的贡献考虑不足,也忽略了知识的因素对推动经济增长的贡献;第三类观点指出信息技术、网络技术和知识这些综合因素的贡献,而且更强调了知识因素的重要性;第四类观点指出了推动社会发展的真谛,强调了人力资本的巨大作用,从根本上予以阐述,而缺乏其他几种要素,即具体的中间环节;第五类观点是信息技术、网络技术、创新及知识的运用和高素质的人的综合因素推动了经济的发展。如成思危副委员长的观点从社会经济形态、活动模式、运行方式予以考察,论述的角度与众不同,而且强调了"知识工人"对经济发展的重要性,这一点是很有见地的。但是同样缺乏具体性,以及对生物技术等

① Department of Industry, Science and Resource, Commonwealth of Austrilia. A Conceptual Paper On the Knowledge Based Economy. Role for Industry, Science and Resource. Austrilia: ISR, 2000.

② 萨默斯:《国家的财富》,于 2000 年 5 月 1 日在美国旧金山第 28 届大通 H&Q 科技年会上的演说。

③ 荷作:《培训为什么》,《国际商报》2001 年 4 月 12 日。

④ 成思危:《解读新经济》,《福州大学学报》2001 年第 2 期。

的作用没有突出。

上述各类观点及其对新经济的描述,无疑都丰富和完善了新经济的理论体系,而且有一点可以肯定,就是新经济正在向我们走来,并逐渐为人们所接受。但是上述观点也有个别解释欠缺简明性、完备性或前瞻性。对于与相关产业的关系、精神财富的创造、知识的重要性、掌握和具备学习能力的人力资本的重要性反映不足。我们仅对其中三个更具特色的解释加以简评。澳大利亚工业科学及资源部的解释直接超越了信息技术产业发展是推动力,从更高的视野强调了知识在经济发展中的重要性,较准确地评价了新经济目前所处的发展阶段,指出新经济是今后发展的方向,但它对信息、科技及人力资本的具体作用没有做进一步的分析。厉以宁教授所提观点的灼见不需多言,但其认为新经济过若干年后变为传统经济,从而出现更新的经济,这是不确切的。我们认为,“新经济”是一个整体的名词,应作为一个特定的经济学名词去看待,而不能简单、机械地从字面意义区分新与旧,假设若干年后再出现更新的经济,我们还可以赋予它另一个特定的说法或名词去理解。徐长生教授的观点采用广义和狭义的新经济论,而且概括较为全面并有新意,基本符合新经济的特点,但还应对人力资本的重要性予以补充。有学者在研究人力资本随社会变迁时提出经历了“工具人—经济人—社会人—资源人”过程,其中的“资源人”即是指以技术创新为主的有知识的人①。另外,1994 年,C·温斯洛(C. Winslow)和 W·布拉马(W. Bramah)在讨论知识经济时提出“知识工人”(Knowledge Workers)的概念。成思危副委员长提出的“知识工人”可能出于此。但笔者认为译为“知识工人”过于狭窄,应是“知识工作者”为更具普遍性并能广泛使用,在新经济下应将其外延扩大,称之为“知识人”更合适,泛指掌握新知识和具备学习能力、运用能力的劳动者、管理者和科技工作者等。因此,我们可以说,新经济下知识作为产品在被大量生产,也被大量运用,这是一大飞跃。教育将作为一个更加重要的产业来发展,它的产品就是“知识人”。

从经济学研究的角度讲,笔者认为,对“新经济”的概念或定义应做到全面准确而又简单明了,既突出其要素又具有前瞻性,而对其特征以至走势可以以较多的内容予以概括归纳。新经济是针对 20 世纪 90 年代以美国为代表的西方国家因信息技术产业迅猛发展,带动经济增长而提出的。说明其具有鲜明的

① 王振中:《新经济与中国:新经济的启示和中国经济的整合》,《中国评论》2000 年第 6 期。

时代性和专属性。因此,不应把由农业经济向工业经济变迁出现的新技术推动也纳入新经济的范畴。对新经济的定义,笔者赞同徐长生教授的狭义和广义新经济论,并在此基础上进一步拓展其广义的内涵。即狭义的新经济是指以信息技术产业为先锋产业,促进相关产业的发展,从而推动经济增长的经济;广义的新经济是指以信息、网络、生物技术等高新技术及知识、知识人为重要内容和经济增长的主要动力,同时作用影响于传统产业乃至整个国民经济。

但是,这种定义依然是从生产要素的角度给出的,表面上看并不新鲜,因为在传统经济中信息、技术、管理、知识、人力资本也已成为其生产要素,但是,它们在现实发展中表现得更为突出和强烈,加速了社会分工的演进,由传统经济的外生性要素变为新经济的内生性要素,实现了由量变到质变的飞跃。以知识要素为例,在传统经济下知识作为外生推动力,而新经济下知识本身也可作为产品被生产和使用,并成为内生推动力。之所以在概念中特别列出生物技术,一是为了避免对新经济的误解,认为其高新技术只包括信息技术产业领域里的技术创新,它还应包括生物技术、航天、海洋科学等多领域的对经济、社会发展有重大推动作用的高科技;二是近年来生物技术领域的重大研究突破将给人类生活带来翻天覆地的变革,如破译生命密码的人类基因组计划进入尾声,人类基因组工作草图已绘制成功,这在人类认识自我、改变自我的同时,也将促进生命科学与信息科学的结合,带动新兴高技术产业的发展。

二、由劳动价值论解读新经济要素

马克思曾指出:“如果整个劳动过程从其结果的角度加以考察,那么劳动资料和劳动对象表现为生产资料,劳动本身则表现为生产劳动。”他还补充说:“这个从简单劳动过程的观点得出的生产劳动的定义,对于资本主义生产过程是绝对不够的。”[①]即劳动过程包括三个要素:人的劳动、劳动对象和劳动资料。这一点在抽掉社会制度因素后,在当今的社会现实中依然正确。我们知道,传统经济是由生产劳动体系支撑的,符合马克思科学的劳动价值论自不待言。既然新经济离不开传统经济,自然也就离不开生产劳动。因此,对这种劳动过程的内涵和外延需进一步拓展,以顺应其方式、地位与作用的变化。正如马克思所言:“随着劳动过程本身的协作性质的发展,生产劳动和它的承担者即生产工人的概念也就必然扩大。为了从事生产劳动,现在不一定要亲自动手;只要成为

① 马克思:《资本论》第一卷,人民出版社 1975 年版。

总体工人的一个器官,完成他所属的某一种职能就够了。"[1]

如前所述,新经济是非常宽泛的,对其要素的考虑应注意区分是劳动要素还是生产要素。首先,我们从狭义的新经济入手,以其最有代表性、最活跃,且当前正在强劲推动经济发展与增长的信息技术产业为例讨论其要素问题。当前的信息技术产业,主要是以计算机、软件和互联网的发展为主线,具体讲,它分为四个层次[2]:第一层次是互联网的核心基础设施,包括基础设施设备制造业,如计算机、网络服务器、安全设备、光传输设备以及相关的软件业(指基础软件,如 Windows98,Windows2000 等);第二个层次是网络应用,包括在网上开展各种经营和服务业务所需要的软件、各类信息、传输技术、网络技术和供应业;第三层次是外部环境和中介环节,包括有效的政府服务(法律法规的政策保障体系的建立)和为互联网服务的中介服务公司;第四个层次是电子商务。

第一层次构成了马克思关于劳动过程的要素中的劳动资料,较传统经济的劳动资料有所拓展、演变,所占比重大幅度增加。第一层次的劳动是物质生产部门的劳动(包含了科技劳动),无疑是生产性劳动,它创造了价值。第二层次包括两个方面:对软件的开发、各类技术的研发构成了劳动对象,对软件和各类技术的使用构成了劳动资料,这两个方面的劳动(包含了大量的科技劳动)自然也是生产性劳动。在以信息技术为先锋产业的新经济条件下,活劳动的变化最为明显,是指大量掌握信息技术、网络技术、电子技术和管理技术的高素质的劳动者的增加。第一层次和第二层次已不仅表现为人类体力劳动的物化,而更多地表现为人类脑力劳动的物化。

第三层次的概念容易理解,我们可在后面讨论。而对于第四层次的电子商务,需先明确其概念及具体模式。它是指利用互联网、EDI、电子证券交易及电子资金转账等各种电子工具从事产品及服务的销售、贸易和交易活动,是交易双方或多方之间以信息为依托的活动。按交易对象对电子商务分类,主要有:企业对企业(B2B)、企业对消费者(B2C)、企业对政府(B2G)、消费者对企业(C2B)、消费者对消费者(C2C),如网上拍卖等。在这些交易类型中,B2B 是主要形式,约占总交易额的 70% ~80%。由此看来,互联网的发展创造了电子商务的多种商业模式,在此与我们讨论相关的有三个问题:一是流通费用的支出,

① 马克思:《资本论》第一卷,人民出版社 1975 年版。
② 张其仔等:《新经济与中国无缘?》,社会科学文献出版社 2000 年版。

二是配送服务，三是信息发挥了重要的中介和桥梁作用。对于流通费用的支出性质，马克思也有明确的论述："投在这种流通费用上的支出，对商业资本来说，是一种生产投资。所以，它所购买的商业劳动，对它来说也是一种直接的生产劳动。"①对于配送服务，属于利用高科技和先进管理的物流系统，可以归结到运输服务业，其中的劳动也是生产性劳动；信息则在后面进行专门讨论。其实对于第三层次，如政府服务，也是出于国民经济的宏观调控和决策的需要，是高级的创造性劳动，属于管理劳动，也是一种生产劳动。而中介环节属于分工的细化，派生出的流通环节和流通费用的支出，用上述推论同样成立。因此，第三、第四层次构成了人们有目的的活动，包含了管理劳动，可以理解为是一种提供生产服务与精神产品的劳动，是由于分工分开的总过程，所包含的复杂劳动与脑力劳动（或者高智能劳动）成分更多，加之目前信息技术与网络技术的发展，在同样时间创造的价值要远远大于传统经济下物质生产劳动所创造的价值。因此，这两个层次的劳动也构成了创造价值的生产劳动。而且，根据马克思将使用价值分为实物的与非实物的两种形式的原理，第二、三、四层次的劳动创造的使用价值也分为实物与非实物的两种形式，实物形式毋庸赘言，其中的非实物形式，也具备满足人对某种物质或精神需要的功能，具有服务消费品的使用价值的特征，即：并不物化在一个物质产品中；流动性与凝结性相结合；生产、交换、消费同时进行；具有与实物形式的可替换性或互补性；与信息技术相关的产品复杂程度延长，创造的价值增大等。

值得注意的是，这四个层次中都贯穿了信息这一要素。信息是一种资源，它可以成为商品，指表现客观事物运动及其相互作用形式的表述和陈述，具体表现为消息、思想、知识、情报、指令、图形、数据等②，是进行生产实践、科技创新和管理决策的重要先决因素，先于科技劳动和管理劳动，具有共享性、可综合性、时效性、渗透性和结合性等特点，同样可表现为实物和非实物的服务形式，因此也内化于生产劳动之中，而并不直接创造价值。上述四个层次构成了信息技术产业这一"劳动过程本身的协作性质的发展"系统。因此，信息技术产业的诸要素并未否定马克思的科学劳动价值论，而是发展了劳动价值论。

现在我们来讨论广义的新经济要素问题，实际上上述的讨论未涉及或未充

---

① 《马克思恩格斯全集》第二十四卷，人民出版社 1956 年版。

② 何炼成，姚慧琴：《坚持和发展马克思的劳动价值论》，《经济社会发展研究》2001 年第 4 期。

分讨论的只有科技、知识和知识人等的要素问题以及价值取向的变化。关于科技、知识是否创造价值的问题,理论界的讨论已基本达成了共识。即知识、科技是决定劳动生产力的因素,但不是决定价值的因素。而科技劳动是创新性的脑力劳动,是创造高价值的生产劳动。正如吴易风教授的观点:一方面,新知识和新科技在生产上的应用使劳动资料中的动力系统、机具系统、运输系统、信息系统以及管理系统等更为先进,使劳动对象范围更广,性能更好。另一方面,新知识、新科技会造就出素质更高的工人、管理人员和科技人员。在商品生产中,新知识、新科技进入劳动过程,但不进入价值形成和价值增值过程。不是新知识和新科技在创造价值,而是掌握和运用新知识、新科技的劳动者的劳动在创造价值①。实际上,这里所提的新知识和新科技正是我们在新经济中讨论的知识和高新技术,掌握、运用新知识和新科技的劳动者正是马克思所指的"活劳动",即新经济条件下的知识人,只不过知识人的概念更广泛,且素质要求更高。因此,对于知识人创造价值的问题就不需讨论了。这样就解决了广义新经济下各生产要素的价值创造问题。

另外,从现实和发展的观点来看,我们眼前的科学技术的飞速发展,知识的迅猛更新,终将导致价值取向的革命。今后人类社会受精神驱动而从事非物质经济活动的人会越来越多,这在马克思提出劳动价值论的时代是不可能也没有这一历史背景的。新产品形态和生产过程依赖于人的能动力和人富于创造性的精神活动,当今时代人们的追求将不再纯粹是物质化的,也不仅是效率化的,而是越来越多地表现为精神性的②。因此,顺应这一价值取向的变化,坚持具体劳动创造使用价值,抽象劳动创造价值这一马克思劳动价值论的内核,在新经济下仍然是正确的。从坚持与发展马克思科学的劳动价值论出发,与时俱进,与当今社会的现实和价值取向结合,拓展劳动过程以及生产劳动的内涵与外延,重新认识具体劳动创造的使用价值的实物与非实物形式,重新认识抽象劳动创造价值的过程和实现形式,才是科学的观点,才是真正坚持和发展马克思主义。

(原载《西北大学学报》哲学社会科学版2002年第3期,系经济学博士李志军与刘家声合作。李志军现为西安市商务局副局长、西安服务外包协会名誉会长、西安交通大学经济金融学院客座教授)

---

① 吴易风:《坚持和发展劳动价值论》,《群言》2001年第2期。

② 吕致文:《让历史告诉未来》,《国际商报》2001年4月20日。

为闵正良博士所著《工资理论研究》一书作的序

摆在读者面前的这本著作——《工资理论研究》是闵正良在攻读博士研究生期间，经过近三年的潜心研究所撰写的博士论文，后经修改补充，即将由甘肃人民出版社出版。

该著研究立论层次高。揭示事物的本质及其发展规律是科学研究的崇高而神圣的使命。理论创新是社会发展和变革的先导，通过理论创新推动制度创新是我们一项庄严的历史责任。我国当前正在进行着史无前例的经济体制改革，经济体制改革呼唤着理论创新，以指导实践。工资制度的改革是经济体制改革的一个重要领域，科学、合理的工资制度的确立，有赖于我们对社会主义市场经济体制下工资运动的规律性的认识。那么，社会主义市场经济条件下，工资运动有什么规律？现有的国内外工资理论研究是否揭示了规律性？如何用规律去指导经济实践活动？对这些问题的研究正是作者倾心关注、视为己任的。人们对工资问题的研究，一般多侧重于工资制度、工资形式或工资的某个方面，而作者却站在理论的高度，从基础理论的深层，进行"难度系数"较高的规律性研究，难能可贵。

该著对工资理论演变的回顾和评述，简明扼要，鞭辟入里。任何理论创新都要借鉴人类的优秀成果，并且继承前人的精华，以免走弯路，以便在前人的肩膀上站得更高，也可避免把前人早已提出的理论当作"新发现"来加以"创新"的笑话。因此，对理论史的研究是必要的。工资理论研究源远流长。从威廉·配第、亚当·斯密、大卫·李嘉图到马克思，从克拉克到马歇尔及萨缪尔森等，他们都提出了各自关于工资的理论和观点。本书作者对其都逐一进行了分析，既肯定了他们在工资问题上的理论贡献，又指出其缺憾和不足。通过对工资理论演变的回顾与分析，作者还总结出工资理论发展的轨迹，这就是："工资理论的演变经过了由侧重于劳动的供给的研究（威廉·配第、杜尔阁、亚当·斯密、李嘉图、马克思等）到侧重于劳动的需求的研究（克拉克等），再到将劳动的供给与需求两方面结合起来研究（马歇尔为代表）的一个过程。这种演变过程表明，人们对工资运动规律的认识是伴随着实践的发展而发展，不断趋于成熟的。"（本书第15页）这些研究为作者理论创新提供了弥足珍贵的思想，奠定了坚实的基础。

该著观点新颖，在继承中有所发展。理论研究贵在创新，闵正良博士勤于思考，善于钻研，刻意求新，在继承前人理论成果的基础上，在本书中提出了自己颇具新意的关于工资理论的独到见解，主要有如下几点。

第一，在工资性质问题上，作者提出工资是劳动力商品价值和使用价值的综合反映，即劳动力商品"二因素工资论"。众所周知，马克思分析了资本主义制度下劳动力商品的二重性，指出"工资是劳动力价值或价格的掩蔽形式"，并且具体分析了劳动力商品价值的内容及其构成。马克思还分析了劳动力商品的使用价值，指出："劳动力的使用价值即是劳动自身"，并说：劳动力"这个商品的独特的使用价值，即它是价值的源泉，并且是大于它自身的价值的源泉"①。但却未论及劳动力使用价值对工资的影响。作者则在此基础上进一步提出：劳动力的使用价值也是决定工资的因素。工资既要反映劳动力商品的价值，也要反映劳动力商品的使用价值，工资受劳动力价值和使用价值的共同作用，是对劳动力价值和使用价值的综合反映。这就是"二因素工资论"。

第二，提出了工资量决定的规律性。在确认工资性质的基础上作者进一步论述了劳动力的使用价值可以度量，在作者看来，"既然劳动力的使用价值就是劳动，在商品经济条件下，一定量的劳动产品又总是表现为商品，而一定量的商品又总是可以折算为一定的货币额……于是劳动力使用价值大小就可以用其在单位时间内创造的社会财富量来度量"。并且指出劳动力的使用价值决定工资水平的上限，劳动力生产成本决定工资水平的下限，工资就是在这个上限和下限的区间内波动。

第三，提出了工资水平运动的趋势——平均工资率。作者借鉴马克思关于

① 马克思：《资本论》第一卷，人民出版社1975年版，第219页。

平均利润率形成及其分析方法,分析了在市场经济条件下,工资水平运动的规律性,提出了"平均工资率"的概念。论述了"等量劳动获得等量工资"是市场经济的客观要求,是劳动力自由流动的结果,是竞争的结果,这是工资运动的总趋势。并且指出平均工资率形成之后,任一社会组织在确定劳动者的工资水平时,都要受平均工资率的调节。这就在"二因素工资论"的基础上进一步阐述了工资运行的规律。

上述关于工资的性质、工资量及其运动规律的三个新观点,具有内在必然逻辑联系,是工资新论的有机组成部分。这些新观点都是在马克思关于工资理论及方法以及其他相关理论和方法的指导下得出的,既肯定了马克思关于劳动力商品价值在工资决定中的重要地位,是对马克思工资理论的继承,同时又提出了劳动力使用价值在工资决定中的重要地位,是对马克思工资理论的发展,较好地做到了继承和创新、坚持和发展的统一。

此外,作者还分析了劳动力商品二因素在不同历史发展阶段的工资决定中其地位是不同的。初级资本主义阶段,工资主要是由劳动力商品价值(生产成本)决定,而在当今发达的资本主义阶段,劳动力商品使用价值在工资决定中的地位逐渐上升。据此提出了现实工资水平的形成是经过"三重均衡"过程的观点。这些分析也是发人深省、有助于人们深化对工资问题的认识。

在本书中,作者运用自己关于工资研究中所提出的规律性的理论,联系我国工资改革的实践,分析了"最低工资标准"、"下岗职工生活费"、"工资指导线"、"工效挂钩"、"工资地区差距"等问题,指出存在的问题,提出了改进的意见,较好地做到了理论和实际的统一。因此本书不仅具有较高的学术理论价值,而且具有实际应用和参考价值。

当前,我国正在贯彻《中共中央关于完善社会主义市场经济体制若干问题的决定》,推进收入分配制度的改革,完善按劳分配为主体、多种分配方式并存的分配制度,坚持效率优先、兼顾公平,各种生产要素按贡献参与分配。正在实施的"人才强国"战略,提出要以鼓励劳动和创造为根本目的,加大对人才的有效激励;国家制定的《最低工资规定》于 2004 年 3 月 1 日起也将在全国范围内正式全面实施,并将继续推行"工资指导线"和劳动力市场工资指导价位制度。此著的出版适逢其时,故特此向读者推荐。

人们的认识不可能一蹴而就,理论创新更是如此。书中对某些问题的论述和分析比较笼统,没有细化。实践在发展,人们的认识和理论必将随着实践的发展而深化和发展。希望作者继续努力，深化和完善"二因素工资论"，补充书中的缺陷和不足，做出更大的成绩。

〔此文是2003年间为闵正良所著《工资理论研究》(甘肃人民出版社2003年版)一书所写的"序"。闵正良现为青岛大学经济学院教授、经济学系主任〕

为田秋生博士所著《中国通货紧缩问题研究》写的序

1979—1997年,我国商品零售价格指数一直处于正增长的态势,其间还经历了两次高涨。一次是1988—1989年,全国商品零售价格指数分别上涨18.5%和17.8%;另一次是1993—1995年,全国商品零售价格指数分别上涨13%、21.7%和14.8%。经济学家和政府官员们始终为通货膨胀而担忧,并一直在挖空心思地寻求"治胀"之策。

然而,大约从1997年后半年开始,中国各项价格指数接连出现负增长。商品零售价格指数自1997年10月出现绝对下降之后,在1998—2003年期间,一直处于负增长的状态,1998年为-2.6%,1999年为-0.3%,2000年为-1.5%,2001年为-0.8%,2002年为-1.3%,2003年为-0.1%。居民消费价格指数自1998年3月出现绝对下降,并一直持续到2003年1月才转负为正。事实表明,中国经济陷入了通货紧缩。

通货紧缩是改革开放以来中国宏观经济运行中出现的一种新现象、新问题。研究这种新现象、新问题,是中国经济学者义不容辞的责任和义务。揭示这种现象的本质,阐述这种现象的效应,分析这种现象的成因,探讨这种现象的对策,对于我们正确认识价格总水平的运动规律,丰富和发展价格理论,具有重要的理论意义,对于完善中国社会主义市场经济体制,搞好经济的宏观调控,促进经济稳定、持续、快速发展,也具有重要的实际意义。

田秋生博士是中国较早系统研究中国通货紧缩问题的经济学者之一。中国发生通货紧缩期间,他正在攻读西北大学经济学博士学位,在博士论文选题过程中,他毅然选定"中国通货紧缩问题"作为自己的研究课题。在研究过程中,他查阅了大量的文献资料,做了深入细致的思考和钻研。经过两年的潜心研究,于2001年初正式完成了他的题为"中国通货紧缩问题研究"的博士论文。本书就是在他的博士论文基础上形成的。

本书是一部全面系统地研究中国通货紧缩问题的专著。涉及了通货紧缩问题研究的基本论题和基本方面，阐述了通货紧缩的科学定义、本质特征和正负效应，分析了中国通货紧缩的特殊性质、根本原因、形成机理和治理对策，还探讨了宏观政策操作的艺术与技巧。而且，在通货紧缩成因和机理方面，不仅分析了总需求和总供给，还考察了国外冲击和政策影响。在通货紧缩的治理对策方面，不仅提出了扩大需求的措施和改善供给的方法，也提出了调整政策选择的建议和改进政策操作的思路。

本书观点新颖、见解独到。

第一，经过逻辑分析和经验论证，本书认为，通货紧缩并不总是一种货币现象，有时是一种实体经济现象；中国通货紧缩是一种实体经济现象。这对学术界多数人坚持的“通货紧缩，像通货膨胀一样，也是一种货币现象”的主流观点提出了挑战。

第二，本书认为，通货紧缩并不只是具有消极效应，也具有积极作用，并且阐述了通货紧缩的积极效应。这在现有文献中也是不多见的。

第三，经过严密论证，本书认为，20 世纪 90 年代后期中国总供给的相对过剩，以及由此造成的通货紧缩，主要不是因为总供给的增长，而主要是因为总需求的萎缩。这与多数人坚持的“中国通货紧缩是因为总供给增长过快”的观点形成对照，是另一独特视角的分析。

第四，本书认为，20 世纪 90 年代以来中国消费需求萎缩的根本原因，主要在于中国经济体制转轨的加速、人口结构的变动和社会保障能力的不足。同时，还通过分析消费需求的决定作用，揭示了投资需求不足的根本原因。这深化了中国学术界对中国消费需求萎缩原因的研究。

第五，在通货紧缩的治理上，本书建议更多地运用供给管理。认为供给管理既能促进经济的增长，又能防止物价水平的持续下降，同时还能防止造成通货紧缩之后的通货膨胀。尤其是，在 2000 年中国通货紧缩尚未过去的时候，本书作者就特别强调：改进政策操作，把握好政策出台的时机和力度，“既要冲出通缩泥潭，又要谨防通胀火焰”。这体现出作者的超前意识。

当然，本书也存在一些不足之处。对某些问题的分析，如通货紧缩的具体效应、通货紧缩的国际传递，展开得还不够。有些问题，如经济政策的效应强度和效应时滞，还缺少量化分析。尽管如此，瑕不掩瑜。况且，中国通货紧缩问题是一个新问题，对该问题的研究还是一种探索性的，出现认识上的一些偏差甚至错误也不为怪。

田秋生博士是一位治学严谨、勤勉的学者。我衷心希望他有更多的成果问世,并愿与他共享成果问世后的快乐!

〔此文为田秋生博士所著《中国通货紧缩问题研究》(科学出版社2006年版)一书所写的序言。田秋生现为华南理工大学经济与贸易学院教授、博士生导师、副院长〕

合作与竞争,共谋世界经济发展

世界历史再一次处在了两个世纪之交之际,即将结束的20世纪,其经济的发展既为人类留下了巨大财富,又留下了深刻教训,特别是第二次世界大战结束50多年来,大国的兴衰和易位,给各个国家提供了值得认真总结的经验教训。

第二次世界大战以来的50多年人类社会经济的发展,实际上就是一部经济的合作与竞争发展史。国际经济关系既有竞争与矛盾的一面,又有合作与协调的一面;既不是只有竞争,没有合作,也不是只有合作,没有竞争,而是竞争中有合作,合作中又有竞争。冷战结束后,无论是竞争还是合作,都比过去有了进一步的发展。各大国争夺世界经济和区域经济主导权的斗争加剧了,这种斗争既反映了各国国家利益的差别,也反映了各国的企业和垄断集团争夺市场份额的矛盾。但迄今为止,世界各国间的合作与协调仍然占据主导地位。这种合作既反映了进一步开展竞争的共同需要,但又不完全是由企业间竞争与合作引起的。有时是出于政治的原因,有时是为了和自然作斗争或解决共同面临的社会问题。

就国际经济关系中的两个层面、企业之间的关系和国家之间的关系来说,这两个层面之间存在着相互影响和相互制约的紧密联系。这主要表现在:

一是国家之间的竞争和合作是企业、公司之间竞争与合作的深化和集中表现。发达国家争夺世界市场的竞争固然有多方面的内容和表现,但企业、公司之间的竞争构成发达国家争夺世界市场竞争的基本内容。无论是美国、日本、西欧,还是发展中国家,它们在世界市场上的竞争能力基本上是由各国有关企业和公司以及其生产的主要商品在国际上的竞争能力构成的。冷战时期,美国经济地位的相对衰落的根本原因,是美国企业及产品的国际竞争能力相对落后了。美国对日本贸易所以出现巨额逆差,固然有汇率变化和日本实行贸易保护等原因,但归根结底是美国企业和产品的国际竞争能力不如日本。

二是国家间的竞争和合作不仅是企业、公司间竞争与合作的反映,反过来,对于促进企业、公司层面上的竞争与合作,影响这种竞争、合作的广度、深度和效果,有重要作用。冷战时期,国家垄断资本主义的发展,主要不表现在国有经济成分的发展上,而表现为国家对经济干预的机制和措施增强了。目的主要有三个:(1)国内加强本国经济发展,增强本国企业和产品的国际竞争能力;(2)为在世界经济和世界市场上扩大本国企业和产品的占有份额创造尽量优越的外部条件;(3)为企业参与国际市场竞争制定各国都能接受的规则和制度,避免出现对各国都不利的国际环境。

三是由于国家之间的竞争与摩擦、合作与协调是企业之间竞争与合作的深化和集中表现,反过来又对后者的发展方向和效果产生重大影响,这就决定了国家间的竞争与合作关系同企业间的竞争与合作关系,往往有一个时间差,竞争与合作关系往往发生交叉。从冷战时期的情况看,国家间的摩擦往往是企业间的竞争发展到一定程度时的产物。如美日间的贸易摩擦是双方企业的进出口行为不平衡达到一定程度后的产物,并不是在这种进出口行为不平衡刚出现时就产生的。国家间通过谈判一旦达成某种协议,说明双方在合作的途径上取得了进展。这种协议对此后企业之间的竞争产生着促进或制约的作用,程度不同地把企业的竞争行为纳入某种规范之中。在新的情况下,企业之间的竞争进一步发展,又会引起新的问题,酿成国家之间新的经济摩擦,但这之间会有一段相对稳定的时间。冷战结束后,世界各国之间的经济关系就是在企业与国家、双边、多边、区域经济集团和商品、金融、投资等方面与领域展开的。不同的层次、方面、领域又相互交叉在一起,使这些国家间的竞争、合作关系变得更加错综复杂。这也是冷战后世界各国间经济关系的一个特点。众所周知,冷战的结束对世界经济格局的演变和整个世界经济的发展产生了重大影响,如何认识和把握冷战结束后世界经济发展的新趋势,国际经济关系的新变化,世界经济竞争与合作中出现的新特点,这是当前世界经济研究中的一项重大课题。

青年学者倪国良与关平完成的这部著作,正是一部探讨跨世纪世界经济发展新走势的学术著作。该书研究了二战以来特别是冷战结束到21世纪初这10到20年世界经济的新走势,试图从新的理论角度分析、阐述与展示当前世界经济和国际经济关系发展变化的新特点和新态势。为了便于读者把握这种变化,作者对世界经济的几个大的方面进行了比较系统的介绍和研究,对中国的经济发展及其在世界经济中的地位和作用也作了概括介绍。作者在认真研究、吸取当前我国经济学界理论研究成果的基础上,将世界经济发展变化的趋势放在世界市场的空间里,从国家、地区和全球三个层面及其相互交织、相互制衡上,着重揭示贸易、金融、投资、科技等领域所出现的变化以及它们对世纪之交世界经济格局的影响。同时还对现阶段主要国家和地区的经济发展状况和特点作了较为系统的概括。

我国学术界对世界经济的研究著作甚多,其中不乏有见地之作。本书又无疑为我国经济学苑增添了一株新的花蕾。全书结构严谨,自成比较完整的逻辑体系,其中某些方面具有创意。它通过从整体到部分再到整体的逻辑体系,将世界经济和国际经济关系的主体放在不同地域空间里,分析了它们的不断分合运动,在市场经济各个领域里的相互联系活动,利益的交织、对立、融合,在国际政治关系与经济关系相互作用等方面,清晰地揭示了世界经济主体的每次分合碰撞变化的原因。这就是来自政治制度和经济体制方面的冲突与一致,来自市场经济空间利益的竞争、生产社会化和国际分工与同来自科学技术革命的推动,而世界经济的每次变化反过来又影响后者的变化,这种周而复始的国际大循环运动,推动着各国经济乃至世界经济的发展。基于上述这种认识,作者大胆地从当代世界市场经济具有统一性的新视角论述了世界市场经济运行机制的基本特性,揭示了世界经济和国际经济关系主体之间存在的一种复杂的相互竞争、相互合作的关系,并提出竞争与合作是当代世界市场经济的运行规律,探索性地提出国际经济关系的主旋律,既不仅仅是“合”的趋势,也不仅仅是“分”的趋势,而是竞争与合作并存,“合”的趋势在不断增强,突出强调了合作已成为时代的要求。

研究世界经济和国际经济关系的新的发展变化和主要特点,有助于我们正确认识当前我国所处的国际经济环境,加深对邓小平同志关于世界政治经济与国际关系理论观点的理解。对选择好合作伙伴和符合国情的有效合作方式,对改革对外经济体制,为与世界各国更深层次的经济合作创造良好环境,在实现国内市场与国际市场的接轨等方面都具有较大的理论和现实意义。作者特别强调了只要能不断研究新现象,解决新问题,确定新对策,建立新关系,通过跨世纪的长期合作实践,定会实现我国经济在21世纪持续、稳定、高速发展的目标。从这个意义上来说,尽管该著作是探索性的、初步性的成果,但同样是一本可读性较强的著作,读后会有一定的启发和收益。我企盼着他们新的研究成果不断问世！

〔此文是1996年10月为倪国良与关平所著《合作与竞争——走向21世纪的世界经济》(甘肃人民出版社2006年版)一书所写的序言，现立题为“合作与竞争，共谋世界经济的发展”。倪国良现为兰州大学政治与行政学院教授、博士生导师〕

科学理财,确保家庭财产的保值增值

我国改革开放以来,随着社会主义市场经济体制的逐步确立和经济的快速发展,城乡居民收入逐步增加,家庭财产普遍增多,如何确保家庭财产的保值增值,已为千万家庭所关注。胡锦涛同志代表党中央在十七大所作报告中在论述增加城乡居民收入时,明确指出要"创造条件让更多群众拥有财产性收入"。如何合理科学理财,值得我们认真研究和探讨。

一、家庭理财的目的及意义

1.什么是家庭理财呢?

以家庭为主体,对家庭全部财产,包括流动资产(如现金、存款、有价证券、外币等)和实物资产(如房屋、交通工具、家俱、收藏品等),运用一定的理财工具与方法进行管理与运用,以规避风险,保值增值的财务活动。

2.家庭理财的目的和意义

(1)"算计"是为了满足家庭生存、发展、享受的需要。

俗话说:"吃不穷,穿不穷,算计不到就受穷。"这里的"算计"就是我们今天所说的理财。这句老话,点出了"算计"在生活中的重要性,人们为了生活必须劳动、工作、创造价值、"挣钱"。可是如果只知挣钱,不会算计,不会按照经济规律的要求,运用现代的理财工具和方法,正确合理地科学理财,往往会感到生活的窘迫,更惶论富裕。归根到底,"挣钱"、"算计"的目的都是为了满足生活需要,包括家庭成员生存、发展、享受的需要。应该使钱为"人"服务,"有钱不用等于无钱"。

(2)理财是为了保障家庭财产的保值增值。

家庭的货币资产都有一定的名义价值(如现金人民币 1000 元),实物资产也都可以货币形式表示为一定数量的价值(如住房一套 10 万元)。如何保障家庭全部财产的原有价值不发生贬值和损害,并且使其价值在运用中不断增加,逐步积累,这是家庭理财的重要目的。

(3)理财是为了保障家庭的和谐、美满幸福。

家庭是社会的细胞,是建设和谐社会的最基本的社会单位。家庭是以血缘、婚姻为纽带而组成的。家庭关系的建立、维系、巩固、发展、美满,除凭借伦理道德、法律手段外,还必须正确处理家庭的经济关系,并以此为基础。子女教育,婚丧嫁聚,长辈赡养,家庭生活的需求,都得靠金钱来满足,都需要理财。因此,理财是保证家庭和谐、美满幸福的经济基础和手段。

(4)理财是为了生产更多的财富,保证家庭的可持续发展。

经济学家李斯特说"财富的生产力比之财富本身,不晓得重要多少倍"。又说:"一国的最大部分消耗,是应该用于后一代的教育,应该用于未来生产力的促进和培养。"这就是说一国的发展不能仅着眼于眼前的财富,还应重视生产力的培养,以生产更多的财富。家庭理财也应如此。要讲究"生财之道",着眼于生产财富能力的培养,要增加教育培训费用的支出,促进家庭财富的持续增长,保证家庭的持续发展。

二、科学地做好家庭理财

1. 家庭理财的原则

做好家庭理财,必须坚持一定的原则,树立正确的观念,并以此为指导。在理财中需要把握和遵循以下原则:

(1)量入为出,留有后备。

要根据家庭的收入水平,合理安排家庭的各项开支,以收保支,保证基本生活,维持收支基本平衡,并适当留有后备,"有钱想到无钱时",不能"月月光",更要防家庭"赤字",避免成为"负翁"。

(2)树立现代经济观念,讲求效益。

家庭理财是一种经济活动,应当按照经济规律的要求,用现代经济的方法进行投入和产出、成本和收益的比较计算,以实现家庭效用和收益的最大化。

(3)规避风险,讲求安全。

家庭成员、家庭财产可能面临种种风险,应该通过理财手段规避风险,减少损失,保证安全。在理财中用适当的方法,进行组合投资,分散风险,切忌"把全部鸡蛋放在同一个篮子里",应兼顾各种风险程度不同的金融产品,形成合理的组合搭配。

(4)稳健理财,讲求健康。

珍爱生命,健康第一。理财的目的是为了生活得更美好,身心健康是美好生活的一个极端重要的部分。理财为了健康,必须健康理财,以保家庭财产健康。

2.制定理财规划(计划)

"凡事预则立,不预则废",理财也如此。家庭理财计划是指实现家庭全部财务目标而制定的协调一致的总体计划。这个规划是以家庭的全部财务目标为基础的。理财规划可以分为四个步骤:

(1)拟定财务目标。理财要有目标,目标要明确,这是定向。比如子女培养教育费用的计划,购房买车置业、家庭安全健康的保险和保障、晚年幸福生活的安排等。

(2)理清现有财务状况。理财,必须知道自己有多少财可理,家庭"净资产"(资产扣除负债为净资产)有多少。因此需要建立财务资料档案,记录家庭现有的资产、负债、收入、费用等所有与钱有关的资料。

(3)诊断现有财务状况。对第二步整理好的资料,用理财的观点加以分析,找出问题。如日常生活中不必要的支出是否太多,"闲钱"是否过多而任通货膨胀侵蚀等。

(4)针对现有财务状况开处方。如闲钱太多则选择好的投资项目。对现有财产结构进行调整,使其优化,提高效益。

理财计划(规划)应定期检查、评估、调整,滚动前进。

3.理财工具和渠道

要理财必须选择适当的工具和理财产品。理财中遇到的一个问题是到底投资什么好?其实每一种投资工具和投资渠道都有各自的优点和不足,不存在一种投资渠道比另一种投资渠道绝对好的问题。最重要的是要了解各种投资工具和渠道的特点,并根据自己的经济状况以及理财的目标,选择最符合自己条件的投资渠道和理财产品。

理财工具和渠道主要有下列各种:

(1)银行储蓄

储蓄是最传统最普通的理财手段和渠道。现在储蓄有活期、定期、定活两便、个人通知存款、教育储蓄等。

储蓄具有存取自由、安全性高、收益较稳定等优点,但也存在收益性不足,特别是现在还要征收利息税。同时还有通货膨胀的危险。如果物价上涨超过一定的限度，利率可能变成负数。今年1～11月居民消费价格指数（CPI）比去年同期上涨4.6%，而当前一年期定期存款利率为3.87%，实际利率已为负0.73%，由于通货膨胀的存在，存到银行的钱数量虽有所增加，实际购买力可能下降。所以通货膨胀是储蓄最大的“敌人”。如何避免或减少银行存款的风险呢？①少存活期，多存定期。当银行卡账户结余了较大额的存款时，应及时支取转为定期；②定期存款应办自动转存。当预计银行将会加息时就该如此，在降息的周期内则不必自动转存；③办理部分提前支取。一张定期存款的存单，数额不宜过大，以防有急用。即使办理定期存款后，则可采取部分提取存款的办法，以减少利息的损失。办理部分提取手续后，未提取部分仍可按原存单的存入期、原利率、原到期日计算利息；④要关注利息水平和物价水平的变动，并根据个人的实际情况较好地选择储蓄品种，谨防通货膨胀导致的货币贬值。

（2）债券

在我国可供购买的债券主要有三类：政府债券（中央财政部发行的为国债），银行发行的金融债券，企业发行的企业债券。购买债券可以定期获得一定的利息收入，故成为投资渠道。特别是国债，这是大家乐于采用的投资手段。

债券的收益和优点：①债券收益一般高于同期同档银行利息的收益，因为在同一时点上，债券的利率有可能高于同期同档银行利率，并且现时国债还免征利息税。②投资债券可保固定收入，特别是国债名义收益十分稳定，而且是国家信用保证，安全性高。③可以及时变为现金，债券可以通过提前兑换和质押途径及时获得现金。

债券在家庭投资理财中的风险和不足：①长期固定利率债券的风险大。这主要是面临通货膨胀的风险，在一个较长的时期内（如5年），如果物价上涨过高，虽然债券的名义收益稳定增加，但剔除通货膨胀后，则不一定，可能下降。②利率风险。由于债券利率固定，如果银行利率上调，与银行利率相比，可能债券利率由高于变成低于银行利率。③给付风险。这主要存在于高利率的企业债券之中，如果企业经营不善，有可能面临偿还风险。

购买国债，对于老年人来说，是一种较好的投资选择，但由于存在上述风险，如果存期太长，当银行加息时，就可能带来利息的损失。因此，老年人应少买期限长的国债，多买期限较短的国债。

（3）股票投资

股票是股份公司发行的一种有价证券,它是股份公司用来筹集资金,发给股东,据以行使股东权利,获得收益的纸质凭证。股份公司发行的股票经国家证券监督管理机关批准后,可上证券交易市场进行买卖交易。于是买卖股票就成为一种投资手段。

股票是一种高收益与高风险并存的投资品种。

股票投资的最大优势和长处是有可能获得高收益高回报。因为最先掌握高新技术,并将其转化为现实生产力的公司(如微软公司),可以获得高额垄断利润;那些规模巨大的公司可以获得规模效益;那些善于经营管理的公司可以获得稳定的较高利润。如果投资者选准了这些公司的股票,就有可能获得长期、稳定、高额的投资收益。

股票投资的短处是风险大。面临的主要风险有:①公司失败风险。如果公司投资新技术不成熟,未能实现向现实生产力的转化,导致投资失误。公司经营管理不善,难以为继,宣告破产等。②信息不对称的"风险"。规范的证券市场要求上市公司披露的信息必须准确、全面、真实。因为在证券市场上,投资者是根据上市公司披露的信息来判断公司的投资价值。而投资者真正要充分掌握上市公司的完全信息是较困难的,于是投资者与上市公司之间就处于信息不对称的境况中。如果公司高管人员有意隐瞒信息或制造虚假信息,投资者不慎,就可能掉进陷阱。③政策风险。政府对市场会实行必要的调控,当市场股指出现严重"泡沫"时,政府会通过政策调控使市场回归理性;当市场股指长期单边下跌时,政府可能通过政策调控,使市场焕发活力与生机,这种调控可能带来股市的波动。

如何避免和减少股票投资的风险呢?

①了解公司,慎选股票。买股票等于买公司,应像结婚前男士选对象似的,调查了解并掌握公司的历史和经营情况,包括公司所在行业,主营业务是什么?生产什么产品?资产的账面价值、市盈率、净资产收益率、销售增长率等财务指标,市场前景如何,有无发展潜力,从而判断其是否有投资价值。应该选择有较高价值、有潜力、有成长性的股票。情况不明的公司的股票决不买。"小道消息"满天飞的股票不买。

②选多只股票。选至少 3~5 只,以分散风险,切忌孤注一掷,把鸡蛋放在一个篮子里。

③选准时机,高抛低买。不能过贪,该出手时就出手,见好就收"落袋为

安”,切忌追高,不能跟着庄家屁股转。

特别应当指出,股市具有一定的投机性,股市行情瞬息万变,变幻莫测,股票涨跌起伏像过山车似的,振幅很大,如今年“5.30”和10月间上证股指两次大跌超过1000多点,每次股市总市值都蒸发数万亿元。由于股市风险大,一般老年人不宜直接介入或少介入为好。

(4)基金投资

基金为一种成效卓著的现代化投资工具,其特点是集合投资、分散风险、专家理财,因而广受关注,为投资者所心仪。

投资基金是一种利益共享、风险共担的集合投资制度,也是一种间接的证券投资方式。基金管理公司通过向社会公开发行基金券,集中投资者的资金,由基金托管人(即具有资格的银行)托管,由基金管理人(专家)管理和运用资金,从事股票、债券等金融工具投资,然后分享收益,共担投资风险。

根据基金运作方式的不同,可分为开放式基金和封闭式基金。开放式基金的运作方式是不上市交易,一般通过银行申购和赎回,基金规模不固定,基金单位可随时向投资者出售,也可应投资者要求买回;封闭式基金采取封闭的运作方式,在固定的合同期限(存续期)期间,基金规模总数固定,一般可在证交所上市交易,但基金份额持有人不得申请赎回。投资者可通过二级市场买卖基金单位。

根据投资风险的不同,可分为股票型基金、债券型基金、货币市场基金、混合型基金、期货基金等。

基金的优势和收益:①基金是分散风险的比较好的方式。由于基金是组合投资,投资于众多股票及多种金融工具,能有效地分散风险,使个人投资者能分享组合投资所带来的平衡收益。②基金具有资金规模优势效益。基金资金规模巨大,可以进入个人不能进入的市场,投资于个人小额资金不能投资的品种。③专家理财是基金投资的重要特点。基金管理公司配备的投资专家,大部分具有较好的投资理论功底和实践经验,其在可获得的信息量、科学决策机制、完备的风险评估与控制方面所具备的优势是个人投资者无法比拟的。④开放式基金,基金投资者在用钱时还可以随时赎回,具有像活期储蓄一样的便利。再加上基金分红免税的优势,一般收益水平要高于储蓄。因此,购买基金是适合老年人投资的一种选择。

投资基金存在的风险:任何投资都是存在风险的,只不过由于基金实行组合投资,风险比直接投资股票要低,而收益比储蓄和国债一般要高。基金既然投资于证券,就要承担基础股票市场和债券市场的风险。不同类型的基金,风险程度不同。基金所投资的金融产品风险高,基金的风险就高;所投资的金融产品风险低,基金的风险就低。我国现在的基金品种其风险由高至低排列为股票型基金、偏股型基金、价值成长基金、指数型基金、平衡型基金、偏债型基金、纯债型基金、货币市场基金、保本基金等,为稳健投资,老年人可选择后面几种基金。此外当开放式基金出现巨额赎回或者暂停赎回时,投资者还将面临变现困难的风险。

(5)保险与保险理财

“天有不测风云,人有旦夕祸福”。人生中难免会遇到一些不可完全控制或不可控制的事情发生,如疾病、伤残、灾难等,会造成家庭财产甚至生命健康的损失。而保险便是用以管理这些不可控制或不可完全控制事件而造成的财产风险的一种工具,人们买保险就是将财务风险合理合法地转移出去,从而为家庭构筑“风险保障”。

保险按保险标的或事故对象分为两类。以物质财产及其相关的利益和损害赔偿责任作为保险对象的称为财产保险。如房屋、汽车保险。以人的生命或身体为保险对象的称为人身保险。人身保险按保障范围分为人寿保险、健康保险、人身意外伤害保险。

保险理财的优势和特点,在于参加投保,可以得到可靠的保障,出险时得到的不仅是自己所交的钱,还包括别人所交保费的分摊。体现了“集千家之财救一家之难”的互助互利的精神,是一种兼保障与投资于一身的理财方式。

(6)外汇理财

随着对外开放的扩大,国际经济文化交流的发展,有一部分人手中有了外币,于是外汇成了理财的内容和工具,这主要是储汇和炒汇。

①外汇储蓄

目前在我国并非所有的外币都可以储蓄,只有可自由兑换的外币可以存银行,包括美元、英镑、瑞士法郎、德国马克等22种。

我国各商业银行开办的外币储蓄币种也不尽相同。一般都开办美元、日元、德国马克、英镑、港币5种外币储蓄,中国银行则开办11种。

需要注意的是,各种外币存款利率是不同的。外汇储蓄选择币种是关键。因为国际金融市场的汇率波动较大,也波及到了我国的汇率和利率。我们许多人有美元储蓄，这在美元储蓄利率高且币值稳定时尚可，在美元不断下滑的情况下，坚守美元不放将造成资产缩水。2007 年 12 月 13 日人民币兑美元汇率中间价报于 7.3568，自汇改以来，人民币对美元汇率累计升值达到 10% 左右，今年累计升值幅度达 6%。

②炒汇

在外汇市场上，利用汇率的波动，买卖不同汇率的外汇，低进高出，可以赚取汇差收益。在外汇交易中应以强势货币为主，以币值较为稳定的货币为主，以流通性好的货币为主。如果手中持有外币，又缺专业知识，则可以通过银行委托理财。在选择外汇理财产品时，应将预计理财期限、风险偏好、购买时机、派息频率、递增金额等 5 个因素综合加以考虑。

(7)实物收藏和投资

实物收藏具有保值避险的作用，同时又具有相似投资的功能，是一种较好的理财工具。这包括金银纪念币收藏与投资、黄金(含纸黄金)收藏与投资、邮票的收藏和投资、古董字画艺术品的收藏和投资等。

此外，还有地产投资、期货交易等。

4.稳健理财，组合投资，合理配置

家庭理财需要在上列众多的产品中作出选择，将不同风险程度的工具和产品，根据个人的实际情况作出不同的比例的配置，合理搭配，形成组合投资，以规避风险，保值增值，提高收益。

投资组合按照理财工具，大致可以分为三种类型：①储备型。如银行存款、国债等，存款是为备用，此类偏于保守；②稳健型。像货币市场基金、开放式基金、投资性的保险、房地产投资可归此类；③进取型或激进型。这包括股票、外汇、期货、收藏品投资等，这类属高风险、高收益。

根据老年人的特点，一般说来，家庭理财应该在保有一定储备的基础上，稳健进行。目前老干部、老专家、老同志的投资结构比较单一，偏于保守(主要是银行的活期、定期存款、国债)。由于多数退休，余钱来之不易，期望收入有限，也不宜过于激进，投资风险太高的渠道，应选择稳健型产品，主要通过较低风险度的投资途径来实现保值增值的目的。当然，对于少数人，余钱较多甚至绰绰有余者，且对风险理解、风险承担能力高的老人，也可适量介入进取型产品。有人说，投资股票和股票型基金的比例不能超过总资产的 20%，这是一家之言。总之，应该“稳中求进”，应以稳健为主，适当进取，切不可盲目冒进。

（此文是2007年12月为兰州军区老战士大学所作的关于家庭理财问题的辅导报告稿。载于《甘肃省老教授协会2007年论文选编》，获优秀论文一等奖）

创建有中国特色的管理学

少轩所著《企业新概念管理——35421》出版了，这是继他《管理之道》之后的又一部新作。

本书视角独特，体系新颖。企业管理类著述颇多，有的专门研究企业管理学的基本理论；有的专门研究企业生产经营过程的某一环节，如“生产管理”、“市场营销”；有的研究企业管理的某一要素或某一方面，如“人力资源管理”、“财务管理”、“物流管理”、“质量管理”；有的研究企业管理中的重大问题，如“战略管理”；有的侧重研究企业管理中的某一种方法，等等。本书则站在总揽企业管理全局的高度，从如何管理好现代企业的角度，概括性地提出了一个关于企业管理思想和方法的新体系，可谓“自成一体”，这是一种新的有益的探索，是一家之言。

本书刻意求新，观点新颖。在阐述企业管理的基本原理和方法的基础上，提出了不少颇具新意的观点：第一，企业制度按其作用可分为两类，一类是以激励为主的制度，形成激励机制，产生激励力；一类是以控制为主的制度，形成控制约束机制，产生控制约束力，二力的合力是企业发展的推动力。第二，制度化管理与人本化管理，两者结合才能产生出有生命力的企业文化，而两者结合的好坏则在于企业领导者的价值观与员工的价值观结合，从而形成统一的价值观，这是企业文化的核心，并决定了企业文化的水平、特征与生命力。第三，企业核心竞争力的形成，重在企业管理的创新，要把企业的各种生产要素、影响因素有机结合并利用起来，形成一种别人难以模仿和达到的特有经营能力。第四，根据业务流程再造（BPR）、供应链管理（SCM）及客户关系管理（CRM）理论，提出了打造供产销一体化的全景业务链的观点。第五，关于自主创新，必须充分注意“市场需要”这个约束条件，由此提出一个“环境适配度”的新概念等等。这些新观点的提出，一方面体现出作者对企业管理研究的深厚底蕴和驾驭能力，另一方面也显示出作者锐意创新、追求卓越的精神。

理念与实践紧密结合,这是本书的又一特色。少轩上大学时攻读经济学,后来一贯坚持学习,广泛涉猎经济和现代管理的书籍,由于他好学、勤思、爱钻研,因此,比较熟练地掌握了现代管理的理论和方法,具备了较深厚的经济管理的理论功底。毕业后,他一直在政府经济管理部门任职,对我国宏观经济和微观经济的运行状况有较深切的体验,这就避免了长居书斋而患"营养不良症"和长处机关而患"消化不良症"的缺陷,较好地做到理论和实践的紧密结合。这就使他一方面能把先进的管理理论和方法运用于实践,分析管理实际中的问题,又能用管理实践来验证现有管理理论和方法,发现其局限性,并提出独到的见解。书中不乏这方面的分析。例如作者在阐述现代企业法人治理结构及其实质时,分析了我国国有企业法人治理结构的现状,大胆地揭示了现行任命制的弊端,并提出了完善的建议。对企业及社会诚信问题也作了深刻的分析。这些是有现实意义的。

此外,作者在阐释先进的管理思想和方法时,能够将现实中新的案例进行实证分析(如青铜峡铝厂减员问题),这也增强了本书的说服力和可读性。

在当今世界经济全球化日益加剧的过程中,中国经济与世界经济的联系日益紧密,经济管理的问题也变得更加复杂。在这种情势下,为确保我国经济又好又快协调持续的发展,必须加强宏观经济管理和企业管理的研究。前些年,我国学界同仁中,有人大声疾呼"今天已到了要大力提倡改善中国的管理和发展中国的管理科学的时候了",并对要否建立"中国特色管理学"的问题展开了讨论。我始终坚信,有必要也有可能建立"中国特色管理学"。

首先,可以借鉴现代西方管理学的理论和方法。西方国家现代管理的理论和方法,一般说来,反映了市场经济条件下企业管理的客观规律性,是企业管理先进经验的总结,值得我们借鉴吸收。当然,不适合我国国情的,也不能生搬硬套。

其次,可以开发和利用我国古代和近代管理思想和方法。我国长达数千年的历史文化,蕴藏着丰富的管理思想和方法,是一个智慧宝库。现代西方提倡"以人为本"才不过百年时间,而我国早在两千年前,管子在其《霸言》中就指出:"夫霸王之所始也,以人为本。本治则国固,本乱就国危。"1988 年 1 月,75 位诺贝尔奖得主集会法国巴黎,向全世界呼吁:"如果人类要在 21 世纪生存下去,必须回到 2500 年前去吸取孔子的智慧。"有些国家的有关人士已将中国的文化和管理思想运用于管理之中并已取得成功。我们应更加重视和加强这方面的研究。

第三,我们可以总结建国以来,特别是改革开放三十年来企业管理的实践经验。在改革开放时代,在由计划经济体制向社会主义市场经济体制转变的过程中,我国出现了一批管理先进的优秀企业,其管理经验尤为值得关注和总结。

从中国经济发展和企业管理的需要出发,借鉴西方先进的企业管理理论和方法,“洋为中用”;开发和利用我国历代的管理思想和方法,“古为今用”,并和新中国的企业管理经验相结合和对照起来,进行深入的研究,一定能在创建中国特色管理学的研究上取得成功。愿经济管理学界和企业家携手共进。

〔此文是2008年为少轩(邱少宣)所著《企业新概念管理35421》(中国财政经济出版社2008年版)一书所写的“序”,现立题目为《创建有中国特色的管理学》。邱少轩系兰州大学经济系毕业,高级经济师,现任宁夏自治区人民政府国有大中型企业监事会主席。〕

在改革中创立和建设马克思主义科学系

斗转星移,兰州大学走过了百年,百年沧桑,折射的是兰大人不懈的追求,值此兰州大学百年华诞之际,抚今追思,回忆在改革大潮中设置马克思主义基础理论专业,创立马克思主义科学系和建设的过程,一切仿如眼前,历历在目,心潮荡漾。

一、设置马克思主义基础理论专业的背景

1. 改革的实践需要创新的理论指导。

19 世纪马克思在其理论中预见社会主义将在资本主义工业化先进国家"同时发生"才会取得胜利。然而 20 世纪社会主义革命的实践却是率先在经济文化落后国家成为现实。走上社会主义道路的国家在建设社会主义进程中遇到了十分复杂的新情况和新问题。现实的状况是社会主义各国在取得重大历史成就的同时,却出现了这样那样的问题,遭遇到了这样那样的挫折,社会主义的优越性没有能够充分发挥出来。事实促使社会主义国家先后进行改革,改革成为社会主义各国不可逆转的潮流,成为时代的最强音。特别是我国在经历"文革"的苦难之后,实现了党和国家工作重心向经济建设的转移,改革成为现代中国发展的主旋律,并在更广泛的范围和更深刻的程度上逐步展开。改革的实践,需要改革的理论指导,而改革的理论又决不能在人们的头脑凭空自发产生。这就要求我们在理论上进行反思,对过去正反两方面的实践经验进行总结,立足新的实践,概括新的理论;这就给我们提出了重新认识社会主义的问题,到底什么是社会主义,特别在我们中国如何建设社会主义的问题。如社会主义的本质特征问题;社会主义发展阶段;社会主义体制模式和特色问题;社会主义国家改革的任务、动力、条件问题;社会主义商品经济——市场经济运行机制、市场体系;社会主义物质文明、精神文明和民主政治全面发展的问题等等,这些都需要我们去探讨研究。在这个过程中必然要抛弃前人囿于历史条件仍然带有空想因素的个别论断,必然要破除对马克思主义的教条式理解和附加到

马克思主义名义下的错误观点，必然要根据新的实践使科学社会主义理论，使马克思主义得到新的发展。历史转折中党的十三大召开，鉴于国际国内的深刻变化，作出了"马克思主义需要有新的大发展，这是现时代的大趋势"的重要判断，明确提出要"建设一支包括大批新生力量的富有创造精神的马克思主义理论队伍"。

2. 设置马克思主义基础专业是理论课改革和培养马克思主义理论人才队伍的需要。

1985年中共中央正式发出《关于改革高等学校思想品德和政治理论课程教学的通知》，根据通知精神，大学原开设的"老四门"课程即"中共党史"、"哲学"、"政治经济学"、"国际共产主义运动史"要改为"新四门"课程。随着理论课改革的深入，原来提供理论课教师来源的哲学专业、政治经济学专业、科学社会主义专业的毕业生难以完全适应"中国革命史"、"中国社会主义建设"、"马克思主义原理"和"世界经济政治与国际关系"等课程教学工作的需要。1987年国家教委下发了《关于加强和改进高等学校马克思主义理论教育的若干意见》，明确指出，建设一支政治上坚定，具有马克思主义理论素养，坚持理论联系实际，热心学生思想政治教育的理论课教师队伍，是改革马克思主义理论课教学的根本保证。而目前高等学校马克思主义理论课教师队伍老化，理论水平有待提高，知识结构不适应，后继乏人状况十分严重。近三五年内将有一大批教师陆续离退休。加强理论课教师队伍建设已是刻不容缓的任务。我们创办马克思主义基础理论专业，正是适应这种形势的需要。

3. 西北地区设置马克思主义基础理论专业更有必要。

当时，据有关部门不完全统计，在甘肃省高校就缺编100多人，新疆、青海、宁夏等省区莫不如此。而西北地区由于地处劣势，缺乏吸引人才的有力措施，加上其他方面的原因，从东部地区吸引调入师资困难较大，相反还"一江春水向东流"。我校在"文革"结束后，除1981、1982年调入个别外（后又调出），从1983年到1987年，年年向国家教委申请调入人大、北大、复旦、山东大学等校马列理论专业的毕业学生，均无人愿意前来。其他各校情况也大体如此。我们向教委报告提出，"为适应改革形势对于马克思主义理论课教师的需要，很有必要就地培养面向西北地区的马列主义理论课教师。"我校地处西北中心，是西北地区国家教委直属的唯一一所综合大学，马列主义理论课师资有一定的基础和力量。我们可以承担西北地区马列主义理论课师资队伍的培养任务。因此，向国家教委申请考虑在我校布点开办马克思主义基础专业本科的问题。

二、创办马克思主义基础理论专业和建系的过程

我校马列主义教研室于1950年成立,始称兰州大学学习委员会,面向全校学生开设公共必修课《中国革命问题》、《政治经济学》、《社会发展史》,后才称马克思列宁主义教研室,担负着全校马克思主义公共理论课的教学任务。开设马克思主义理论课是新中国社会主义大学与旧大学区别的主要标志之一。历时几十年,没有自己办的专业,设系办专业是教职工十分关心的问题。根据当时高校缺乏马克思主义理论教学人才的状况,我们酝酿拟筹办马克思主义基础专业。1986年我们向学校党政领导和教务处反映了我们的设想。同年我们也向国家教委政教司、高教一司有关负责人反映过创办马克思主义基础专业的问题,征询了意见。经过反复研究,学校党政领导支持和同意我们创办马克思主义基础专业。1987年6月5日我们正式以学校的名义向国家教委呈送了《关于设置马克思主义基础专业的报告》,1987年8月l8日收到国家教委政教司大学理论处的回函,提出了几个我们需要考虑的问题。9月9日我又就函中所提问题详细书面汇报了我们的意见,说明了在我校创办马列理论专业的必要。后我们党政班子研究,认为在国家教委未决定前,有必要专门派人进京。于是我于9月17日又赴京向政教司、高教一司作进一步详细汇报,并研究了一些问题。回校后,于9月29日,以学校名义再次呈送了《关于设置马克思主义基础专业的补充报告》(校教字"1987"82号文)。从当时的情况来说,截止1986年底,经国家教委批准设置的马克思主义基础理论本科已有八个。教委政教司研究,认为除已规划的人大、北大、复旦、东北师大四个马克思主义理论师资培养基地外,原则上不再增设马克思主义基础本科专业。但由于我们多次陈述理由,积极争取,反复磋商申报,终于获得教委批准增设。1987年10月12日国家教委发文《关于对兰州大学设置马克思主义基础专业报告的批复》("87"教政字011号),同意我校增设马克思主义基础本科专业,学制4年,并希望我们"精心组织教学力量,切实加强专业建设,及时总结办学经验,努力保证教学质量"。根据教委的批复,学校于12月26日召开党政联席会议研究决定并正式发文校人字〔1988年68号〕,成立马克思主义科学系。

鉴于马列教研室要开办马克思主义基础专业,机构应作相应变动,设想采取"两块牌子,一套人马"。一块牌子为系,因为马列主义教研室不好办专业。但系名应立何为好？当时可供选择的有"马克思主义理论教育系"、"马克思主义基础系"、"马克思主义科学系"等,经研究决定为"马克思主义科学系"。因为马克思主义是指导我们思想的理论基础,是科学的世界观,作为科学是要发展的,这个系名也符合马克思主义基础专业之实。在当时全国办马克思主义基础专业的高校中,直接以"马克思主义科学系"命名的仅为我校。另一块牌子仍保留马列主义教研室(部)的名称,以明确其仍然担任全校马克思主义理论教育课的教学任务,也便于对外发生有关马列主义教学的业务联系,从而做到办好专业和搞好公共课教学两不误。

遵照国家教委和学校领导有关指示的精神,我们对如何办好马克思主义基础专业进行了研究,制定了教学计划,落实了课程的任课教师,并在一定范围内作了招生宣传。在全校的统一部署下,我们于1988年7至8月间胜利完成了招生计划,于8月下旬终于迎来了马克思主义基础专业的首届新生30名。他们来自九个省区,东起胶东半岛,西到天山南北,南至西南边陲,北至内蒙海拉尔。这批学生政治业务素质都很好,绝大部分是团员,有的还是三好学生。绝大多数都是第一志愿报了马克思主义基础专业,有志于马克思主义理论的学习和研究,这是难能可贵的。我们于1988年8月29日正式举行了马克思主义科学系成立暨迎新大会。校党委书记刘众语同志和主管教学的副校长李希同志亲临大会,热情洋溢地致辞祝贺。马克思主义科学系的成立,为我校马克思主义理论学科建设开启了新的篇章。

三、围绕教学科研中心,搞好教师队伍、教材、资料三项建设

教学和科研是学校的中心。大学肩负着培养德、智、体全面发展的中国特色社会主义事业建设者和接班人的重任。而马克思主义理论教育担负着引导和帮助学生树立马克思主义世界观、人生观、价值观,树立为建设中国特色社会主义而奋斗的政治方向的重任。我们始终把落实党中央关于"把德育放在学校工作的首位"的指示,搞好全校马克思主义理论课的教学和改革,提高教学质量作为中心,作为神圣使命。同时积极办好马克思主义基础专业学生的培养和教育,做到"公共课"教学与"专业课"教学两不误。

我们在申报开办新专业时,对如何保证公共理论课质量是国家教委、也是学校担心的问题。对此,我们反复进行了讨论。应该承认,由马列教研室开办新专业,与开设全校政治理论课是有一定矛盾的。但是二者也有相互促进、相互统一的一面。在处理这个矛盾的过程中,我们采取的措施是系内教师编制不作"公共课教师"、"专业课教师"的区别,要求担任专业课教学的教师也必须担任公共课教学任务。事实证明效果是好的。

首先,在搞好公共理论课教学方面下功夫。

在公共理论课的教学方面,根据中共中央《关于改革高等学校思想品德和政治理论课教学的通知》和国家教委(87)58 号文件的精神,我们从 1987 年开始,就着重抓了由"老四门",即"中共党史"、"政治经济学"、"哲学"、"共产主义运动史",改革为"新四门",即"中国革命史"、"马克思主义原理"、"中国社会主义建设"、"世界经济政治与国际关系"的学科课程的建设。这对我们是个很大的挑战。因为这是马克思主义公共理论课体系,是对课程设置和课程内容的一次重大改革,任务繁重。根据国家教委"既要坚定、积极,又要稳妥,要有计划、有步骤地进行政治课理论教学改革"的指示,我们用大约三年时间逐门进行,逐步推进,通过试点,到普遍开设,顺利完成了这个过渡。

我们在公共课教学中,认真贯彻教委颁布的教学大纲和教学要点的要求,在政治上保持跟中央一致,防止随意性。认真贯彻理论联系实际的方针,正确处理坚持理论性、系统性、科学性和加强思想性、针对性和现实性的关系,既克服脱离实际的空洞教条说教,又克服忽视科学性、理论性而就事论事的不良倾向。特别强调要加强针对性和现实性,把公共课理论教育同国内外现实实际,包括我国改革开放和现代化建设的实际,以及学生的思想实际紧密结合起来,增强学生识别、抵制和批判资产阶级意识形态的能力。

1990 年,苏联东欧剧变,国家教委提出对四门马克思主义理论课的教学内容进行调整。在"中国革命史"课程中,贯彻只有社会主义才能救中国,社会主义是历史的必然选择,没有共产党就没有新中国的内容;在"马克思主义原理"课程中,贯彻社会主义是一个历史过程,社会主义的最终胜利是一个历史发展趋势,批驳马克思主义过时论;在"中国社会主义建设"课程中贯彻改革是社会主义制度的自我完善和自我发展,十一届三中全会以来我们走上了有中国特色的社会主义发展道路;在"世界经济政治与国际关系"课程教学中,讲清苏联东欧剧变的历史教训,批判社会主义失败论。教学内容的调整使马克思主义理论课较好地回答了大学生在学习过程中所提出的许多热点问题,发挥了理论课的独特作用。

突出邓小平有中国特色的社会主义理论的教学。1995 年根据国家教委(1995)10 号文关于马克思主义理论课课程体系改革中少数院校试点,其他院校主要进行教学内容和方法改革,"两课"教学,要以建设有中国特色社会主义理论为中心内容,并将其进入课堂的精神,我们反复强调各门理论课程都要毫无例外地加强和突出建设有中国特色社会主义理论的内容,并贯彻在各门课程之中。我们还组织教师面向全校开设了《邓小平理论与当代中国》,面向理科开设《当代世界经济政治与国际关系》等课程,学生积极选修,受到欢迎和好评。

努力改进和改革教学方法,积极探索在新形势下有效进行思想理论教育的新形式和新途径。课堂讲授是对学生进行系统马克思主义理论教育的主要环节,我们想方设法提高讲课质量。同时实行多样化的教学方法,如开展课堂讨论和组织课堂辩论,变"一言堂"为"群言堂",利用电影、电视进行教学,开展"四段教学法"(启发、阅读、讨论、总结)等。为了调动学生学习的积极主动性,我们在全校范围内,组织了征文比赛,在1994—1996年期间,分别由"马克思主义原理教研室"、"中国社会主义建设教研室"、"中国革命史教研室"组织了"哲学与我们的专业"、"关于转变我国经济增长方式的思考"、"长征精神的启迪"等三次征文比赛活动,每次征文活动都有上千人次参加,全体教师认真评阅参赛文章,共评出优秀论文140篇。这项活动的开展,调动了学生的积极性,对提高学习效率起到了良好的作用。

辛勤的付出得到回报,公共课教学质量得到明显的改善和提高。据1997年全校范围公共课教学质量调查报告数据,对本科生公共政治理论课的教学,大家普遍反映,教师大多可以理论联系实际,教学课堂气氛活跃,教师在传承知识的同时,都能程度不同地解答当前社会的一些热点问题,并能解决学生思想中存在的一些困惑和疑虑。学生从过去不愿意听逐步到愿意听和主动思考问题,发生了很大的转变。对研究生政治理论课教学满意率达81.5%,普遍反映看似枯燥乏味的课被老师讲活了,既获得了知识,又得到了启发,成为研究生阶段印象很深的课之一。经过努力,本科四门政治理论课和研究生两门政治理论课都成为学校重点建设的精品课程。有的教师获得了甘肃省园丁奖的称号,有的获得了校优秀教师称号。

其次,搞好马克思主义基础理论专业的建设。

专业开办初期,根据马克思主义基础专业教学计划和培养目标的要求,我们抓了专业课"成龙配套"的工作,加强了马列原著课,以增强理论基础,适当开设了思想史方面的课程。经过几年的实践,同学们反映理论知识学的不少,但真正实用的较少,培养目标和分配去向过窄。特别是在"八九"风波、苏东剧变的冲击下,马克思主义基础专业面临还要不要继续办下去的严峻挑战。面对挑战，我们冷静的进行分析，坚持认为我国是社会主义国家，马克思主义是我们的指导思想，只要中国红旗不倒，就必然需要从事马克思主义理论教学、研究、宣传及有关工作的人才，因此，必须坚持办好。随着党的十四大建立社会主义市场经济体制目标的确立，根据市场情况及同学们的需要，我们经过反复的论证和广大教师商议讨论，报学校批准，将原马克思主义基础专业的方向调整为社会主义市场经济，这样既保留了原来的马克思主义基础专业，又突出了当代马克思主义的新内容。因为社会主义市场经济是当代马克思主义的新发展，是有中国特色的社会主义理论的极为重要的组成部分。专业方向调整了，专业培养目标也相应作了调整，这就是培养能够从事马克思主义基本理论和社会主义市场经济理论的教学、宣传、研究和从事党政机关工作以及市场经济管理的人才。这样就拓宽了专业方向和分配去向，并且两次调整专业教学计划，使教学计划朝着理论和实践相结合，历史和现实相结合，原理和技能相结合的方向发展。适当压缩了历史和思想史方面的课程，加强了现实课程，坚持了原来的基础理论，充实了方向课。努力使学生既有坚实的理论基础，又有实际工作技能，既能从事理论教学、宣传和研究，又能从事实际的经济、社会事业管理工作。

认真组织学生参加社会实践活动，努力使学生在实践中经受锻炼。每个年级都要进行 5 ~6 周时间的社会调查和实践活动。先后安排 88 级学生在兰州地区的四个工厂实习，89 级在兰州市郊区农村参加社教和嘉峪关实习，90 级在白银公司所属的十几个企业和部门实习，91 级学生参加甘肃长风证券的发行工作等。实习结束时，要求学生提供报告，一份是业务方面的调查报告，一份是思想方面的实习收获。通过社会调查和实习，不仅使书本上的理论得到了印证，加深了对理论的理解，使学生的调研能力、分析问题、解决问题的能力、表达能力、写作能力、交往能力、独立自主的能力等得到锻炼，而且了解了国情和社情，增强了社会责任感，学习了工农群众的先进思想和作风，触动了思想，认识了自我，找到了差距，促进了思想觉悟的提高。可以说绝大部分学生都做到了思想和业务双丰收。

我们还组织开展了全学程评估调查。从 88 级开始，每年毕业生全部课程结束之际，我们都组织一次全学程的教学评估，内容包括培养目标、课程设置、教学效果、实践环节等，积累了第一手资料，从中得到了来自教育对象对于教学的反馈情况，为改进教学起到了积极的作用。

国家教委社科司理论处于 1991 年夏季在嘉峪关召开了全国性的马克思主

义基础专业系主任联席会(由我校承办),这是一次马克思主义基础专业的工作会议。清华大学、天津大学、上海交大、浙江大学、华南理工大学、山东海洋大学、成都电子科技大学等相关系主任均来参会,共同研讨办好马克思主义基础专业的有关问题,对马克思主义基础理论建设起了积极的推动作用,同时对扩大我校的影响也起到了良好的作用。

马克思主义基础专业的兴办,充分调动了教师的积极性,挖掘了教师的潜力,为教师才能的充分发挥创造了条件,增强了活力。仅据1989年到1994年的统计,我系教师在开好公共课的基础上,有20人开出了新课。新专业的举办也为系的建设和发展开发出一个平台。

政治理论公共课和专业课保持一致,齐头并进,两者相辅相成,相互促进,专业教学启发科研,科研充实公共理论课教学,教师的教学科研能力都得到提高,学生也能不断获得更多更广的知识。

经过十年努力,马克思主义基础理论专业形成了较为科学合理的课程体系,既突出和强化了专业基础和主干课程,又体现了马克思主义基础理论课多学科内涵的特点。通过不断改革课程体系,逐步达到培养的人才面宽、专业知识厚实的目的。

在总结办理论专业经验和加强理论人才培养的基础上,逐步认识到还需要培养应用型人才,使理论人才培养和应用型人才培养相辅相成。经慎重研究,决定在办好马克思主义基础专业的同时,申请新的市场营销本科专业。经过两年多的准备,1995年终获教育部批准,使我校专业建设又有了新的学科增长点。这一专业在1998年学校组建经管学院时,被并入经管学院。可见,理论专业和应用专业如何保持一致,相互协调,是一个重要的问题。

再次,结合教学和现实的需要,开展科学研究。

我系教师原来人数少,公共课教学任务重,长期忙于教学,影响科研的发展,科研成果也较为薄弱。为了加强科研,我们提出围绕教学搞科研,把研究马克思主义各学科的基本理论,改革开放和现代化建设中的重大和实际问题,马克思主义理论课课程建设以及教学中的重点、难点和疑点问题,以及西部和甘肃的经济、社会和文化的改革和发展的问题,作为我们的研究方向和内容。专业的设置使教师们都有了事业依靠,有了事业之根的强烈愿望,极大地调动了教师们从事科学研究的热情,形成了人人争着报项目、写文章、搞科研的良好气氛。

在科研工作中，我们强调发挥个人和集体两方面的积极性，克服过于分散的状况。把个人力量和集体力量有机地结合起来，把国家、社会需要和个人专长、兴趣结合起来。科研工作的重大事项和活动有：(1)组织集体编写教材，包括公共理论课教材和专业课程的教材，通过教材编写带动对马克思主义基本理论和马克思主义中国化的研究以及教学难点、疑点问题的研究。(2)毛泽东同志诞辰100周年纪念时，组织教师撰写了30多篇论文，出版了学报增刊。(3)1991年9月我们与中国社科院经济研究所等单位共同发起在兰州召开全国性的《中国经济改革和发展理论研讨会》，这是1992年十四大之前，经济学界的一次重大盛会，全国征文256篇。中国社会科学院副院长、著名经济学家刘国光在开幕式上作了重要讲话。讨论涉及我国改革的取向。在研讨会上"计划取向改革论"、"计划—市场双向改革论"、"市场取向改革论"等三种观点展开了热烈的争鸣，我们坚持了社会主义市场经济的正确方向。次年10月党的十四大正式确立我国经济体制改革的目标是建立社会主义市场经济体制。这些活动都为扩大我校在全国的影响起到了良好的作用。(4)研究社会主义市场经济理论和实践。1993年根据省委培训干部的需要，组织教师参加《社会主义市场经济概论》的编写，并在中共甘肃省委孙英书记的亲自领导和部署下，编写了供全省处级干部学习参考的《社会主义市场经济理论学习纲要》。在编写纲要的过程中，孙英同志亲临兰大听取我们汇报写作提纲，并讨论了相关问题，提出了要求。《纲要》初稿写出后，又专门在省委宣传部召开了会议进行了研讨，我在汇报中提出十四大报告中"劳务市场"的概念不够准确，应该是"劳动力市场"，孙英同志说，正文可仍用"劳务市场"以保持一致，可加注说明。这表明了孙英同志的对学术的尊重以及他的领导艺术，给我留下了深刻的印象。一年以后，党的十四届三中全会通过的《中共中央关于建立社会主义市场经济体制若干问题的决定》，明确将"劳务市场"变成了"劳动力市场"。为在甘肃及时推动社会主义市场经济理论的传播和体制改革发挥了作用。

由于大家的共同努力，在科研方面取得了明显的成绩。公开出版了一批有较高质量的专著和教材，发表了一批学术论文，科研成果的数量和质量都有了提高。仅据1990—1993年这段时期的统计，出版学术专著和高校教材17项。获得国家教委、省社会科学基金和学校社会科学基金11项，发表了一批学术论文共计147篇。在省社会科学第二次、第三次评奖中共获奖11项，其中一等奖1项，二等奖2项。1994—1997年，共出版著作、教材18部，发表论文145篇。

获得国家社科基金、教委社科基金、省社会科学基金等 10 项,在省社科评奖中获得一等奖 2 项、二等奖 2 项,有的还获全国优秀论文奖。

这些成果有的引起国家有关部门的高度重视和理论界的关注;有的为传播党的中国特色社会主义理论发挥了积极作用;有的直接为教学提供了基本保障,充实和丰富了教学内容,促进了教学质量的提高;有的为省市党委、政府、企事业单位提供了咨询和决策依据,为地方经济社会文化发展做出了贡献。

第四,搞好教师队伍、教材、资料建设。

教师是教学和科研的主导力量,是学科建设和教学改革的主要依靠和基本保障,师资队伍建设是搞好教学和科研的关键。首先,我们重点加强教师的思想建设。通过反复学习中共中央和国家教委关于加强和改革马克思主义理论课教育的历次文件,增强教师搞好马克思主义理论课和专业建设的使命感和责任感,提高"学"、"信"、"用"马克思主义的自觉性。其次,大力补充和培养青年教师。由于教师长期缺编,学校"三定"时,我系教师定编为 63.05 人,专职科研人员为 5.9 人,但当时实际只有 38 人,缺编 20 多人。为解决教师缺编问题,我们采取一些措施,如从经济、哲学、历史系选留教师;后又从本系选留优秀毕业生采取定向培养上研究生后留校任教;确立以老带新,定人指导;组织助教及提中职三年以下的讲师对教授进行教学观摩,进行传、帮、带;鼓励青年教师攻读博士学位,进一步提高自己;鼓励青年教师参加全国和地方的学术会议,使他们开阔视野,加速成长;青年教师不仅精力充沛,朝气蓬勃,而且思想敏锐,接受新事物快,好学肯钻,他们在教学和科研中发挥了骨干作用,青年教师比例上升到占 54.2%。这样就逐步形成了老、中、青结合的较为合理的教师队伍结构。再次,保障教师的政治、职称和生活待遇。凡是传达到县团级干部的中央文件,均向全体教师传达以便其了解中央精神,贯彻于教学之中。马克思主义科学系原老教师较多,由于种种原因,职称上遗留问题较多,高职比例偏低,我们多次向学校反映要求增设高职岗位,并写了两次专题报告,由于学校的支持,使大多数教师得到了晋升,高职比例得到了提高,由 24% 一跃提高到 48.4%。1995 年我系正教授已达 6 人,为文科之最。在收入分配方面,通过积极办班创收和学校缺编费的发放,根据按劳分配为主、兼顾公平的原则,保证了教师收入在校内处于中上水平,从而为稳定教师队伍创造了条件,保证了教师队伍的基本稳定。

"教材教材,教人成才"。教材是进行教学的基本依据、主要的载体,也是学科建设的结晶。1984 年前,马列教研室未曾出版过教材,一般都用外校教材,还曾用过很多版本，但老教师从自己的多年教学切身感受中，感到这些版本多少都有不令人满意之处，如在教学中经常遇到部分教材与教学大纲的矛盾。于是，我们就下决心，充分利用中老年教师教学经验丰富的有利条件及其编写教材的积极性，根据国家教委颁布的《政治经济学教学大纲》编写了校内发行的《政治经济学》(上、下册)，1985年根据《中共中央关于经济体制改革决定》的精神，我们又进行了修改，后交甘肃人民出版社正式公开发行，并被甘肃省委宣传部选定为干部正规化理论教育的教材。共发行《政治经济学》(资本主义部分)和《政治经济学》(社会主义部分)四十多万册，并在甘肃及各地州市电视台播放，出版录像磁带4000多盘，全省数万干部学习，并被定为晋升经济、会计系列专业职务的考试教材。编写教材不仅满足了学校教学的需要，而且促进了教学水平的提高和科研工作的进步，还满足了社会的需要，取得了广泛的社会效益。借鉴这次教材编写经验，我们在以后的公共课改革和专业建设上，就狠抓了教材建设。从1986年开始至1988年，我校牵头，联合在甘其他院校编写出版了《中国社会主义建设》、《马克思主义原理》、《中国革命史》；由我校牵头，联合吉林大学、东北师大、郑州大学、河北大学、安徽大学、上海师大、华南师大等院校联合编写了《世界经济政治与国际关系》。这样就顺利实现"老四门"向"新四门"的过渡。还专门编写了供全校研究生用的《百年沧桑——科学社会主义理论与实践》。在高校马克思主义理论课改革方面，走在甘肃前列。《政治经济学》获得省教委优秀教材一等奖，《中国革命史》、《中国社会主义建设》、《马克思主义原理》都获得省教委优秀教材奖。

信息资料是教学科研的重要保障，没有充分的信息资料，教学科研将是"无米之炊"。马克思主义学科的现实性、时效性、广泛性的特点，使资料信息显得更重要。我们加大了资料图书建设的投入，除学校教学经费之外，专门从创收的发展基金中拨出资金购置图书资料。一方面扩大订阅公开发行的国内哲学社会科学期刊，另一方面我们专门建设了内部资料室，请党委专门给我系订阅了《内部参考》、《国际参考》、《参考资料》、《中央日报》等。我们也多方设法订阅了中国社会科学院各院所及中央有关部委重要的研究参考资料，如国务院发展研究中心的《经济工作者学习资料》、《经济研究参考》，商业部的《调研资料》，中国社会科学院国际经济政治研究所的《世界经济调研》，中央党校的《理论动态》，求实杂志的《内部文稿》等共计200多种。同时给教师订阅与自己所从事的学科有关的专业资料《哲学动态》、《经济学动态》、《高校理论参考》等，以利教师了解国内外政治经济发展形势，掌握学科最新动态，联系实际进行教学和科研。

马克思主义基础专业的举办，为国家培养和输送了一批理论人才。1988—1998年期间，马克思主义基础理论专业共毕业了十届学生，达300多人。从毕业学生的大致去向来看，据几个年级统计，大约有1/3去了高等学校、党校从事马克思主义理论教学和管理工作；有一部分进入社会科学研究院所、新闻出版单位以及国家和地方党政机关；有一部分考取了研究生，仅89级就有9人考取了研究生，占学生总数的三分之一，名列文科系考研率的前茅；也有从事其他各方面工作的。据曾经开展的毕业生跟踪调查的反馈意见表明，绝大多数人在新的工作单位工作踏实，普遍反映马克思主义基础理论专业培养的学生，专业面宽，适应能力强，业务提高快，对兰大马克思主义科学系培养的人才持肯定意见。人才培养得到社会的好评。

马克思主义基础专业的设置和马克思主义科学系的建设，为学校马克思主义学科和政治学科的发展奠定了基础。1998年随着教育部对专业进行调整，马克思基础理论专业只在研究生层次培养人才，学校决定成立国际政治系。学科和系的建设进入一个新的发展阶段，迈上了新的台阶。

（此文写于2009年6月，是为兰州大学校庆100周年的应征之作。收载于《兰州大学百年校史回顾》、《甘肃省老教授协会庆祝新中国六十华诞纪念文章选编》中）

附 录

推荐书

孙冶方经济科学奖评审委员会：

兰州大学刘家声教授写于1978年的《对"计划第一、价格第二"提法的商榷》一文，是在我国经济学界最早从理论与实践的结合上系统地进行分析与评论并否定"计划第一、价格第二"的提法的优秀论文。从时过15年的今天来看，论文的基本观点是符合我国市场取向改革的总方向的。论文事实上是批评了传统计划经济的弊端，强调价值规律在实现社会主义经济按比例发展中的重要作用，强调市场在我国经济运行中的作用。如对论文进行历史的评价，可以认为它对突破长期在我国起指导作用但不利于生产发展的传统思想，有积极作用。

特予推荐

中国人民大学 经济学系

卫兴华

1994年12月8日

国务院发展研究中心

关于刘家声同志一项研究成果的评价

刘家声同志1981年发表的《制定农产品价格也必须考虑级差地租的因素》一文，是我国开始改革后最早提出农产品的价格形成应以劣等地合理经营的成本为主要依据的优秀论文。其主要论点列入了原国务院价格研究中心整理编辑的《关于农产品的订价依据和成本的不同意见》。刘文对我国前段在理论上否定级差地租的存在，因而在农产品价格实际工作中一贯以中等土地的中等成本作为定价基础的政策提出了批评，并对著名经济学家许涤新同志在其专著《社会主义生产、流通和分配》（人民出版社1981年版）中否定级差地租的观点也提出了商榷意见，表现了独立思考的精神。刘文以马克思主义为指导，紧密结合中国实际，论证有力，说理充分。刘文及当时其他持相同观点的论文，为我国农产品、矿产品价格改革提供了理论依据。当时国务院价格研究中心正在开展理论价格测算工作和制定《关于改革价格体系和价格管理办法的初步设想》等文件，也认为在社会主义条件下存在级差地租，主张农产品和矿产品价格应以劣等自然资源条件下的中等成本作为定价基础，刘文是重要的参考材料之一。

杨鲁 1995年4月10日

杨鲁同志是我中心原顾问、研究员、原任国务院价格研究中心副总干事、理论价格测算办公室主任。

国务院发展研究中心

1995年4月10日

审核博士生指导教师同行专家通讯评议意见书

申请人姓名、职称	刘家声 教授	学科专业	经济学 政治经济学
评议人姓名、职称	张卓元、研究员		

同行专家评议意见：

刘家声教授有较深的学术造诣。他在社会主义市场经济理论、社会主义市场价格理论、农产品价格问题的研究方面，取得有社会影响的研究成果。他较早的对"计划第一、价格第二"的流行观点提出质疑，引起广泛关注；对社会主义市场价格体制，作了比较系统的论述，提出了自己的基本框架，有相当充分的说服力；对农产品价格的决定，也提出了自己的看法，认为应由劣等地的生产条件来决定（我个人赞成这个观点）。

刘家声教授有丰富的教学工作经验，指导了不少研究生。他培养的一些研究生，已成为国内知名的经济人才。兰州大学的物质条件和学术梯队也较好、较强。我特推荐刘家声教授为政治经济学博士生指导教师。

评议人：张卓元（签章）

（可另加附页）

日 期：1995年12月12日

中国社会科学院经济研究所

对刘家声教授申请培养博士研究生指导教师的意见

刘家声教授从1958年起，长期从事社会主义政治经济学的教学和研究工作，主要是研究社会主义制度下商品经济、价值规律、价格等问题。从1986年迄今已连续培养硕士研究生19人，已毕业获硕士学位14人，其中已晋升副教授职称2人，考取博士生1人，成绩是显著的。刘教授刻苦钻研，在研究工作中也取得了许多优秀成果。他主编和发表的专著、文章有不少独到的见解，有些被多家全国性著名出版社、报刊刊载、摘载和收辑，受到国家有关部门和专家重视和好评。他主编的教材和独立撰写的文章，曾先后获甘肃省优秀教材奖、甘肃省社会科学优秀成果奖。他参与主持的《中国社会主义问题研究》一书，获1992年中宣部"五个一工程"优秀图书奖。

刘教授在研究工作中，勇于开拓、创新。他主编的《政治经济学》(社会主义部分)，打破了从公有制开始的传统框架，而从社会主义经济体制入手展开论述；在总的4个大问题，就

中国社会科学院经济研究所

在全国性的学术会议上，发表了社会主义可以搞市场经济的观点。

他在贯彻理论联系实际、双百方针方面的表现也是突出的。他不回避经济生活中重大的理论问题和实际问题，敢于向权威观点、传统观念和流行观点挑战。例如，关于"计划第一，价格第二"、"农产品以中等地平均生产成本作为定价基础"、我国农产品处于"低水平相对过剩"、价格改革的实质"管住货币，放开价格"、社会主义劳动力是商品，等等，有些是权威人士的主张，有些是国家主管部门的政策，有些是著名经济学家和社会上流行的观点。刘教授不盲从，不随波逐流，而是根据自己潜心研究的成果，提出独立的见解与之商榷。

总之，我认为刘家声教授是有较深厚的理论素养，丰富的教学和研究工作经验，治学态度严谨，是具备了担任博士生指导教师的资格。

中国社会科学院经济研究所研究员

1995.7.3

一部反映我国社会主义经济实践的理论新著

——评刘家声主编的《政治经济学》

晓　阳

近几年来,我国所出的政治经济学教科书版本繁多。仅《中共中央关于经济体制改革的决定》公布后,就有好多版本问世。这些版本一般都根据《决定》的内容,不同程度地吸收了十一届三中全会以来经济理论研究的新成果,有些版本从体系结构到内容都颇具特色。由刘家声主编的甘肃人民出版社1986年版《政治经济学·社会主义部分》就是其中较为出色的一部。

甘版《政治经济学·社会主义部分》最大的特点是勇于面对社会经济现实,对近年来一些重大的理论问题,既大胆探索,又力求严谨,或提出了创新性的意见,或补充了原来提法上的不足;在体系结构及某些具体内容的安排上,也作了新的尝试,基本上做到了准确性、完整性与创新性的统一。虽然还达不到令人耳目一新的程度,但确能感到作者是动了一番脑筋、下了一定功夫的。笔者初读之下,觉得有以下长处:

(一)体系结构的安排反应了经济体制改革过程中的理论创新。

党的十一届三中全会肯定了社会主义经济的商品性质,这是建国以来在经济理论上的最大突破。这一突破不仅是理论内容的部分变化,而是对社会主义政治经济学整个体系的安排提出了全面创新的要求。如果不是这样去理解这一变化,而把它仅仅当成是部分内容的更新,或理解了这一变化,而不去进行探讨,那么,我们的社会主义经济理论就很难形成一个有机的、科学的体系,我们的经济改革也将因缺乏深刻、完整的理论指导而徘徊不前。力求在探讨中完善社会主义政治经济学的体系,应当成为每个经济理论工作者的神圣目标。这一努力在本书中是表现得十分明确的。

首先,本书的开篇打破了社会主义部分政治经济学从公有制起始的格局布置,体现了作者在经济改革这一现实课题面前的勇气和决心。我国的社会主义政治经济学教科书，近三十年时间囿于斯大林时代苏联经济理论体系的圈子中，未取得突破性的进展，在体系结构上，都是从社会主义公有制及其优越性的叙述来展开对社会主义经济运动方式的理论描述的。近年来，我国社会主义经济体制改革的实践，突破了以往经济理论从经典到经典的理论演绎过程所形成的许多框框，使经济理论的研讨，出现了百花竞芳的新局面。对于社会主义政治经济学的研究应该从何处入手的问题，也有许多同志以论文的形式进行了探讨，提出了多种看法。但是，从体系完整的教科书类出版物看，仍未突破这种从公有制起始的格局。这就对我国经济体制改革缺乏现实的指导意义。本书则从一开始就把论题放到了当代世界的社会主义经济体制这一活生生的现实问题上，从紧扣实践的视角展开了描述。作者先提出了基本经济制度的概念，然后指出：经济体制是基本经济制度的体现，二者是既相联系又有区别的，同一的基本经济制度下，可以有不同的经济体制。着眼于经济体制的差异，作者把迄今为至的社会主义经济体制划分为四种不同类型的模式：军事共产主义供给制模式、集中的计划经济模式、市场社会主义模式和与市场机制有机结合的社会主义经济模式。作者对这些模式作了比较。在此基础上，对我国即将建立的新经济体制模式作了构想。从而把论述引向了以全民所有制为主导的多种经济形式这一更具体的现实，这就进一步摸到了现实的脉搏，由远而近地把理论逻辑抽象和社会主义的实践联系了起来。

常言说“良好的开端是成功的一半”。正因为本书一开始就将整个论述的立足点放在经济体制问题上，从而形成了本书的环节展开与经济体制改革实践密切结合的基本特色。

第二，以社会主义经济是有计划的商品经济作为贯穿全书章节安排的主要线索，突出了改革开放的内容，体现了《决定》对社会主义政治经济学的新发展。

在本书中，作者把社会主义经济是公有制基础上的有计划的商品经济、社会主义对外经济关系、社会主义企业放在突出的地位，单独成章，与社会主义的分配和消费、社会主义生产的实质并列。这种安排，使读者明确感到有计划、按劳分配这些社会主义经济的本质特征与商品经济有着浑然一体的完整性，它们是不能分离的。另一方面，内容结构的这种安排也说明了商品经济这一历史阶段的不可逾越性，在体系上搭通了社会主义经济理论从经典著作概念走向实践的桥梁，较好地体现了《决定》对社会主义政治经济学的发展。

（二）对一些基本观点和概念的阐释条分缕析，较为严密细致；对价格等现实问题的分析比较中肯且有独到之处。

比如对劳动过程与生产过程的划分,过去有些教科书缺乏较细致的辨析,往往将二者笼而统之、混为一谈。同时由于在劳动过程与生产过程的概念上发生了混乱,进而又把劳动、劳动对象和劳动资料当作生产过程的三要素。从严格意义上讲,这是不对的。实际上,劳动过程只是生产过程中的一个阶段,由于各行业、部门自然条件的差异,它既可等同于生产过程,也可少于生产过程。这两个概念既相联系又有区别,从概念范围讲,劳动过程概念为生产过程概念所涵盖。而上述所提到的三要素,只是劳动过程的三要素,而不是生产过程的三要素。本书很注意这一区别,将上述三要素明确表述为劳动过程三要素,这有益于初学者对概念范畴的准确掌握。

本书对价值规律的表述也比较严格。一般教科书对价值规律的论述,往往只从商品的价值量决定于社会必要劳动时间,商品必须按价值量相等的原则进行交换两个方面来说明,而忽略了在以货币为媒介的发展了的商品交换中,价值只是一种本质性的内在规定,它还要通过外在的形式反映出来,没有形式,本质也就难以体现。这一忽略看似寻常,实则反应了我们以往的经济理论在商品经济研究上的缺陷:即把商品经济仅看作已经过去的历史阶段,认为社会主义条件下已不存在真正的商品,因而经济关系已经透明化,价格形式已经成为可以由人的主观意志随心所欲地运用的工具。这实在是一种错觉!本书根据马克思《资本论》的有关论述,避免了以上缺陷。作者指出,价值规律包括互相联系不可分割的三个方面,除了前面述及的两个方面,还包括商品的价格必须以价值为基础这个方面。这就把货币出现后,商品的价值表现为价格,因而价值规律就要通过价格运动的形式表现出来这一内容,在理论上阐述得更为清楚。有了价格形式的内容,读者对价值规律这一范畴的了解也有了从物物交换到以货币为媒介的交换的动态感和历史感。把价格形式列入对价值规律的论述,还对纠正价格问题上的一些错误认识有实际意义。它提醒我们:社会主义经济既然是商品经济,既然要运用价值规律,那么,在复杂的市场关系中,价格决不是一个能脱离市场供求关系与价值本质而随心所欲地决定的东西,对它的研究和运用必须给以足够的注意。

那么,本书作者对于价格问题是怎样进行探索的呢?对于社会主义条件下农产品价格定价问题,作者不同意农产品价格由中等条件的土地决定的观点,明确指出,我国农业中用来耕作的土地,仍存在丰度的高低、离市场位置远近及集约化经营程度高低不同的差异。马克思关于农产品的价值由劣等地的劳动耗费来决定的原理同样适用于社会主义社会。因此“农产品价格要以价值为基础,就必须以劣等地的个别劳动耗费为基础,农产品价格以成本为依据,就是要以劣等地合理经营的成本为依据”。本书关于工业品价格问题的论述,发展了我国老一辈经济学家孙冶方按生产价格来制定商品价格的理论,认为仅仅按生产价格即资金赢利率来制定商品价格是不够的,由于我国目前生产社会化程度不平衡,加之人口多、资金少,在发展技术密集型部门和行业的同时,还要发展劳动密集型的部门和行业,因此,产品价格中赢利额的确定,除考虑资金赢利率外,还应兼顾平均工资赢利率,依资金赢利率和平均工资赢利率构成的综合赢利率来确定价格中的赢利。这就既反映了生产过程中物的要素,即生产资料的货币表现——资金的作用,也反映了人的要素,即劳动者的劳动作用,避免了片面性。

社会主义计划经济和商品经济的统一是我国改革后的经济体制应表现出的基本特征,也是改革过程中正在解决的课题,有一定的理论深度。在马列经典著作中,计划经济与商品是两个互相对立的概念,而在社会主义经济的现实中,这两者却同时并存。如何从理论上来解释这种现象呢?作者认为,计划性与商品性是社会主义经济同时具有的两重性,是同一经济关系的两个方面。二者在社会主义经济实践中之所以能统一起来,有三个方面的原因:第一,在按比例分配社会劳动,使各种产品的生产适合社会需要方面,有计划按比例与价值规律的客观要求有一致性。其内在的本质都是要求社会生产与社会需要相符合,要求把社会劳动量按照社会需要的客观比例分配到各生产部门中去。第二,社会主义经济是以生产资料公有制为基础的,各社会主义商品生产者之间除了存在各自的特殊利益,存在局部经济利益的差别之外,还存在着共同利益和整体利益,具有根本利益的一致性。第三,社会主义计划经济与商品经济是互相依存、互相补充的。社会主义经济建设的实践已经证明,任何把两者对立起来或孤立地突出其中一方的作法,都是不利于社会主义经济的健康发展的。因此,二者必须统一起来,作为一个不可分割的整体而存在。比之于一般教科书,这一分析条理清晰、层次分明,具有较好的理论说服力。在指出计划经济与商品经济统一性的同时,作者也指出了二者作为矛盾统一体的矛盾的一面。这就较为全面,也较为深入透彻。

作者对其他众所瞩目的理论问题,如全民所有制企业所有权与经营权的适当分离等问题的分析也具有这一长处。

（三）所引用的资料和统计数字较新，对分析经济现象、阐明基本观点起了较好的辅助作用。

材料和数据是观点之源，同时又对观点的阐发起着烘云托月的作用。因此，材料的新旧和对材料的应用是否适当，是一部书能否获得成功的重要方面。过去，我们的政治经济学教科书不太注意材料的时代性和适用性，尤其是对资本主义部分的阐述，往往拿几十年前的陈旧材料来解释当代最现实的问题，其观点和结论都建立在一个不甚可靠的基础之上，既缺乏时代感染力，又缺乏理论说服力，难以为读者所信服。本书则力求克服这一弱点，尽量使用了当代的资料和统计数字。在分析帝国主义问题的两章中，基本上用的是80年代的材料，像美国财政赤字预算统计数字一直引用到1986年。在社会主义部分中，这一特点就更为鲜明。材料的新颖，增强了本书的时代气氛，从而易于为读者所接受。

本书对材料的应用，也有挖掘不够深、略显呆板等不足之处，但瑕不掩瑜，作者的努力还是有其可称道之处的。

（四）本书在形式上，很注意其教科书的性质，每章开始都以内容提要的形式，用很少的文字，概括出本章的中心，这对于读者了解本章的内容起到了提纲挈领的作用，很有用；同时，每章后还附有阅读书目和思考题，这也便于读者对所学过的内容的进一步消化和巩固。本书对概念的叙述，不仅文字简洁易懂，而且以黑体字标出，非常醒目。这些对初学者是有益的。

可以说，本书是很注意形成自己的特色、力戒雷同的，但对某些问题的分析，仍存在着简单化、公式化的现象；有的地方又显得不够精炼；对某些疑难问题的分析也略嫌一般化。同时，由于我国的经济体制改革正处于不断深入的过程中，社会主义的经济实践还在不断发展，作者对社会主义政治经济学也只能从方法论上提出一些新的观点和看法，它还要受到实践的进一步检验。笔者殷切期望本书作者通过不倦的努力，取得更大的成功。

（原载《社会科学评论》1987年第3期）

道是无情却有情

——记兰州大学刘家声教授

杨来生

刘家声这个名字，我很不熟悉。那是因为我对政治经济学一窍不通，这方面的名人我自然孤陋寡闻了。

有幸，拜访了刘家声，并与之谈叙了两个半天。我的知识视野不仅得以开阔，更重要的是他使我认识了他，了解了他，也对政治经济学产生了兴趣。我以为改革开放、搞活经济的同时，就是我国经济学逐步发展并不断完善的时期。经济学界的人士们高擎着马克思主义的大旗，纷至沓来，脚步声声。刘家声是当之无愧的其中之一。

刘家声较高的个头，谦和、礼让，文质彬彬。他的谈话，像涓涓细流；他的已过去的前半生又像那山间流泻的小溪，清澈明亮，潺潺不息。那势头虽无汹涌澎湃之状，但一定会顺流而下，汇入百川大海的。

他的头衔很多：兰州大学马克思主义科学系主任、经济学教授，中国政治经济学社会主义部分研究会理事、甘肃分会会长，中国价格学会理事，全国农产品成本与价格研究会常务干事等等。

孜孜以求

刘家声出生在湖南省浏阳县的一个小镇上。那年正是1936年。

有首歌唱道：浏阳河，弯过了几道弯，几十里水路到湘江……说的正是这个地方。当他落地后的第二年，日本人的炮声在卢沟桥打响，中华民族处在生死存亡的关头。刘家声当然不知道这些，可国破家寒的厄运带给他的自然是凄风苦雨的岁月。当他刚刚懂事开始上学时，家庭经济并无多大改善。小学、初中相继上完后，已无力再上高中，刘家声渴望着找到一个工作，捞个职业，养家度日。那是1952年，西北贸易部所属的西北贸易学校在湖南招生，他欣然报名并考取了该校，学习商业会计。两年后的1954年毕业了。第一批分配去新疆的人中没有他；第二、三批去甘、宁、青的名额中还是没有他。他焦急了，志愿表上填写着"到最艰苦的地方去"，可是，眼看着人去楼空，同学们都高飞远走，怎么不见自己的名字呢？

难道是被遗忘了吗？

夜间，他看着班主任老师给他笔记簿上的题词：学习是为了更好地工作。看着看着他仿佛悟出了什么，眼前似乎闪过了一道亮光，他的心灵像长上了翅膀，翱翔在了蓝色的天空。但是，他很快又平静了自己的思绪，等待，总有一天会宣布的。这一天来了，来得那么突然，来得那么令人鼓舞。学校宣布刘家声上大学。他简直不敢相信自己的耳朵，可这是事实。学校从700多人中选拔了52名学习成绩好的学生，40人上西北大学，12人上兰州大学。学校没有遗忘他，他没有辜负浏阳河水的期望，刘家声上了兰州大学经济系。

怀着渴求知识的强烈愿望和知恩图报的朴素心情，刘家声一头扑进了书籍的海洋里。1958年，他以优异成绩毕业，学校留了他，到马列主义教研室从事政治经济学的教研工作。1962年到1963年，刘家声又在中国人民大学进修一年。这期间他熟读了《资本论》，聆听了孙冶方等有关专家的授课，又参与了实际调查，使他在政治经济学的深度和广度上受益匪浅，为后来的教学和研究打下了深厚的基础。

一晃就是三十一年。他由一个风华正茂的青年进入了知天命的阶段。客观地讲，他还不算老，正是经验丰富的时候。特别是在教授行列里，他还正处在果满枝头的丰收旺季。几十年来，他的工资卡始终在兰大，他的足迹却遍及山南海北。教学、科研、学术活动伴随着他送走一个个春夏秋冬。青年时他写的文章在《甘肃日报》、《中国青年报》等刊物发表过。虽然时过境迁，但文章所持有的观点至今未错。文革中他受过冲击，但他坚信马列、坚信共产党的信念始终不变。他不仅积极编写教材，而且认真地搞《哥达纲领批判》、《反杜林论》、《国家与革命》、《苏联社会主义经济问题》等原著的教学。天水地区的各大工厂他搞过调查；玉门、酒泉等地他讲过课；临夏、皋兰他搞过社教；金川、平凉等地他了解过社会情况。他不仅与省上有关部门保持着紧密联系，而且在省委常委、省政府机关、省直机关作过理论辅导。实践丰富了他感性上的认识，同时也净化了他理论上的修养；理论上的进步又更好地指导实践，服务实践。

不唯书,不唯上,只唯实

1978年,《实践是检验真理的唯一标准》的讨论,推动了全国人民的思想解放运动。

1979年,刘家声以他多年来的深刻感受和理论上的极大勇气,用马克思主义的观点对长期指导我国经济工作的"计划第一,价格第二"的原则提出了质疑。他文章的题目是《对"计划第一,价格第二"提法的商榷》。文章开宗明义地指出"计划第一,价格第二"的提法在理论上是有问题的,在实践上也带来了不良后果。他对长期居统治地位的斯大林的观点,即认为价值规律只是在流通中保持调节者的作用,在生产中则不起调节者的作用,只起影响作用,在生产中起调节作用的是国民经济有计划按比例发展规律和国民经济计划提出了批评。说明"计划第一,价格第二"的理论根源盖出于此。他不仅引经据典,而且摆事实,讲道理,从实践和理论上指出这种提法的错误之处和危害性。他指出:价值规律和有计划按比例发展经济的规律共同调节社会主义生产和流通,国民经济计划工作,必须以价值规律为依据。并且明确提出为了贯彻十一届三中全会提出的"应该坚决实行按经济规律办事,重视价值规律的作用"的精神,引起广大干部群众重视价值规律的作用,应该取消"计划第一,价格第二"的提法。

这篇文章原本是提交在江苏无锡召开的全国价值讨论会的,后被中国社科院从100多篇文章中选取了两篇(此为其中之一)发在中国社会科学院办的《未定稿》1979年第31期上。同年8月份商业部《调研资料》第95期又全文转载,并写了按语,认为该文所涉及的问题与我们商业工作关系密切,值得研究。

冲破"左"倾思潮在各个方面设置的禁区,不仅需要勇气,而且需要时机。刘家声同志的这篇文章的可贵之处,一方面在于它缜密严谨的科学态度和马克思主义的观点,另一方面又在于他是第一个涉足禁区者。这是需要对政治经济学透彻的了解和政治上的坚定无私的。

也许是刘家声学习经济的缘故,他的视角和触角总爱在价格上注意;也许是刘家声来自农村,对农民的生活有着天然的联系的原因,或者是两者兼而有之,刘家声十分关注农村情况,尤其是农民的生活和收入。1959年,当他从甘肃的高台县搞社会调查回来后,贸然地在一次会上发言,说农民种粮粮食不够吃,种油没油吃。因此遭到批判,几乎以右倾机会主义论罪。所幸当时反右倾主要在处级以上的党员干部中进行，刘家声消灾避难了。但是，脑瓜里的东西还存在着。随着以后不断加剧的历史变迁，刘家声越来越加深和坚定了自己的看法。蓄之以久，其发必速。于是，当思想解放的浪潮到来后，刘家声又发表了自己的第二篇、第三篇文章：《制定农产品价格必须考虑级差地租因素》、《制定农产品价格应以劣等地合理经营成本为主要依据》等。

且不说这两篇文章的科学见地如何，单就他文章论述的对面站着的人，也是够吃一壶的。一个是著名经济学家许涤新，当时中国社会科学院经济研究所所长，一个是当时国家某部门的权威人士。但是，刘家声并没有想这些，也就是说他并未惧怕什么。对于他来说，通过争鸣失掉的只是学术上的虚假的盲目的似是而非的东西，得到的却是真经。他既然敢于冒天下之大不韪去触犯"最高指示"，又怎么会在学术论坛上王顾左右而轻易地放弃一家之言呢！他毅然坚守地提出了自己的见解，形诸文字，用无数事实和社会主义中国的现实及马克思主义政治经济学的颠扑不破的真理，表达了对许涤新在其《论社会主义的生产、流通与分配》专著中否定级差地租的观点和"依据社会平均（或中等）的产量、费用、劳动报酬来确定农产品成本"的观点的不同看法，并且从根本上指出了这种观点的由来及错误之处和危害性。文章观点鲜明，论据确凿，说理充分，思想深邃，对农产品价格体系的改革有着极强的现实意义，得到了学术理论界的好评。文章认为，由于我们在理论上否定级差地租的存在，因而，在我国物价实际工作中，长期以来，制定农产品收购价格，一直是以社会平均（或中等）的产量、费用、劳动报酬来确定农产品成本的依据，而没有以劣等土地正常经营社队的成本为依据。这样，势必造成农民"亏本种田"。据全国典型调查统计资料，1965 年农村社队种植的六种主要粮食有五种都亏损，仅有一种略有盈利。又据 1976 年全国 1296 个生产队调查统计资料，全国六种粮食平均每亩亏损为 2.78 元。"亏本种田"严重地影响了农业生产的发展，也严重地影响了农民收入的提高。农产品价格长期大幅度低于农产品价值，挫伤了农民生产的积极性，妨碍农业的发展。这是我国农业发展缓慢的重要原因。

事实正是如此。所以，《制定农产品价格必须考虑级差地租因素》的论文发表后，1981 年中国社科院农经所《农业经济问题》第 1 期即刻刊登，光明日报 1981 年 3 月 22 日第 3 版对该文作了评介，之后，《经济学文摘》1981 年第 1 期摘要刊载。1982 年农业出版社编辑出版的《农业经济论丛》和 1983 年中国社会科学出版社出版的《农产品价格论文集》中收集。1987 年，该文获中国价格学会颁发的《全国首届优秀价格论文奖》。《制定农产品价格应以劣等地合理经营成本为主要依据》一文,1983年发表在国家物价局、中国价格学会主办的《价格理论与实践》杂志上。自此,刘家声被选为全国农产品成本和价格研究会常务干事。

价格学使刘家声倍感兴趣,通过价格学,刘家声又十分谙熟了政治经济学。他驰骋在价格学的领域里,纵横捭阖,一发不可收拾。连续发表了《中国式社会主义价格的特征》,1983年10月载于中国价格学会编的《价格论文选集》第2集;《浮动价格为主,多种价格形式并存的价格模式》,1985年载于《福建论坛》第4期;《必须改革不合理的价格体系和价格管理体制》,1985年载于《兰州大学学报》第2期;《关于我国现行粮食收购价格水平的研究》,1986年10月载于《中国经济问题》第5期。这里需要着重指出的是《关于我国现行粮食收购价格水平的研究》一文,原以《粮食收购价格水平必须逐步提高》为题,是提交1985年12月召开的全国价格理论讨论会的。文章认为我国当时的粮食收购价格实行"倒三七"固定比例价格(三成按原统购价,七成按原超购价),无论从我国粮食收购价格本身,还是从农业内部各生产项目相对收益,从农业成本上升趋势,从长期的粮食供求状况来看,我国当时实行的粮食价格水平仍然偏低,应采取逐步提高超购加价比重的办法,使粮食收购价格水平逐年有所提高。文章同时针对当时中央有关同志所说的我国粮食出现了"低水平相对过剩"的估计和提法表述了不同意见。认为既不符合马克思主义,也不符合我国的实际。在当时存在对我国粮食形势过分乐观的估计的情况下,著文提出自己的看法,是有重大的理论和实际意义的。由于文章具有真知灼见,受到价格界重视,全国有四家刊物——《成本与价格资料》、《中国经济问题》、《湖南物价》、《甘肃粮食工作》相继转载。1987年,该文又获得甘肃省社会科学科研成果奖。

在科学研究上,刘家声同志遵循的宗旨是:不唯上、不唯书,只唯实。这一点不是人人都能做到的,而做到这一点又并非那么容易。在一定意义上讲,他的作文犹如他的做人,眼里容不得半粒沙子。他在价格学这方面一系列的见解冲撞,除了一个共产党员纯真的党性外,还需要有胆识。这两方面是相辅相成的。应该承认,这是十一届三中全会以来经济学领域正本清源、拨乱反正的一大贡献。

科学、创新

繁忙的教学、科研活动，并未使刘家声满足，相反他又以充沛的精力和独到的见解投入到编写教材的行列里。几年来，由他主编的教材洋洋洒洒竟达80万字。同时还参与组织并与其他人合作编写了部分论著。1986年甘肃人民出版社出版了《政治经济学》资本主义部分、《政治经济学》社会主义部分，由他主编；1987年兰州大学出版社出版的《乡镇企业经营管理》是他主编的。他还参与编写了由许涤新主编的解放以来我国第一部《政治经济学辞典》。他写的剩余劳动部分的条释，被作为样板条看待。

一个高等学校的教授，编写教材是正常现象，但要编写出一部好的教材又非易事。政治经济学是一门十分敏感的学科，因袭历史，照搬经典，也是可以过去的。可是，他面对的是改革开放的形势，培养的是国家“四化”建设的人才，特别是《中共中央关于经济体制改革的决定》发表后，经济理论的发展出现了广阔的前景，政治经济学的重要性日趋明显，因此，编写一部好的教材的愿望便自然而然地在刘家声的脑海里产生了。刘家声不干则已，要干就要用自己的脑子想问题，吃别人嚼过的馍那是没有味道的。要有新的东西，要适应新的形势，要接触实际，要符合马克思主义。刘家声夜以继日，不辞辛劳，排除一切干扰，殚思极虑地终于完成了编写工作。1986年当甘肃人民出版社分《资本主义部分》和《社会主义部分》两册出版后，先后印行4次，共44万多册，销售一空。

这本书在全国发行后，受到北京、天津、内蒙、宁夏等地同行的好评。著名经济学家周叔莲同志认为这本书是“一部反映我国社会主义经济实践的理论新著，有不少创新和独到见解”。《社会科学评论》杂志1987年第3期发表署名晓阳的《一部反映我国社会主义经济实践的理论新著》的书评，认为这本书“最大特点是勇于面对社会主义经济现实，对近几年来一些重大理论问题既大胆探索，又力求严谨或提出创新性意见，或补充了原来提法上的不足，基本上做到了准确性、完整性与创新性的统一”。

这本书不仅作为高校教材使用，还被中共甘肃省委宣传部选定为全省干部正规化理论教育《政治经济学》课程教材，共有10多万干部学习此书，并且以教材为依据制作了《政治经济学》电视教学录像片，由甘肃音像出版社发行。《资本主义部分》发行录像带2300盘，《社会主义部分》发行2260盘。省电视台和地市电视台都进行了播放，对普及和提高党政干部经济理论水平发挥了积极作用。

1987年甘肃省经委和省财政厅决定，这本书为经济系列和会计系列专业技术职务晋升考试教材。同年该书又获甘肃省社会科学成果奖。

对现实的思考

屋子里很静，初冬的斜阳透过窗玻璃将一抹光线洒在案头上，那么柔和，那么恬静。那是刘家声昼伏夜就的疆场，我似乎看到了他征程中的雄姿和岁月留下的足迹。几十年来，他从未有过星期天，时间对他来说是按秒来计算的。这么好的时光，竟被我的闲聊夺去，我的心里有点隐隐不安，但似乎还想搪塞几句。于是，我便得知了他家中的点滴情况。

刘家声的爱人与他是寒窗之交。这位来自芙蓉国的女儿，现在是兰州大学设备处高级实验师（副教授）。她我并未见面，从刘家声谈话的口吻里，我可以想象得出她是一个贤惠而又豁达的女性。家中的事事务务她包了，单位的工作又赶了上去。不知是哪一位名人曾说过这样一句话：每一个成功的男人后面，都站着一个伟大的女性。这里毋须去研究这句话的准确程度，但用来佐证的事实却是刘家声自己的话：我看书时，小孩子哭我都不管的。

他爱人对他的事业是支持的。他的家庭是幸福的。

案头上的书柜里以及间有的空档处都摆满了书报杂志，一摞文稿正沐浴着阳光的温暖整齐地摆放在书案中央。那是一位研究生的论文，请刘家声过目的。从1986年开始，兰州大学马克思主义科学系开始招收硕士研究生。刘家声带8名，已毕业5名。在离开他的时候，不知哪根神经又使我兴奋起来，请他谈谈对目前经济的看法。他几乎没有思考，便谈了自己的意见：一是不能急于求成。经济讲究稳定，生产力的发展本身是个累进过程。二是要重视农业。中国的经济要发展始终要抓住农业不放。在刘家声谈过这话的第五天，报纸上发表了江总书记在十三届五中全会上的讲话（11月22日发表11月9日谈话），他对国民经济发展的看法竟和江总书记提法中的指导思想惊人的一致。这不能不说是一种科学见地。谁能认为这是一个教授谈的话呢！像是一个指挥员、决策帷幄的战略家的心声。没有一颗赤子之心，没有对事物的周详的了解，没有科学的观点，没有对“四化”大业的炽热的情感，是不可能去费这种脑子的！

刘家声治学严谨,在追求真理中绝不敷衍塞责,乍看起来似乎太较真。不是世界上怕就怕"认真"二字吗?假若人人都认真,事事都认真,事情没有办不好的。"东边日出西边雨,道是无晴(情)却有晴(情)"。可以乐观地说,刘家声更加绚丽的成果,会在他认真的精神下继续产生的!

(原载《兰州学刊》1990年第2期)

刘家声教授与经济学、价格学研究

刘学敏

刘家声教授,1936 年生于湖南浏阳,1958 年毕业于兰州大学经济系,留校后又赴中国人民大学经济系研修,长期从事经济学的教学和研究工作。他现任兰州大学经济学教授、马克思主义科学系系主任、兰州大学文科学术委员会副主任、《兰州大学学报》副主编、《中国经济科学年鉴》编委、中国政治经济学社会主义部分研究会理事、全国农产品成本与价格研究会常务干事、甘肃省价格学会副会长等职。

刘家声教授在其学术生涯中毕其精力致力于经济学和价格学的研究,著述甚丰,仅 1979 年迄今就发表学术论文 40 余篇,专著及主、参编著作教材 10 余部,主持省部级以上科研项目 5 项,获省部级以上奖励 7 项。

刘教授在学术上的突出成就首先表现在他对价格学的研究上。改革伊始,他就撰写并发表了《对"计划第一,价格第二"提法的商榷》的著名论文,率先对于"计划第一,价格第二"这个长期指导我国经济工作的原则提出了质疑,认为它在理论上含义不清,自相矛盾,在实践中轻视价值规律的作用,给国民经济的发展带来了不良后果。该文发表以后,立刻受到中央有关部门和理论界的重视,商业部《调研资料》加按语全文转载,指出"这个题目与我们商业工作关系密切,故转载供研究";著名经济学家卫兴华评论认为:"这是在我国经济学界最早从理论与实践的结合上系统地进行分析与评论并否定'计划第一,价格第二'的提法的优秀论文。现在看,论文的基本观点是符合我国市场取向改革的总方向的。"尔后,刘先生又撰写《制定农产品价格必须考虑级差地租因素》、《农产品价格应以劣等地合理经营成本为主要依据》等几篇重要论文,对许涤新等同志否定级差地租的观点以及我国农产品价格工作中以中等地平均生产成本为定价基础的做法提出了商榷,指出农产品价格应以劣等地合理经营的成本为定价的主要依据并对此进行了详尽的理论分析。他的上述观点在经济学界引起了很大的反响,特别是《因素》一文发表以后,先后有包括《光明日报》在内的6家全国性报刊和出版社予以评论、转载和收辑,并被选定为高校农业经济、商业经济、价格学等专业的参考文献,也为我国当时正在进行的理论价格测算工作和价格改革方案的设计提供了参考依据。80年代中期,针对我国当时政界和理论界流行的关于我国粮食生产已出现"低水平相对过剩"的看法,刘先生又撰写了《关于我国现行粮食收购价格水平的研究》一文,批评了这种盲目乐观主义倾向,指出这不符合我国的实际。该文发表以后,在学术界又引起了较大的震动,先后有《成本与价格资料》、《中国经济问题》等四家刊物转载。此外,他还发表了《中国式社会主义价格的特征》、《关于价格形式分类问题的理论思考》、《建立健全社会主义市场价格体制》、《我们如何放开价格——兼评"管住货币,放开价格"的改革思路》等多篇论著。在此基础上,他把多年来关于价格问题的研究成果系统化,撰写并出版了专著《社会主义市场价格新体制》。该书在马克思主义关于商品价值、价格理论及建设有中国特色社会主义理论的指导下,对于建立市场价格体制的必然性、市场价格的形成和运行机制、市场价格的功能、国内市场价格与国际市场价格的对接、市场价格的宏观调控等问题进行了深入细致的分析和研究,并具体勾勒了我国市场价格体制的基本轮廓,这就是:市场形成价格,价格引导企业,企业自主定价,国家宏观调控,全面价格监督。在书中他不仅指出并具体阐释了社会主义市场价格体制的基本框架和内容,还探索性地对于社会主义市场价格的形式进行了理论概括,进而提出了"国定市场价"、"指导性市场价"、"自由市场价"三个崭新的概念;他认为,市场价格不仅仅是市场价值的货币表现,更重要的是,市场价格还是一种关系,即它反映着生产者和消费者、买者和卖者、供方和需方的物质利益关系。他进而强调,特定的资源配置方式解决人与自然的关系,也协调着人与人之间的关系。人类社会经济活动的二重性使协调社会经济活动的市场价格机制也具有二重性,市场价格机制协调人与自然的关系,它自身也有着反映人与人关系的经济关系的规定性,等等。至此,刘家声先生便形成了一整套自己独特的社会主义价格学理论体系,这个体系的独特之处就在于它不是从理论到理论,而是从实践到理论,从实践中导出理论,然后用理论来指导实践。

刘教授在学术上的突出成就还表现在他对经济学基础理论和社会主义市场经济理论的研究上。在经济学基础理论研究方面,他撰写了多篇质量高、有影响的学术论著。早在80年代初,他就撰写了《商品使用价值是一个历史的范畴》的论文。在该文中，他澄清了有关商品使用价值上的一些误解，告诫人们，经济学范畴必须放在特定的环境下使用。该文被中国人民大学报刊资料复印中心转载。结合教学以及适应现代化建设和改革的需要，他还研究了社会主义的经济体制、所有制结构、社会主义企业以及社会再生产的诸环节等。在此基础上，他主编了《政治经济学》(资本主义部分)和《政治经济学》(社会主义部分)，特别是后者从体系上打破了从公有制起始的传统框架，转而从社会主义经济体制入手展开论述，以社会主义商品经济作为贯穿全书的主要线索，突出了改革开放的内容。著名经济学家周叔莲评价说："它确实是一部反映我国社会主义建设的理论新著，有不少创建和独到见解。"《社会科学评论》杂志发表了《一部反映我国社会主义经济实践的理论新著》的书评，认为该书"最大的特点是勇于面对社会主义经济现实，对近几年来一些重大理论问题既大胆探索，又力求严谨或提出创新性意见，或补充了原来提法上的不足，基本上做到了准确性、完整性与创新性的统一"。该书被指定为甘肃省干部正规化理论教育的教材，荣获甘肃省社会科学优秀成果奖。

刘家声教授还是社会主义市场经济的最早倡导者之一。他冲破禁区，把市场经济从经济制度中剥离出来，较早指出了市场经济不是资本主义特有的东西，社会主义也可以搞市场经济。他发表了《社会主义市场经济理论的提出及其意义》等多篇有关社会主义市场经济的论著。经济管理出版社出版了由他主编的《社会主义市场经济理论概要》一书，具体地反映了他的市场经济观。《概要》不仅对社会主义市场经济理论中的某些重要问题诸如市场经济的概念、特征以及市场经济体制等作了新的阐释，而且根据我国经济体制的目标是建立社会主义市场经济体制的要求，对于我国经济改革中的实际问题作了探讨，具有实践性。

刘家声先生为人谦和，治学严谨，善于独立思考，敢于直言，长于剖析，重视实践，重视实证分析。从实践中导出理论是他的研究风格。由于他在理论上的建树突出，曾以"在理论学术上有相当权威、有代表性、有声望"的特邀代表身份参加了中共中央召开的"纪念党的十一届三中全会十周年理论讨论会"，他的名字已被收入《中国当代文化名人录》，成为我国当代具有较大影响的经济学家和价格学专家。

(原载《陇上社科人物》，甘肃文化出版社 1996 年版)

社会主义市场价格体制的新展示

——评刘家声教授的新作《社会主义市场价格新体制》

学 敏

经济体制改革的目标,是建立社会主义市场经济体制,以市场作为基础性的资源配置体制。与此相对应,要建立一个全新的社会主义市场价格体制,以市场价格来反映市场价值和资源的稀缺程度。但对于什么是社会主义市场价格体制,如何建立和健全社会主义市场价格体制等问题,还有待人们作更深入全面的研究。刘家声教授的《社会主义市场价格新体制》(甘肃人民出版社1995年版)一书,就是作者潜心研究社会主义市场价格和市场价格体制所取得的最新成果。

本书旨在探求社会主义市场价格运行的规律性和社会主义市场价格体制的运作规则。作者认为,市场价格不仅是市场价值的货币表现,更重要的是它反映着生产者和消费者、买者和卖者、供方和需方的物质利益关系,市场价格的任何方向的变动,都会牵扯到各方的利益,形成有利于某一方的物质利益的再分配。这样,作者就牢牢地把握住了市场价格的本质所在。在此基础上,再一步一步深入细致地分析市场价格新体制,进而得出结论。

本书首先对我国传统计划经济体制下价格的特征进行了分析,论述了计划价格体制存在的理论基础及其深刻的历史背景,揭示了计划价格体制的诸多弊端,论证了市场价格体制代替计划价格体制的必然性,并扼要回顾了我国价格改革的历程。在此基础上,作者具体勾勒了社会主义市场价格新体制的基本框架和主要内容。这就是:市场形成价格,价格引导企业,企业自主定价,国家宏观调控,全面价格监督。众所周知,我国的价格改革走的是一条从破除计划价格体制到逐步确立社会主义市场价格体制的路子，因而本书沿着计划价格体制的“破”、到市场价格体制的“立”这一思路来分析问题，体现了历史和逻辑的统一。

本书在体系上一改传统的价格学理论体系，独具匠心。根据作者所勾画的市场价格新体制的基本框架而分设章节，从以下四个方面叙述、分析而涵盖了市场价格和市场价格体制的基本内容：1. 从市场价格的形成、市场价格的运作机理（包括市场价格运行机制、结构和功能）这些理论性较强、较抽象的范畴开始分析，最后落脚到不同市场上的具体问题和价格的具体形式；2. 从商品和服务市场价格的运行变化分析，进而上升到分析生产要素市场（劳动力市场、房地产市场、技术市场、资本市场等）的价格运行变化；3. 从对国内市场价格的运行规律性的分析，进而拓宽分析问题的空间，论述了国际市场价格变化的规律性，以及国际、国内市场价格之间的关系问题；4. 从对市场价格机制的自组织、自调节的分析开始，到分析政府如何通过各种手段去影响市场价格机制的运行。

作者在本书中提出了一些具有较高学术价值和现实意义的新观点、新见解。该书不仅指出并具体阐释了社会主义市场价格体制的基本框架和内容，还探索性地对社会主义市场经济下市场价格的形式进行了理论概括，进而提出了“国定市场价”、“指导性市场价”、“自由市场价”三个崭新的概念。作者认为，特定的资源配置方式解决人与自然的关系，也协调着人与人之间的关系。也就是说，资源配置总是在特定的社会经济关系下进行的。人类社会经济活动的二重性，使协调社会经济活动的市场价格机制也具有二重性。市场价格机制协调人与人的关系，它自身也有着这种反映人与人关系的经济关系的规定性。在国内市场价格和国际市场价格的关系上，作者强调应该遵循挂钩为主、脱钩为辅的原则；在对市场价格实施宏观调控的问题上，作者着重对政府干预和调节市场经济活动的“度”进行了分析，亦即寻求外界控制参量的阈值上，提出了对于市场价格应实行直接调控（包括政府规定价格、政府控制价格和政府影响价格）和间接调控（包括调控物价总水平，保持物价总水平的基本稳定；完善市场信息，减少市场主体的预期误差；确立公平合理的市场规则，规范市场主体行为）。此外，农产品价格的形成，应以劣等地合理经营的成本为主要依据，这个在改革之初就由作者首先阐述的观点，在本书中又得到进一步的展开和论述。

总之，本书系统地研究了市场价格和市场价格体制的诸方面，具有一定的理论深度，并且这项研究在开拓经济学和价格学的新园地方面，在完善社会资源优化配置理论方面，在完善和健全市场价格机制方面，在实现对于市场价格的宏观调控方面，都具有非常重要的意义。因此，读完本书有一种全新的感觉，也可以发现许多新的引人入胜的东西。

（原载《价格理论与实践》1995年第10期）

最早否定"计划第一,价格第二"的人

《兰州大学报》记者 韩业庭 法伊莎

"正确的政策要热情宣传,这是理论工作者应尽的责任和义务。对于有问题的政策,就应该进行研究,采取适当的方法,发表自己的见解,给国家提供理论参考。"回忆起从"大跃进"到"文革",从改革开放初期计划和市场关系的讨论,到最终确立社会主义市场经济的种种经历,这些字斟句酌的话不仅是我校经济学教授刘家声给"学者"作出的界定,更是他心中的一杆秤,他无时无刻不在用这杆秤衡量着自己的治学和做人。

从刘家声的经历中,我们也可以看出改革开放30年中国社会经济的变化、观念的变化。

亲历实践发现问题

1958年是个特殊的年份,中国历史上空前的"大跃进"和"人民公社化运动"遍及华夏的各个角落。

这一年夏天,22岁的刘家声结束了在兰州大学经济系4年的学习后留校工作,开始从事政治经济学的教学和研究。一年后,他被派往甘肃省高台县人民公社调研。

"初出茅庐"的刘家声对眼前看到的一切很吃惊,老百姓集体吃着野菜、面糊糊的大锅饭,"一大二公"的人民公社搞的是"一平二调"——平均主义、无偿调拨。1960年,刘家声又被派到甘肃岷县马沿公社调研。"亲眼看到了饿死人的情景。"随后他又被派到陇南安化公社抢救人命。

当时的城市居民每人每月供应粮食28斤、食油半斤。"党的政策不是城乡兼顾吗?虽说城里条件不是很好,可毕竟没有饿死人的情况。城乡差距怎么就那么大呢?"种粮吃不饱饭,种油没油吃,23 岁的刘家声第一次感受到农民的疾苦,对"人民公社化运动"有了深切体验。

1965 年到 1966 年,刘家声带着学生在临夏和榆中两地参加为期一年的社会主义教育运动。他发现,生产队记劳动工分时是按"男十分女八分,老婆娃娃四六分"记,而不管劳动数量和质量的好坏。"这是明显的同工不同酬,并不是社会主义社会所应有的按劳分配制度啊。农民当然出工不出力,也不关心粮食最终长得怎么样。"刘家声说。

"实践出真知"。多年的社会实践活动,使他不仅体会到了广大工农群众的疾苦和诉求,更使他深化了对经济规律特别是价值规律的客观性的认识,而违背规律实行错误的政策,则要受到规律的惩罚。他为此深有感触地说:"社会科学离开了社会就不成科学"。

对毛泽东的"计划第一、价格第二"观点首提质疑

如果说参加工作的前 20 年是亲历实践的积累阶段,后 30 年,则是刘家声集中研究、成果卓著的阶段。

随着 1978 年"解放思想、实事求是"思想路线的确立,十一届三中全会改革的号角已经吹响,但"文革"及之前"左"的阴霾依然笼罩在不少人的心头。

改革前,我国长期实行高度集中的、以指令性计划为特征的计划经济体制,国家通过计划几乎统管了整个社会的经济活动,穿衣要布票,吃饭要粮票,物价政策也沿袭"计划第一,价格第二"的做法。这个提法由毛泽东于 1959 年底、1960 年初提出,随后变成了指导我国经济工作特别是物价工作的一项重要原则。

1979 年改革伊始,刘家声就在全国性的"社会主义经济中价值规律讨论会"(无锡)上提交了一篇名为《对"计划第一,价格第二"提法的商榷》的论文,率先对毛泽东的这个提法提出质疑。论文指出:它在理论上含混不清,自相矛盾。毛泽东说:"计划是意识形态",是人制定出来的。按照辩证唯物主义基本原理,物质是第一性的,意识是第二性的,计划怎么能成为第一呢?并且一针见血地指出这个提法实际上源自斯大林所谓价值规律只在流通领域起调节作用、而在生产领域不起调节作用的论断。论文最后明确指出为了贯彻十一届三中全会"坚持实行按经济规律办事,重视价值规律的作用"的精神,引起广大干部和群众重视价值规律的作用,应该取消"计划第一、价格第二"的提法。

此时,刘家声长达20年深入调查掌握的大量一手数据帮了他大忙。他以定西和陇西种植党参和小麦的收益状况举例,种党参的收益是种小麦的21倍,以至党参盲目种植,大量积压卖不出,冲击小麦计划完不成。他又以工厂生产小灯泡价低利小导致缺货、大灯泡价高利大却供过于求为例,说明了价值规律不仅调节社会主义流通,也调节社会主义生产。对"计划第一,价格第二"的提法进行了条分缕析的批评,为当时冲破传统的计划经济观念禁锢起到了推动作用。

《对"计划第一,价格第二"提法的商榷》在中国社会科学院的内部刊物《未定稿》上发表后,立刻受到中央有关部门和理论界的高度关注。商业部《调研资料》加按语转载。著名经济学家、中国人民大学教授卫兴华先生评价该文"是在我国经济学界最早从理论与实践的结合上系统地进行分析与评论并否定'计划第一,价格第二'提法的优秀论文"。并评价它"对突破长期在我国起指导作用的传统思想有积极作用"。1998年,该文获首届薛暮桥价格研究奖(我国价格学术领域最高奖)。

关注农产品价格改革

进入80年代,改革的进程开始加速,改革中出现的各种新问题也接踵而至。

当时,我国对农产品的定价是以中等条件即社会平均成本为依据,而不以劣等地为依据,否定级差地租的存在,所以自然条件差的地方的农民收入就很低。这种做法不仅在现实中有,在理论界也很有市场。无论是著名经济学家、时任中国社科院经济研究所所长的许涤新,还是国家有关实际部门的负责人,都持此观点。

1980年10月,中国社科院农业经济研究所(现农村发展研究所)召开全国农产品成本价格讨论会,刘家声撰写了《制定农产品价格必须考虑级差地租因素》,与许涤新否定级差地租的观点进行了商榷。1982年他又专门写了《制定农产品价格应以劣等地合理经营成本为主要依据》一文,与国家有关部门的负责人进行了商榷。

一石激起千层浪。1981年3月22日《光明日报》第三版头条专门对该文作了介绍。《经济学文摘》、《农业经济论丛》、《农产品价格论文集》、《甘肃省社会科学论文选》先后转载或者将其收录,还被程恩富主编的《现代政治经济学教学案例》(2003 年版)选作案例。

此文发表时,正值国家把价格改革提上议事日程。论文受到国务院价格研究中心的高度重视。“该文是我国开始改革后最早提出农产品定价应该以劣等地合理经营成本为主要依据的优秀论文,为我国农产品、矿产品价格改革阐述了理论依据。”该中心副总干事杨鲁先生评价说。1987 年,该文获得中国价格学会首届优秀价格论文奖。

理论工作者应该宣传正确的政策

刘家声对中国改革进程的关注和研究一直在持续。党的十四大在我国确立了经济体制改革的目标是建立社会主义市场经济体制。当时有许多干部对市场经济理论不太熟悉,甘肃省委领导委托刘家声组织编写《社会主义市场经济理论学习纲要》,供处级以上领导干部参考。刘家声认为这是义不容辞的责任,组织人员认真准备。

初稿完成后,甘肃省委主管领导主持召开讨论会。在会上,刘家声提出写作过程中有一个问题:十四大报告中的“劳务市场”概念不确切。他认为“劳动力市场”比较科学,应该如何处理?领导建议,正文仍用十四大报告中的提法,学者的不同提法加注说明。这样灵活处理既跟中央保持一致,也保持了学者的独立性。一年以后的十四届三中全会上通过的《中共中央关于建立社会主义市场经济体制若干问题的决定》,明确将“劳务市场”变成了“劳动力市场”。

“作为政治经济学理论的研究者,能够亲历并参与中国社会的改革进程,我深感欣慰。”刘家声说,“我们搞理论工作的,要积极为社会服务,正确的政策要热情宣传,这是应尽的责任和义务。对于有问题的政策,应该进行研究,采取适当的方法,发表自己的见解,给国家提供理论依据。经济学本身就是经世济民之说。”

刘家声坦言,参加工作 50 年来,他一直崇尚“读书不唯书,尊上不唯上,重在唯实”的宗旨,并以此作为自己行动的指南。“是人民培育了我们这些学者,我们要用知识来服务人民。作为学者要时刻牢记人民的培养,做事情之前一定要经过大脑好好考虑一下,是不是符合广大人民群众的利益。”72 岁的刘家声最后说。

(原载《兰州大学报》2008 年 12 月 10 日第 2 版)

与市场对话的人

《甘肃日报》记者　杨世智

50 多年前，一位出生于湖南浏阳的青年来到甘肃，却发现这里的农村真穷，农民真苦。党的十一届三中全会吹响了改革开放的号角，这位青年把自己的命运与改革开放紧紧连在了一起。针对经济生活中的重大理论问题和实际问题，与市场"灵魂"进行面对面的对话，参与和推动社会主义市场经济理论体系的建立和完善。

这位青年，就是我省著名的经济学专家、兰州大学72 岁的博士生导师刘家声教授。

计划能成为第一吗？

企业应该生产什么？

今天，这已经不是一个问题。市场需要什么就生产什么，跟着市场走是任何企业不需要思考就能做出的选择。然而，在改革开放初期，这却是一个理论和实践上的大难题。

改革开放的第二年，43 岁的兰州大学政治经济学讲师刘家声向这一难题发起了挑战。这是他与市场"灵魂"的第一次公开对话，而他面对的则是"计划第一、价格第二"这一指导我国经济工作的根本原则。

我国原有的经济体制是基本照搬苏联模式而建立起来的，实行的是以指令性计划为特征的高度集中的计划经济体制，国家通过指令性计划几乎统管了整个社会的经济活动。企业"产、供、销"的经济运行，"人、物、财"的资源配置，全部由国家统一计划调节和配置，而计划则由国家按行政管理层次由上至下逐级下达，具有指令性，产品价格也由国家统一规定，不论盈亏必须执行。

1979 年，全国价值规律理论讨论会在无锡召开，这是全国经济学界一次重要的学术讨论会，也是新中国成立以来第二次讨论价值规律的盛大会议，全国著名专家云集。就是在这次会议上，在经济理论界还属于"无名小卒"的刘家声向大会提交的论文却引起了专家们的关注。在这篇题为《对"计划第一，价格第二"提法的商榷》的论文中，刘家声对当时指导我国经济工作的"计划第一、价格第二"根本原则提出了质疑，认为"计划第一、价格第二"的提法在理论上概念混淆，自相矛盾。论文指出：从实践来看，这个提法使人容易轻视价值规律及价格的作用，把价值规律的作用看作是次要的，可有可无的，给国民经济的发展带来了不良的恶果。助长了经济工作中的官僚主义、命令主义、瞎指挥。最后，刘家声认为，按照党的十一届三中全会指出的按经济规律办事，重视价值规律作用的要求，应该取消"计划第一，价格第二"的提法。

文章发表后，受到中央有关部门和理论界的重视。著名经济学家、中国人民大学教授卫兴华高度评价此文，认为是在我国经济学界最早从理论与实践的结合上系统地进行分析与评论并否定"计划第一、价格第二"提法的优秀论文。论文的基本观点是符合我国市场取向改革的总方向的。对突破长期在我国起指导作用但不利于生产发展的传统思想，有积极作用。无锡会议不久，论文就被中国社会科学院创办的《未定稿》杂志选用发表。商业部《调研资料》加按语予以转载，中共甘肃省委宣传部《情况反映》向省委作了汇报。我国著名经济学家薛暮桥在国务院会议上对此文予以肯定。

1998年，这篇论文获得我国价格学术领域最高奖——首届薛暮桥价格研究奖。

农民种田为什么亏本?

亏本种田，是计划经济时期我国一些地方客观存在的问题，也是引起刘家声与市场"灵魂"第二次公开对话的直接原因。

新中国建立后，为了解决人民群众的"吃饭"问题，我国充分利用了国内一切农业自然资源发展农业生产，其中包括大量的坡耕地、涝洼盐碱地、风沙干旱地等劣等低产耕地。据1977年统计，这一部分劣等低产耕地占全国耕地总量的40.3%。在产出相同的情况下，农民在劣等低产耕地上的成本投入要远远大于优等和中等土地，而当时实行的以中等土地的产出为依据来制定的农产品收购价格却远远低于这一成本，农民种田亏本成为当时的一种普遍现象。

1980年11月，全国农产品价格理论讨论会在镇江召开，刘家声向大会提交了《制定农产品价格必须考虑级差地租因素》的论文，并在大会发言，对我国著名经济学家许涤新否认我国存在级差地租的观点提出商榷性意见。新中国实行土地公有制后，理论学术界主流观点认为在社会主义条件下农产品价格应取决于中等土地(或社会平均)的生产条件，而不应由劣等地的生产条件来决定，我国已不存在级差地租。因此相关部门在制定农产品收购价格时便以此为理论依据，将社会平均成本(社会平均产量、费用、劳动报酬)作为制定农产品收购价格的主要依据。刘家声则认为，级差地租是社会主义社会客观存在的经济范畴。因为用来耕种的土地，依然存在肥度高低、位置远近以及集约化程度的差别，而其中数量有限的较优土地，又都被各个集体所有制单位和国有农场垄断经营，社会为了最大限度地满足人民对于农产品的需要，不仅要耕种较优和中等的土地，而且必须耕种劣等的土地。这样，那些经营优等和中等地的单位，在按劣等地所决定的社会价值为基础的价格出售农产品时，就能获得额外的纯收入，这就是级差地租。级差地租是商品经济条件下存在的客观经济范畴，所以制定农产品价格必须以劣等地合理经营的成本为依据，必须考虑级差地租。

这篇文章为国家改革农产品价格提供了理论依据，受到了国务院价格研究中心的高度重视。论文随后被中国社科院农业经济研究所和中国农业经济学会联合出版的《农业经济问题》杂志发表；1983年，国务院价格研究中心在拟定“关于改革价格体系和价格管理办法的初步设想”时，充分借鉴了刘家声教授关于制定农产品价格应以劣等地为准的观点。1987年，该论文获得了中国价格学会首届优秀价格论文奖。

抚今追昔，这位长期从事社会主义经济理论和价格研究的老人感慨万千。认为自己所取得的一些成绩，离不开改革开放。他说，“改革开放30年，是思想的大解放、体制的大变革、经济的大发展的30年！”

(原载《甘肃日报》2009年1月15日5版，《新华网》2009年1月19日)

刘家声教学、研究、学术活动纪事

1977 年

4 月 刘家声与经济系 1977 届政治经济学专业薛文石(现为中国证监委西安证监局局长)、李宝萍(中国招商银行兰州分行行长,现为甘肃省政协常委、提案委员会副主任)、景万忠(现为定西市行政执法局局长)等人赴天水地区甘肃绒线厂、五金交电批发站、衡器厂等工矿企业进行成本、价格调查。后写出了"天水地区五小工业发展调查报告"。

5 月 中国社会科学院经济研究所主持和组织召开的我国第一部《政治经济学辞典》编写工作会议在西安丈八沟招待所召开。该辞典由我国著名经济学家、时任中国社会科学院副院长、经济研究所所长许涤新任主编,兰州大学是该辞典的参编单位,刘家声是辞条的作者之一,编写了"必要劳动"、"剩余劳动"等六个条目。刘家声参加了这次会议,其写出的辞条印发会议参考。该辞典由人民出版社于 1980 年出版发行,刘家声为署名供稿者。

1978 年

11 月 兰州大学经济系《工业会计》编写组编写的《工业会计》正式由甘肃人民出版社发行(1978 年 11 月第 1 版)。这是经济系公开出版发行的第一本著作,受到社会欢迎,第 1 次印刷发行 3 万多册,第 2 次又印行 1.5 万余册。此书是为适应社会的需要和开办工业经济与会计专业试点班的需要而编写的教材,是在马列主义毛泽东思想指导下,根据会计学一般原理,在深入工业企业调查研究,并总结工业企业实践经验的基础上编写成的。此书是经济系会计教研组全体教师的集体成果。刘家声作为当时会计教研组负责人之一,参加了该书部分章节的编写,如第十二章成本计算的主要方法等。产品成本计算的分批法是总结了兰州建筑机械厂的成本计算方法;系数法是总结了兰州炼油厂的成本计算方法。

12 月 由中国社会科学院经济研究所召开的理论研讨会在湖南长沙召开。刘家声参加了研讨会。事前刘家声与陈志刚到甘肃省高级法院对已判处的 47 个经济犯罪案件进行调查和研究,撰写了"经济犯罪活动及原因的探讨"一文,提交会议并在会上作了发言。

1979年

3月8日至16日　在党的解放思想、实事求是思想路线指引下,"中共甘肃省委理论讨论会"召开。这是思想上拨乱反正的重要会议,也是为中央即将召开的党的理论工作务虚会作准备的会议。参加会议的有省级机关领导干部及理论工作者120多人。省委第一书记宋平在开幕式上作了重要讲话。兰州大学党委书记刘冰与理论工作者刘家声参加了研讨会。在3月16日召开的全体大会上,刘家声作了题为"对我国生产资料所有制社会主义改造已经基本完成的提法的看法"的发言(载会议《简报》第36期)。并就"计划第一、价格第二"的提法问题在小组会上作了发言。

3月18日　日本关东学生友好访华团(大东文化大学·拓殖大学)一行37人,在团长田中一己(大东文化大学助教授)带领下访问兰州大学。刘家声参加了接待、座谈和交流。

4月16日至29日　由中国社会科学院经济研究所和国家计划委员会经济研究所共同发起组织的全国性"社会主义经济中价值规律问题讨论会"在无锡召开。这是新中国成立以来的规模盛大的研讨会。刘家声撰写了《对"计划第一、价格第二"的提法的商榷》的论文提交大会。该文对计划经济体制下毛泽东提出的"计划第一、价格第二"这一指导我国经济的重要原则率先提出了质疑,明确指出,应该取消"计划第一、价格第二"的提法。该文为中国社会科学院《未定稿》(1979年第31期)选用刊发,商业部研究室《调研资料》(1979年第95期)加按语转载,指出"因为这个题目与我们商业工作关系密切,故转载供研究"。著名经济学家、中国人民大学教授卫兴华先生评价该文"是在我国经济学界最早从理论与实践的结合上系统地进行分析与评论并否定'计划第一,价格第二'的提法的优秀论文"。

11月27日至12月5日　中国农业经济学会1979年学术讨论会在北京召开。刘家声参加了会议,并就价值规律在农业经济中的决定作用问题作了发言。会后中国社科院《未定稿》编辑部专门委托刘家声带一份关于安徽实行包产到户的《未定稿》专辑(该期未下发,只供中央领导参阅)转送甘肃省有关领导。刘家声回兰后即呈送,领导批示全体常委传阅。

1980年

1月5日至12日 “全国城市集体所有制经济理论讨论会”由中国社会科学院马列主义毛泽东思想研究所、经济研究所、政治经济学社会主义部分编书组共同发起在沈阳市召开。这是建国30年来首次召开的这方面主题的全国规模的理论讨论会。中国社科院副院长于光远、辽宁省委书记任仲夷参加会议并作了讲话、报告。刘家声参加会议,并在会上就集体所有制性质问题发了言(载《经济研究参考资料》1980年第33期)。

4月 刘家声撰写《商品使用价值是个历史范畴》论文,发表于《兰州大学学报》(社会科学版)1980年第2期。中国人民大学报刊复印资料《政治经济学》收录汇集。

7月5日、19日和8月2日 中共甘肃省委宣传部、省委调查研究室组织召开“双周经济座谈会”,就社会主义基本经济规律和社会主义生产目的的问题进行了专题讨论。参加座谈会的有省级经济部门负责人和理论工作者。时任省委第一书记的宋平、书记杨植霖亲临参加。刘家声参加了会议,并就社会主义生产的目的只能是满足人民的物质和文化生活的需要,应该减少军政开支在国家财政支出的比重问题发表了意见。会后刘家声编写了学术动态在《经济学动态》(1980年第11期)发表。随后,刘家声应兰州军区、甘肃省军区邀请,为兰州军区师以上干部学习班,军区机关干部、司令部三局、省军区机关干部作相关问题的辅导报告。

11月3日至9日 由中国社会科学院农业经济研究所和财贸物资经济研究所、中国农业经济学会共同发起并组织召开的“全国农产品成本价格理论讨论会”在江苏镇江召开。会前发起征文,刘家声撰写提交了《制定农产品价格必须考虑级差地租的因素》一文,被入选邀请参加会议,并在大会上作了发言。该文论述了级差地租是我国社会主义社会客观存在的经济范畴。制定农产品价格必须以劣等地生产条件的劳动耗费为依据,必须考虑级差地租因素。该文针对我国物价工作中制定农产品计划收购价格一直以中等条件的平均成本为依据的作法提出了批评,并对我国著名经济学家许涤新在其所著《论社会主义的生产、流通与分配》一书中否定级差地租的观点专门进行了商榷。

12月4日至10日 “全国社会主义生产目的理论讨论会”由中国政治经济

学社会主义部分研究会组织在北京召开。这是在全国各地开展的社会主义基本经济规律和生产目的讨论的基础上举办的一次盛大规模的讨论会，刘家声应邀参加了这次会议并作了发言。

12月23日 中国价格学会正式成立，刘家声被推选聘为中国价格学会第一届理事会理事。

1981年

1月 刘家声所撰《制定农产品价格必须考虑级差地租的因素》一文，在《农业经济问题》杂志1981年第1期公开发表。

3月22日 《光明日报》第三版头条摘载了刘家声所写《制定农产品价格必须考虑级差地租的因素》一文的观点。

8月 刘家声的《制定农产品价格必须考虑级差地租的因素》一文，在《经济学文摘》1981年试刊第1期摘载。《经济学文摘》是中国经济学团体联合会主办，由《经济研究参考资料》编辑部编辑，1981年8月试刊。

1982年

2月 中国价格学会在昆明召开第一次全国价格理论讨论会。刘家声向会议提交了《制定农产品价格应以劣等地合理经营成本为主要依据》的论文，与国家物价总局农价司负责人主张按社会平均的产量、费用、劳动报酬来确定农产品的定价成本的观点进行了商榷。此文发表于《价格理论与实践》1982年第2期。《经济学文摘》1982年第6期摘载。

6月 刘家声在《制定农产品价格必须考虑级差地租的因素》一文中提出的农产品价格应以劣等地生产条件所决定的社会价值为基础的观点被国务院价格研究中心办公室汇编的《关于农产品的定价依据和成本的不同意见》所辑录。同时被辑录的还有许涤新和杨方勋的观点。

6月 《陈云同志文稿选编》出版发行，中共中央书记处、中央宣传部先后发文要求组织领导干部学习。刘家声应邀在省级机关、中科院兰州分院等单位作学习辅导报告。

8月 “中国政治经济学社会主义部分研究会”第二届年会在哈尔滨召开。

本届年会的代表选举于光远为理事会会长，宋涛、骆耕漠、冯兰瑞为副会长。刘家声参加了年会，并被推选为中国政治经济学社会主义部分研究会理事会理事。

1983 年

1 月 刘家声关于制定农产品价格要以劣等地合理经营的成本为主要依据的观点，被国家权威机构所采纳和肯定。国务院价格研究中心提出《关于改革价格体系和价格管理办法的初步设想》，该文件在提到制定价格的依据时指出："对农产品来说应以能提供商品的劣等自然条件为准。"从而肯定了以劣等地定价的观点。原国务院价格研究中心副总干事杨鲁先生评价："刘家声同志 1981 年发表的《制定农产品价格必须考虑级差地租的因素》一文，是我国开始改革后最早提出农产品的价格形成应以劣等地合理经营的成本为主要依据的优秀论文。""为我国农产品、矿产品价格改革阐述了理论依据"，"刘文是重要的参考材料之一。"

2 月 刘家声撰写的《必须在全部经济中贯彻计划经济为主、市场调节为辅的原则》论文，发表于《兰州大学学报》(社会科学版)1983 年第 1 期。

3 月 14 日至 23 日 为纪念马克思逝世一百周年，中国价格学会在成都召开了价格理论讨论会。刘家声向会议提交了《中国式社会主义价格的特征》的论文。并被选中在大会发言。此文载中国价格学会《价格论文选集》第二集。

10 月 中国农产品成本与价格研究会召开的"全国农产品成本与价格理论讨论会"在浙江宁波举行。刘家声参加会议并作了发言，被推选为中国农产品成本与价格研究会常务干事，并作为第四组组长主持了该组的讨论。

11 月 经兰州大学批准，"兰州大学马列主义毛泽东思想研究室"正式成立，该机构的科研方向和任务是：主要研究马列主义毛泽东思想的形成和发展；马克思主义的基本理论；中国特色社会主义建设中的各种理论和实际问题以及世界经济政治与国际关系问题。专职科研编制 6 人，刘家声兼任主任。

1984 年

5 月 适应教学的需要，根据教育部政治思想教育司新颁布的《政治经济学教学大纲》(修订本),组织马列主义教研室政治经济学教研组教师编写了《政治经济学》教材,分上、下两册。上册于1984年5月印行,下册于1985年1月印行,供校内教学使用。

6月 由中国经济学团体联合会创办的《中国经济科学年鉴》正式出版。该年鉴是一本较全面地反映我国经济科学发展历程,记载我国经济科学的研究成果,报导我国经济学界的活动和事件,并适当介绍国外经济动向的年刊。刘家声被推荐为《中国经济科学年鉴》编辑委员会编委。从1990年起该年鉴转归为中国社会科学院经济学科片主办。

8月 中国经济学团体联合会举办的《社会主义经济建设常识读本》研讨会在兰州召开。参加会议的有《读本》主编于光远及部分编写专家、来自全国高校、党校、社科研究及宣教管理人员。刘家声参加会议,并任第七组负责人主持了讨论会。会议期间邀请参会高校代表参观兰州大学。

10月 全国农产品成本与价格研究会在江西九江召开"全国农产品成本与价格理论座谈会"。刘家声作为该会常务干事参加了此次会议。

11月 为了贯彻《中共中央关于经济体制改革的决定》,中国政治经济学社会主义部分研究会在安徽巢湖召开"中国经济体制改革理论研讨会",刘家声作为该研究会理事参加了会议。向会议提交《从实际出发,改革我国价格体系》论文,并任价格改革问题组的召集人,主持了价格改革主题的讨论。青年学者张维迎、何家成也是该组成员。刘家声就价格改革专题讨论的情况和不同观点综述在全体大会上作了发言。

1985年

1月 应兰州市物价局邀请,在兰州市物价系统干部大会上就"价格理论和实践上必须破除不合理的旧观念"作专题报告(载《价格信息》1995年第1期)。

4月 刘家声发表《浮动价格为主,多种价格形式并存的价格模式》一文,载《福建论坛》1985年第4期。

5月 "中国政治经济学社会主义部分研究会甘肃省分会"正式成立。经协商推选尹霖初、刘家声、杨守业、武文军、张忠山、俞永明、时正心等为理事会常务理事,刘家声为会长,时正心为副会长兼秘书长,郭志仪、李德源为副秘书长。后根据地方学会应与全国性学会脱钩的精神，改称为“甘肃省政治经济学社会主义部分研究会”。

8月10日至17日 由国务院经济技术社会发展研究中心（现为国务院发展研究中心）、中国经济体制改革研究会、《经济日报》等联合发起的“中国西部地区经济发展讨论会”在兰州召开。这是第一次全国性的专门讨论西部地区经济发展的研讨会，“这在中国社会经济发展史上是个创举”。参加会议的有中央、国务院各委办和全国二十多个省市的领导干部、专家学者。他们齐集兰州，共商西部发展大计。会前甘肃省委副书记贾志杰召开了一次小型座谈会，就甘肃及其经济发展在西部的地位、作用等问题征询意见，刘家声提出了看法。在“西部会议”中提出了在国家实施沿海发展战略的背景下，应重视地区协调发展，也应重点支持甘肃优势产业的发展的观点。

9月 美国加州大学伯克利分校东亚研究所国际事务协调员肯德尔由上海社会科学院杨洁勉先生（现为上海国际问题研究院院长）陪同访问兰州大学。刘家声参加接待，并就中美关系问题谈了看法，提出：美国政界和美国友人在抗日战争期间，在促进国共第二次合作中发挥了积极友好的作用，希望美国各界友人在促成第三次国共合作中能发挥积极的促进作用。肯德尔对此表示赞赏，并说回美国后要诉达这个观点。

12月12日至18日 中国价格学会第四次年会暨价格理论讨论会在广东中山温泉宾馆召开。刘家声参加了这次会议，并作为召集人与马凯（时任北京市体改委副主任）共同主持了第二小组的讨论。在会议期间，以该组为基础同时吸收其他组代表参加，由国务院价格研究中心副总干事杨鲁先生亲自主持，就其提出的《理论价格研究报告》专门进行了论证和讨论。刘家声就价格形成基础问题发表了意见，提出应从中国实际出发，综合考虑“资金利润率”和“工资利润率”来确定价格形成中的利润，以兼顾资金密集型行业与劳动密集型行业的利益关系。

1986年

1月 《政治经济学》教材在校内试用的基础上，根据《中共中央关于经济体制改革的决定》的精神，经过修改，交由甘肃人民出版社正式公开出版。《政治经济学》（资本主义部分）1986年1月出版，《政治经济学》（社会主义部分）

1986年6月出版。共印行4次,发行40余万册。该书由政治经济学教研组集体分工编写,由刘家声任主编。该书被中共甘肃省委宣传部选定为干部正规化理论教材,并在甘肃电视台播放,全省数万干部学习,并被定为晋升会计、经济系列专业职务考试所用的参考教材。

6月20日 刘家声所撰《粮食价格水平必须逐步提高》一文,在《成本与价格资料》1986年第10期发表。《关于我国现行粮食收购价格水平的研究》在《中国经济问题》1986年第5期发表。论文对当时实行的粮食收购政策导致粮价下降提出了批评。并有针对性地指出我国粮食出现了“低水平的相对过剩”、“我国人均粮食已达到世界平均水平”的说法不符合我国实际。

9月 开始招收和培养政治经济学专业社会主义经济理论与实践方向的硕士研究生。易华、赵廷毅、井文豪为刘家声招收的第一批硕士研究生。易华现为湖南省发展和改革委员会、湖南省湘西地区开发办公室一处处长,赵廷毅现为甘肃省安全生产监督管理局信息中心主任,井文豪现为青岛大学思想政治理论教学部主任、教授,青岛市企业社会责任研究会会长,研究生导师。

10月 为了贯彻《中共中央关于社会主义精神文明建设指导方针的决议》,中国政治经济学社会主义部分研究会举办的“全国全面改革讨论会”在马鞍山市召开。刘家声与党国英(现为中国社科院农村发展研究所研究员、室主任)参加这次会议。刘家声作为第二组召集人,主持了小组讨论会,会毕回兰后,召开甘肃省政治经济学社会主义部分研究会会议,以《决议》在理论上的新发展为主题,将会议情况作了传达。

1987年

2月27日 中国价格学会首届优秀论文评选结果公布,刘家声1981年初发表的《制定农产品价格必须考虑级差地租的因素》一文获优秀论文奖。

3月 接受中国社会科学院财贸研究所的委托,承担财贸所所长张卓元主持的国家“七·五”重点科研项目“生产资料与价格”的子课题“生产资料市场的价格双轨制”研究任务。带研究生到甘肃省物价委员会、省、市物资局、省木材公司、中国有色兰州公司、兰州铝厂、兰州钢材市场等单位进行调查研究。

6月16日至18日 全国农产品价格改革及山区价格政策讨论会在西安止圆宾馆召开,刘家声作为全国农产品成本与价格研究会常务干事参加了此次会议。

6月19日　经甘肃省委、省政府批准，为加强对经济体制改革的研究、宣传，推动改革工作，“甘肃省经济体制改革研究会”正式成立。省长、省体改委主任为研究会会长，刘家声被推荐为常务干事。

7月　甘肃省粮食经济学会成立，刘家声被推选为该会常务理事。

8月　甘肃省人民政府体制改革委员会组织高等院校和科研院所专家学者，深入企业就经济体制改革的问题与企业干部职工进行对话交流，刘家声应邀参加了在长风机器厂、兰州石油机械厂、兰州第二毛纺厂、兰州电机厂等企业进行的对话活动，并针对提出的问题作了发言。

9月　《乡镇企业经营管理》由兰州大学出版社出版。本书是为了适应乡镇企业飞速发展和加强乡镇企业经营管理的需要，由兰州大学、兰州商学院、甘肃省乡镇企业局、甘肃省轻工厅从事教学研究和经济管理的工作者集体协作编写的，全书由刘家声主编并统一修改定稿。

10月　由中国社会科学院财贸所召开的国家“七・五”重点研究课题阶段交流会在北京国谊宾馆召开，刘家声应邀参加会议。

10月　甘肃省政治经济学社会主义部分研究会在兰州举行首届优秀成果奖颁奖会，会长刘家声出席并主持颁奖会。

1988年

1月9日至13日　中国价格学会第二届二次年会在湖北十堰第二汽车厂召开，会议围绕如何深化价格改革问题开展了讨论。刘家声作为中国价格学会理事参加了会议并作了发言。

7月25日　甘肃省人民政府发展研究中心《发展》杂志创刊，刘家声被聘为该刊编委，并被聘为该中心特约研究员。

8月29日　举行马克思主义科学系成立暨迎新大会。国家教委于1987年10月12日正式批准(“87”教正字011号)同意兰州大学增设马克思主义基础专业，于1988年开始招生。

12月2日　中共中央书记处书记芮杏文来兰考察，在宁卧庄宾馆召开“理论、宣传思想政治工作座谈会”。省委副书记、省委宣传部、省广播电视厅、新闻出版部门负责人、高校和社科院专家教授等17人参加。刘家声参加了这次活动并就理论工作问题发表了意见。

12月18日至22日 中央委托中央宣传部、中国社会科学院召开的"纪念党的十一届三中全会十周年理论讨论会"在北京召开。参加会议的除社科院、党校、教委、体改委和军队各系统以及各省、自治区、直辖市推荐入选论文代表外,特邀请五十名"在理论学术上有相当权威,有代表性、有声望的老同志作为特邀者"参加会议,其中北京地区参加会议的有薛暮桥、于光远、费孝通、钱学森等20名,各省、自治区、直辖市30名(每省1名),刘家声作为甘肃省特邀代表参加了会议。中共中央政治局全体常委在人民大会堂接见了参加会议的全体代表,并合影留念。

1989年

3月 中国人民银行甘肃省分行召开金融家、企业家资金问题商讨会。刘家声应邀参加会议并就贷款利率问题作了发言。

8月 "高等学校马克思主义基础专业协作组"第四次系主任联席会议在青岛海洋大学举行。会议讨论了编写专业教材等马克思主义基础专业建设的问题。刘家声参加了这次会议。

9月24日至26日 为纪念中华人民共和国成立四十周年,甘肃省社会科学团体联合会召开了"理论讨论会"。刘家声作为省社联理事参加了会议,并就坚持和发展马克思主义理论的问题发言。

1990年

4月22日至24日 国家教委举办的全国高校纪念列宁诞辰120周年理论座谈会在北京清华大学召开。刘家声应邀参加,在会上就时代特征问题作了发言。

8月7日至14日 国家教委举办的"全国高校马列(社科)部"主任讲习班在大连理工大学举行,刘家声前往参加。

1991 年

3 月 30 日 中共甘肃省委常委中心学习组举行“坚定不移地实行改革开放,充分发挥社会主义制度优越性”专题学习会,刘家声应邀就此问题作辅导。后辅导稿以“坚定不移地实行改革开放”为题,发表于《理论 实践 方法》1991 年第 4 期。

4 月 应《党的建设》杂志社之约写作了《社会主义分配与资本主义分配的比较》一文,分别发表于《党的建设》1991 年第 4 期和第 5 期。

6 月 13 日 兰州大学党委办公室和学报编辑部为纪念中国共产党成立 70 周年,召开了庆祝座谈会。刘家声作了“沿着马克思列宁主义与中国实际相结合的道路继续前进”的发言,摘要发表在《兰州大学学报》(社会科学版)1991 年第 3 期。

8 月 由兰州大学承办的“高等学校马克思主义基础专业协作组”第五次系主任联席会议在嘉峪关举行。参加会议的有清华大学、天津大学、上海交通大学、青岛海洋大学、成都科技大学、东南大学、解放军南京政治学院等。兰州大学刘家声参加。国家教委社科司理论教育处赵军副处长到会讲话。会议交流了情况,并研究了如何进一步办好马克思主义基础专业的问题。

9 月 5 日至 8 日 由中国社会科学院经济研究所发起,甘肃省经济体制改革委员会、兰州大学等共同筹办的“中国经济体制改革与发展的理论思考”研讨会在兰州召开。这是 1992 年党的十四大召开前经济学界一次重要的理论研讨会。从全国征文 256 篇。来自全国的著名经济学家、中青年理论工作者 120 多人参加会议。开幕式在兰州大学逸夫科学馆报告厅举行。会议由经济研究所所长何建章主持。中国社会科学院副院长、著名经济学家刘国光出席会议并作了报告。这次会议的中心议题是:以马克思主义为指导,对我国十余年来经济改革与发展的若干重大问题进行理论上的探讨与概括,力求使经济理论研究更好地为我国 90 年代的改革与发展服务。刘家声参加了会议的筹备工作,并与魏杰教授共同主持了“计划与市场”专题的研讨。讨论涉及我国经济体制改革的取向。在研讨会上“计划取向改革论”、“计划—市场双向改革论”、“市场取向改革论”等三种观点展开了热烈的争鸣。刘家声被推荐在大会上发言,发表了我国经济体制改革的方向应该是社会主义市场经济体制的观点。

12月 由卢克俭主编、兰州地区理论界的专家学者集体编写的《中国社会主义问题研究》一书,由甘肃人民出版社出版。刘家声参加了实践篇的编写工作。该书获中共中央宣传部"五个一工程奖"的优秀图书奖。

1992年

1月25日 甘肃省价格学会在兰州成立。刘家声被推选为甘肃省价格学会第一届理事会副会长。为会议提交《近年来若干价格理论与实践问题的讨论综述》一文,载1992《价格信息与研究》。

6月 刘家声主编的《政治经济学》(社会主义部分)被评为甘肃省高等学校第二届优秀教材一等奖。

7月 中共甘肃省委有关部门召开座谈会讨论甘肃经济发展问题。刘家声就甘肃经济发展战略应实行"以开带发,以外带内"的方针发表了意见。会后在家中接受《甘肃经济报》记者专访。8月1日《甘肃经济报》发表"'以开带发,以外带内'——兼谈甘肃经济总体发展战略方针"访谈录。

7月 由国家教委社科司组织统编的,吴树青、谷书堂、吴宣恭主编的《政治经济学》教科书在兰州大学召开定稿会,刘家声参加了会议。正式开会前,向会议领导建议应向全体会议代表传达江泽民在中央党校省部级领导干部进修班上的讲话。会议开幕式上宣读了讲话全文。

7月下旬 刘家声所指导的政治经济学专业硕士研究生王素军、钟翔飙通过论文答辩,获得硕士学位。王素军现为甘肃省机关事务管理局办公室主任,钟翔飙现为广西北海银滩开发股份有限公司工程部负责人。

10月 《中国经济改革与发展的理论思考》一书由兰州大学出版社出版。此书是1991年9月中国社会科学院经济研究所发起在兰州召开的"中国经济改革与发展理论思考"研讨会的论文选集。收入书中的29篇论文是从50篇入选论文中经过评审精选出来的。中国社会科学院经济研究所所长、著名经济学家何建章任主编,刘家声、方留碧任副主编。刘家声撰写的《关于价格形式分类问题的理论思考》被收录。

10月7日 由中国社会科学院经济科学片、《中国经济科学年鉴》编辑部举办的"全国首届经济学工作者联谊周"活动在北京举行。来自全国各地的120多位经济理论工作者参加这次活动。我国著名经济学家骆耕漠、苏星、卫兴华、高尚全、王梦奎,著名经济学家、社科院经济科学片各研究所所长李京文(数量经济所)、张卓元(财贸经济所)、何建章(经济所)、周淑莲(工业经济所)、陈吉元(农村发展所),《中国经济科学年鉴》主编晓亮、副主编张问敏,以及戴园晨、汪海波、周小川、魏杰、樊纲等出席开幕式。刘家声参加了这次活动,并应邀在主席台就座。

11月 中共甘肃省委常委中心学习组举行关于社会主义市场经济理论的专题学习会。刘家声应邀在会上就社会主义市场经济的涵义、社会主义市场经济理论的提出及其意义作专题辅导。稿子以《社会主义市场经济理论的提出及其意义》载《学习动态》1992年第11期。

1993年

4月13日 "中国市场经济论坛"首届研讨会在北京召开。这是著名经济学家于光远发起的,他出席会议并讲话。参加会议的还有李昌、杨培新、何伟、晓亮、冒天启、王振中等首都经济学界的专家学者,刘家声应邀出席参加了这次活动。

4月 甘肃省社会科学学会联合会召开"学习《邓小平文选》第三卷座谈会"。刘家声就"社会主义的根本任务是发展生产力"发言,此发言在《甘肃日报》发表。

4—5月 根据培训干部学习社会主义市场经济理论的需要,受中共甘肃省委领导的委托,刘家声组织有关人员编写《社会主义市场经济理论学习纲要》,由中共甘肃省委宣传部编印,供省内处级以上领导干部内部学习参考。《纲要》编写期间,孙英副书记亲临兰州大学开会,专门听取《纲要》大纲写作情况汇报,并提出了具体指导意见。初稿写出后,又在省委宣传部召集兰州地区的专家学者,对《纲要》提出评论,进行研讨。

5月 在甘肃省第三次社会科学优秀成果评奖中,刘家声发表的《关于价格形式分类问题的理论思考》论文(载《价格调查与研究》1991年第10期)获得甘肃省社会科学优秀成果二等奖。

6月 中共甘肃省委机关主办的综合性政治理论月刊《时代学刊》正式创刊公开发行。省委副书记孙英任主编,刘家声被聘为编委。在孙英主持的编委会上,刘家声就如何办好刊物发表了意见。

6月 由人民银行甘肃省分行举办的“当前经济金融形势下金融对策研讨会”在西北宾馆召开,刘家声应邀参会并作发言。

11月 《中国经济科学年鉴》(1992)由经济管理出版社出版。年鉴编委刘家声与刘力合作为年鉴编写了中国价格改革问题学术观点综述,载《年鉴》78～82页。

1994年

1月14—21日 甘肃省委举办的省地(厅)主要领导干部学习《邓小平文选》第三卷研讨班召开。刘家声应邀作辅导参加了会议。在孙英副书记主持的一次汇报会上,就如何完整准确地掌握邓小平理论的问题发表了意见。

3月 由甘肃省教育厅举办的“甘肃省高校‘两课’教师学习建设有中国特色社会主义理论研讨班”在兰州大学召开。中共甘肃省委常委、宣传部长石宗源在开幕式上讲话,刘家声就“关于建立社会主义市场经济体制的几个问题”作辅导报告。

3月24日 甘肃省价格学会召开工农产品价格剪刀差研讨会。刘家声在会上就近年来工农产品价格剪刀差的讨论情况和如何缩小剪刀差的问题作了发言,载《价格信息与研究》1994年第2期。

8月 甘肃省经济体制改革研究会第二届理事会第一次全体会议召开,刘家声被推荐为该会的理事,并在大会上就社会主义市场经济问题作了发言。

9月 《中国经济科学年鉴》(1994年版)由中国统计出版社公开出版,刘家声与张伟(现为中共中央党校培训部办公室主任、博士)编写了价格改革问题研究观点综述,载《年鉴》第114～120页。

9月 全国高校社会主义经济理论与实践研讨会第八次会议在山西太原举行。刘家声撰写《论社会主义市场价格体制》一文,在会上作了发言。会后该文收辑在《当今中国经济学八大理论热点》(山西人民出版社1995年版)。

11月29日 甘肃省社会科学学会联合会在兰州飞天大酒店召开“市场经济与甘肃发展理论讨论会”。刘家声在会上就“必须抑制通货膨胀”问题发了言。该文发表于《社科纵横》1995年第1期。

12月 由中国社会科学院马列主义毛泽东思想研究所举办的“全国马克思主义研讨会”在北京召开。中国社科院党组书记王忍之出席,马列所所长靳辉明主持并讲话。北京大学阎志明、中国人民大学顾海良、中央编译局俞可平等有关马克思主义研究机构的负责人参加了会议。刘家声参加会议并作了发言。

1995 年

1 月 在甘肃省社会科学最高奖第四次评奖中，刘家声、刘力合作的《我们如何放开价格——对“管住货币、放开价格”的几点看法》(论文)获得社会科学优秀成果一等奖。

6 月 刘家声所著《社会主义市场价格新体制》由甘肃人民出版社出版。

6 月 21 日 甘肃省价格学会召开了缩小东西部经济差距价格研讨会。省价格学会会长、省物价委员会主任尹霖初主持了研讨会，刘家声作为价格学会副会长参加会议，并作了发言。

8 月 国家教委社科司举办的全国高校马列(社科)部主任暑期讲习班在北京国防大学召开。刘家声参加了会议。

8 月 刘家声著《市场经济与价格改革》一书，由甘肃文化出版社出版。

10 月 甘肃省物价局举办的企业定价研讨会在敦煌召开。刘家声应邀参加会议，并作“企业定价在社会主义市场经济中的地位、特征与作用”讲话，该文发表在《价格及信息研究》1995 年第 5 期、《开发研究》1995 年第 2 期。

1996 年

1 月 兰州大学与西北大学协商同意两校教授可以兼职，挂靠博士学位点，协作培养博士研究生。刘家声被西北大学聘请为兼职教授，并经西北大学学位委员会审议于 1996 年 1 月增列为政治经济学博士点指导教师。

9 月 开始培养政治经济学专业社会主义经济理论与实践方向的博士研究生，是兰州大学与西北大学联合培养。招收的第一届博士生为姚怡昕(现为中华人民共和国驻欧盟使团一等秘书)。

10 月 “全国高校社会主义经济理论与实践研讨会”第十次会议在成都西南财经大学召开。刘家声参加会议并作了发言。

1997年

3月3至4日 甘肃省委宣传部、省政府研究室等在宁卧庄宾馆举办的实现两个根本转变与甘肃改革和发展理论研讨会召开。刘家声、朱智文的《深化价格改革,促进经济增长方式转变》一文入选参会。在研讨会中刘家声作为召集人主持了第三组的讨论。论文被收入石宗源主编《两个根本转变与甘肃改革和发展》(甘肃人民出版社1997年8月版)。

5月 在甘肃省社会科学优秀成果第五次评奖中,刘家声所著《社会主义市场价格新体制》(甘肃人民出版社1995年版)获得优秀成果一等奖。此著并获甘肃省第三届优秀图书奖,北方十五省市自治区哲学社会科学优秀图书奖。

7月3日 甘肃省人民政府省长与专家举行座谈会。会前刘家声受新任省长孙英嘱托,拟邀请部分专家就"如何把甘肃经济工作搞上去"进行座谈。刘家声遵嘱,从在兰的高等学校、研究机构中,提供了经济、管理、金融、商贸等方面的八位教授(研究员)名单参会。在座谈中,刘家声提出要把甘肃经济工作搞上去,重要的一条是要选贤任能,做好领导干部的选拔任用。要把有"真本事"(懂专业,会管理)、"讲真话"(揭露矛盾,开拓前进)、"真干实事"(忠于职守,有实绩)的"三真"干部放到领导岗位。《甘肃日报》(1997年7月4日头版)以"讲真话听真话提高决策水平,省长与专家商谈振兴甘肃大计"作了报道。

7月15日 兰州市政协经济社会发展论坛召开成立大会暨第一次研讨会。刘家声被聘任为论坛副理事长,并作为专家代表作了"高举旗帜,献计献策"的讲话。

10月 刘家声撰写论文《我国社会主义初级阶段基本经济制度》,其结构是一"主"(公有制为主体)、"三多"(所有制形式多样化,公有制形式多样化,公有制实现形式多样化)。在中共甘肃省委宣传部召开的座谈会上就此作了发言。后发表于《兰州大学学报》(社会科学版)1998年第1期。被收入《高举伟大旗帜推进宏伟事业——党、政、军领导干部理论工作者文选》(中共中央党校出版社)。

10月 分别接受甘肃电视台记者、《甘肃经济日报》记者专访,就公有制形式多样化问题发表了看法。《甘肃经济日报》记者付仲君于1997年10月24日在二版以"公有制应有多种实现形式——刘家声教授关于调整所有制结构一席谈”为题发表了这次访谈。

10 月 “全国高校社会主义经济理论与实践研讨会”第 11 次会议在武汉大学召开。刘家声提交了《我国社会主义初级阶级的基本经济制度》一文参会。会议期间,刘家声与程恩富作为召集人主持了第一组的讨论会,并就社会主义公有制形式多样化和公有制实现形式多样化问题作了发言。

1998 年

4 月 刘家声受甘肃省世界银行贷款项目执行委员会办公室的委托主持“甘肃省世界银行贷款偿债机制问题研究”课题任务。组织和指导博士生闵正良,硕士生张华、禹健、阎梁开始研究。

10 月 刘家声被推选为甘肃省财政学会顾问。

12 月 13 日 在纪念党的十一届三中全会二十周年之际,第一届“薛暮桥价格研究奖”(我国价格学术研究领域的最高奖项)颁奖会在北京京西宾馆隆重举行。国务院总理朱镕基特发了贺信,宋平、曾培炎、马凯等出席颁奖会并向获奖者颁奖。刘家声写于 1979 年的《对“计划第一,价格第二”提法的商榷》一文获优秀论文奖。

1999 年

1 月 根据国务院关于选择一批国有大中型企业进行现代企业制度的试点的布署,甘肃省政府体改委首批选择 34 户企业进行试点。刘家声申请甘肃哲学社会科学基金立项,主持了“甘肃省现代企业制度跟踪调查研究”课题。参加此项研究的还有敖华、万秀丽、沈宏亮,历时近二年。刘家声还参加了兰州石油机械厂、刘家峡化肥厂、陇南春酒厂等企业的改制规划的论证工作。课题成果《国有企业建立现代企业制度的新课题和对策》发表在《甘肃社会科学》2000 年第 1 期。

10 月 15 日 兰州市政府经济和社会发展论坛举办的“西部大开发与兰州发展研讨会”召开。论坛副理事长刘家声参加会议并作发言。

12 月 22 日 甘肃省物价局召开研讨会,讨论物业管理费的定价机制和管理问题。刘家声参加会议并发表了意见。

2000年

4月 甘肃省物价局在兰州召开西部大开发与价格改革讨论会。刘家声参加会议,并就"确保地区协调发展是国家宏观调控的神圣职责"、"实施西部大开发,价格工作大有可为"等问题作了发言。

5月 刘家声主持的"甘肃省世界银行贷款偿债机制研究"历时约两年已完成。对欠发达地区(以甘肃为例)的世界银行贷款偿债责任的分解与约束、贷款规模的控制与结构优化、贷款风险的防范机制、贷款管理的监控指标体系等问题进行了较系统的研究,提出了对策建议。分别写出了研究总报告和四个分报告。甘肃省财政科学研究所在《财政科研报告》发了课题成果专辑,并荣获甘肃财政优秀成果一等奖。总报告在财政部财政科学研究所《中国财政信息资料》2000年第16期发表。

6月 刘家声受聘为中央党校函授学院甘肃分院党员领导干部在职研究生班毕业论文指导导师。此前刘家声已被聘为甘肃省委党校研究生专家指导委员会委员。至2005年止共指导5届17人的毕业论文(朱维繁、刘永杰、唐伟尧、王世文、陈立观等)。

11月11日至12日 中国价格学会第五届理事会暨中国价格协会成立大会在江苏无锡召开。会议决定将中国价格学会改建更名为中国价格协会。刘家声参加会议,并被推选为中国价格协会第一届理事会理事。

2001年

2月 受甘肃省社会科学联合会之委派,刘家声与魏武峰(省社联副主席、参事室主任)等三人代表甘肃社科界赴天津参加"西部大开发与天津研讨会"。刘家声在研讨会开幕大会上就"甘津合作,共同发展"作了发言。

11月 全国高校社会主义经济理论与实践研讨会第十五次会议在广州召开。刘家声与倪国良合作的《经济全球化与中国农业的变革和出路问题探讨》一文入选,载于《中国经济热点问题探索》(经济科学出版社2002年9月版)。

12月 教育部人文社会科学重点研究基地——西北大学中国西部经济发展研究中心成立。刘家声被聘请为该研究基地的兼职研究员。

2002 年

4 月 12 日 中共甘肃省委党校举办“劳动和劳动价值理论研讨会”，刘家声应邀参加，并就“完整、准确地掌握马克思劳动价值理论，深化劳动价值理论的认识”作了发言。

5 月至 6 月 为研究兰州市经济社会发展的思路和对策，兰州市政协组织部分政协委员和论坛的专家学者对兰石国民油井公司、宏洋化工有限公司、高新技术开发区管委会、拱星墩乡政府、东部市场等单位进行考察，并召开有市人事局、商贸局、劳保局、农办、城建局等负责人参加的座谈会。刘家声作为兰州经济社会发展论坛副理事长参加了这次活动，并有针对性地发表了意见。

7 月 24 日 甘肃省物价局召开“调整居民生活用电价格听证会”，刘家声作为专家代表应邀参加会议。会前刘家声到有关单位作了调查并征询了陕、甘、青相邻省区调价情况，写出了《关于调整居民生活用电价格的几点意见》，在会上作了发言。提出用电价格调整要兼顾利益相关者的利益，适度提高居民生活用电价格是必要的，但不能提得过高。必须把体制和经营中的问题与价格问题区分开来。并指出“城市公用事业附加费”和“三峡工程建设基金”应予取消。这些意见有的在实践中发挥了作用。

2003 年

2 月 21 日 甘肃省价格学会第三届理事会暨甘肃省价格协会成立大会召开，刘家声被聘请为顾问。

3 月 29 日 刘家声与张存刚带研究生到甘肃省国有资产管理委员会调查研究国有资产监管体制改革的情况及国有资产“统一所有，分级管理”等有关问题。

5 月 甘肃省消费者协会召开电讯通话费座谈会。参加会议的有电讯管理部门、电讯企业的领导、消费者代表等。刘家声作为专家代表应邀参加会议，在会上就移动通讯双向收费不合理等问题发表了意见。

2004年

2月至3月 参加全国哲学社会科学课题成果的鉴定,因鉴定认真负责,荣登全国哲学社会科学规划办公室的"声誉榜"。

6月 刘家声指导的博士研究生麦勇的毕业论文《西部经济发展的金融问题研究》通过答辩。麦勇(现为华东理工大学商学院金融系教授)为刘家声指导的最后一位博士研究生。

9月 甘肃安西旅游经济发展研讨会召开。刘家声作为甘肃省旅游协会专家顾问组成员参加会议,并对当地旅游资源进行了考察。在会上就"发挥地缘优势,用价格策略促进安西旅游发展"作了专题发言。并接受了酒泉电视台采访。

10月 国家实施宏观调控时,根据温总理指示,新华社派内参记者来甘肃调研宏观调控对西部的影响。刘家声接受了专访。提出了两点意见:(1)解决地区不平衡是国家应尽的责任和义务。近年来东西部差距越来越大,调控时中央说是不搞"一刀切",但部门实行的还是"一刀切"。国家应该研究如何把调控与实施西部大开发战略结合起来,缩小东西部差距。(2)应解决居民储蓄负利率的问题。人民银行不仅是"管银行的银行",而且是"人民的银行",利率的确定应处理好利益相关者的利益,负利率让亿万人受损,应尽快解决。

10月 中国《资本论》研究会召开研讨会,并选举第七届领导机构,刘家声被推选为理事。

2006年

7月18日 甘肃省生产力学会成立大会召开,选举产生了第一届理事会,柯茂盛为会长,刘家声被推选为理事。

2007年

12月29日 应兰州军区老战士大学的邀请,为离退休师团级部队干部作家庭理财的辅导报告。后撰写成《科学理财,确保家庭财产保值增值——兼议老人理财》一文，收入《甘肃省老教授协会2007年论文选编》，并获优秀论文奖。

2008年

3月 邱少宣所著《企业新概念管理35421》由中国财政经济出版社出版。出版前刘家声对书稿进行了审阅，提出了修改建议，并为该书作序。

10月 为纪念改革30年，由生活、读书、新知三联书店出版的《改革30年：经济学文选》于2008年10月出版。《文选》从我国专家学者1978—2008年期间发表的数以万计的文章中精选121篇编成。刘家声发表于《农业经济问题》1981年第1期的《制定农产品价格必须考虑级差地租因素》一文入选其中，题目改为"制定农产品价格应以劣等地合理经营的成本为基础"。

12月 在纪念改革开放30周年和迎庆兰州大学百年华诞之际，《兰州大学报》、《甘肃日报》记者相继专访刘家声，《兰州大学报》"兰大学人"栏目发表了《记我校经济学教授刘家声——最早否定"计划第一、价格第二"的人》的报道。《甘肃日报》发表了记者采写的《与市场对话的人》。

2009年

10月10日至12日 中国老教授协会在山东济南召开，会议主题为中国的绿色发展道路——节能减排"循环经济论坛"。刘家声受甘肃老教授协会的委派赴济南参加会议，并与会议代表一同考察循环经济先进单位——济南重型汽车制造厂、济南钢铁公司等单位。

12月11日 刘家声被聘任为兰州大学第一届研究生教学督导组成员（校研字〔2009〕101号）。

后　记

在《文集》付梓出版之际，首先要感谢兰州大学社会科学处的大力支持。在改革开放初期，我发表了《对“计划第一，价格第二”提法的商榷》、《制定农产品价格必须考虑级差地租的因素》等几篇论文。2008年12月间正值纪念改革开放30周年和迎庆兰州大学百年华诞之际，先后有《兰州大学报》、《甘肃日报》记者对我进行专访，并发表了相关报导。此时，有学界友人和校友索要论文，并建议我把历年的文章汇集出版《文集》，思虑再三，我向社会科学处霍红辉处长提出了意向，当即得到他的热情的赞同，并表示大力支持。于是我就着手文稿的收集和选编工作。后陈文江教授继任社会科学处处长，仍以极大的热情给予支持，并列入兰州大学文库予以资助，使此著得以顺利出版。

特别要感谢我国著名经济学家、我在中国人民大学学习时的恩师卫兴华教授，原国务院发展研究中心顾问杨鲁先生，同行专家、我国著名经济学家、中国社会科学院学部委员张卓元先生以及原中国社会科学院经济研究所所长何建章先生对我的科研成果和学术论文的评论所作的赞誉和肯定。还要感谢中国社会科学院《未定稿》编辑部、原商业部研究室《调研资料》的编辑以及《农业经济问题》的主编，是他们在改革开放初期就大胆刊发了我的文章，使学术观点得以传播并发挥其作用。

再者也要感谢北京师范大学资源学院党委书记刘学敏教授、华南理工大学经济与贸易学院副院长田秋生教授、重庆市人民政府研究室副主任刘力博士、甘肃省社会科学院副院长、研究员朱智文先生等，他们一直关注着文集的出版，并以各种方式给予有力的支持和帮助。

最后，还要感谢夫人唐应南在我的教学、科研以及本书出版过程中所作的工作和奉献。

刘家声

2010年10月24日